普通高等教育"十一五"国家级规划教材
高等院校工商管理核心课程精品教材

人力资源管理

（第三版）

朱　舟　主编

上海财经大学出版社

图书在版编目(CIP)数据

人力资源管理/朱舟主编. —3 版. —上海:上海财经大学出版社,2020.6
(高等院校工商管理核心课程精品教材)
ISBN 978-7-5642-3477-5/F・3477

Ⅰ.①人… Ⅱ.①朱… Ⅲ.①人力资源管理-高等学校-教材
Ⅳ.①F243

中国版本图书馆 CIP 数据核字(2020)第 022618 号

□ 责任编辑　林佳依
□ 封面设计　张克瑶

人力资源管理
(第三版)
朱　舟　主编

上海财经大学出版社出版发行
(上海市中山北一路 369 号　邮编 200083)
网　　址:http://www.sufep.com
电子邮箱:webmaster @ sufep.com
全国新华书店经销
上海华教印务有限公司印刷装订
2020 年 6 月第 3 版　2020 年 6 月第 1 次印刷

787mm×1092mm　1/16　20.25 印张　518 千字
印数:35 001—39 000　定价:49.00 元

序言

无论企业的规模、性质和所处行业多么千差万别，人力资源对于企业为客户、投资者、员工和社会提供价值都至关重要。企业能否吸引、保留、开发和有效利用人力资源，决定了企业经营的成败。大量理论研究和实践案例表明，员工的行为、态度和绩效决定着企业的盈利能力、顾客满意度及其他重要的组织绩效指标，这在服务型企业中表现得尤其突出。人力资源已经成为企业战略规划和执行的基本组成部分，影响着所有管理者的战略思考和日常工作。

而在今日中国，企业面临着宏观经济增长趋缓的外部环境，大数据分析、按需经济、共享经济下的商业实践使经济不确定性大增，员工忠诚度下降和更换工作的速度加快，都使企业管理者需要回答远比以往更为复杂的人力资源管理问题：在利润下滑、经营前景不佳的企业中，如何吸引和激励关键人才？在按需经济、O2O广泛波及生活中衣食住行的各个领域时，企业业务转型意味着人力资源的需求将发生何种变化？新一代的年轻员工具有更加多元的工作价值观和生活一工作平衡的需求，吸引和激励这类员工需要如何修改企业的管理哲学与制度？在不断变革的企业经营环境中，如何运用人力资源开发技术来整合拥有专业核心技术的老员工与求新、求变但缺乏经验的新员工？为了回应以上问题，企业管理者不仅需要具备扎实的管理能力和丰富的经验，也需要整合组织中的各类数据来驱动重要的人力资源决策。快速变化的经济环境和行业竞争，不仅向管理者提出了前所未有的挑战，也为人力资源管理提供了更为精准的预测工具以及与业务部分紧密契合的发展机会。

正因如此，本书的目标读者不仅是计划或正在从事人力资源管理工作的从业人员或大学生，也包括计划或正在从事一般管理和其他专业管理的人员，他们的管理职责将不可避免地包括对人员的管理和开发，对人力资源管理理论、研究和实践的全面深入了解，将有助于他们做出有效的管理决策。

本书第三版沿用了前一版的核心观点，即在各类外部环境和组织内部条件等情境因素的影响下，组织精心选择的人力资源管理战略及各项子职能通过影响员工的态度、行为及绩效，进而影响到各利害关系人的目标实现(见第一章的战略性人力资源管理模型)。本书保留了结构清晰明了的特点，以十章的篇幅分别阐述了组织的人力资源战略及各项子职能所涉及的核心概念、理论和技术工具，并在此次修改中进行了涉及每一章的全面更新和修订。具体修改包括:删除了前一版中相对陈旧的内容,在各相关章节中加入大数据在人力资源管理中的应用,增加最新的研究与管理实践,并在每一章中增加数个“管理聚焦”栏目,以体现相关领域的最佳人力资源实践与研究。本版的更新与修改努力做到系统性与现实性并重,以实现理论概念与鲜活实践间的平衡。

本书的写作得到了上海财经大学商学院多位老师及本书策划编辑王芳女士的帮助和支持。此外,我也要感谢我的家人唐晓东和唐煜如在修订书稿期间对我在精神上和生活上的支持,他们是我长期以来从事人力资源管理教学与研究的内在动力源泉。

在写作过程中,我也参阅并引用了大量国内外学者的研究成果,在此向他们表示真诚的谢意。对于书中的错误或不妥之处,敬请各位专家和读者予以指正。

朱　舟

2020 年 4 月于上海

目　录

第一章　人力资源管理导论

学习目标

在学习本章后，你将能够：

1. 掌握人力资源的概念及关键特征。
2. 掌握人力资源管理的概念、主要子职能及目标。
3. 了解人力资源管理如何帮助形成和维持企业的核心能力与竞争优势。
4. 了解企业核心能力要素的判定标准。
5. 了解战略性人力资源管理模型的各构成要件。
6. 了解人力资源管理职能的主体和其他参与者。
7. 了解人力资源管理部门的常见组织方式和人员构成类型。
8. 了解人力资源管理者角色的改变及能力素质要求。
9. 了解人力资源管理的主要未来发展趋势。

企业的竞争力，表现为企业维持和获取所在行业市场份额的能力。而企业在市场竞争中持续获得优于竞争对手的绩效，即竞争优势。战略性人力资源管理的研究及实践表明，人力资源对于企业构建长期、持续、难以被对手模仿的竞争优势至关重要，应当从人力资本投资的视角来看待企业的人员招聘、甄选、开发及激励等活动。优秀企业的实践也证明，有效的人力资源管理战略和实践能够对员工和客户的满意度、创新、生产率及企业的良好社会声誉等方面产生积极影响，从而为公司总体战略的规划和执行提供支撑，以此提高组织绩效。无疑，组织仍可以通过投资于高效先进的制造系统、性能独特的产品赢得一时一地的市场领先地位，但基于独特的人力资源系统和高素质员工队伍而形成的竞争优势，则是竞争对手无法以简单的克隆、移植在短期内复制的。正是基于这一认识，本书将以战略性人力资源管理模型为基础，详尽阐述人力资源管理战略系统、构成系统的具体人力资源管理子职能和实践，以帮助读者了解人力资源在企业提升组织效能、形成竞争优势过程中的基础作用。

第一节　人力资源管理的概念与职能

一、人力资源的概念与关键特征

（一）人力资源的概念

企业的生存和发展，依赖于它能否有效地提供适销对路的产品或服务，而人力资源正是提供这些产品和服务的要素之一，有时甚至是唯一的要素。从这个意义上说，人力资源是企业中最重要的资源，对企业成功经营起到决定作用。但人力资源的定义，则说法不一，其内涵各有侧重。一类从能力视角来界定人力资源：如杰克逊与舒勒(Jackson & Schuler，2006)指出，人力资源是指能为创建和实现组织使命、愿景及战略目标做出潜在贡献的人所具备的能力与才干。另一类观点则认为人力资源就是指组织可利用的人员。例如，内贝尔·埃利斯(Nabil Flias)提出，人力资源是企业内部成员及可提供潜在合作、服务的外部利害关系人(如合作伙伴和客户)的总和。本书采用第二类观点，即对达成组织使命、愿景及战略目标有潜在贡献的全体人员(组织内部的员工及可提供合作与服务的外部利害关系人)均被视为企业的人力资源。基于这一定义，企业的人力资源不仅是公司的全职员工，还包括来自企业外部的各类弹性雇用人员、自由工作者以及项目承包人。

(二)人力资源的关键特征

对人力资源的有效管理，需要考虑人力资源的主要特征。具体来看，人力资源具有以下关键特征：

(1)价值性。人力资源是企业价值创造的主导要素，是企业持续地赢得客户和市场的关键，同时，它在企业的战略与组织变革、质量管理、生产率提高、成本节约等多个方面也都发挥着至关重要的作用。管理者应重视人力资源的价值分析，通过人力资源的全过程管理，增强人力资源管理对组织的价值贡献。

(2)能动性。人具有主观能动性，能有目的、有意识地采取行动，并对行动的手段及结果进行分析、判断和预测。人的能动性表现在多个方面，如主动积累知识和技能；主动择业以实现个人职业发展；在受到激励时，会积极地、创造性地工作。人力资源是“活的资源”，企业需要运用各种管理控制和激励手段来充分发挥其价值潜能。

(3)时效性。人力资源的形成、开发和利用都要受到时间方面的限制。从个体角度来看，处于不同生命阶段的人，有不同的劳动能力和社会经济需要；从组织角度来看，人才的培养和使用也有培训期、成长期、成熟期和老化期。管理者应尊重人力资源的内在规律性，使人力资源的形成、开发、分配和使用处于一种动态平衡状态。

(4)社会性。组织中的人不仅在生产过程中实现自身价值，也在组织的人际交往中获得社会需要的满足。社会性决定了对人的管理还应关注员工态度、心理需要和工作生活平衡等方面。

(5)流动性。企业通过传统雇佣方式获得人力资源的使用权，对员工的去留没有绝对的控制权，员工可能因为个人生活需要、职业发展、态度变化而选择离开企业。同时，零工经济的广泛发展，使外部的各类自由工作者、临时工作者、独立承包人成为企业完成工作的重要资源。人力资源的流动性增加，需要企业在人员配置、知识管理、人力资源开发等方面做出相应的调整。

管理聚焦 1－1

零工经济

你也许听说过“非雇佣型工作”“自由工作者平台”等时髦说法，它们提到的是一种新趋势，即未来的“超职场”工作方式(又称“零工经济”)。有些管理者认为,将部分工作委派给外部专业人士是为了节省成本,与传统的工作外包、外部咨询项目并无二致。但研究者认为,这些新的工作方式正在深刻地改变着企业竞争和实现目标的方式,忽略这一职场中的共享经济趋势,将使管理者在未来蒙受巨大的风险和损失。

传统的自由职业者多见于创意产业中的影视制作和广告制作等。电影制作需要聚集来自各个专业的人士(编剧、演员、布景设计师、助理导演、关键场务人员等)共同创作。一旦拍摄完毕,各色人等相继解散,等待奔赴下一场工作。主流商业领域中的零工经济(金融、市场、人力资源等领域的独立咨询师)出现相对较晚,但由于近年来信息技术的发展改变了商业沟通模式,这一趋势得以加速发展。目前,零工经济影响了大量企业,零工工作者可能是滴滴的司机、与公司合作的文案或摄影师、各类自由工作者、甚至是临时首席执行官,他们的技能组合和服务方式各不相同,但共同点是都在从事一份持续时间不确定的工作。目前这一人群正在快速扩大。据2016年估计,美国的零工经济中有4 400万独立工作者,另有2 900万人考虑在近期成为独立工作者。

资料来源:玛丽昂·麦戈文:《零工经济》,中信出版社2017年版。

二、人力资源管理的概念

当我们将所有可供企业使用的人员视为人力资源时,人力资源管理(human resource management,HRM)就是指利用企业人力资源实现组织战略目标的过程。具体来看,人力资源管理是指为了完成企业管理工作和总体目标,影响员工的态度、行为和绩效的各种企业管理政策、实践及制度安排的总称。这一概念涵盖了“组织中与人有关的各种管理制度及实践”。基于这一概念,人力资源管理包括建立、维护和开发从员工进入本组织(招聘、选拔)、管理组织内员工关系(报酬、评估、开发、产业关系、申诉与员工纪律)、到员工终止服务(退休、辞职、冗员与辞退)等项子职能的整体性人员管理系统(见图1—1)。通过这一系统,人力资源管理期望达成以下目标:(1)公司从人力资源生产潜力的充分发挥中获得最大可能的利益(收益最大化);(2)员工在企业获得物质和心理两方面的最大回报(效用最大化);(3)通过满意的员工所提供的服务,实现企业长期的顾客满意最大化;(4)满足其他利害关系人(如政府及其他社会群体)对组织的期待。为了达到上述目标,人力资源管理系统必须与组织环境相匹配,并与企业的整体战略、组织文化和绩效改善目标保持一致。

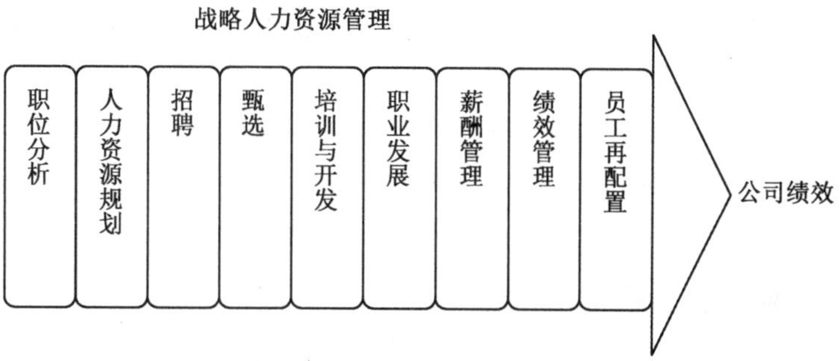

图1—1　人力资源管理子职能

在卓越的组织中,人力资源管理被认为是每一位管理者及员工的职责所在。毫无疑问,人力资源管理者所具有的专业技能优势，使他们承担了将最优实践转化为制度、流程的大部分工作。但直线管理者和员工本身也在人力资源管理中承担着重要的职责。所有的管理者都需要借助他人的努力来完成工作，这就要求管理者能将公司的正式管理制度转化为日常的具体实践，而员工也需要积极参与到多项人力资源管理活动中，如参与面试求职者、培训新员工、提供对同事的绩效反馈等。从这个意义上说，人力资源管理是一项需要所有员工共同参与的活动。但由于对人的管理是一项十分复杂且涉及面很广的管理活动，为了确保人力资源管理过程的有效性、公平性和合法合规性，需要运用专门的管理技术，通过受过专业训练的管理人员（部门）加以实施。人力资源部门的组织结构及对人力资源专业人员的要求，将在本章稍后论及。

第二节　人力资源管理与企业竞争优势

企业的可持续成长与发展，取决于企业是否具有竞争优势，能否在有效满足各类利益相关者的需要过程中不断提升自身价值。企业重要的利益相关者包括：希望获得高额投资回报的股东、希望购买高质量产品或服务的客户，以及希望拥有一份有趣的工作且个人贡献能得到合理回报的员工。此外，社会也是企业的重要利益相关者，社会期望企业能够反哺并为社会做出贡献，同时减小企业经营活动对环境的负面影响。在与同行业中的其他企业进行竞争时，那些无法满足利益相关者需要的企业是不可能获得竞争优势的。

具体来看，企业获取竞争优势的途径有两种：一种是外部途径，即企业可以通过准确的行业选择和定位，在市场空间大、有高速成长机会的行业平台中成长，有效把握外部机会、消除外部威胁来获取竞争优势。第二种是内部途径，即企业可以通过整合内部资源来提升企业的核心能力，进而形成企业的竞争优势。上述两种不同的路径，在企业战略理论中被分别视为外生战略学派和内生战略学派。其中，内生战略视角为人力资源如何帮助培养、提升企业核心能力提供了有价值的理论解读。需要指出的是，实践中，企业的可持续成长与发展必然是外部途径和内部途径的统一。企业既需要积极进取性的外部行业选择和竞争战略规划，也需要不断优化整合内部资源以提升企业的核心能力，只有如此，企业才能在激烈的竞争环境中成长壮大。

一、核心能力的概念

美国战略管理专家哈默尔和普拉哈（Hamel & Prahalad）首次于 20 世纪 90 年代提出“核心能力”这一概念。他们认为，核心能力是能够提供给消费者特殊价值的一系列技能和技术的组合。随后的学者将核心能力定义为企业在特定经营中得以形成支柱优势的一组相异的技能、互补性资产和规则。管理咨询公司麦肯锡则将这一概念操作化，即核心能力是指使企业的一项或多项业务达到世界一流水平的多种互补的知识和技能组合，具体由洞察预见力和一线执行能力组成。由此来看，企业拥有的各类无形资源，如人力资本、组织资本、社会资本都有助于构建和提升核心能力。

二、核心能力要素的识别标准

20 世纪 90 年代，巴尼（Barney）撰文阐述了企业的内部资源如何帮助构建可持续竞争优势，并指出具有价值性、稀缺性、难以模仿性和不可替代性的资源会带来竞争优势。其后的研究者又对这一模型加以修改补充，以下四项内部资源特征（VRIO 模型）成为识别某项要素能否构成企业核心竞争力的重要标准。

1. 价值性

价值性(value)是指该内部资源有助于企业利用市场机会、消除外部威胁。并且,获取和持续拥有该项资源的收益与为此花费的成本之比必须大于 1,否则企业难以从中获得收益。这一属性是核心能力要素的基础。

2. 稀缺性

稀缺性(rarity)是指大量(目前和潜在的)竞争者在当前无法获得该项资源。企业目前拥有的特定资源极为少见,是企业独有而其他企业暂时无法获得的。独特性决定了企业之间的异质性和效率差异性,是解释企业短期绩效优势的重要原因。

3. 难以模仿性

难以模仿性(inimitability)是指其他厂商难以拷贝、复制该项资源为己所用。价值性、稀缺性使厂商具有竞争优势,而难以模仿性则有助于这种优势的持续。研究者认为,企业优势资源难以模仿的原因有三种:第一,企业获取某项资源的能力取决于独特的历史条件,包括与厂商以往所处的时间、空间有关的资源,如选址、技术传承、企业文化等。第二,拥有资源这一事实与厂商持续竞争优势之间存在因果模糊性,外部厂商也许了解企业拥有这些资源,但无法完全获知它们在竞争优势中所起的作用,从而难以有效复制。第三,产生优势的资源具有社会复杂性,即资源表现为复杂的社会现象,难以通过系统化的管理干预在短期内加以影响,如内部人员关系网络、企业文化、企业市场声誉。物质技术本身通常是可模仿的,但技术应用时需要的社会资源、决策过程则具有社会复杂性。

4. 可组织化

可组织化(organization)是指核心能力不是组织拥有的某一单一要素、资源或技术形成的能力,而是多种资源相互整合而形成的系统能力。任何一项资源要成为企业核心能力的源泉,在满足前述四项特征的基础上,还必须深度融入企业的结构系统中,通过与其他要素的动态整合来发挥作用。

当企业资源满足上述四项标准时,厂商拥有的资源就有可能形成可持续的竞争优势(见图 1—2)。

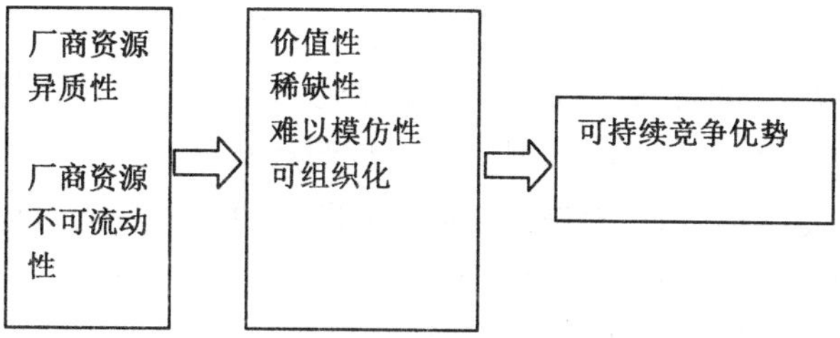

图 1—2　企业核心能力要素的评价标准

三、核心能力要素的源泉:人力资源

核心能力是企业中能为顾客创造独特价值、提升企业整体价值的多种内部资源的组合。管理研究者在对企业价值问题研究时发现,企业的市场价值与财务报表反映的账面价值存在巨大差异,这一差异可以用智力资本(包括人力资本、社会资本、组织资本)来解释。企业的智力资本具体表现为组织中的知识、技术、关系和流程四个方面构成的有机体。其中,知识包括顾客知识、技术知识、运营和管理知识等;技术是指企业员工所掌握的,能够在组织中进行分享、传播和增值的核心技术;关系是指组织所建立和维持的各类社会关系,如客户关系、与业内专家顾问的联系、与供应商的合作关系等;流程是指组织内部运作的业务流程、管理流程和制度,主要包括客户细分、精益生产、以订单为核心的生产系统等内容。在上述四个方面的要素中,知识与技术多以人力资本的形式储藏于员工个体中,关系和流程虽然存在于组织系统中,但同样需要高素质的人力资本加以获取、维护和运用。学者与管理者都认可企业人力资源及其管理影响着组织运作的效率及最终绩效,在此有必要运用上述四项标准来分析人力资源能否成为企业核心能力要素。

1. 人力资源的价值性

企业的各类人力资源依靠自己的技能和知识运用,结合组织的其他资源(如原材料、设备、不动产、信息等)来提供能产生利润或其他价值的产品和服务。在知识创新为主导的经济中,价值创造的主体越来越聚焦于知识的创造、传播、分享、应用与增值。而作为知识管理的主要载体,企业核心人力资源(企业家、核心流程及岗位的员工)通过制度创新、新产品研发、生产、提供服务等,执行企业战略、推动企业变革,持续地赢得客户和市场。同时,核心人力资源需要依靠各类支持人员、管理人员的协助。非核心人力资源也需要增加价值,他们可以通过降低成本、优化流程、执行必要的行政管理任务、促进员工合作等途径来提高企业的效能。也因此,人力资源日益成为企业价值创造的主导要素,并具备了成为企业核心能力要素的价值前提。

2. 人力资源的稀缺性

作为企业可持续竞争优势的源泉,人力资源也必然是竞争对手难以从劳动力市场轻易获得的资源。人力资源的稀缺性表现为两个方面:数量的稀缺,即一定时期内劳动力市场上具有某种特性的人力资源供给数量无法满足市场需求;结构和质量的供求失衡,即具有独特知识、技能、经验的员工在市场中非均衡分布,竞争对手难以轻易地接触到同样素质的人才群体。例如,员工对本企业的战略优势、战略目标和执行过程中的关键成功因素和客户需求有深刻理解,并能主动高效地达成工作要求,这类员工就是企业中难得的资源,也是所有企业力图吸引但无法直接通过招聘获取的人才。

3. 人力资源的难以模仿性

人力资源要想成为企业核心能力要素,还需要确保竞争对手难以通过工作方法的模仿、"人才战"等方式缩小与本企业的差距。因此,人力资源的难以模仿性并非是指人员本身的知识、技能与经验难以被复制和仿效,而是指企业特有的人力资源系统、制度、组织文化难以在短期内被模仿。具体来看,卓越企业的人力资源系统难以被模仿,通常存在三种原因:历史条件(路径依赖)、因果模糊性和社会复杂性。从路径依赖来看,竞争者可以模仿单个人力资源管理实践,但企业人力资源管理系统、文化形成时的独特历史条件,以及随后的长期磨合与开发维护,都会使竞争对手很难理解并加以模仿。从因果模糊性来看,复制一个成功的人力资源系统,需要理解这一复杂系统的所有要素及其互动方式,以及系统对组织绩效的影响。竞争厂商难以充分理解一家优秀企业的所有人力资源管理实践、人力资本及员工行为、员工成果、经营成果和组织绩效间的有机联系。人力资源系统对企业竞争优势的贡献方式无法被确切了解,因而难以被有效模仿。从社会复杂性来看,人力资源系统与员工个体直接相关,系统的每个方面都体现了个体差异性和复杂的社会互动。组织中不同部门对人力资源管理实践进行沟通、执行的方式,受到多种社会关系的影响,这种社会复杂性也使竞争厂商难以模仿。

4. 人力资源的可组织化

资源的可组织化是指该资源与整个组织系统有机融合，并随组织需要而动态调整的能力。人力资源在现代企业中已经成为一种高度组织化的管理资源，它的有效运作与整个企业的战略、商业模式、组织结构与业务流程、管理方式等方方面面融合，并随着组织动态能力调整的要求而做出及时的优化调整。员工的能力、行为与技能组合会通过持续学习而改善，员工管理的制度、政策和系统也会随着战略目标、经营环境的变化而不断调整，这些都体现了人力资源的可组织化特征。

从上面的分析来看，正是因为人力资源具备了价值性、稀缺性、难以模仿性和可组织化这四项特征，现代企业的人力资源才有极大潜力成为企业核心能力要素，在企业构建核心能力、获取可持续竞争优势的过程中发挥巨大作用。

第三节 战略性人力资源管理模型

从战略规划和执行的视角来看，战略性人力资源管理是一个调动企业人力资源，以支持企业总体目标和战略为目标，适应外部法律及社会经济环境的动态变化和要求，通过一系列人力资源管理的具体计划、步骤和程序，最终实现期望的管理成果的过程。从这个意义上说，战略性人力资源的各项活动及其影响应被视为一个开放系统加以认识。图 1－3 提供了一个系统认识战略性人力资源管理的理论模型，本书各章的内容安排将基于这一思路展开。

图 1－3 提供了一个整体性框架，说明企业在有效管理人力资源的过程中需要考虑的各项因素。这一模型揭示出，企业人力资源管理的目的在于满足各主要利害关系人(所有者与股东、顾客、员工、政府及社会)对组织经营成果的不同期望。为了实现这一目标，模型的中心位置列出了一系列人力资源管理的具体方法和活动，这也是本书的主要内容。当然，企业不是在真空中经营的。企业的各类人力资源管理政策、制度及活动的选择需要考虑到组织内部其他因素的影响，包括组织战略、领导、组织结构和组织文化等(见第二章)，而组织所处的外部环境因素则全方位地、不同程度地影响到人力资源管理系统及其具体实践。

一、外部环境因素的影响

外部环境是指处于组织边界之外，对企业的人力资源管理系统发挥影响的各项因素。企业为应对外部环境变化带来的机会和挑战，可能会采取截然不同的人力资源战略和实践。在人力资源管理活动中，特别值得关注的外部环境因素包括：经济环境、行业发展状况、技术进步、劳动力市场、国家与地区文化、法律与法规、工会与集体谈判。

经济环境。整体经济状况及其各个不同细分领域的竞争与发展，是影响人力资源管理的主要环境因素。对在全球开展经营的大型跨国公司来说，企业需要面对全球经济增长放缓、地区间的经济潜力差异、汇率波动加剧及全球供应链重新布局等问题，由此进行的战略调整必然会影响人力资源的布局和管理方式。对于主要在中国国内经营的企业，宏观经济状况和产业发展对企业的人力资源管理实践影响更直接。一般来说，在经济繁荣期，企业将更难招募、吸引和保留合格员工；与之相反，当市场经历衰退时，企业往往会面对更充裕的劳动力供应。

行业发展状况。产业结构的调整与升级也会对企业人员管理产生巨大影响。目前中国的经济结构正在由工业经济向服务经济转型，这一转型将引起行业间资本、人员、技术及其他资源的转移。在巨大的经济动荡下，企业需要以高效、快速回应、低成本来应对市场竞争，而这一

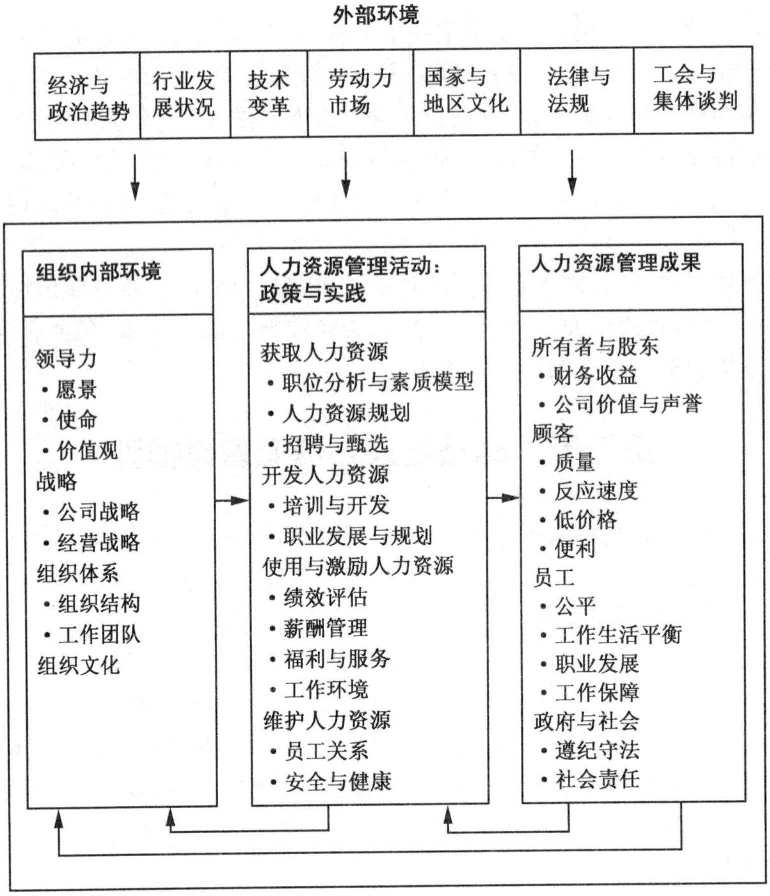

图 1—3 战略性人力资源管理模型

变革过程必然会体现在企业战略及人力资源系统中。此外，行业间存在竞争程度、行业生命周期阶段等方面的差异，这些特性不仅会影响企业在产品市场的经营目标和竞争手段，同样会影响企业面向劳动力市场的人才竞争策略和内部人员管理系统设计。例如，行业所处阶段的变化往往会要求 CEO 和高管团队的角色进行相应调整，组织还可能在行业生命周期阶段发生改变时调整招聘、裁员政策，以适应不同阶段的员工管理要求。

技术进步。技术进步（尤其信息技术的发展），正在迅速改变企业的工作组织方式和员工—组织的关系。近十年来，互联网、电话会议、共享软件、自动语音技术等在企业的应用，也在改变着组织中的沟通、数据分享、团队作业及客户服务方式。在广泛应用信息技术之前，服务业企业的价值创造主要依赖于单个员工的高超人际技巧和专业技能，但这也制约着组织的服务能力，而如今“专家系统”通过大量获得、储存和管理知识，使得非技术专家同样可以为企业创造价值，同时大量重复性、机械性的白领工作将被人工智能所取代。技术进步也改变了员工的价值创造方式。移动互联网使员工不再受限于固定电话、桌上电脑，随身的智能手机、移动应用 App 使得个人的行动高度自由，加之新一代员工追求个性自由和创意的强烈意愿，工作完成方式可以轻易超越时间、空间的约束，各类跨组织边界、超越传统全职工作的弹性雇佣方式成为组织的常见选择。毫无疑问，随着技术的发展，未来职场的人员管理方式将明显有别于以传统雇佣关系为基础的人员管理方式。

此外，作为企业获取外部人力资源的主要场所，劳动力市场的供求状况、劳动者的技能结构、地区性分布状况，会影响到企业人力资源配置和开发活动。在全球化进程中，如何充分了解和适应不同的国家与地区文化，有效开展在地化的人力资源管理活动，是企业国际化经营中面临的最大挑战之一。研究显示，当企业及分支机构的人力资源管理活动与其国际文化相匹配时，企业/分支机构的财务绩效表现就较为突出。法律法规体系的完善及工会集体谈判的引入，同样是我国企业制定人力资源管理政策时，需要关注的外部影响因素。

管理聚焦 1－2

移动技术对人力资源管理的影响

在企业日常运营中，人力资源部门的绝大部分行政管理职责与批准和工作流程有关：休假申请、雇佣、面试申请。快速向合适的申请人做出回应正变得越来越重要，这样才能防止他们被其他公司挖走。移动技术可以帮助员工完成这些职能，但是它在应用性方面还有更大的潜力。

允许员工访问他们的薪酬和福利信息，可以减少请人力资源部门的人员帮助调看信息的需求，让员工可以在家中或路上查看。

同时，移动技术，尤其是平板电脑，为员工提供了绝妙的学习和培训机会。一项针对 2 万多名 IT 专业人士、业务部门经理和消费者进行的移动设备使用调查报告显示，一半以上的调查对象在移动设备上观看与工作有关的视频。并且，与在上班时间观看技术内容的人（40%）相比，更多的人在下班后（68%）和周末（57%）观看更多技术内容。

移动技术还可以帮助企业管理面试流程，并使人力资源管理者能快速访问领英网等社交网站以识别潜在员工。此外，移动人力资源应用程序还通过提供员工档案和关键绩效指标报告的访问权限来实现人才管理。

这只是开始。人力资源管理部门只是即将因移动技术而发生重大转变的大量职能领域的一部分。企业的各个部门几乎都可以通过在各自的流程和工作流中使用移动技术而获益。

资料来源：《哈佛商业评论》分析报告："移动性正在如何改变企业"，2013 年。

二、组织内部环境的变化

组织的人力资源管理政策和实践会受到外部环境的影响和约束，但外部环境变化并不会直接决定企业人力资源战略的选择。每一个组织都会以其特有的方式应对外部环境变化带来的机遇和挑战。有效的组织试图以灵活的动态系统响应外部环境的变化，这一系统包括公司领导方式、公司战略及经营战略选择、组织结构及其调整以及企业文化等多项因素。组织内部的动态系统直接决定并影响着组织的人力资源管理政策及实践。

当组织做出重大变革举措时，其业务政策与实践的变革总会伴随着重要的组织结构及人员调整，例如，引入具有不同视角的新领导者、采纳不同的管理方法，或者进行业务重组，提出新的公司愿景和使命陈述。这类变革将会推动企业文化基础的重要改变。在这一过程中，人力资源管理活动将对组织的持续调整和变革发挥至关重要的作用。关于组织战略与人力资源战略的整合，将在本书第二章中加以阐述。

三、人力资源管理活动

任何一个组织，无论其规模大小，都在开展多种类型的人力资源管理活动。人力资源管理活动既包括正式的组织政策，也包括各类非正式的人员管理实践及人际互动。在某些优秀企业中，人力资源政策与实践紧密结合，形成了具有协同作用的有效系统；但在很多企业中，正式的政策仅仅体现了管理者的未来期望和憧憬，却与日常管理实践相去甚远。随着时间推移和环境变化，政策和实践也需要做出调整。具体来看，企业的人力资源政策和实践包括以下内容：职位分析与素质模型；人力资源规划；员工招聘与甄选；人力资源的培训与开发；职业发展；绩效考核与反馈；员工再配置与流动管理；薪酬管理与激励。

人力资源管理工作的目标，是实现员工与岗位（组织）间的最佳匹配。根据人力资源管理活动对员工—岗位匹配关系的影响方式不同，可以分为支持性的人力资源管理活动和功能性人力资源管理活动。支持性活动是指不直接影响员工—岗位匹配水平的管理活动，但它们为企业人力资源管理中的功能性活动提供必要的信息、计划和评价等项服务。支持性活动主要可分为三类：职位分析与员工素质模型（第三章）；评估人力资源管理成果；战略性人力资源规划（第四章）。功能性活动是指直接影响员工—岗位匹配，进而影响人力资源管理成果及组织经营成果的活动。在人力资源系统中，功能性活动的成功在很大程度上取决于支持性活动的效率和效力。主要的功能性人力资源管理活动包括：外部人员配备（第五章、第六章）、内部人员配备与开发（第七章、第八章）、绩效评估与管理（第九章）、薪酬管理（第十章）等。当然，企业人力资源管理的所有具体活动都是息息相关的，对每一项活动的划分更多的是出于知识整理和传播的需要，在实践中管理者应当从系统的角度全面分析人力资源管理活动，才能有效地进行人力资源活动及其组合的决策。

四、人力资源管理的成果：利害关系人视角

组织的成功，表现为它能在多大程度上满足其主要利害关系人的期望。所谓利害关系人，是指对组织及其活动享有或主张所有权、权利或利益、或受企业决策影响的个人或群体。具有相似利益和权利的利害关系人，属于同一利害关系人群体（如组织成员、客户、所有者等）。企业的关键利害关系人群体包括：以投资收益最大化为目标的股东；希望从企业提供的产品或服务中获得最大效用的消费者；希望能在企业工作过程中获得合理报酬及享受工作乐趣的员工；以及希望企业能关注社会利益、减少环境危害的社会群体等。利害关系人将从组织的成功中受益，而组织为确保其持续经营和成功，也必须关注其利害关系人的利益与需要。关键利害关系人对组织的关注视角及评价着眼点，必然会影响组织的人力资源管理的目标及相应的政策、实践。无法满足关键利害关系人需要的企业，将会面临在产品市场受到冷遇，在劳动力市场上无法吸引到高质量员工，并在资本市场上遭到投资者的抛弃，甚至因忽视社会责任、从事违规违法交易而破坏企业声誉。利害关系通常有以下几个视角：

1. 投资者视角

投资者期望组织提供高额的投资回报和企业价值增值，因此公司的营利性、成长性是投资者最为关注的指标。随着新经济时代的到来，有形资产（如存货、设备、财务资源等）的存量对组织价值的影响在下降，而无形资产（如雇主品牌、员工的创造性与忠诚度、组织变革的能力等）在组织价值创造中发挥着更大的作用。特别是投资银行、咨询公司及广告公司等知识密集型服务企业，其组织价值很大程度上取决于其保留、高效运用、开发及激励员工及其他高质量

人力资本的能力。大量研究证明，组织的人力资源管理方式与其盈利能力、人均生产率、市场价值等指标高度相关，因而投资者偏好投资于人力资源管理系统完善、雇主品牌有明显优势的公司。

2. 客户视角

当大多数行业都处于买方市场时，质量、价格、成本、便利与否，都会影响到客户对产品/服务的满意程度及其实际购买行为。人力资源管理实践通过影响员工—客户互动过程，进而影响组织的经营成果。在客户与员工的短暂接触中，客户可以感知到组织的人力资源管理及业务管理方式。研究发现，在组织氛围积极正面、员工关系和谐、员工队伍稳定性较强的公司，顾客满意度和顾客保留率都相对较高。

3. 组织成员视角

组织成员作为组织的利害关系人，包括了各级管理者、专业人士和基层员工，成员构成的高度异质性使各员工群体的利益和目标存在很大的差异。但大部分组织成员都会关注薪资与福利、工作生活质量和工作保障等问题，他们期望从事有发展前景的、个人感兴趣的工作，同时期望获得合理报酬和组织的公平对待。企业在职位设计、员工培训与开发、员工授权与参与、团队合作等方面的人力资源实践，通过提高员工的满意度和组织承诺水平，最终提升顾客满意度和组织的财务成果。

4. 政府与社会视角

从利害关系人视角来看，企业并非是以盈利最大化为唯一目标的组织。研究发现，能以积极方式影响社会的公司，更受社会公众、消费者及潜在求职者的青睐。具体来看，社会视角要求组织遵纪守法、承担力所能及的社会责任。企业经营行为受到法律法规的制约，其中一些指导和约束着企业的人力资源管理行为。在我国，《劳动法》《劳动合同法》以及一系列行政法规也为企业的人力资源管理实践提供了指导。为确保员工获得公平、公正的对待，设计和执行人力资源政策时自觉遵守相关法律法规，是企业人力资源管理工作的起码要求。除了合法性要求，社会团体及公众对组织所施加的社会影响和承担的社会责任往往有更高的期待，这一要求同样体现在人力资源管理领域。例如，企业是否应当雇用弱势群体成员、企业如何与员工分享组织成果、企业如何评价员工的非生产性活动以及企业如何评价员工对社会的贡献并给予报酬。

很显然，利害关系人群体之间存在目标差异乃至目标冲突，但有效的管理者应当确定他们的共同利益所在，而人力资源管理政策与实践是这一综合性解决方案中的重要一环。在以后的各个章节中，我们将在不同的职能模块下，探讨如何管理人力资源以整合不同利害关系人群体的利益。

第四节　人力资源管理职能的实现

一、人力资源管理的参与者

在传统的企业组织安排中，企业的人力资源管理者、直线管理者及员工，共同构成了设计和实施高效人力资源管理系统的“铁三角”。其中，拥有直线权力的直线管理者是组织中最接近员工的人，他们制定某些关键的人力资源决策，通过执行组织人力资源政策、程序和制度来影响员工行为，完成组织的战略目标，直线管理者对人力资源系统的理解和执行能力决定了企业人力资源管理的有效性。人力资源管理者获得授权，在人力资源管理过程中以协助和建议的方式支持直线管理者去实现战略目标。企业员工则通过自我管理、自我发展以配合组织的人员管理活动，并在有限范围内参与企业的人员管理活动，比如参与撰写职位说明书、对同事和上司进行绩效评估等。

企业的人力资源管理者与直线管理者的关系可以具体分为三类：服务与协助、建议、控制。

1. 服务与协助

某些人力资源管理活动是直接为直线管理者服务的。例如，不同的劳动法律、法规要求企业对员工进行连续的工作经历与工作绩效表现的记录，这一服务是由人力资源管理部提供的。在招聘、面试、培训、绩效管理、员工奖罚、晋升和生产率改善项目等领域，人力资源管理者最有可能与直线管理者共同合作。人力资源管理者在这些活动中的定位是提供协助，确保直线管理者能够执行企业的人力资源政策与实践。

2. 建议

人力资源管理者就人力资源管理活动的方案、过程和技术向直线管理者提供建议。这种建议可能表现为不同的形式：它可能作为企业战略规划的一部分（如果企业正在筹建一个新的工厂，人力资源管理部门将提供有关人力资源获取的信息）；也可能是针对特定项目、问题提供解决方案。此时，人力资源管理者为直线管理者的决策提供了重要的信息和依据。

3. 控制

人力资源管理者在行使这一功能时，能直接影响直线管理者的决策，通常这表现为人力资源管理者能否决直线管理者显失公平或有较大潜在风险的决策。例如，在员工招聘中，人力资源管理部门向直线管理者提供了数个求职者人选，最终的人事决定权在直线管理者手中。但如果直线管理者在决策中表现出明显的性别歧视，人力资源管理者可以要求直线管理者重新考虑录用决策。

二、人力资源管理的其他参与主体

近年来，人力资源管理的参与主体发生了极大的变化。一些企业重新审视其内部流程，提出以下问题：由外部服务供应商来提供特定的人力资源管理服务，是否更有效率？能否用技术工具来替代人力资源管理者的部分工作？由于企业面临巨大的组织精简和预算节约压力，人力资源部门的规模不断缩水，一些人力资源管理活动通过人力资源外包、人力资源共享服务中心、人力派遣公司等方式完成。这种变化有助于使人力资源管理部门摆脱其“行政专家”的形象，转而关注更加战略性、企业使命导向的活动。

1. 人力资源外包

外包是指企业延请外部供应商从事以往由内部完成的工作的过程。人力资源外包有助于企业节约成本、提高效率，企业也可以使用具备丰富技术专长的外部人员。人力资源外包的形式大致有三种：单项服务外包、多流程服务外包和整体外包。在单项服务外包中，业务量大、重复性高的某项业务或管理活动被外包给第三方，其中最常见的是福利外包。多流程服务外包是将一个或多个人力资源管理流程外包给第三方，比如，宝洁公司将其全部培训业务进行外包。整体外包是将企业的主要人力资源工作整体转移给第三方。例如，惠尔普与 Convergys 公司签订了 10 年期的服务协议，将 6.8 万名员工的人力资源管理职能全部外包出去。但这一做法并不常见，因为整体外包的流程管理面临诸多困难。在利用人力资源外包服务时，与组织战略执行相关的人力资源管理核心工作仍应留在组织内部。

2. 人力资源共享服务中心

共享服务中心(SSC)是一个技术中心,将分散在组织各处的常规、基于交易的活动汇集到一处。例如,一家拥有多个事业部的公司可以将常规性的人力资源管理任务集中处理。共享服务中心提供了人力资源外包之外的另一个选择,往往能达成同样水平的成本节约和客户服务。企业最常使用共享服务中心来进行的人力资源管理活动,包括福利和年金管理、工资、搬迁援助与招聘支持、全球化培训与开发、继任计划及人才保留等。人力资源共享服务中心可能是组织内部的机构,也可能是同时为多家企业提供共享服务的外部机构,如美国的医疗保健行业,多家医院运用外部的管理共享服务中心来提高管理效率。

3. 人力派遣公司

当企业决定使用人力派遣公司时,员工直接与人力派遣公司签署劳动合同,此时,人力派遣公司是员工的合法雇主,有权力雇用、解雇、处罚员工或重新安排员工工作,派遣公司以人事派遣的形式将员工派驻用人单位工作。这一安排使用人企业保持了对劳动者的适度控制,确保其完成日常的业务运作,同时又将人员雇用的流程管理及法律责任转移给了人力派遣公司。人力派遣公司会处理与这些员工相关的行政管理事务,如支付工资、奖金和福利,代扣个人所得税等,用人企业承担员工雇用的所有支出,并额外支付员工工资总额2%～7%的服务费。由于人力派遣公司同时为很多企业提供人力,可以实现管理的规模经济性,以较低成本提供专业的人力资源管理服务,这尤其适用于缺乏资源来实现管理专业化的中小型企业。

三、人力资源部门的组织

传统上,人力资源管理的各项职能(如人员配置、培训与开发、薪酬管理等),都被设置在一名人力资源管理者的管理权限之下。在传统的人力资源部门组织方式下,人力资源管理部的结构与企业规模大小有直接关系。在小微企业中,很少会设置正式的人力资源部门和人力资源管理专家(见图1—4)。通常由各直线管理者分别处理职责范围内的人力资源问题。他们的工作重心一般是聘用和培训下属员工,关注于直接业务目标的完成。

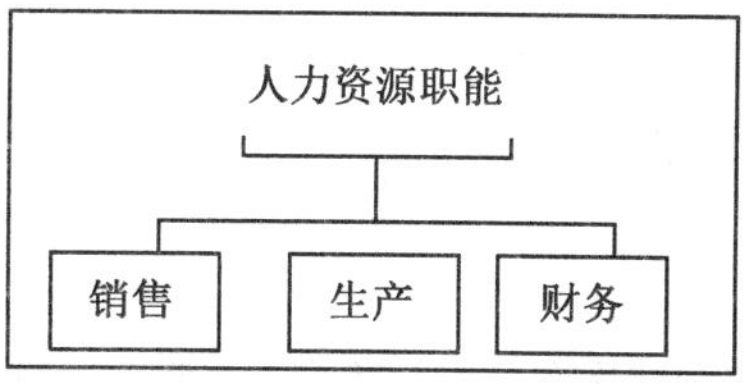

图1—4　小企业中的人力资源管理职能

随着企业规模的扩大,需要一个独立的职能部门协调处理人力资源工作。在一家较大的企业中,人力资源管理人员需要处理大量的人员管理事务(见图1—5)。在一家中型企业中,可能只需设置一个人力资源经理或专员。

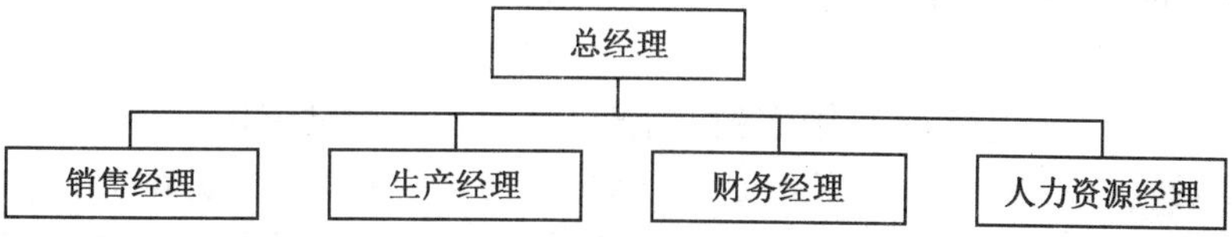

图1—5　中型企业的人力资源管理职能

当企业规模进一步扩大时，企业需要设立专门的人力资源部门，并根据职责专业化的要求，设置一些专门职位。这些职位可能涉及人力资源开发、报酬和福利、安全与健康以及员工招聘与用工管理等职责，如图 1—6 所示。

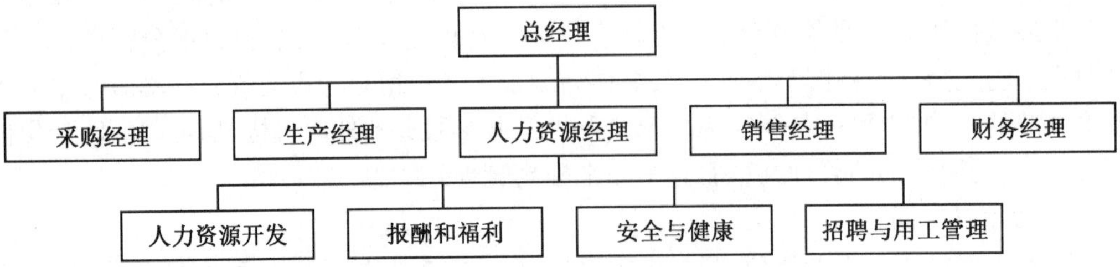

图 1—6　大中型企业的人力资源职能

随着组织规模不断扩大和组织层级增加，人力资源管理部门将进一步细分为多个高度专业化、职能细分化的部门和职位。例如，管理报酬和福利的部门将包括一些关注生产员工工资研究、福利管理以及可变工资制度的专家(见图 1—7)。

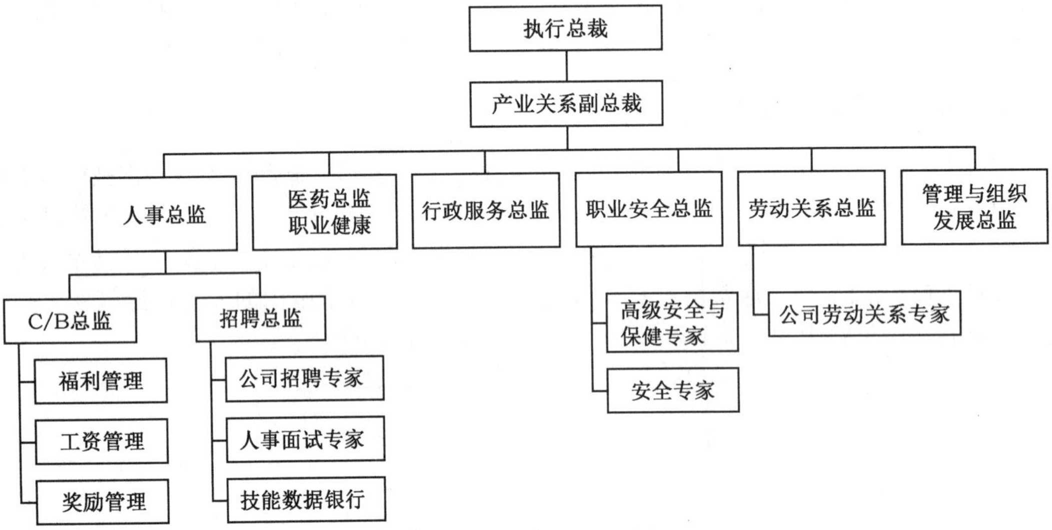

图 1—7　美国特大型企业总部的人力资源管理部门的组织

在特大型企业中，事业部层次和工厂层次均设置人力资源管理部门(职位)。事业部层次的典型做法是，沿用公司总部人力资源管理部门的组织和职位设计，但事业部的人力资源部门通常无权制定战略性人力资源政策，而是调整、修正公司人力资源政策以适应本地区、本事业部的具体管理目标。在工厂层次也可能设有人力资源职位(人事专员)，他们通常在上级管理者所限定的范围内，管理工厂内人力资源管理的全部事宜，因而必须是人力资源管理领域的通才。

研究表明，虽然企业规模与人力资源部门的职能专门化程度密切相关，但二者并非线性关系。由于存在明显的规模效应，一家有 1 800 名员工的企业的人力资源部门，其职员人数可能仅略高于一家仅有 800 名员工的企业的人力资源部门。通常情况下，公司中每 100 名员工大致会对应 1 名人力资源管理专业人员。

如今，由于参与人力资源管理活动的内外部人士（如直线管理者、外包服务商）众多，企业要求人力资源职能以更高效、更重视成本节约的方式来完成，企业的人力资源部门组织方式也有了很大变化。当然，企业仍需要完成各项人力资源职能（如招聘、甄选、薪酬等），并在充分利用内外资源的前提下选择合适的载体来计划和执行人力资源政策、活动。

一些企业进行管理创新，把自己的人力资源服务工作按以下四大类加以组织：交易型人力资源服务、公司人力资源服务、嵌入型人力资源服务以及专家中心（见图1—8）。其中，交易型人力资源服务的工作重点是借助集中化的呼叫中心以及与外部供应商（如员工福利顾问）之间形成的外包安排，就一些日常性、事务性人力资源管理活动（比如更新福利计划、及时提供绩效评估填表指导）为公司的员工提供专业支持。公司型人力资源服务的工作重点是在制定公司长期战略规划等方面为公司的高层管理团队提供帮助。嵌入型人力资源服务是将人力资源管理的多面手[也称为“人力资源业务伙伴（HRBP）”]安排到销售、生产、研发等部门中，为其提供与部门运作紧密结合的人力资源管理支持服务。专家中心则更像是企业内部的人力资源管理咨询公司，提供在组织变革、流程精简等领域的专业化建议。

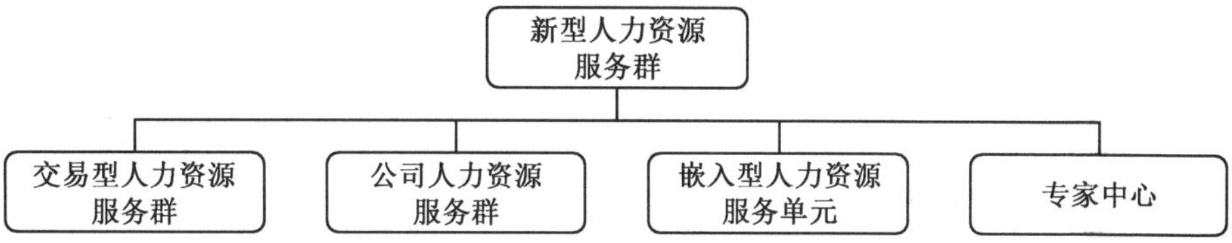

图1—8　新型人力资源服务群的组织方式

管理聚焦1—3

人力资源部的价值创造

美国密歇根大学教授戴维·尤里奇（Dave Ulrich）是最早提出“人力资源”（human resource）概念的开创者之一。他认为，在过去30年里，人力资源部门发挥作用、提供价值的方式经历了四个阶段。第一阶段，人力资源部门关注工作的状态和条件，致力于提供与工作要求相匹配的薪资、工作环境和配套服务。一些工作延续至今，人力资源部门依旧关注事务性工作，尤其是薪资部分的工作。第二阶段，人力资源管理更关注专业性技能。人力资源部门建立了一系列围绕着员工业绩展开的招聘、激励、培训体系。同时人力资源管理者在企业内部还承担着沟通者的职能，并参与设计组织结构和制定相关政策。第三阶段，人力资源部门开始向战略执行层面发展，将专业职能和企业战略相结合。在这一阶段，人力资源管理部门需要回答的问题包括：如果一家企业将创新作为其战略，那么要招什么样的人？薪资水平如何？企业内部如何沟通？组织架构该如何设计？这些专业性职能都要和企业战略达成一致。在最近4～5年，人力资源管理发展到了第四阶段，人们开始“由外而内”地看待人力资源部门。这一视角是要看企业对客户、对投资人都做出了哪些承诺，以这些外部期待的角度，来重建人力资源部门的工作流程。在第四阶段，人力资源部门的工作重心由招聘、薪酬、福利等传统管理活动，转向思考人力资源管理给企业带来了什么结果，真正创造了多少价值。

他指出，人力资源部是与企业CEO最接近的职能部门。人力资源部的最重要工作，是帮助公司在不断变化的市场中取得成功。为此，人力资源管理者需要反思以下三个问题：(1)在当前的工作中，面临的最大挑战是什么？(2)有效的人力资源会带来哪些成果？(3)有效的人力资源转型需要哪些条件？对于这三个重要问题的回答，尤里奇给出了以下建议：

表 1－1

当前工作中面临的最大挑战	1. 基于战略进行人力资源再定位。 2. 由外而内地审视人力资源的作用。 3. 通过人力资源系统影响客户和其他利害关系人。 4. 战略思维，有效沟通。
有效人力资源的成果	1. 培养人才：人才＝胜任力×承诺×贡献。 2. 提升领导力：战略制定者、人才开发者、团队领导者。 3. 打造企业文化：行为、期望、价值观、认同。
人力资源转型的条件	HR 再设计： 1. 明确区分事务性(基础或必需的)和战略性人力资源工作。 2. 使人力资源组织遵循业务组织的逻辑和结构。 3. 使人力资源组织遵循专业服务性组织的流程。 4. 专注关系更多于角色，促进员工之间的合作。

人力资源部门所做的一切都非常重要，它会给企业带来切实的商业价值。在人力资源部门的转型过程中，需要改变视角，由外而内地思考，把人力资源和客户、投资者结合在一起，要有战略性眼光和宏观思维。同时，人才、领导力、文化是人力资源管理成果的三个重要方面。做到以上这些，企业就能建立真正创造价值的人力资源部门。

资料来源：《哈佛商业评论》，http://www.hbrchina.org/2016－08－19/4422.html。

四、人力资源部的人员类型

在传统的人力资源管理部门中，通常存在四类人员，他们分别是支持性人员、专才、通才和高级行政经理(见图 1－9)。

1. 支持性人员

支持性人员的工作主要是文书性质的，包括打字员、职员和接待员。其从事的工作主要包括收集数据，保持有关记录，从事这类工作的员工通常应当具有高中和技校的学历。由于人力资源外包、人力资源管理信息系统及员工自助服务的发展，对这类人员的需求正在不断下降。

2. 专才

专才是指在一个专门领域(如薪酬、人员配置、员工培训等)中具有精深知识和技能的人员，为企业提供专业领域的政策制定和方案建议。这些领域的专才要求受过正规的人力资源管理相关专业的大学教育。也有一些可能来自对支持性人员的晋升和培养。在图 1－9 中，负责各专项人事职能的经理及其下属都是专才。

3. 通才

通才是负责企业各类人力资源业务工作的人员，他们了解并有能力处理全部或大部分人力资源管理活动。对通才的要求是善于应付突发事件，并将公司政策和有关人力资源管理的知识应用于对具体事件的管理上。通常，通才能为直线管理者提供必要的服务和建议，以解决其人事问题。在图 1－9 中，人力资源副总裁对企业的人力资源管理活动全面负责，因此，他既是高级行政经理，又是通才。

4. 高级行政经理

企业人力资源管理职能的顶端是人力资源副总裁(或称人力资源总监)。他们负责协调高级管理层中人事职能与其他职能的关系，参与企业总体目标与战略的决策，向其他高层管理者提供有关人力资源利用状况的报告，并直接向公司 CEO 或主要事业部负责人汇报工作。人力资源副总裁可能来自资深人力资源专家的晋升，也可能来自直线部门。一项针对美国 1 200 家组织的调查表明，部分组织任命的人力资源高级管理者缺乏 HR 的专业背景，但拥有丰富、良好的直线管理经验。

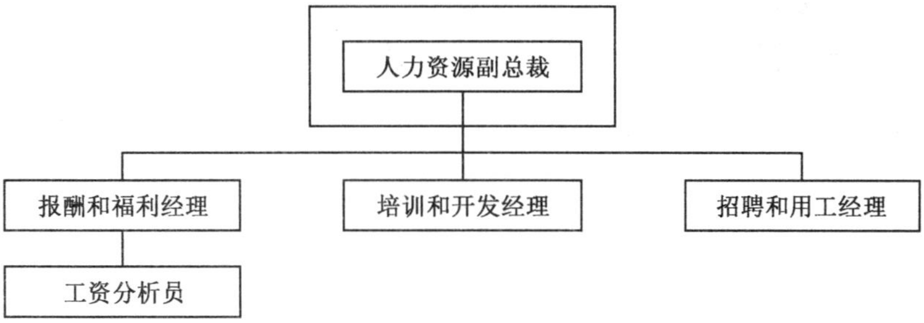

图 1—9　人力资源部门的人员类型

五、人力资源管理者的角色转变和能力要求

当社会和经济环境改变组织生活的同时，人力资源管理者也必须顺应这一潮流，运用新的策略、实践和具备新的能力。这就要求人力资源从业者培养新的个人和团队技能，并调整其在组织中的专业角色。如果这一转型成功，则人力资源管理者极可能在组织中占有战略地位，并直接影响企业人力资本的运用。否则，人力资源管理者只能在未来的组织中扮演一个人微言轻的小角色。

(一)环境变化要求的新角色和新技能

在今天的世界，信息已跨越国界迅速流动，这一过程创造了大量的新价值、新的工作方式、新的压力、对人员的新技能要求。由于经营环境的变化，人力资源管理者的工作方式也发生了重大变化(见表 1—2)。

表 1—2　与人力资源管理相关的关键职能所面临的挑战

开发商业合作伙伴
适应商务需要的人力资源管理产品与服务 更短的服务时间 就商务团队的结构、过程和人员问题积极提供建议、咨询 就组织发展和组织效率等问题提供意见建议 为领导者就人事问题提供辅导和支持 更快、更全面地掌握信息
在职能间、业务间、跨国界提高协同性
更快的产品/过程开发周期 实时了解商务信息，以提高业务反应能力 在不同的职能、业务领域和团队间加强协作 在组织边界之内分享最优的实践经验

续表

在竞争的环境下，完成商业目标
在不断变化的经营环境下，制定、规划、支持和推动企业目标的实现 修正企业不合需要的政策和程序，以消除无效的活动 对人力资源产品和服务的质量、影响和成本提供更有效的管理 设计人力资源活动的度量方法，发现人力资源管理的经济价值 对劳动者进行激励、再投资与再设计 提高个人能力、核心过程和内部制度（用最少的资源办最多的事） 尽可能下放权力、决策职能
提升人力资源管理的效能
通过技术、外包、合作等方式，使人力资源管理的传统技术焕发新的活力 开发与管理组织、团队能力（通过明确核心能力，共享最佳实践）
持续有效的变革管理
及早发现关键性的竞争问题，并及时做出反应 识别并推动变革/创新，这是在竞争中占据主动所必需的 推动管理改进与再造的领导能力 促进持续改变的首创精神（克服团队过程的障碍、加速变革的节奏）

在新的环境下，人力资源管理者不仅要完成其传统职能，也必须行使其意在实现竞争优势的关键性的新职能（见表1—3）。

表1—3　　未来的人力资源领导者应完成的职能

传统职能与工作方法	创新职能与方法
薪酬/福利	报酬与认同系统（Reward and Recognition Systems）
交易管理	转变中的领导能力
组织与员工的政策、实践	持续变革和创新
掌握战术性解决问题的技巧	与其他部门合作以解决战略性问题
作为全体内部员工的利益代言人	与社区群体联盟
谋求员工的拥护	管理者的商业伙伴
劳动关系	员工参与计划
为员工个人提供辅导和建议	协助实现高业绩的团队开发、授权计划
培训设计	学习型组织开发
招聘和安置	组织、过程、业绩体系设计
本地目标导向	全球商业视角

很显然，新的、拓展了的人力资源管理职责无法在大部分企业现行的管理哲学、框架和管理角色中得以实现。要应付未来发展的新要求，管理者必须进行重大的角色调整。这主要涉及以下三方面的人力资源管理角色，每个角色都会从不同角度为顾客创造价值：

（1）人力资源的产品与服务专家，将集中于产品和服务开发、提供和支持活动，包括筛选、管理外购服务供应商，开发和应用关键技术等。

(2)人力资源的通才，将集中于重要客户开发和管理，人力资源产品与服务的安装与定制，为提高团队效益提供咨询建议。

(3)人力资源的战略专家，将集中于商业团队伙伴与咨询专家角色，包括人力资源战略开发、人力资源诊断与调整，从组织战略层面运用相关的产品和服务。

上述角色再调整只是人力资源管理职能变革的一小部分。另一项主要的变化在于人力资源的产品服务对象的调整。人力资源的产品与服务将按服务对象进一步细化，一些专家将集中于对企业的服务，另一些则集中于对员工的服务(见表1—4)。

表1—4　　人力资源产品与服务的供应

面向企业的产品与服务	面向员工的产品与服务
公司利益/法律实践开发	薪酬/福利 保健和福利活动
人力资源战略设计和提供 商业咨询/再造	学习与开发工具和程序
组织开发和效果咨询 绩效管理体系设计与安装 甄选、安置工具与程序 人事研究与信息系统开发 智力资本的界定与记录	多样化项目 职位再设计 员工援助项目 薪酬和认同项目

(二)未来成功必需的人力资源管理能力

与人力资源管理框架和角色的变化相一致，人力资源管理者必须培养新的能力来顺应这种变化。与人力资源管理者未来成功相关的能力应被分为三个层面：核心能力、特定层次(level-specific)和特定角色(role-specific)相关的能力(见表1—5)。

表1—5　　人力资源管理的能力框架

核心能力	个人属性	关系导向	积极关心他人及其组织贡献，开发积极的人际关系。
		持续学习	主动寻求业绩反馈，吸收他人的经验，发现改善自身业绩的方法。
		对压力、含糊不清(ambiguity)与变革的忍耐力	在改变工作要求时，能灵活运用不同方法。
	领导能力	战略性的商业视角	判断和表达整个组织、业务的关键需要。
		变革管理	形成创新的观点，改变管理实践以适应创新目标的要求。
		沟通能力与影响力	创建一个信息自由流动、决策遵循双赢哲学的团队环境。
	管理能力	项目与产品管理	计划和实施人力资源项目、计划和产品开发活动。
		质量控制	关注产品/服务和程序的持续改善(continuous improvement)。
		客户价值创造	及时对客户需要做出反应，并能为客户带来价值增值、提高客户满意度。
	职能性技术能力	分析、评价能力 依法办事的能力(compliance)	发现关键需求、诊断问题并监控重要活动进展的能力； 在充分了解有关法律、政策和实践的基础上，保护组织和员工的合法利益不受侵害。
		辅导、咨询和开发其他员工	提供合适的建议、反馈和开发资源，改进个人/团队的工作表现。
		安置与人员保持	为筛选、保持合适的求职者提供建议和支持。

续表

特定层次的能力	团队领导（初级管理者）	计划与组织	为自己和他人形成一套系统计划，确保特定目标的达成。
		团队建设	开发出成员共同参与、合作、相互支持的团队环境。
		绩效管理（辅导其他员工）	帮助员工了解绩效标准，并采取后续措施支持个人发展和绩效改善。
	综合者（中层管理者）	资源管理 跨团队合作协调	具体说明关键性资源需要，并为此进行协商谈判； 确保跨团队边界的资源整合与合作。
		业绩管理（系统建设）	确保有关绩效改善的工具和程序在整个组织中得到持续应用。
	高层管理者	洞察力和引导	制定和传播组织使命，激发员工的工作热情，并引导员工做出相应调整。
		构建伙伴关系	建立与内外业务伙伴的联盟，向客户提供适用的人力资源产品/服务。
		绩效管理（开发工作环境）	积极创建和支持一种提高员工/团队参与水平和绩效表现的企业文化。
特定角色相关的能力	人力资源产品/服务专家	技术诀窍	获取和应用专业/技术知识、技能、经验和判断，用于达成工作目标，更好地服务于客户，最终为企业智力资本的积累做出贡献。
		产品/服务开发和改进	与人力资源团队合作，按客户的要求设计和开发产品服务。
		产品/服务交付	对产品和服务的交付进行管理，确保顾客的高满意度。
	人力资源专家	组织设计与开发	对工作和程序进行再设计，改善个人、团队和组织的工作绩效。
		过程推进（process facilitation）	领导群体和团队解决问题、改善人际关系和加强互动交流。
		资源调动与协调	使人力资源在达成组织目标中发挥的作用最大化。
	人力资源战略专家	业务流程再造	重新界定和简化业务战略、结构和程序；有效运用人力资源管理技术来提高组织竞争力。
		业务管理	确保人力资源产品和服务支持所有业务目标。
		人力资本最大化	为形成、调动、评价组织内的人力资本开发适用的方法。

当然，没有哪一个专业人员会掌握或者具备所有的人力资源管理能力。特定的管理角色或工作岗位的管理者，只需具备完成良好工作业绩所需的部分能力即可。比如说，从事薪酬/福利工作的人力资源专家可能应当具备全部的核心能力和人力资源产品服务专家角色的能力，但不具备特定层次的能力。相反，某公司下属的大型事业部的人力资源经理不仅需要具备人力资源管理的核心能力，还应具备综合能力和人力资源通才能力。很显然，对特定岗位、职责的管理者的能力要求，应视企业情况和工作要求而定。

第五节　人力资源管理的发展趋势

人力资源管理面对的宏观经济社会环境和组织内部环境都在发生急剧的变化。越来越多的中国企业加入全球化市场竞争，低碳经济和产业升级都要求企业进行低能耗高产出的业务转型。信息化、网络化及大数据则使企业的工作组织方式、管理沟通、客户服务方式都发生了重大变化，也对企业的人力资源管理产生了广泛而深入的影响。未来的人力资源管理发展，需要考虑到全球化经营的需要、信息技术的影响、大数据的企业应用、可持续人力资源管理与公司社会责任等发展趋势。

一、全球化与人力资源管理

全球化是指企业的经济活动超越国界，通过对外贸易、资本流动、技术转移、提供产品或服务等方式，在全球范围内开展经营的过程。越来越多的中国企业开始走出国门，在全球市场中进行对外贸易、投资和技术开发。企业在全球范围内开展竞争，意味着面对更加严酷的市场竞争格局，有更大的压力创新、提升生产率、发现成本更低的工作方法，并致力于成为“世界一流”的企业。在这一过程中，企业的成败将取决于是否拥有全球视野和战略预见力，重视国际化人才的培养和开发，建立有效的战略性人力资源管理系统，并提升企业在全球布局与运营的核心能力。企业的全球化必然要求人力资源管理系统的全球化，以及人员队伍的多元化和国际化。吸引、选拔和保留具有全球视野的人才，在全球市场中争夺人才、整合来自不同国家的人才，并在人力资源管理过程中同时实现国际化和在地化，都是企业全球化经营过程中人力资源管理工作的重中之重，也将决定未来人力资源管理对企业的战略价值。

二、信息技术与人力资源管理

信息技术(互联网、人工智能等)的应用为企业运作和工作组织方式带来了革命性的影响，也引发了人力资源管理的巨大变革。首先，IT 技术使企业得以雇用位于世界各地的员工(远程工作、远距离工作、虚拟办公室等)，并以虚拟团队方式整合位于不同地点的员工。通过移动通信和网络技术，员工可以突破工作的物理界限，在家庭、客户办公室及其他外部空间再造传统办公室所提供的配套服务工作，使工作随处都可以开展。研究显示，这种工作方式有助于增加销售额，更快地回应顾客，使生产效率更高，并可以明显减少企业租用办公室的固定成本。但远离公司工作也会使员工处于管理者的视线之外，降低了管理者实时沟通、指导和监督的能力，同时员工也可能会感到疏离，缺乏对企业的认同和归属感。信息技术还使虚拟团队成为可能。处于不同地方甚至不同工作时间的团队成员可以通过信息技术实现沟通和合作。信息技术还可以在日常人力资源管理中发挥作用，基于局域网的技术使员工可以直接访问人力资源管理信息系统(HRIS)，进行信息查询、管理更新个人人力资源数据、访问绩效数据和在线完成绩效评估等工作。当信息技术广泛渗透到企业工作过程中时，人力资源管理职能、活动和管理权限将由单个高度集中的人力资源部转移并授权给员工及直线管理者。直线管理者将在员工招聘、甄选、保留、激励和培训中发挥更大作用，并可能跨过人力资源管理部这一中介机构。在谷歌，当有人申请公司空缺职位时，此人的信息(兴趣、经验)直接进入系统与谷歌在职员工进行匹配，通过“众包”的过程让员工决定最终雇用人选。

管理聚焦 1-4

未来世界的四种工作模式

在信息技术、数字化主导的未来世界中，工作者仍将是组织的必要元素，但组织自身的形式将变得更加多样化，传统的固定工作将被新的、灵活雇用的方式逐步替代。一个由人力资源主管们及其他领导者形成的联盟 CHREATE(the Global Consortium to Reimagine HR, Employment Alternatives, Talent, and the Enterprise) 主导的研究，总结出了推动组织变革的五种基本力量，以描述组织及人力资源管理的走向。该研究提出，推动组织变革的 5 种基本力量包括：

1. 社会变革与组织重构。未来组织将变得更加透明灵活，以项目为基础。人才管理将超越传统的等级制度和工作合同，通过人际网络和外部合作促进组织的横向管理、共享领导与集体合作。

2. 包容性全球人才市场。劳动力市场的构成更为多元化，社会政策会更支持不同于传统全职雇用、没有明确界限的工作。人力资源的高度异质性，将使组织的职责设计、薪酬和福利更加差异化。

3. 真正彼此连通的世界。工作正变得日益虚拟化，可以发生在任何时间、任何地点。跨界合作与社交网络增强了组织的能力，也重新定义了职业生涯、学习深造以及职场的公平性和吸引力。

4. 技术变革迅猛发展。机器人、无人车、商品化传感器、人工智能以及物联网，将对劳动生态系统进行重构，使得灵活、分散、即时的劳动力足以适应快速的业务再造。组织将通过自动化流程应对技术变革，在不确定环境下达到长期目标和灵活性间的平衡。

5. 人机交互协作。分析、算法、大数据和人工智能在逐渐取代传统工作岗位的同时，在人机协作领域创造了新的工作岗位。

这些发展趋势不会以同等方式、强度影响所有组织。CHREATE 研究根据工作的民主化程度（前三项趋势的影响）和技术授权程度（后两项趋势的影响）制作了分析矩阵，说明企业未来工作组织方式的选择（如图 1—10 所示）。

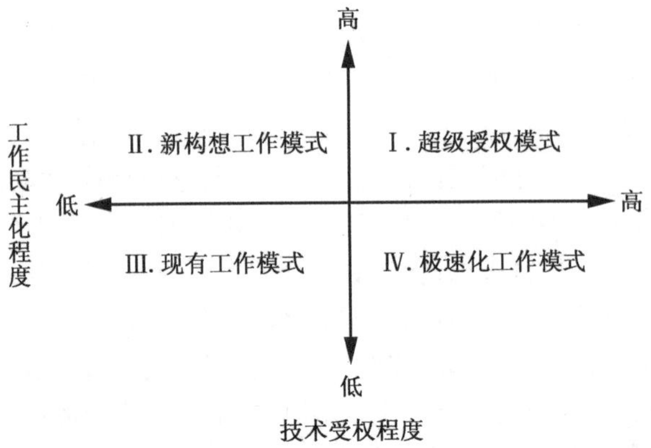

图 1—10　企业未来工作组织方式选择分析矩阵

以上四个象限分别描述了四类不同的组织，以及它们迥然不同的战略、人才与工作管理策略：

1. 现有工作模式（Ⅲ象限）

这类工作与今天的大多数工作相同，有着相似的技术联系和工作安排，主要依赖于正规的全日制雇佣关系。这一工作模式意味着统一的办公地点、以物理方式相连接的员工和日常工作。比如，与安全设施、无菌空间、石油钻机等相关的技术工作，如果试图通过云计算将员工联结起来，将会产生高昂的费用。政治、规范和社会常态的要求也可能促成这类工作模式产生。

2. 极速化工作模式（第Ⅳ象限）

个人移动设备、基于云计算的人力资源管理信息系统等更快、更好、更廉价的技术，将为传统工作关系提供支持。这一象限的工作模式,体现了企业用技术改造人力资源系统和工作关系管理的努力,使传统工作方式自动化。比如呼叫中心,员工会远程办公或在家工作。

3. 新构想工作模式(第Ⅱ象限)

这一新的就业模式已经发展到平台、项目、特约演出、自由职业者、竞赛、合同工、服役和兼职等形式,一些为零工工作者服务的数字匹配平台就属于这一模式的支持性技术,如 Feelancer、Upwork。这种工作模式要求企业进行雇佣系统的内部创新。比如,将自由职业者、合同工和兼职纳入组织人力资源系统中;运用社交工具对被动求职者进行跟踪和交流或在社交媒体平台上举办创新竞赛,从而改善传统的招聘系统等。

4. 超级授权模式(第Ⅰ象限)

加速进步的技术和更民主的工作安排,将产生新的工作形式。当随需应变的人工智能、极致的个性化与安全、可接入的云数据库被商业化后,这些数据库不会受到任何单一雇主的控制,并为职位和应聘者提供搜索定位,使得同一类的工作和劳动力可以互相配对。这个数据库将包括人才的能力、职业资质、招聘条件、工作背景、知识水平、学习资料和福利情况等。IBM 的 Open Talent Marketplace 系统允许招聘经理把工作解构为短周期事件,并发布给组织内部与外部人员。工作者通过平台参与竞标,组队完成工作,跟踪历史进度和工作能力。

视企业面对的外部环境力量的组合不同,企业可能运用不同的工作模式。但更可能的是,一家企业中包含不同的工作模式:生产制造部门可能对应“现有工作模式”,供货配送部门可能对应“极速化工作模式”,专业技术人员和软件研发部门可能对应“新构想工作模式”,创意部门则可能对应“超级授权模式”。工作模式演进的步伐正在加快,企业需要明确自身的价值定位和核心能力,以灵活的方式直面未来的巨大变化。

资料来源:《哈佛商业评论》官网,http://www.hbrchina.org/2016－08－03/4403.html。

三、大数据与人力资源管理

大数据正广泛应用于企业内部经营流程的优化。在人力资源管理领域,大数据被用于帮助管理部门了解组织现状和工作实际状况,适时精准地发现问题和提出优化建议,因而也被用于人员吸引、甄选、分析员工工作状态、优化人力资源计划、绩效评估和留才任用等多个方面(见表 1－6)。

表 1－6　　大数据在人力资源管理中的应用

领　域	应　用
人力资源规划与招聘	· 计算未来的人力资源供给与需求,规划待招聘的员工类型 · 分析绩优员工的共同特征和背景,作为雇用决策的参考
绩效管理与培训	· 增加员工的量化绩效指标,评价每个人的贡献度 · 针对员工个人提供差异化的培训课程
薪酬与福利	· 根据绩效数据,重新规划报酬与福利制度 · 汇集员工活动数据,进行员工健康管理
留才与员工流动管理	· 从行为数据分析异常员工,避免人才流失 · 用数据筛选出高潜力人才,提高留任吸引力

使用大数据来进行人员需求计划和人才甄选，厘清胜任各项职位的关键成功因素，能帮助选出真正有助于企业未来发展的员工。传统人力计划是根据用人部门上报的计划，通过内外部甄选，选出学历、专业背景、工作经验及其他个人特征适合职位需要的人员。而在引入大数据分析技术后，人力资源部门可以主动分析公司未来需要的人员结构和人员数据，并确认员工能力"供需差"的缺口及解决对策。运用大数据分析，人力资源部门还能将员工的个人特征与绩效表现做交叉比对，发现各个职位中绩效表现优秀的员工有哪些共同点，从而为未来的人员甄选提供参考。

大数据也被用于优化评价与反馈机制。传统的企业绩效管理关注经营 KPI(关键绩效指标)，直接影响营业收入和利润的业务部门受到较大关注，支持性部门的贡献很难体现为量化目标并得到企业高层承认。大数据工具的引入，能有效改变这一现状。比如，企业新产品的市场表现上佳，传统上管理者会直接奖励销售团队而忽视研发、生产和其他支持性部门。运用大数据工具，通过分析与新产品有关的"所有员工"在产品研发、生产、配送、服务各阶段的参与和支持，有助于人力资源部门找出畅销产品的功臣，针对性地做出奖惩。

此外，由于移动穿戴装置的数据分析工具的普及，数据的取得成本降低，一些组织利用移动穿戴装置获得员工信息，使用大数据分析来进行员工精细化管理，促进员工工作与生活平衡、健康管理。研究显示，引入这类管理机制的企业，其员工请病假的平均天数少了一半，对生产率产生了积极的影响，也增强了员工的工作意愿。

四、可持续人力资源管理与公司社会责任

对环境、社会公平问题的关注使社会公众不再仅仅关注组织绩效的最大化目标，也同时要求企业承担必要的社会责任，这成为经济社会可持续发展的重要推动力量。这种期待要求企业同时关注环境绩效和社会绩效的改善。企业在公司社会责任、环境保护领域投入的努力，不仅有助于提高其经济回报(利润和投资回报率)、品牌美誉度和创新能力，也有助于提升员工的使命感、幸福感及满意度。管理大师普哈拉(C. K. Prahalad)的研究显示，有近 75%的新进人员在挑选雇主时，会把企业社会责任列为重要标准。员工也更乐于留在这类公司工作。因此，致力于企业社会责任的公司，能够更有效地雇用并留住出色而有责任感的人才。也有不少企业鼓励员工团结协作、发挥核心能力，引导并鼓励员工参与各类社会公益活动，帮助员工在企业社会责任活动中发挥作用。

优待企业员工，为员工打造幸福环境，也是企业履行社会责任的重要途径。CEB 公司(Corporate Executive Board)的调查表明，尊重员工价值、努力提高员工投入度的企业，其组织绩效提升 20%，员工幸福度及满意度提升 32%，跳槽的概率则减少 87%。企业的本质是由不同性格、品质和期望的个体组成的统一体，如果企业能表现出人文关怀和强烈的社会责任感，就更容易受到员工的拥戴和认可。

五、本书的章节安排

有效的人力资源管理有助于企业及其所有利害关系人群体获得共赢的成果，为此，管理者必须理解并富于成效地实践人力资源管理。本书的结构安排，意在帮助读者：

(1)深入了解在当今组织中战略性人力资源管理的作用、人力资源职能的战略地位，以及技术和全球化竞争的影响；

(2)理解企业如何实现组织战略与人力资源系统的整合，提升组织价值；

(3)了解职位分析和素质模型，为人力资源活动的有效开展提供信息支持；

(4)了解战略性人力资源配置，包括人力资源规划、招聘与甄选；

(5)了解人力资源开发的重要性，包括针对各个层级的员工培训与开发；

(6)了解员工及企业在职业发展与职业规划中的作用；

(7)了解绩效评估及其在绩效管理中的作用；

(8)了解企业如何制定和管理薪酬项目，实现员工的保留与激励。

本书由 10 章组成，从不同职能角度提供了人力资源管理的一个整体视角。当你阅读本书时，我们希望它有助于增进你对这一快速变化、富于挑战的领域的知识。

本章小结

对达成组织的使命、愿景及战略目标有潜在贡献的全体人员，在本书中均被视为企业的人力资源。人力资源管理是指为了完成企业管理工作和总体目标，影响员工的态度、行为和绩效的各种企业管理政策、实践及制度安排的总称。人力资源管理活动的目标是多重的，它期望能同时满足企业收益最大化、员工效用最大化和顾客满意最大化。其中，顾客满意度是企业人力资源管理中必须首先考虑的问题。

企业可以通过外部途径和内部途径来获取竞争优势。其中，关注内部途径的内生战略学派为人力资源如何帮助培养、提升企业核心能力提供了有价值的理论解读。企业的核心能力被用于解释企业内部资源如何帮助其构建可持续竞争优势，并指出具有价值性、稀缺性、难以模仿性和可组织化的资源会为企业带来竞争优势。

从开放系统的视角来看，外部因素及组织内部环境影响组织的人力资源政策及活动的选择与实施效果，进而决定着组织能在多大程度上满足各关键利害关系人的期望。在组织中，多个关键利害关系人群体共同影响着企业人力资源管理战略的目标选择。

组织内部所有对他人有控制力的人都是人力资源管理的参与者。但随着人力资源管理职能的部门专业化，人力资源部门与直线部门的职能划分应遵循以下原则：直线人员就人力资源管理活动做出决策，并运用人力资源来完成组织的基本目标，而人力资源管理者则在这一过程中被授权以协助和建议的方式支持直线人员。

人力资源管理部门在企业中所扮演的角色正在发生变化，人力资源从业者需要培养新的个人和团队技能，并调整其在组织中的专业角色。未来的人力资源管理者需要发挥三个方面的人力资源管理角色，每个角色将从不同角度为顾客创造价值：人力资源的产品与服务专家，人力资源的通才，以及人力资源战略专家。

人力资源管理面对的宏观经济社会环境和组织内部环境都在发生急剧的变化。未来的人力资源管理发展，需要考虑到全球化经营的需要、信息技术的影响、大数据的企业应用、可持续人力资源管理与公司社会责任等发展趋势。

思考题

1. 什么是人力资源？人力资源有哪些特征？
2. 什么是人力资源管理？企业人力资源管理的目标有哪些？
3. 许多人观察到，与营销、财务、生产及研发相比，高层管理者较少关注人力资源。在你学习了人力资源与竞争优势的关系的内容后，你如何来看待这种现象的合理性，你会做些什么来改变高层管理者的看法？

4. 影响人力资源管理实践的外部因素有哪些？选择一个外部因素，解释它怎样影响人力资源管理实践。

5. 人力资源管理的目标和实践受到不同的关键利害关系人的影响。请思考人力资源管理实践将如何影响每一个利害关系人群体的利益和关心的问题，并思考各利害关系人的关注和需求又将如何影响企业人力资源管理制度、政策与实践（如规划、员工配置、培训、薪酬及绩效评估）。对每一个利害关系人群体，请提出至少一个具体例子。

6. 许多人力资源管理者表示，他们选择从事这一职业是因为“喜欢和人相处”。你认为这是否构成一名人力资源管理者取得职业成功并为组织增加价值的最重要素质？

附录1　人力资源管理的发展沿革

人力资源管理作为一门工具性学科，其产生、发展必然受制于社会经济发展的水平和规模。在组织中，管理者对不同资源的关注程度往往反映着经济发展过程中不同资源的稀缺状况及其对企业经营成果的影响。产业革命早期并没有将人作为管理的重中之重，因为当时人口的较快增长和农村劳动力大量向城市转移迅速增加了劳动力供给，而机械系统和工厂组织的出现推动了劳动分工的发展，机械力代替人力迅速提高了劳动生产率水平，相对的人口过剩决定了人力被视为“取之不尽，用之不竭”的资源。这一时期，劳动密集型企业作为主流，对物质资源、市场资源及资本的占有成为管理者的主要目标。

19世纪后半期“福利人事”(welfare personnel)概念的兴起，应被视为人力资源管理的雏形。这一实践作为英国教友派传统的一部分，通过部分家族(Cadbury，Rowntree)企业对商业领域内的人道主义关注，推动了工厂主对劳动者的工作条件、福利状况的关心，包括提供失业安置、带薪病假及住房补贴等。但这些“激进的”行动更应被视为企业界对资本主义严酷性的一种反应，而非管理重心的重大转移。对人的管理没有导致对人的价值和尊严的积极认同，只是为了用福利性安排来替代真实工资的支付，以缓和劳资关系、遏制工会运动。

随着企业规模的迅速扩张，对人的管理的专门化被提上议事日程。人事管理在第一次世界大战至第二次世界大战期间成为专业的管理活动，其功能定位为对一般管理活动的支持，具体集中在招聘、劳动纪律、考勤、工资管理、培训和人事档案等领域。工业心理学和职业心理学在此时开始进入人事管理研究领域，其后的工业工程学和劳动经济学的发展则推动了对人事管理的研究。到第二次世界大战爆发时，人事管理作为一项研究领域开始加速发展。在这一时期，对产业关系、劳动关系的研究仍构成人事管理的主要研究领域。随着企业规模的扩张，人事管理不断地开拓其业务领域和研究范围，包括薪酬管理、基本培训和产业关系咨询等项目，但其管理活动仍停留在企业管理的战术层次，重点关注操作层员工或蓝领工人，未能得到企业管理层的高度重视。这一状况显然与同一时期资本密集型的企业发展方向有着重要联系。针对这一时期，彼得·德鲁克(Peter F. Drucker)就表示，人事工作“部分是档案员的工作，部分是管家的工作，部分是社会工作者的工作，部分是消防员的工作，不顾一切地解决工会的问题”。

到了20世纪60年代，企业管理者开始意识到经济的高速健康发展并非大量实物资本投资的结果，而是与技术、人才的有效运用密切相关。伴随着第二次世界大战后长期的经济增长和繁荣，充分就业条件下的人力资源稀缺问题受到关注，企业对人的管理，开始强调从吸引人、留住人、提高人到用好人的系统性管理技术方法和制度的构建，从而对人事管理提出了更高的要求。人事部门在集体谈判、生产率提高等方面的重要性，使管理层认识到人事管理对企业目标达成的战略性意义，但对人的管理仍是其核心思想。这一时期，来自其他社会科学领域的研究成果，如社会学(工业社会学)、心理学(工业心理学/组织心理学)、人类学以及工业工程学等领域的发展，均大大开拓了人事管理领域的研究视角与实践活动。自20世纪60年代以来兴起的人力资本投资理论也在宏观及微观层次上为人员质量对经济发展的促进作用，提供了坚实的理论基础。1960～1970年间，来自上述领域的研究使整个管理思想体系受到了重大冲击，几乎管理学的每一个领域在研究途径和研究方法上均受到重大影响。管理学不再是孔茨(Koontz)所说的“管理理论丛林”，而是向一个更为实践性、经验性的领域(方向)发展。

20世纪80年代，人事管理进入了创新阶段，“人力资源管理”替代“人事管理”成为主流，人力资源管理的思想和实践不断因市场经济和组织文化的变化而调整，其管理重心由解决劳资冲突转向通过提高员工归属感来改善组织绩效、追求卓越的管理过程。人力资源管理者逐渐开始在决定公司未来发展方向、经营目标及其战略调整方面发挥影响力。在这一阶段，经济衰退给美国企业带来巨大的经营压力，而日本企业的成功管理经验，包括企业工会、终身雇佣、质量圈和全面质量管理等做法被深入研究，使美国企业界开始认识到团队精神、人员管理水平及组织文化对提高生产率、达成企业目标的正面作用。这一时期也伴随着知识密集型企业的兴起，高教育水平、高创新能力和崇尚独立精神的知识员工在技术开发和生产率提高过程中发挥了日益重要的作用。环境和经济发展状况在这一阶段再次体现出对管理理论发展的重大影响，吸引人、激励人成为提高企业竞争力的前提条件。为了在全球化的市场中保持竞争优势，要求企业的人员管理和组织上更为灵活，在实践上直接表现为更少的员工、更高的生产率，管理重点在于发现、留住、有效地使用核心员工，通过强化核心员工的归属感激发其优良工作业绩，管理目标也由单一目标转为实现企业和员工共同利益的双重目标。

人力资源管理对人事管理的替代，不能简单化地解释为技术方法的优化和制度的局部改进，而应视为二者在管理哲学上的重大差异的结果。在内容上，人力资源管理与人事管理并无重大差异，主要包括：(1)组织内的人员配备，包括招聘、甄选与安置等内容；(2)培训和开发，包括员工在组织内的开发；(3)薪酬制度；(4)产业关系。但人事管理强调对人员和人事制度的控制及组织化管理，而人力资源管理更强调对人的价值、需要的关怀，其管理目标不仅在于实现企业收益最大化，还在于同时满足员工在组织内的心理和物质需要，实现这一目标的方法包括建立合作型组织开发员工能力，形成灵活、得到员工广泛认可的企业文化，培养员工的组织归属感，通过有效的薪酬制度安排提高其激励水平，通过冲突管理实现管理沟通的制度化。

随着知识经济的发展，创新、变革和服务的重要性日益提高，人力资源管理对组织成功的重要影响被提到了战略高度。在工业经济时代，当企业拥有的主要资本体现为物质资本时，股东通过拥有股权实现资本占有。但当公司的主要竞争优势来源于员工的组织方式、态度、动机和能力时，股东不再拥有真正意义上的公司所有权。此时，公司所能做的就是创造一种有助于激励员工和留住最佳员工的氛围和环境，使公司的人力资源实践为公司的总体战略和绩效改善服务，即所谓战略性人力资源管理。基于这一战略性视角，组织中的人力资源应当具备企业核心能力要素的特征，即同时具有价值源泉、稀缺性和难以模仿性等特征，并在具体的人力资源管理战略或活动中得以体现，使企业借此获取和维系长期竞争优势。战略性人力资源管理的终极目标，在于支持组织在员工生产率、服务及质量等重要指标上的持续改善。与此同时，组织的人力资源管理职能由传统的服务导向转变为人员导向，由成本费用导向转为投资收益导向；人力资源管理由操作层次上升到战略层次，并确保人力资源战略与组织战略之间、人力资源各功能模块之间的有效匹配，以期实现组织经营的整体有效性。

附录 2　人力资源管理专业的国际认证

在专业人员中，绩效标准是由业内人士而非外部人员制定的。大多数专业领域形成了有效的代表性机构，使成员能就共同关注的问题交换观点意见、培养人才和提升职业声望。这些特征被应用于人力资源管理领域，形成了该专业领域中的几个著名机构。其中，国际上声誉最为卓著的是人力资源管理协会(SHRM)、人力资源认证协会(HRCI)、美国培训与开发学会(ASTD)以及美国薪酬协会(WorldatWork)。

(一)人力资源管理协会

对于从事人力资源各个领域工作的个人而言，最大的人力资源管理专业组织是人力资源管理协会。协会的基本目标是界定、维护和改进人力资源管理实践的卓越标准。自 1948 年成立以来，协会已经在 125 个国家吸收了超过 225 000 名成员，同时在美国建立了 575 家以上的地方分会，并在中国和印度设有办事处。

人力资源管理协会每月出版杂志 *HR Magazine* 和报纸 *HR News*。协会提供的服务涉及人力资源管理各个领域，其下属的主要分支机构——人员招聘与配置专业分会(RSFA)，则提供关于雇用和留任方面更深度的信息。

(二)人力资源认证协会

人力资源认证协会是人力资源管理协会的附属机构。人力资源认证协会成立于 1976 年，其目标是通过认证项目承认人力资源管理专业人员的资质。有 80 000 多名专业人员获得了认证。HRCI 为人力资源专业人员提供了三种认证：PHR(人力资源专业人员)、SPHR(人力资源高级专业人员)和 GPHR(全球人力资源专业人员)。这些认证鼓励人力资源专业人员不断更新其专业知识和技能，同时，它也是对达到设定培训和工作经验水准的专业人员的认可。

(三)美国培训与开发协会

美国培训与开发协会成立于 1944 年，是全球最大的面向工作场所学习及绩效领域的专业组织。ASTD

的成员来自 100 多个国家,在美国当地有 136 家分会,并建立了 26 个全球网络。其成员就职于各种规模的组织中,也担任政府部门的独立顾问和供应商。ASTD 的认证机构提供“学习与绩效专业人员认证”,帮助这一领域的专业人员证明其对雇主的价值以及他们在本领域中的专业知识。

(四)美国薪酬协会

作为一家专业机构,美国薪酬协会专注于薪酬、福利、工作生活平衡以及为吸引、激励和保留高生产力劳动力而实行的整体薪酬策略等领域。美国薪酬协会成立于 1955 年,成立初期名为 American Compensation Association(ACA),它是一个由来自 75 个国家、超过 30 000 名成员及专业人员组成的协会,提供包括培训、认证、研究、会议研讨及专业社区等服务。美国薪酬协会的专业认证协会,为从事薪酬、福利和工作生活平衡领域的专业人员提供职业资格认证。美国薪酬协会的认证证书包括薪酬专业人员认证(CCP)、福利专业人员认证(CBP),全球薪酬专业人员认证(GRP)、工作生活专业人员认证(WLCP)。

第二章　构建战略性人力资源管理系统

学习目标

在学习本章后，你将能够：

1. 掌握人力资源战略的概念和核心内容。
2. 了解战略性人力资源管理系统的主要组成部分。
3. 掌握企业的使命、愿景、价值观与战略的概念。
4. 理解企业不同层次的战略如何影响人力资源管理系统的设计。
5. 理解企业战略转型对人力资源管理的影响。
6. 理解企业的组织结构、组织文化对人力资源管理系统设计的影响。
7. 了解人才分层分类模型及员工的差异化管理。
8. 了解人力资源管理战略与企业经营战略的匹配的模型。
9. 了解人力资源管理效果评价的主要评价对象和评价指标。

在不同的企业中，人力资源管理活动及其模式存在极大差异。一些企业在员工甄选录用上极为慎重、精心筛选，另一些企业则基本上是随意雇用；一些企业投入巨资进行系统化的人才培训和发展，另一些则通过外聘有相关工作经验的求职者来满足对员工技能的要求；一些企业支付高额的绩效奖，另一些则强调基本工资的重要性。组织间的人员管理差异，部分可以用组织外部环境的差异来解释。但这些做法更有可能体现了组织的战略目标、组织文化、内部资源及其工作组织方式的差异，而这些人力资源活动的组合将进而影响组织的人力资源管理效果和组织经营绩效。卓越的公司将人力资源管理系统建立在对公司及其环境的充分了解之上，吸引高素质的员工进入企业，实现员工与岗位的有效匹配，并努力保持员工长期旺盛的工作热情。基于对环境和组织战略的充分把握，进行系统性的人力资源战略设计，并加以有效执行，是企业人力资源战略的核心内容（见图 2－1）。

在本书中，人力资源战略是指支持组织战略目标达成的各类人力资源管理政策、制度和实践的总称。

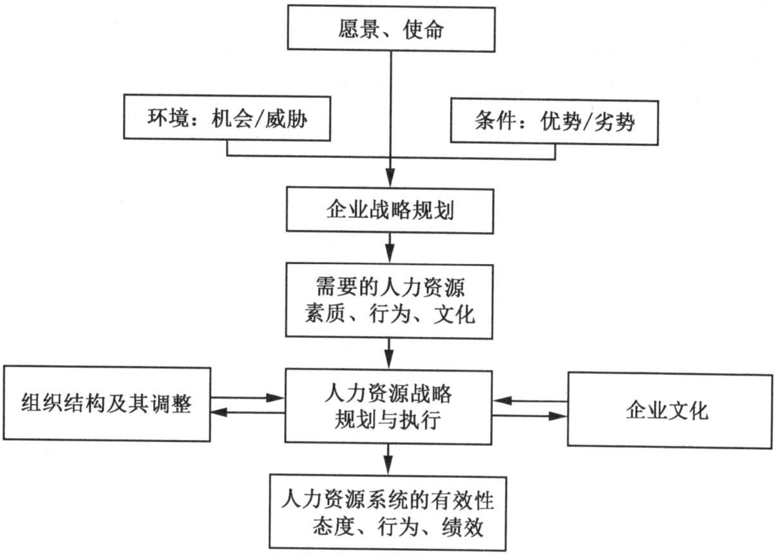

图 2—1　战略性人力资源系统的构建

第一节　组织愿景、使命与战略

战略性人力资源管理的最终目标，是要通过企业人力资源的整合来驱动企业竞争优势的形成与保持。人力资源管理系统的设计，首先必须能支撑企业的使命、愿景与战略的实现；其次，也应考虑组织结构、工作组织方式与企业文化的匹配。

一、使命陈述与战略层次

企业的战略规划始于公司使命和主要公司目标的陈述。使命陈述提供了组织战略制定的框架和背景。使命陈述包括四个主要部分：公司存在的理由（使命）、公司期望未来达到的状态（愿景）、价值观，以及战略目标。使命陈述往往体现了公司不同利害关系人（包括员工）所关注的重要问题。

（一）使命

使命描述企业要做什么，即提出公司业务的定义。为了明确公司的使命，公司需要从三个维度定义自己的业务：公司业务满足的对象（顾客类型），满足什么样的需求（顾客需求），如何满足（技术、知识或独特竞争力）。使命的确定，强调顾客导向而非产品导向的业务定义。以顾客为导向的使命陈述有助于公司预见需求转变，将环境的变化转化为投资机会。以阿里巴巴集团为例，它的使命是让“天下没有难做的生意”，体现了阿里巴巴集团关注的是待满足的需求，而不拘泥于具体的产品形态。

（二）愿景

公司的愿景描述了某种期望实现的状态，即企业在未来想要实现的远大目标。好的目标陈述就是要用清楚的语言向公司提出挑战，用大胆的、可实现的未来状态来激励各个层次的员工和推动企业的战略。

(三)价值观

企业的价值观表明管理层和员工应当如何行动、如何做业务、希望建立什么样的组织来帮助公司实现其使命和愿景,因而直接影响着企业的人力资源管理理念和对员工的行为期待。价值观是企业文化的基石,而企业文化则构成了竞争优势的重要来源。研究表明,价值观通过影响员工的行为和态度,进而影响组织的财务绩效。其中,能增进组织绩效的价值观包括:尊重组织最重要的利害关系人的权益,鼓励领导力和创新精神,整个组织对变革的支持。

(四)战略目标

目标是对公司意图实现的一种未来状态的简要和可衡量的陈述,它指出了公司为完成使命与愿景必须切实做好的具体工作。尽管本书强调组织在确定目标时需要兼顾不同利害关系人的利益,但绝大多数企业的中心目标是股东利益最大化,为此需要保持高水平的盈利能力和持续的利润增长。基于这一理由,企业的主要目标往往指向盈利能力的提升、公司长期绩效和竞争优势的持续提升。

企业在明确了使命、愿景和发展目标之后,就必须将其表达为一套关键承诺和实现既定目标的具体步骤,即战略。与价值观一样,战略对组织及其员工的行为同样具有指导作用。对组织战略的全面描述可能是相当复杂的,在多个商业领域中开展业务的大型企业往往需要制定不同层面的战略。具体来看,其战略可以划分为三个层面:公司层战略、经营层战略和职能层战略(见图 2—2)。公司层战略关心整个组织长期盈利能力的最大化,其主要目标是在当前业务及未来的新业务、新产业中保持和提高企业的竞争优势,因此需要在公司层战略中明确公司经营的多元化水平,包括公司如何建立和管理自己的业务组合、行业组合、关键资源分配并确定总体增长战略。经营层战略(即竞争战略)主要发生在战略经营单位或事业部层面,关注的是通过何种战略保持事业部在特定产业部门的竞争优势、如何为客户提供独特价值以及如何将公司层的战略意图转变为具体的业务战略。职能层战略是针对特定职能领域的具体战略(如企业的人力资源管理战略、营销战略),通过将高层次的战略计划分解成具体的操作实践,提高企业运营效率,进而改善其实现卓越效率、品质、创新和快速客户响应的能力。通过对职能层战略的选择,管理者可以建立起强化企业独特竞争力的资源和能力。

企业的使命、愿景、战略目标共同形成了一整套时间跨度由长到短的目标体系,公司的战略体系则为这一目标体系提供着有力的支撑。公司目标体系对人力资源战略的重要性表现在两个方面:一方面,清晰的使命、愿景和战略目标向各级管理者和员工传递着关于公司未来发展方向、关键工作成果以及行为期待等方面的重要信息,并推动管理者和员工为实现共同的目标而努力,从而对管理者和员工形成了直接的激励和行为引导;另一方面,使命、愿景与战略目标的实现取决于员工的素质、行为努力和组织方式,企业需要通过人力资源管理战略的选择和执行,优化员工队伍,落实和完成组织的战略目标。

二、经营层战略的规划

为了实现组织目标,企业需要将不同层次的战略步骤和行动予以具体化,这一过程被称为战略规划。由于经营层战略的制定与执行直接影响企业人力资源管理模式的选择,我们将集中描述经营层战略的规划。经营层战略强调在特定行业中为客户提供独特价值,为此,经营层战略的规划首先应立足于竞争分析,即在界定企业的使命和目标的基础上,分析企业面对的外部机会和威胁以及内部的优势和劣势(即 SWOT 分析),以便制定能最好地对准、适应和匹配

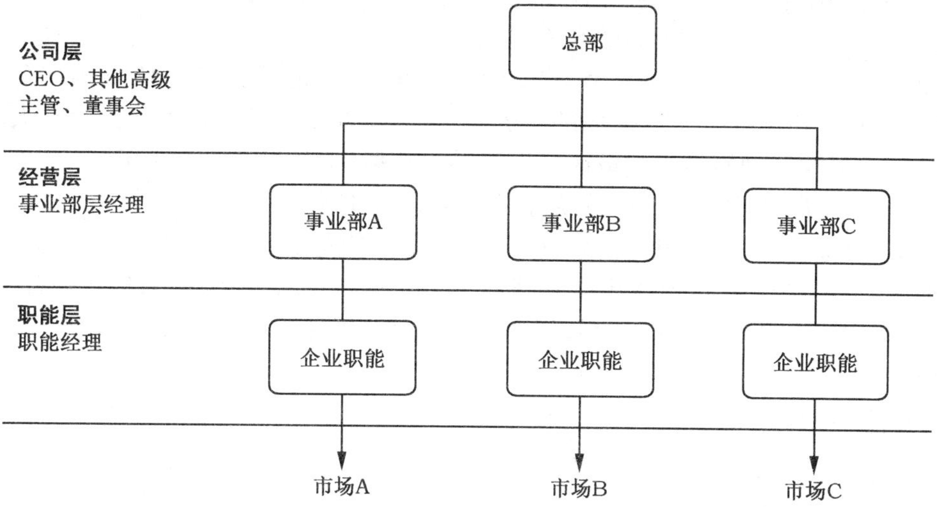

图 2—2 企业的战略层次

公司资源与能力的战略。

(一)外部机会和威胁

分析组织外部经营环境，目的在于找出可能影响组织使命和目标达成的战略机会和威胁。迈克尔·波特(Michael E. Porter)的五力模型提供了系统化的产业环境分析框架，在竞争分析中被广泛使用。波特的分析专注于识别产业内竞争的五种决定性力量：

1. 潜在竞争对手进入的风险

例如，互联网上 B2B 交易平台的发展，使得一家位于上海的中小企业可以无须增加销售人员和网点，即可在全国范围内开展业务，这使现有厂商更难保住市场份额和高盈利水平。

2. 现有企业间的竞争强度

竞争可能表现为价格、产品设计、广告和促销、销售渠道、售后服务与支持等多个方面。例如，由于互联网的广泛应用使客户获取产品特性及价格信息的成本持续下降，很多行业内现有厂商间的竞争强度都明显提高了。

3. 买方讨价还价的力量

强大的买方可以砍价或要求提供更好的产品、服务品质，来挤压企业的盈利空间。例如，中国大型家电电商的兴起，使家电生产企业越来越依赖这一销售渠道，生产企业的市场谈判地位下降，对价格的控制权也逐渐旁落。

4. 供应商讨价还价的能力

例如，通过 B2B 的网上交易平台，厂商往往有机会在更大的地理范围内接触到足以满足其供货要求的多家供应商，从而使其对特定供应商的依赖程度大大下降。

5. 其他厂商提供的替代性产品或服务的存在

例如，“头条”等网络平台以即时更新、超大容量信息的方式提供各类政经和社会新闻，改变了年轻网民的新闻阅读习惯，从而使报纸等传统媒体的订户快速流失。

在分析产业(产品市场)环境提供的机会与挑战的基础上，一项完整的竞争分析还应当包括对劳动力市场的分析。为了吸引和留住关键人才，企业力图通过优厚的薪资福利、弹性工作时间安排、提供技能发展与运用的机会以及改善组织氛围等方式，使自己优于竞争对手。尽管厂商在劳动力市场中同样面临激烈的竞争，但运用系统性的竞争分析探讨人才竞争的做法并不普遍。在这一领域，人们常见的做法是进行标杆管理(benchmarking)。作为一项定点赶超的分析、学习程序，标杆管理分为三个关键步骤：(1)识别“行业领导者”，即确定哪些公司在人力资源管理领域具有卓越声望；(2)探讨和分析上述公司领先于其竞争对手的“最佳人力资源管理实践”；(3)学习行业领导者的最佳实践，并将其移植到本公司的管理系统中。

标杆管理不同于系统的竞争分析，后者强调分析和理解企业的直接竞争者，因此，这一分析过程往往是隐蔽的，在竞争性厂商之间几乎不存在合作的可能性。与此相反，标杆管理的做法通常体现了多家企业之间的合作。但标杆管理往往关注于人力资源管理的一些特定领域，如招聘甄选、薪资管理或基于团队的工作设计等。因此，标杆管理无法提供一个全面系统的、关于特定竞争者的描述。

(二)内部优势和劣势

组织内部的优劣势分析，目的在于了解公司拥有的资源和能力(capabilities)的数量与质量、发现公司专有和独特的核心能力，以确定公司的哪些优势有助于其优化成本结构、提升关键技能并培育企业竞争力。

企业的资源包括物质资源、人力资源和组织资源(包括组织结构、制度、内部关系网络等)三大类，这一概念涵盖了企业所拥有或控制的、有助于企业开发出改善其经济地位的战略的所有投入要素。公司拥有的独特资源有助于其构建持续的竞争优势。

在知识密集型行业中，拥有独特知识或具备高创新能力的人才，构成了企业竞争优势的来源。例如，科研人员和工程师是很多高科技企业的关键资源。如果一家企业想要确定某一特定的员工群体是否构成本企业的关键资源，需要回答两个问题：(1)上述员工群体是否与本公司的其他战略性资源(如客户、品牌、专利等)存在密不可分的联系？(2)本公司在产品市场中的主要竞争对手是否努力想挖走上述人才？如果回答是肯定的，那么这一员工群体无疑代表了企业拥有的一类关键资源。

当公司能有效管理和整合其资源时，公司就培育了一种有助于组织完成任务、达成目标的能力。能力往往与特定的职能领域相关联。例如，通用电气的管理人才开发项目，就体现了它在人力资源领域的杰出能力。企业的核心能力是企业借以向市场提供独特价值的一系列知识、技能、技术和管理要素的组合，也是企业领先于竞争对手、保持长期竞争优势的源泉。尽管大多数企业组织都拥有某种能力或能力组合，但仅有少数公司拥有支持其战略目标实现的核心能力。企业在开发战略的过程中，需要识别其核心能力，并持续不断地投资以保持其核心能力。

为构建和保持竞争优势，厂商需要运用独一无二的、为厂商增加价值并难以被对手模仿的方式开发和配置资源，以保持厂商的领先性和独特性。成功的企业了解自己的核心能力是什么，也清楚哪些核心能力对于本企业的特定战略目标至关重要，以及如何运用其现有的核心能力进入新的业务领域。同时，成功的企业也清楚，本企业的某些核心能力将会随着时间的推移而过时，有必要培养新的核心能力来加以替代。

(三)经营层战略的分类

在竞争分析的基础上，组织需要做出一些决策：企业的目标顾客是什么？企业应当满足目标顾客的哪些需求？这两项决策决定了战略制定者在为顾客创造价值时所选择的战略组合。迈克尔·波特据此对企业的经营层战略进行了分类(见表2—1)。

表 2—1　　经营层战略的分类

		应当满足目标顾客的哪些需求？	
		追求低成本	追求独特性
目标顾客是什么？	宽基的顾客群体	成本领先战略：通过低成本、低价格的产品/服务，来满足大多数顾客的需求。 典型企业：戴尔电脑。	差异化战略：通过提供在特定方面（如质量、性能、外观、售后服务等）具有独特性的产品/服务和较高的价格，来满足顾客的需求。 典型企业：海尔电器。
	特定顾客群体	集中成本领先战略：通过低成本、低价格的产品/服务，来满足细分市场中的顾客需求。 典型企业：大学附近的小饮食店。	集中差异化战略：通过提供在特定方面（如质量、性能、外观、售后服务等）具有独特性的产品/服务和较高的价格，来满足细分市场中的顾客需求。 典型企业：麦肯锡咨询公司。

（1）企业的目标顾客是什么？企业可以为人数众多的普通顾客提供产品或服务，也可能仅面向特定的客户群体提供产品或服务。

（2）企业应当满足目标顾客的哪些需求？企业在满足顾客需求时，需要选择是以独特的、有别于竞争对手的产品特性吸引顾客，还是以优惠的价格吸引顾客。

当然，在进行战略规划时，管理者必须平衡产品差异化与控制成本的需要，前者可以通过创新、出色的品质或客户响应来更好地满足客户需求，后者则决定了企业能够提供有竞争力的价格。经营层战略的选择突出了企业在提供顾客价值时的侧重点，并非意味着成本领先战略使企业可以完全忽视对品质、可靠性和服务的关注，也并不意味着差异化战略可以使企业对独特产品漫天要价。企业需要同时满足顾客对上述两个方面的需求，区别仅在于上述两个方面的不同组合。

三、经营层战略与人力资源管理

在经营战略的制定和执行过程中，有必要将与人有关的经营问题纳入战略管理决策过程中。战略选择的范围可能受限于人力资源管理，比如一家传统的连锁百货公司想要建立网络平台吸引顾客，可能需要考虑是否有具备电子商务管理与销售经验的员工。另一方面，人力资源管理也应引导企业高管团队思考为确保战略有效实行，需要何种类型的人力资源，以及与之相关的人员吸引、保留和开发成本是多少。人力资源管理职能不仅为战略管理过程提供决策支持信息，帮助战略规划团队制定最有效的战略决策，也能在战略执行过程中提供高质量的人力保障。

选择不同经营层战略的企业，对员工队伍的素质、行为和态度存在不同的要求。从这个意义上说，企业的经营战略规定了企业人力资源队伍需要具备的技能素质、行为、态度（及组织文化认同），而企业的各项人力资源实践活动（职位设计、人员配置、开发、激励）都应当围绕着构建支撑战略成功的人力资源队伍这一要求来展开。下面将分别阐述成本领先战略及通过创新和高质量实现差异化战略，对员工能力、行为存在何种不同要求。不同经营层战略的企业采用何种人力资源战略与活动，见本章第三节。

（一）成本领先战略

采用低成本战略的企业往往把重点放在提高销售收入和高效率生产方面，以确保公司在低毛利水平下的盈利。这类企业需要尽量扩大其目标顾客群体的范围，同时缩减公司成本。为此，公司通常的做法是：投资于更高效的生产系统、密切监控公司成本状况、对 R&D 低投入、组建人数相对较少的销售队伍，以及强化对员工的监督和控制。有效的人力资源管理实践有助于公司实现其成本领先战略。

为了节约劳动力成本并提高效率，企业通常都要求员工高度关注数量和短期成果；规避风险，乐于接受稳定的状况；独立完成高度重复性的工作行为。基于上述行为期望，采用成本领先战略的公司倾向于大量使用临时工、外派劳务工，明确界定工作任务和所需要的员工技能，并且针对具体技能领域进行员工培训。此外，公司非常依赖行为绩效管理系统，强调内部晋升，制定具有内部一致性的薪资系统，并将薪酬中的较大一部分与绩效相挂钩。公司还通过员工参与以及听取员工的合理化建议来提高生产效率。

（二）差异化战略

实施差异化战略的公司往往有一些共同特点：强大的市场营销能力、强调产品设计和基础研究、性能独特的高质量产品的声誉，以及创意进取的企业品牌形象。与选择成本领先战略的公司不同，实施差异化战略的公司的员工需要具备高度的创造性和合作精神；重视长期结果，并对角色模糊性有一定的容忍力；乐于承担必要的风险。选择差异化战略的公司通常会制定较为笼统的职位说明书，相对宽泛地界定职位内容，以保证员工发挥创造性的空间。公司更多地从外部招募员工，对新员工进行有限的入职培训，注重培养员工的人际技巧和合作能力，并为员工提供更为宽广的职业发展通道。公司的薪酬系统更强调外部公平性，并建立以结果为基础的绩效管理系统，通过对部门和公司绩效评估来鼓励管理者勇担风险。当然，实现差异化战略的不同途径，也会影响企业对员工行为的期待及相应的人员管理实践。

1. 以创新实现差异化

这类企业的竞争优势源于其不断提出新创意，并将新创意及时转变为可市场化的产品或服务的能力。通过创新或独特的产品、服务实现差异化的厂商，需要员工高度的自我激励、敢于尝试、承担风险、正确看待工作中的失败，并乐于以团队作业和项目合作方式开展工作。

在这类组织中，创新要求与其规模扩张、组织正式化的方向存在不协调。早期创新的成功会推动组织规模的扩张。与此同时，组织将引入程序和规章制度以增加工作的标准化程度。这样，以往成功的做法往往会通过成文制度被固化为“最佳”做法，而在变化的环境下，这将使企业过于僵化而阻碍其未来创新能力的提升。解决这类问题，组织需要引入支持创新和变革的人力资源管理实践。

2. 以质量实现差异化

提供有别于其他厂商的高质量产品和服务，也是企业实现差异化的方式之一。质量不再由管理者来定义，而是由市场中的客户及潜在客户来定义。由于客户对质量的要求不断提升，厂商越发重视通过流程再造和全面质量管理来提升质量。为了确保全面质量管理的成功推行，持续不断地改善员工、机器及系统完成工作的方式，企业必须创造一种鼓励全体员工为满足客户需要而进行创新、创造及承担风险的环境，并对员工进行多元化技能培训，提高员工诊断问题及解决问题的能力，将质量和服务与员工绩效、报酬挂钩。此外，企业还应强调员工参与，增强员工的自主性和责任心，鼓励由管理者、员工和客户共同参与的解决问题方式。

四、战略转型与人力资源管理

在人工智能、大数据与网络不断冲击企业传统主业和线性策略规则的背景下，马丁·里维斯(Martin Reeves)在《战略的本质》(*Your Strategy Needs a Strategy*)一书中提出,企业不能再依赖线性思考,复制、坚持以往的成功经验,而需要引入新的策略思考和规划方式,这也直接影响到企业战略性人力资源系统的构建。

里维斯指出,传统的经营战略规划并非全无价值,但在变动的环境下,企业需要在制定战略时形成一套"选战略的战略",针对企业所处的产业环境变化和性质,打造最合适的应对策略。他以产业环境的"可预测性"和"可塑性"为两轴,提出四种战略原型(见图 2—3):

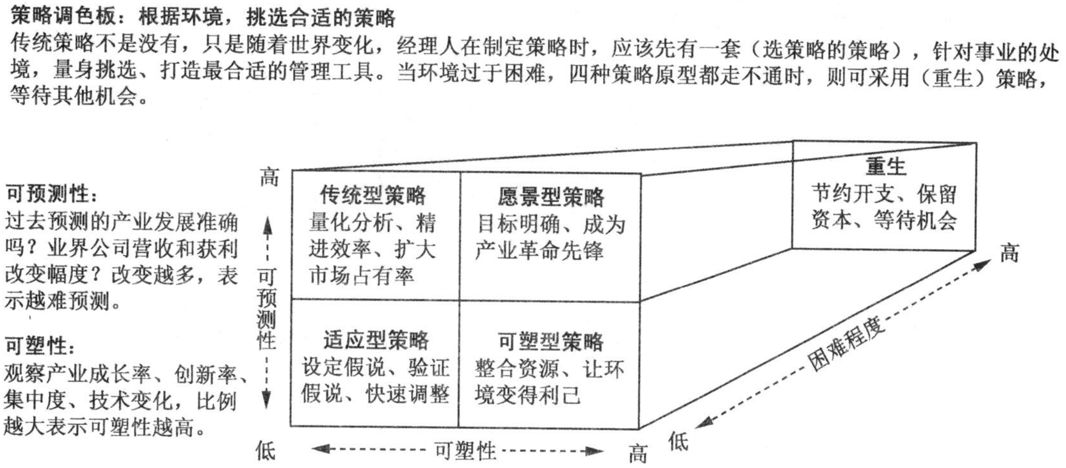

资料来源:Martin Reeves,*Your Strategy Needs a Stretegy*,Harvard Business Review Press. p. 14。

图 2—3　企业选战略的战略

1. 传统型(classical)战略原型:产业未来明确可见,难以改变

钢铁、石油、电信等产业的环境变动性较低,未来发展容易预测,单凭一家企业的力量无法扭转产业发展。身处这种环境的公司,最佳策略是紧跟整体经济发展,稳定复制成功经验,尽量扩大规模,提高市场占有率。

2. 愿景型(visionary)策略原型:产业未来明确可见,有机会独霸一方

例如,许多企业认定工业机器人未来商机巨大,现在就开始大量投资,增聘人员、扩充设备、增加研发。只要经营者心中有明确的未来蓝图,知道 3～5 年后有望成为高成长行业的龙头企业,大胆投资和冒险就是成功的策略。

3. 适应型(adaptive)策略原型:产业发展方向模糊,企业难以预测和引领变革

典型的例子就是互联网行业,因为市场变化太快,没有人知道未来的发展方向,难以引领产业变革。最佳的战略是放弃追求效率和规模最大化,通过大量试错来找出最能被市场接受的产品和运作模式。

4. 可塑型(shaping)策略原型:产业发展方向模糊,有机会建立新规则

在一个新兴的产业环境中,没有人知道市场会往哪走,但人人都有机会引领产业发展的方向,企业应尽快建立以自己为中心的生态系统(行业标准、独有的盈利模式)。例如,苹果公司创造的 App Store 定义了 App 的规格、下载方式和收益方式,建立了行业的游戏规则。

涉及不同的行业的企业,可能面对不同的产业环境,需要混合使用两种甚至更多的策略原型,在不同的行业分别以不同的逻辑和竞争战略来经营。也因此,成功企业需要在现有本业的基础上,发展新的获利模式,并根据新创事业与本业的差异,选择合适的组织管理和人员管理

系统。具体来看,面对高度不确定性、波动性大的市场环境的企业,无法再追求以统一规范的工作流程和人员管理制度来开展人力资源管理,而需要强调灵活性、适应性、从外部获得所需人才的能力以及分散化决策的人力资源战略。企业的组织结构和人员管理方式也需要相应做出调整(见图 2—4)。

企业守住本业又发展的四种途径

BCG资深合伙人马丁·里维斯针对企业如何应对科技的快速演变,提出了既能够固守本业、又能创新的解决方案。企业可以依照"动态性"(指公司环境的变动程度)和"多样性"(指公司经营范围的多元性)为两轴,区分出四种可行做法。

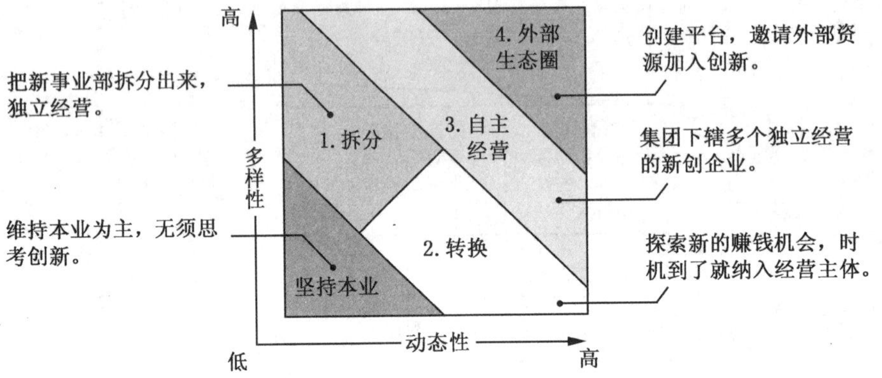

资料来源:Martin Reeves,(2015),*Your Strategy Needs a Strategy*,Harvard Business Review Press. p. 188。

图 2—4 企业守成兼创新的四种途径

将新事业拆分于原有公司之外(separation)。当企业本业属于传统型战略原型(产业环境变动程度低),而公司要拓宽经营的新事业差异较大时,就应考虑将新部门拆分出来,独立运作。以低价航空业为例,大多数传统大型航空公司成立的低价航空公司均以失败收场,但由澳洲航空成立的捷星航空却成功运作。其成功的关键在于捷星与澳航彻底独立,不仅总部设在不同城市,捷星的大部分人才也是从外部聘用(而非内部调派),从而使捷星彻底脱离了传统航空的思维惯性,以全新方式经营低价航空事业。

在相似领域中,不断探索转换(switching)。如果企业所处的环境处于持续的变动中,企业就应不断将自有技术应用到新的领域。比如,玻璃制造商康宁传统上为 LCD 电视和移动设备提供玻璃面板、为通信网络提供光纤等,而智能手机的玻璃屏 Gorilla Glass 就是其扩展到新领域的成功尝试。采取这种策略,企业就需要分别处理新部门与原有部门的管理制度,包括人事制度、绩效考核制度。因为新部门很可能短期内赚不到钱,在组织中缺乏话语权,也无法获得优秀的人才和资源,从而发展受阻。

当环境多变且未来方向难以预测时,企业就需要增加下属部门的自主性或直接利用外部创新。企业可以采取自主经营策略,建立内部市场机制,让每个创新计划各自成立新事业单位,独立运作并弱化对其人员的集中控制,鼓励个人及团队层面的内部创业。更极端的做法是仿效苹果公司,为了向客户提供多样化的 App,苹果公司创设了 App Store 平台作为上架交易平台,广邀全球的外部程序开发者来参与开发。苹果无法预测哪些 App 会获得用户认可,但只要外部创新者持续增加,就会有热销款不断涌现。此时,如何吸引和激励外部参与者,就成为企业成败的关键所在。

第二节　组织系统与组织文化

由于环境中存在不可预知的变化，战略规划模式并非总是理性和高度结构化的。突发战略在组织的战略规划过程中扮演着补充、纠正乃至重新定义原有战略的作用。组织能否有效实现理性规划与突发战略的结合、能否因环境变化而形成相应的突发战略，取决于组织系统及其所鼓励的组织文化的类型。

一、组织系统

企业的使命、愿景、目标战略需要通过组织系统设计有效落实，其中，组织系统设计的核心在于组织模式的选择及流程梳理。所谓组织模式的选择，是指企业明确部门设置及个人间的正式报告关系，并选择以何种方式将待完成的工作任务、职责落实到个人与部门。主要的组织结构类型包括直线职能制、事业部制、矩阵制、基于流程的水平结构和网络型组织等。

直线职能制依照特定活动来设计职位和部门，其目的在于使重复性任务标准化，以减少错误、降低成本。直线职能制对责任进行清晰的界定和分配，可以使员工保持对所属部门（如财务、营销或研发等）的高度承诺，并支持个人专门技能的发展。但不利的一面是，它也可能使组织成员因所属部门的不同，为资源和权力分配展开内部竞争。

当环境复杂性和动态性水平较高时，企业往往采用事业部制的组织结构。企业可以根据产品、区域、客户来设立事业部。事业部制的设计使技能和知识相对集中，有助于减少任一团队、部门或分部所面临的环境复杂性，从而提高对市场的反应速度。采用事业部制的企业，往往实行决策分权，强调团队间的水平整合，鼓励灵活性和变革。

另一种常见的组织设计方案是矩阵制。矩阵制是事业部制和直线职能制的融合，其产品经理和职能经理在组织中拥有同样的职权，员工同时向二者汇报。矩阵制要求管理者有较强的沟通能力和团队合作能力。当出现意见不一致的情况时，管理者需要运用有效的问题解决技巧来加以协调，而不能依赖权威压制或拖延问题。矩阵制对员工的态度和行为也有不同的期待，企业期望员工具有处理压力、冲突和模糊情境的有效技能，而习惯于统一命令、明确的权威结构的员工对矩阵制下的双重权威结构会很难适应。

为了达成高质量、低成本的经营目标，越来越多的企业开始针对价值链来定义组织结构。基于流程的水平结构是相对扁平的，组织将多个不同的任务（岗位）组合成一个单元。在水平结构下，工作由团队来完成。此时，人力资源管理的重点由个人转向团队，特别是自我管理的团队。组织关注对工作团队的授权，通过培训提高团队解决问题的能力和决策技巧，针对团队（如订单处理）设计绩效评估和绩效奖励制度。

由于竞争环境要求组织不断提升其市场反应速度和灵活性，新的组织形式不断涌现出来，网络型组织即是其中之一。时装、玩具、出版、动画和软件等行业已较多采用网络型组织。网络型组织将工作的很大部分（如组装、客户服务、销售、营销、分销及部分人力资源管理职能）外包给其他厂商，仅保留核心工作职能，以此提高本企业的创新速度和灵活性。这一做法强调系统内不同部分间的有效资源整合和创新、横向沟通、员工参与、权力和决策的下放，但同时也增加了人力资源管理的复杂性，比如，厂商缺乏对系统内各成员在员工管理方面的控制力和影响力，员工缺乏对整个系统的高承诺。由于网络型组织往往涉及跨国经营，使得这一问题更为复杂化。

作为企业战略运作的载体,组织结构设计将影响到企业能否实现其竞争优势。如果客户服务和快速市场反应是最关键的,则组织结构就应当按关键市场需求(如主要客户、细分市场等)进行专门化;另一方面,低成本运作则可能对应于一个专注于产品或功能、集权程度较高的结构。当组织战略、规模、生命周期阶段和竞争态势发生变化时,组织结构往往也需要做相应的改变。根据变化的需求进行组织设计,要求不断地评价和设计正式的组织结构(如角色、职责、人际关系等)与工作流程(如授权、决策与审批、网络关系、团队等)。

二、组织文化

组织文化代表了组织成员共享的信念、期望、观点、价值观、态度和行为模式。其中,组织的共同假设、价值观及规范构成了文化的基础,但这也是无法直接观察到的,人们往往从观察到的社会化过程、文化象征、语言、仪式中推知其存在。但组织文化无疑是十分重要的组织特性,它与正式系统一起共同影响和决定着员工的态度、行为和绩效。在人们分享共同价值观和信念、依据共同的行为准则工作的情况下,企业可以取得杰出的成果。反之,在文化与战略不一致的情况下,文化会阻碍和限制企业实现期望的组织变革。

(一)组织文化的类型

不同的组织文化可能适合不同的组织环境战略、组织结构和员工类型,并不存在一个适用于各种情境下的理想文化类型。组织文化的分类方式众多,其中一种是根据组织的相对控制取向和关注点两个维度,将文化分为四种类型:官僚文化、氏族文化、企业家文化和市场文化(见图2—3)。

1. 官僚文化

官僚文化型的组织重视正式化、职务等级、规则和标准操作程序。组织中有大量的表格、手册来指导员工,明确定义员工的任务、责任和工作目标,管理者的主要角色是协调、组织和强化规则。

2. 氏族文化

氏族文化型的组织强调传统、忠诚、个人承诺、团队工作、自我管理和社会影响。在氏族文化里,组织成员有着强烈的同一感和高度的相互依赖,共同的目标、认识和行为倾向则促进了沟通、协调和整合。组织成员基于对组织的承诺(忠诚)而乐于承担额外的工作义务,并相信组织会在加薪、晋升和其他社会认可方面给予公平回报。

3. 企业家文化

企业家文化型的组织强调冒险、适应变化和创造性。企业家文化常见于成功的中小型企业,它们鼓励员工的首创性、弹性和自由,以巨大的热情进行试验、创新和变革,通过提供全新的、独一无二的产品服务实现快速成长。

4. 市场文化

市场文化型的组织强调达成可测量的具体目标(如销售增长率、利润率和市场份额),竞争和利润取向在整个组织中盛行。组织与员工的关系建立在功利主义之上,个体有义务完成特定水平的绩效,而组织则许诺给予相应的奖励。组织不强调发展同事间的社会关系与非正式网络,而更重视员工的个体能力和独立性。

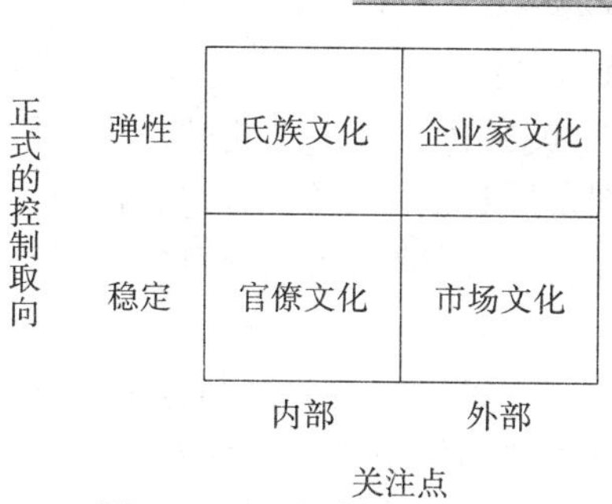

图 2—5 文化类型框架

(二)保持和强化组织文化

人们通常假设,组织文化与组织的经营绩效直接相关,组织文化有助于提高个人满意度、增强员工对工作行为的稳定预期,因此,管理者应通过构建、维护和改变组织文化来影响组织绩效。一些研究表明,正确地选择组织文化类型,确保其与市场定位和战略相匹配,对组织绩效有正面影响。而人力资源管理者的一项重要任务,就是不断调整和开发人力资源管理系统和实践,向员工传递明确的、始终一贯的公司文化信息,以引导员工认同组织的哲学、价值和行为期待。

但是组织文化并非铁板一块,人们往往发现,由于地域、专业背景、服务客户类型等方面的差异,企业中存在多种不同的亚文化。如果组织文化缺乏整体性,组织将很难集中战略重点、实施企业计划、为客户提供一致的服务及进行跨职能的团队合作。为了强化企业的整体文化并实现组织和员工间的价值观匹配,人力资源管理者可以通过严格的人员甄选和雇用标准来吸引具有文化匹配性的新员工,通过培训来实现新员工的社会化过程,通过内部选拔和淘汰来剔除背离公司文化的员工,通过绩效评估和奖励制度来强化和保持组织文化,并通过有效的事件和危机处理反应来强化现有文化或引入新的价值观和准则。

1. 招聘、聘选、晋升和解聘

保持和强化组织文化的一个基本方式,就是在多个可能的求职者中选择在能力和价值观上均与组织相匹配的员工,并剔除一直或明显背离可接受的行为的员工。组织也可以在甄选过程中主动向求职者提供部分组织信息,使求职者实现自我甄选。此外,员工入职后被安置的具体职位、获得晋升或调职的员工及其评价标准、解雇或淘汰的对象及其标准,都在强化和证明着组织文化的存在。

2. 仪式和典礼

组织中的某些人力资源管理活动,可以被视为组织文化中的仪式部分。仪式和典礼有助于保持和强化组织文化,向员工公开传递明确的文化信息(见表 2—2)。

表 2—2　　组织仪式和典礼

类型	例 证	可能传递的组织文化信息
入职仪式	新员工的集体入职培训	促进向新角色的转变; 角色执行方式的差异最小化。
降职仪式	解聘某位经理	降低权力和身份; 再次肯定合适的行为。
晋升仪式	在公司年会上,当众宣布某位员工获得提升	提高权力和身份; 强调合适的行为和价值观。
整合仪式	开放式的办公室	鼓励把成员连接在一起的共同感觉。

3. 角色塑造、培训与发展

管理者履行其角色的过程，就是传递组织文化的过程。除此之外，管理者还可以将特别重要的文化信息纳入组织的培训发展计划中。例如，强调优质服务的公司，往往会将客户服务的理念贯穿在对员工的日常指导、行为反馈及培训项目的全过程中。

4. 奖励和组织地位

员工也通过评价和奖励系统了解组织文化。与各种工作行为相联系的奖惩机制把管理者个人和组织的优先考虑和价值观传达给员工。与之相似，组织的地位系统也传递着组织文化的信息。不同的资源与权力分配状况、不同的组织待遇(豪华的办公室、私人秘书)，都揭示出组织的哪些部门、职位、角色和行为是最有价值的。

5. 事件和危机的处理

组织应对突发事件和危机的方式，同样有明显的文化含义。例如，一家面临市场需求大幅下降的企业，可能的应对措施是大规模解雇员工，但它也可能只是缩短全体员工的工作时间、降低其工资水平。这种危机处理的方式反映了企业对人力资源的价值观，它可能强化现有文化，也可能表明组织文化正在发生重大变革。

第三节　人力资源战略

战略往往被看作是组织宏观管理的概念，成功的战略执行取决于组织所有成员(从高管人员到一线员工)的选择和行动。为此，人力资源管理者必须将组织战略细化为职能层的人力资源战略，以诱导出每一组织层次上所有成员的支持和有效行动。人力资源战略是对支持组织战略实现的各类人力资源管理政策、制度和实践的总称。人力资源战略提供了一种通过吸引、开发、保留和使用核心人才来获得和保持长期竞争优势的企业行动思路，并帮助管理者围绕企业战略目标来整合和引导企业的全部人力资源管理活动。

(一)界定人力资源管理问题，明确核心人力资本

在实践中，人力资源管理者往往将注意力放在制定和运用各个具体职能领域(如培训开发、薪酬管理、绩效管理等)的新技术、新方案上，而相对较少考虑企业前景和“由外而内的”思考问题框架。为了减少人力资源管理者狭隘的职能视角，提高人力资源管理的战略层次，对人力资源战略的设计首先应源于对企业重要人力资源问题的界定。最重要的企业人力资源问题一般来自企业战略调整和变革。在组织重新调整重点、结构重组和适应持续变革的过程中，就产生了人力资源问题。

在应对人力资管理问题时，管理者的出发点是帮助企业获得为实现公司战略所需要的核心人力资本(员工技能、素质与行动)。公司高层管理者制定的战略规划，隐含着对员工队伍的特性要求。人力资源管理者需要回答的问题是：为了确保企业战略目标的达成，企业需要员工具备何种素质、技能并做出何种行为？例如，公司想通过自行搭建网络销售平台来增加对客户的了解和控制力，是否意味着需要更多懂网络营销、网络平台开发以及数据分析的员工？在明确了对员工队伍的特性要求的基础上，人力资源管理者需要据此制定人力资源战略(哲学、政策、制度、实践)来吸引、获得、保留具备这些特质的员工。同时，人力资源管理者还应经常评估新的人力资源战略在多大程度上产生了组织需要的员工技能和行为。

(二)人力资源战略的系统整合

根据整合对象的不同，人力资源战略的系统整合可以分为纵向整合和横向整合。纵向整合关注的是人力资源战略与公司层/经营层战略之间的匹配度。人力资源战略对公司层/经营层战略的支持和服务，一方面表现为密切关注外部环境中与人力资源有关的各种机会和威胁，如潜在的人才短缺、竞争者的薪酬水平和结构、劳动法规的调整，并提出相应的解决方案。另一方面，则表现为积极培育和开发组织内部与人员有关的资源和核心能力，并积极拓展外部人才的获得渠道和吸引力。当核心能力中包含人的因素时，人力资源管理者应当在培育、识别、开发人力资本及核心能力构建中承担关键作用。当然，正如本章第一节所述，公司层战略、经营层战略与人力资源战略之间的关系并非是单向的、自上而下的过程，而是一种相互影响的双向关系。研究者还指出，实现纵向整合需要组织制度层面的保障，即企业的人力资源高级管理者应进入董事会，以便就组织中人与战略的关系与其他战略管理者展开对话，并指出组织战略执行过程中面对的关键性人力资源问题。

横向整合则关注于具体的人力资源管理模块间（如员工甄选、开发和薪酬管理等）的相互匹配程度，即人力资源管理系统的各个组成部分应当面向同一目标，形成一个高度协同的整体。例如，在一个持续改进质量以实现差异化的企业中，各个人力资源功能模块都应高度统一，具体表现为积极招募高素质人才，大力投资于人才开发，评价并奖励高质量的工作过程和成果，鼓励员工参与组织的持续改善计划。

（三）核心人才管理：人才分层分类模型

为构建企业竞争优势，需要对人力资源进行分类管理，通过明确企业的核心人力资源来强化管理重点，从而在吸引、保留和激励员工的过程中进行差异化管理。康奈尔大学斯内尔（Snell）教授提出的人才分层分类模型，是人力资源分类管理中最常被提及的分析框架。

斯内尔教授基于知识经济时代的战略人力资源管理和核心能力的研究，指出企业内部的人力资本具有异质性的特点，即不同的人力资本在价值性和独特性这两项特征上存在差异。根据价值性和独特性两个维度，可以将企业内部的人力资源分为核心人才、独特人才、通用人才和辅助人才四类（见图 2—6）。在四种不同类型的人力资源中，只有核心人才是通过企业人力资源战略形成核心能力的关键要素。

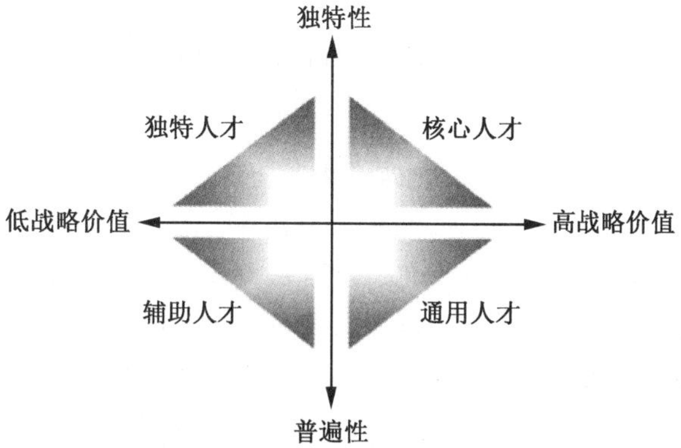

图 2—6 人才分层分类模型

将人力资源进行分类，目的在于针对不同类型人力资源的特点，采用不同的雇佣模式、工作方式和管理方式，具体包括招聘与甄选、培训开发、绩效评估、薪酬管理等实践（见表 2—3）。

表 2—3　　　　不同类型人力资源的差异化管理

	核心人才	通用人才	辅助人才	独特人才
价值性	高价值:直接与核心能力相关	高价值:直接与核心能力相关	低战略价值:操作性角色	低战略价值:与核心价值间接联系
独特性	独一无二:掌握了特殊的知识和技能	普遍性:普通知识和技能	普遍性:普通知识和技能	独一无二:特殊的知识和技能
典型职位	研发人员、工程师、管理人员、销售骨干	营销人员、会计师、人力资源专业人员	办公室文员、销售助理、非熟练工人	心理学家、管理顾问、律师
工作方式	知识工作	传统工作	合同工	合作伙伴
雇佣模式	以组织为核心	以工作为核心	交易关系	合作关系
人力资源管理系统	以责任为基础	以生产率为基础	以服从为基础	以合作为基础
工作设计	授权、提供资源、因人设岗	清晰定义、适度授权	准确定义、明确范围	以团队为基础、资源丰富/自主
招募与甄选	根据才能(学习能力)、内部提升	外部招募、以业绩为标准	人力资源外包、为特别的任务招聘	外部合作、以成果为基础
开发	在职培训、具有公司特色、局限于公司具体情况、关注短期效果	局限于流程、规章	在职培训、根据公司具体情况	多为外部人员,在工作过程中实现能力开发
考核	关注对战略的贡献、以开发为目的	培训效果、关注绩效	服务性	团队为核心、目标的完成情况
薪酬	外部公平(高工资),为知识、经验、资历付薪,持股	外部公平(市场水平)、为绩效付薪	按小时或临时工作付薪	团队为基础的激励、为知识付薪

管理聚焦 2—1

人才管理:自有,还是租用?

在斯内尔(Snell)的人才分层分类模型中,企业租用的人员(外部人士)只可能是对企业战略价值低的辅助人才或独特人才。租用辅助人才是为了降低非核心业务的成本,租用独特人才则使企业在获得独特人力资本的同时,节省人力成本。由于这两类人才都与企业核心业务关联度不高,这种做法能使企业价值最大化。但这一判断在互联网＋的时代却受到了挑战。

敏锐的商业观察者发现,“租用”人才的时代来临了,全球大企业都面临着挖掘外部金矿型人才的管理变革。专业猎头公司 MBO Partners 在 2016 年发布的报告中指出,美国的全职自由工作者(每周工作超过 15 小时的人,其中 2 /3 的人每周工作超过 35 小时)达到 1 690 万人,而从事零工经济的总人数则达到 4 400 万人,其中很多人选择从事自由职业是为了减少高压力工作对生活的负面影响,兼顾工作挑战性和个人自由的生活方式。研究也显示,自由工作者中增长最快的是两类人:处于职业中后期的专业人士,以及年轻的新生代员工。后者为了生活而工作,喜欢能体现独立性、灵活性、多样选择和逃离僵化大企业环境的自由职业,也有很多人将自由职业视为探索更多职业可能的方式。

这一庞大的租用人才群体不再局限于满足企业拾遗补阙的人才需求,特别是在强调快速反应、加速推出新产品的科技企业中，他们已经进入企业的核心业务和团队。全球第一大电商亚马逊自2016年开始，在内部成立了十多人的小团队，从外部招聘计时的研发人才，参与新产品设计。中国通信业巨头华为自1998年起，便和全球各大学、研究机构合作，每年甚至斥资上百亿元人民币聘请外部顾问，引进跨产业资源，研发成果从此开枝散叶。

资料来源：《商业周刊》2017年1月，第1522期；玛丽昂·麦戈文：《零工经济：在新工作时代学会积累财富和参与竞争》，中信出版社2017年版。

（四）人力资源战略的构成

人力资源战略是使各项人力资源管理实践与企业战略保持方向一致的手段。关于人力资源战略的构成内容，不同的研究者提出了多个理论模型，这些模型大致可以分为两类：通用模型（universal models）和匹配模型（matching models）。

1. 通用模型

通用模型假设，存在适用于各类国家文化、行业及规模的企业人力资源管理“最佳实践”，这些实践受到企业高层人员的重视并得以体现在战略管理过程中。人力资源管理的“最佳实践”，在不同的通用模型中的具体内容大同小异。以菲佛（Pfeffer，1998）提出的“成功组织的七项最佳实践”模型为例，这是人们最常提及的通用模型。该模型认为，提高员工承诺水平和组织绩效的最佳实践包括：（1）向员工提供就业保障；（2）系统化的招募与甄选；（3）以自主管理团队和决策分散化为组织设计的基本原则；（4）绩效工资在员工收入中比重较大；（5）大力投资于员工培训；（6）缩小组织中的地位差异；（7）与组织中的全体成员分享财务、绩效信息。在这七项最佳实践中，就业保障是员工做出组织承诺并分享信息的前提，因而也是支持其他六项实践效果的基础。后续的研究者也提出了不同的最佳实践组合，但这些最佳实践的具体活动内容处于持续的变化中。博克索尔（Boxall）和珀塞尔（Purcell）（2003）对多个通用模型进行总结，发现它们有以下共同点：高管人员对关键人力资源实践的高度承诺；不断探索最佳人力资源实践的最新进展；公开承诺执行特定的最佳实践；不断分析评价组织在最佳实践方面取得的进步；奖励那些一贯坚持最佳实践的直线管理人员。

通用模型简单直接，并通过大量通俗管理书籍的传播而受到广泛认可，但对企业管理者而言，根据上述建议来改造人力资源管理系统则往往是无效的，甚至是危险的。一方面，通用模型过于简单化地罗列最佳实践，未能考虑系统性和各子项目间的相互影响，在管理过程中仅仅应用单个最佳实践很难达到预期效果；另一方面，通用模型忽视了影响人力资源管理有效性的多个外部因素（如国家、行业、组织生命周期、劳动力特征等），这大大限制了该类模型的实践指导意义。研究者发现，通用模型难以提出普遍接受的理论框架来说明人力资源管理必须包含的实践，虽然以往的研究的确也发现了一些企业共同关注的人力资源管理问题。例如，伯斯利（Boselie）等人（2005）对104篇文献的元分析梳理出四项最受重视的人力资源管理活动，依次为“培训与开发、可变薪酬与激励、绩效评估与管理、精心的人员招聘与甄选”。但马奇顿（Marchington）和威尔金森（Wilkinson）（2008）的研究指出，当培训新员工所需的时间相对较短、工作绩效易于评估且替代劳动力易于获得时，人力资源管理的“最佳实践”很难在组织内运行。换言之，即使企业需要关注甄选、培训、沟通、职位设计与薪酬管理等核心人员管理活动，其具体实现方式、管理目标和管理制度设计上往往存在巨大的企业间差异。

2. 匹配模型

与通用模型不同，匹配模型强调在组织战略与人力资源战略之间存在相互支持的关系，因此，不同的组织战略需要匹配不同的人力资源战略及具体实践。匹配模型认为，组织战略与人力资源战略的纵横整合，对于组织绩效的改善是至关重要的。最早的匹配模型是由丰布兰(Fombrun)等人(1984)提出的，其中针对不同的企业战略和组织结构提出了与之相匹配的人力资源实践(主要是甄选、评价、薪酬和开发四个模块)；其后，贝尔德(Baird)和麦休拉姆(Meshoulam)(1988)针对组织发展的不同阶段，提出了匹配的人力资源实践。与前两者不同，舒勒(Schuler)和杰克逊(Jackson)(1987)引入波特的竞争战略(经营层战略)分类，提出不同战略下存在不同的员工行为期望，因而企业需要采用特定的人力资源实践以引导、强化员工行为，实现人力资源政策、实践与组织目标(及由此确定的期望员工行为)间的整合(见表2—4)。

表2—4　人力资源战略的匹配模型

经营层战略类型	期望的员工行为	匹配的人力资源实践
以创新实现差异化	· 高度的创造性； · 关注长期目标； · 高度合作与相互依赖的工作行为； · 对质量和数量的适度关注； · 同时关注流程和结果； · 高度的冒险精神； · 对模糊情境的高容忍度。	· 甄选高技能员工； · 多元化的职业道路，鼓励员工发展广泛的职业技能； · 针对长期目标和团队成果开展绩效评估； · 基本工资较低，收入与组织绩效挂钩，并鼓励员工持股； · 赋予员工更大的工作自主权； · 对人力资源进行大量投资； · 容忍偶然的失败。
以质量改善实现差异化	· 重复性的、可预见的行为； · 关注中长期视角； · 适度合作与相互依赖的工作行为； · 高度关注质量和工作流程； · 对数量的关注程度相对较低； · 不鼓励冒风险； · 对组织目标的高度承诺。	· 相对固定、明确的工作职责说明； · 员工高度参与本职工作范围内的决策； · 鼓励员工参与和授权； · 绩效评估兼顾个人和团队表现，关注短期和结果导向； · 强调员工的职业保障，相对平等的收入分配； · 高度关注员工培训和开发。
成本领先	· 重复性的、可预见的行为； · 关注短期视角； · 主要是自主或个人层面的工作活动； · 高度关注产出数量等工作成果； · 对质量的适度关注； · 不鼓励冒风险； · 偏好行为的稳定性。	· 对工作职责进行严格明确地界定，工作简单化、标准化； · 狭窄的职业道路，鼓励专业化，提高专业技能和工作效率； · 强调适度的组织规模和员工人数，并及时调整； · 密切关注市场工资率的变化，并及时调整以控制成本； · 短期成果导向的绩效评估； · 增加对非全职员工和分包商的使用； · 增加工作时间上的灵活性； · 较少关注员工职业发展。

资料来源：Mike Millmore，Philip Lewis，Mark Saunders，Adrian Thornhill and Trevor Morrow，*Strategic Human Resource Management：Contemporary Issues*，Prentice-Hall，2007. p. 55。

研究者对人力资源战略的匹配模型同样提出了批评，认为它同样是过于简化的。第一，有研究者质疑，对竞争战略的分类本身可能是不完备的，匹配模型孤立地看待不同的战略类型，认为竞争战略与人力资源系统间存在线性的、确定无疑的关系，但组织并非只能追求单一的战略重点，事实上，质量改善与降低成本是大多数企业赢得竞争优势的重要途径。第二，强调理性的决定论视角表明，竞争战略与人力资源战略的匹配要求组织拥有清晰的战略意图和规划，而这一条件并非总是成立的。第三，在匹配模型中，关注的是在既定竞争战略下的人力资源战略选择，但基于资源的厂商理论的视角指出，竞争战略完全可能受制于人力资源战略，竞争战略与人力资源战略间存在双向影响的可能。第四，匹配模型仍是静态模型，忽视了外部环境持续变化对战略匹配的影响。

基于上述批评，玛贝(Mabey)等人(1998)对匹配模型提出进一步修正。为了在动态环境下实现竞争战略与人力资源战略的匹配，组织不应对拟采用的人力资源具体实践进行预设，而应以适用性为标准来选择和及时调整相关实践。他们同时强调，在动态环境下，为了强化期望的员工行为，组织需要确保三项子战略(结构战略、文化战略与人力资源战略)与竞争战略相匹配，且各子战略之间相互匹配(见图 2—7)。修正模型为组织的人力资源战略规划与实施提供了一个更具系统性、动态性的框架。

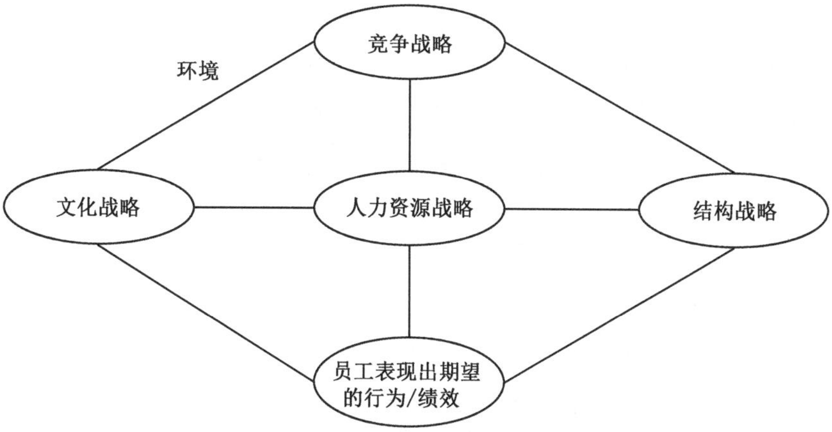

图 2—7　修正的匹配模型

第四节　人力资源管理效果的评价

在战略性人力资源管理模型(见图 1—3)中，列出了企业通过有效的人力资源管理可以达到多方利害关系人共赢的管理成果，在简化的模型中未予以强调的是，共赢结果是通过人力资源政策、实践改变和优化员工(群体)的态度、行为而实现的。然而，传统上人力资源管理对员工态度行为的影响，往往被视为组织管理中的柔性部分，难以用量化数据评价其实施效果。因此，为了说明人力资源活动的组织贡献，常见的做法是从事务性的、投入性的度量指标入手，如统计人力资源管理部门在本年度的培训人次、员工提出的合理化建议数，或者填补的工作空缺数。但这些指标仅仅说明人力资源部门工作繁重，却无法真正评价上述工作是否必要且得到有效执行。随着人力资源管理在企业战略执行中的作用日益受到重视，有必要引入系统化的、定量的评价方法和指标。

在战略性人力资源管理的框架下，合适的指标和度量工具应能向企业高管人员展示人力资源管理职能的战略重要性，以及对经营目标所产生的实际影响。具体来看，人力资源管理有效性的度量应能从两个方面说明其影响：(1)成本控制：减少人力资源职能的相关成本，并提升整个人力资源管理系统的运作效率；(2)价值创造：确保整个人力资源管理系统与其他职能性战略相匹配，进而与组织战略实现有效整合。因此，人力资源管理有效性的评价，应关注与组织的管理成果直接相关的员工态度（工作满意度、组织承诺）和员工行为（员工缺勤和员工流动）。除了态度和行为数据，越来越多的企业努力将人力资源衡量指标用于评估和优化人力资源管理系统。

一、员工态度

态度是个人关于外部事物的感受，态度包括认知、情感和行为倾向三个部分。在组织中，将员工态度视为重要的人力资源管理效果指标，是因为态度将会影响员工的实际工作行为和激励水平。大量的管理研究关注两类相互关联的员工态度：工作满意度和组织承诺。

1. 工作满意度

工作满意度是指员工因工作经历中的各种体验而产生的一种积极的情绪状态，体现了个人对所从事的工作的一般态度。研究表明，员工的满意度受到工作及工作环境中多种因素的影响，具体包括富有挑战性的工作、公平的报酬、支持性的工作环境、融洽的同事关系以及员工人格与工作的匹配水平等因素（见表2－5）。人力资源管理者认为管理者应当重点关注工作满意度，因为员工对工作相关因素满意与否的评价将会影响其工作行为选择和最终工作绩效。

表2－5　　工作满意度来源的因素分析及具体指标

类　别	影响因素	具体项目
1. 工作	工作本身	内在兴趣、活动多样性、挑战性、学习机会、成功机会、对流程控制
2. 报酬、奖励	报酬	数量、公平性、依据合理性等
	晋升	机会、公平性、依据合理性等
	认可	表扬、赞誉、批评等
3. 工作环境	工作条件	时间长短、休假安排、设备、空间宽敞、气温适宜、通气、厂址等
4. 与他人的关系	同事关系	权力、友好态度、合作互助、技术能力等
	上下级关系	管理风格、管理技能、行政技能等

有大量满意度研究探讨工作满意度对员工的生产率、缺勤和流动行为的影响，但迄今为止，关于工作满意度与员工绩效的关系仍无法得出明确无疑的结论。人们关注满意度，是因为这一指标体现了员工对工作的期望及其满足程度，反映了员工的工作生活质量水平。虽然工作满意度本身是令人感兴趣的并且是重要的，但企业关注它的根本原因或“财务底线”（bottom line），是因为工作满意度对员工的组织认同感具有影响作用，而这些认同感最终会影响生产力、质量和服务目标的实现。

2. 组织承诺

组织承诺（organizational commitment）是指员工对企业各种目标的信任、赞同以及愿意继续留在企业的程度。一般认为，组织承诺可以细分为三种类型：(1)情感承诺，指员工对企业的支持和参与程度有多强；(2)依存承诺，指员工认为留在企业中的必要性；(3)规范承诺，指员工对企业和其各种目标的责任感。

以往的研究发现，组织承诺水平（特别是依存承诺）能有效预测员工缺勤、流动等行为。员工对组织的承诺水平越高，离职的人越少。高承诺同样和低的缺勤率及高生产率相关。高承诺的个体更倾向于接受目标引导，高效率地工作，并对绩效结果产生积极影响。

需要指出的是，对员工态度的度量和评价，不能基于单次的员工满意度或组织承诺调查数据。从人力资源管理成效评价的视角来看，可以运用同一度量方法多次评估员工态度，分析员工满意度或组织承诺随时间所发生的变化。另一个常见的评价基准是沿用其他组织内观察到的员工满意度水平或组织承诺水平。但后一种方法只有在有关度量方法得到广泛使用，且另一组织的员工满意度或组织承诺的信息保存完好、易于取得时才能使用。

3. 员工态度的经济影响

关于员工的满意度和组织承诺水平，是否会影响到员工的工作行为（包括员工对产品/服务质量的关注、缺勤、流动等），进而影响到员工生产率和组织整体绩效水平，研究者和企业界都进行了广泛的研究。其中，西尔斯和锐步公司的研究充分证明，对员工态度的关注对于经营成功是至关重要的。

作为零售业巨头，西尔斯和锐步公司期望通过行为成本法，探讨员工态度与公司利润之间的关系。零售业是典型的服务性行业，人们通常认为，财务绩效是滞后指标，仅能显示公司已实现的成就，却无法揭示未来行动的方向。在高度互动的服务过程中，积极的员工态度会体现为员工行为的选择，进而影响到顾客的服务评价、购买行为，从而最终影响到公司的利润水平。西尔斯的研究者在两个季度中，收集了公司拥有的八百多家商店的员工、顾客和财务数据，并运用因子分析、因果路径分析探讨员工—顾客—利润链的存在证据。

西尔斯的研究发现，员工态度不仅影响到客户服务质量，也会影响员工流动以及员工向熟人或顾客推荐公司产品的意愿。具体到财务数据，员工满意度由50%提高到55%，顾客保留率提高1.3%，公司销售收入增加1.04%（3亿美元）和利润增长0.4%。研究还发现，员工能否认识到个人工作与公司战略目标之间的联系，也会影响到员工的积极工作行为。在大量调查、面谈和分析的基础上，西尔斯提出了员工—顾客—利润的因果模型，用于向管理者和员工说明公司愿景和战略目标的达成路径（见图2—8）。

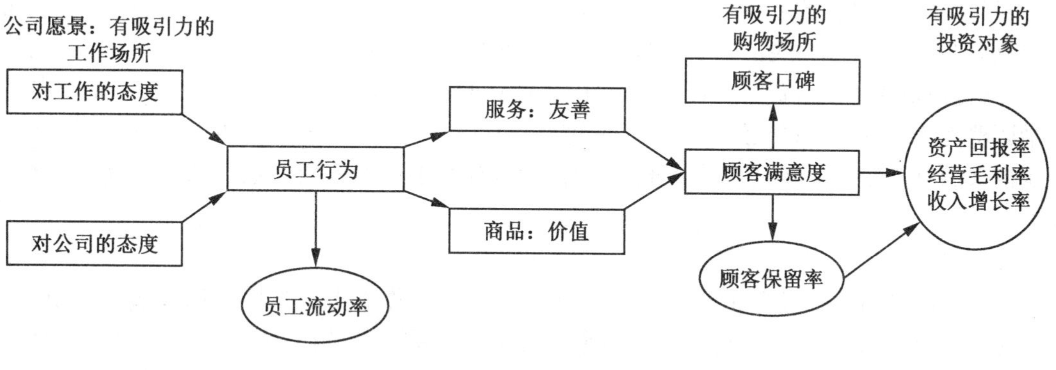

注：四边形表示公司通过员工调查表取得的信息，椭圆形表示客观数据。

图2—8　西尔斯员工—顾客—利润链模型

需要指出的是，西尔斯员工—顾客—利润链是针对公司的业务特征、经营数据而形成的，其他行业的企业可能无法直接适用这一模型。事实上，因果关系也可能方向相反：公司的良好财务绩效将提高员工的职业安全感和总体满意度。因此，企业在引入战略性人力资源管理系统时，需要具体情况具体分析，才能取得预期的成果。

二、员工行为

1. 员工缺勤(旷工)

员工缺勤是指员工未能根据事先预定的安排,如期出现在工作场所。有些缺勤源于员工本人生病、家庭突发事件(如孩子生病),这类缺勤被称为非自愿缺勤。但还有许多缺勤是员工在本可以工作时做出的主动选择,这类缺勤被称为自愿缺勤。自愿缺勤的苗头往往可以通过低落的士气和生产率,较差的工作表现、服务水准以及较多的工作事故来发现。很多时候,企业过高的缺勤次数是由少数员工造成的。一般来说,任何组织的缺勤程度超出正常水平,都会对组织运营的效率和效益产生直接影响。

企业计算缺勤率的常用公式是:

$$缺勤率=\frac{本月因员工缺勤而损失的工作日数}{(平均员工人数)\times(法定工作天数/月)}\times 100\%$$

斯蒂尔斯(Steers)和罗兹(Rhodes)在总结了100多项研究之后,提出了影响员工出勤的主要因素模型(见图2—9)。在该模型中可以看出,影响员工出勤的因素会相互作用,从而抵消对员工实际出勤状况的影响。比如,有效的奖金制度通常会减少缺勤现象的发生。但有时,奖金制度的作用却可能"掩盖"管理工作中存在的一些不足。在图2—9框1中,现有的"工作状况"使员工缺勤意愿超过了正常水平,但如果企业存在严格有效的奖金制度,实际的缺勤通过奖金"购买"得到了控制。很显然,奖励的方法不能改变造成这一问题的原因,并且还有可能造成管理成本的增加。此外,当管理者将注意的重点放在如何通过奖励制度减少缺勤,而不是改变工作设计、调整雇佣政策时,缺勤减少的同时,却可能导致更多的员工流出本企业。研究发现,通过支付更多的工资奖金吸引员工在不喜欢的工作上花费更多的时间,反而会使他们更快地离开。此时,缺勤不再构成员工心理上的"安全阀"。

以缺勤率作为企业人力资源管理的效果指标,需要注意几个方面的问题:(1)区分自愿缺勤与非自愿缺勤,并有针对性地分析二者的影响因素和管理手段;(2)在判断人力资源管理效果时,需要参照标杆企业或本地区、本行业的平均缺勤水平来进行横向比较。但这一做法可能受到数据的限制。因此,企业在管理效果上的判断,更有可能使用纵向比较,即本企业在不同时间段(特别是企业人力资源管理政策发生变化的过程中),缺勤率发生的改变。在企业内部,战略调整和政策变化导致缺勤率发生了何种变化?哪些群体的缺勤率变化较为明显?由此给企业带来的成本影响是什么?对上述问题的回答,有助于科学评判企业人力资源项目的实施效果。

2. 员工流动

员工流动是指员工退出企业的行为。员工流动意味着企业需要另外找人来填补职位空缺。对员工流动水平的分析,也可以反映企业的人力资源管理效果。员工流动率过高,会大大增加劳动力成本。员工的离职成本包括离职人员的分离成本、再安置成本和新员工的培训成本。据保守估计,每位员工流失的相关费用为其工资的2~3倍,这还不包括因离职导致的低生产率、对其他员工士气的影响和其他员工的加班工资等。相应地,降低员工流动水平能有效降低管理成本。当然,企业的员工流动率并非越低越好,如果离职的是无法胜任或适应企业文化的员工,则合理的流动将是一件好事。

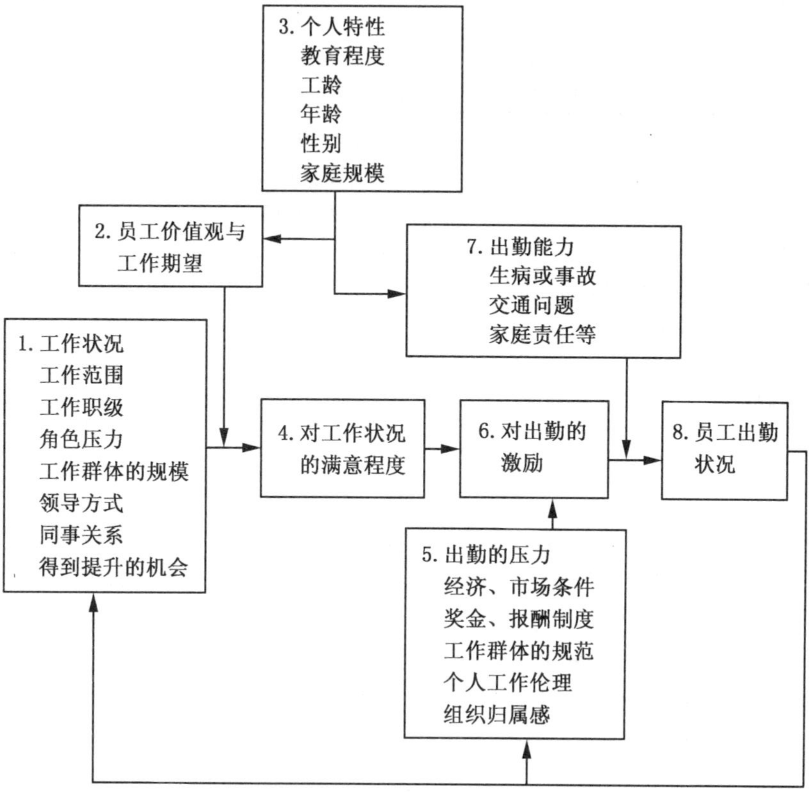

图 2—9　员工出勤的主要影响因素

流动率常用的计算公式为：

$$\text{流动率}=\frac{\text{当年因流出损失的员工人数}}{\text{当年平均员工人数}}\times 100\%$$

流动率中包括了辞职、退休、解雇、因伤病无法工作等多种原因导致的自愿或非自愿离职行为。但从人力资源管理效果评价的视角来看，关注重点应是员工主动做出的辞职决策（自愿流动）。近期的研究显示，影响员工自愿离职的五个动因包括：(1)员工在企业中的职业发展机会；(2)员工对企业未来发展的信心；(3)员工在工作中的成就感；(4)员工在工作中感受到的乐趣；(5)员工的职业安全感。考虑到员工从产生离职意愿（态度）到最终辞职（行为）之间存在一定时滞，理想的管理行为，应当是尽可能早地发现员工态度中存在的问题，并加以影响和控制。

管理者可以通过调整各项人力资源管理政策来影响员工的自愿离职意愿。研究显示，当企业优化人员配置方式，改善员工与职位的匹配水平，或者向员工提供培训、内部转岗或晋升机会时，都有可能降低员工的离职意愿。此外，员工的满意度、组织承诺水平与离职率也存在较稳定的相关关系，因此，提高工作满意度和组织承诺水平的人力资源管理政策也会降低员工流动水平。

三、人力资源衡量指标

人力资源衡量指标（human resource metrics）是对各类人力资源管理活动（如员工流动、招聘、培训、绩效）所做的量化评估。人力资源数据分析专家杰克·费茨－恩兹茨（Jac Fitz-

Enz)建议，企业应通过人力资源管理信息系统(HRIS)来收集数据，评判人力资源管理的效率和效果(见表 2—6)。

表 2—6　　根据人力资源记录可采用的人力资源效率测量方法

- 员工人均收益
- 员工人均耗费
- 报酬占收益比重
- 报酬占费用比重
- 人力资源部门费用占公司费用比重
- 公司员工人均人力资源部门花费
- 福利费用占全部报酬的比重
- 退休人员福利费用
- 招雇费用
- 填补空缺所用时间
- 员工人均员工成本
- 缺勤率
- 流动率
- 岗位数与愿接受人数比例
- “客户”对人力资源部门的满意度

资料来源：Adapted from Jac Fitz-Enz，*How to Measure Human Resources Management*（New York：McGraw-Hill，1995），p. 33。

这些衡量指标可以用于评估公司的人力资源管理过程的效率和效果，但仅了解本企业的实践(“在做什么”)并不足以支持企业管理有效性的评价和改进决策，管理者还想了解“与同行业龙头企业相比，我们做得怎么样”。管理者可以将本公司与业内其他企业加以比较，为分析、优化管理系统提供有价值的指导(即标杆管理)。表 2—7 整合了多个研究的结论，说明组织绩效存在明显差异的企业在人力资源衡量指标上存在明显差异。高绩效公司和低绩效公司在人力资源管理实践领域的明显差距，构成了人力资源管理中标杆管理的基础。

表 2—7　　低绩效公司与高绩效公司的人力资源衡量指标比较

	低绩效公司的人力资源衡量指标(平均值)	高绩效公司人力资源衡量指标平均值
人力资源实践		
招聘：每个职位吸引的合格求职者人数(人)	8.24	37.55
甄选：经有效甄选测试录用的员工比例(%)	4.26	29.67
培训：新员工(1 年内入职)的人均培训小时数(小时)	34.9	61.46
绩效评估：接受定期绩效评估的员工百分比(%)	41.31	95.17
薪酬：适用绩效工资计划的员工比例(%)	27.83	83.56
团队工作：在自我管理、跨职能或项目团队中工作的员工比例(%)	10.64	42.28
运营信息分享：获得重要运营绩效信息的员工比例(%)	62	82
财务信息分享：获得重要财务绩效信息的员工比例(%)	43	66
组织绩效		
员工流动率(%)	34.09	20.87
人均销售额(美元)	158 101	617 576
股票市值与账面价值之比	3.64	11.06

资料来源：Gary Dessler，*Human Resource Management*，2017. p. 84。

本章小结

人力资源战略是指支持组织战略目标达成的各类人力资源管理政策、制度和实践的总称。战略性人力资源管理的最终目标，是要通过企业人力资源的整合来驱动企业竞争优势的形成与保持。人力资源管理系统的设计，首先必须能支撑企业的使命、愿景与战略的实现；其次，也应考虑组织结构、工作组织方式与企业文化的匹配。

企业战略可以划分为三个层面：公司层战略、经营层战略和职能层战略。其中，经营层战略的制定与执行对企业人力资源管理模式的选择有着最为直接的影响。经营层战略的规划首先应立足于竞争分析，完整的竞争环境分析不仅包括产品市场分析，还应当包括对劳动力市场进行的标杆管理和分析。组织内部的优劣势分析，使公司了解自身拥有的资源、能力和核心能力状况。

选择不同经营层战略的企业，对员工的素质、行为和态度类型的要求存在较大差异。为了确保战略的成功实施，员工应能满足企业对其行为、绩效的特定期望，并能在一定的成本预算内完成工作。

企业不能再依赖线性思考，复制、坚持以往的成功经验，而需要引入新的策略思考和规划方式，这也直接影响到企业的战略性人力资源系统的构建。

企业的使命、愿景、目标战略需要通过组织系统设计得以有效落实，其核心在于组织模式的选择及流程梳理。组织文化代表了组织成员共享的信念、期望、观点、价值观、态度和行为模式。组织文化与正式系统一起共同影响和决定着员工的态度、行为和绩效。

人力资源战略是使各项人力资源管理实践与企业战略保持方向一致的手段。关于人力资源战略的构成内容，不同的研究者提出了多个理论模型，这些模型大致可以分为两类：通用模型和匹配模型。

在战略性人力资源管理的框架下，合适的指标和度量工具应能向企业高管人员展示人力资源管理职能的战略重要性，以及对经营目标所产生的实际影响。具体来看，人力资源管理有效性的评价，应关注与组织的管理成果直接相关的员工态度和员工行为，以及对人力资源管理过程和结果进行评测的衡量指标。

思考题

1. 找一家上市公司最近的年报，阅读其中董事长致股东的信。找出其中列出的该公司的愿景，使命和目前面临的战略问题，以及公司所面临的人力资源管理挑战。

2. 国内的高等教育机构（大学、学院及科研院所）在国际化办学的压力下，有着强烈的变革冲动。请运用五力模型，说明国际化办学的重要趋势及其对中国高等教育机构可能产生的影响。上述趋势和影响对于高等教育机构的人力资源管理，有何启示？

2. 找一家你熟悉的公司，描述它的组织方式（直线职能制、事业部制或矩阵制等）。请说明该公司的组织结构选择，是否与其所在行业、业务规模、战略选择实现了良好匹配？

3. 如果你是一位求职者，你是否认为公司的组织文化类型会影响你的就业选择？为什么？

4. 组织可以通过雇用具有文化匹配性的新员工，并剔除背离企业文化的某些老员工来维持和强化组织文化。那么，企业是否应该只招收和留用那些认同组织文化的员工呢？如果公司中有少量不能很好适应现有文化的员工，对企业会有好处吗？

5. 3M公司竞争战略的基础是创新，公司要求过去5年推出的新产品销售至少占总销售额的25%。为实施这一战略，公司在人力资源管理方面开展了一些有效举措，包括：建立一项专门的基金，让员工启动新的科研项目或实践其创新想法；推出“释放时间”计划，员工可以将15%的工作时间用于从事自己感兴趣的项目。此外，3M的绩效评估也鼓励员工承担风险，而不会因一项失败的尝试受到惩罚。请你查找资料，说明3M为了刺激产品创新，开展的其他人力资源政策和实践。

6. “管理者应尽他们的最大努力来提高员工的工作满意度。”你是否同意这种说法？请说明你的理由。

第三章　职位分析与员工素质模型

学习目标

在学习本章后，你应能够：

1. 掌握职位分析及其相关概念，区分人员和任务导向的职位分析。
2. 了解职位分析在人力资源管理中的基础作用。
3. 了解职位分析的基本流程。
4. 了解职位分析应取得的各类信息及信息来源。
5. 了解常用的职位分析方法及其适用对象。
6. 掌握职位说明书的编写要求。
7. 掌握素质的概念及冰山模型。
8. 掌握素质模型的概念及构成要素。
9. 了解素质模型的开发流程和主要技术。
10. 了解素质模型在人力资源管理中的应用。

组织是由多个职位组成的系统，每个职位连接着纵向的上下级管理关系及横向的不同流程节点上的协作关系。有效的人力资源管理系统应建立在对职位体系设计、工作任务分工、任职者的资格/素质要求及其长期变化趋势的充分了解之上。换句话说，职位分析应构成企业人力资源规划及其他一切人力资源管理活动（如绩效评估、培训、报酬设计等）的基础。由于外部竞争压力的存在要求组织提高灵活性，以职位、工作任务为对象的管理略显僵化，员工素质模型及以素质为核心的人力资源管理日益受到管理者的重视。从一定程度上讲，员工素质模型构建作为系统了解任职者及工作要求的工具，可以被视为职位分析的一种具体技术。本章将分别介绍职位分析及员工素质模型，说明组织如何系统地了解职位及任职者的重要信息。

第一节　职位分析

一、职位分析及相关概念界定

（一）什么是职位分析

职位分析是指“通过系统收集和分析与职位有关的各种信息，明确各个职位的定位、目标、工作任务、职责权限、工作关系等内容，进而确定任职者所需具备的资格条件的过程”。职位分析是所有人力资源管理活动的信息基础，企业需要在了解职位工作内容及任职者要求的基础上，开展员工招募甄选、人力资源规划、培训开发等活动。在网络时代，企业强调工作组织的灵活性，大量员工在不同团队中工作和重新组合，工作内容不断变化，这些都在削弱员工与特定职位的联系，但职位分析的价值并未完全消失。研究发现，在企业通过短期雇用外部人才（如零工工作者、自由职业者、独立顾问和设计师）时，人员与职位的有效匹配需要通过人才匹配公司或数字平台来实现，能否准确定义职位所需的技能组合、工作任务要求将决定算法和人岗匹配的有效性。

根据职位分析关注对象的不同，可以分为任务导向的职位分析和员工导向的职位分析。任务导向的职位分析关注对工作内容与职责信息的汇集整理，用于回答以下问题：(1)员工将完成什么样的脑力和体力劳动（What）；(2)由谁来完成上述劳动（Who）；(3)工作将在什么时间完成（When）；(4)工作将在哪里完成（Where）；(5)员工如何完成此项工作（How）；(6)为什么要完成此项工作（Why）。员工导向的职位分析的目的在于回答“谁能胜任该项职位”的问题，即任职者完成工作需要具备哪些特征。具体来看，任职者的特征应包括产生良好个人绩效的员工技能、能力、态度、人格特质等方面的信息。素质模型构建就是一种典型的员工导向的职位分析方法。目前在很多大型企业中，描述理想员工特征的素质模型被广泛用于人员聘选、开发、绩效评估等领域。

任务导向和员工导向的职位分析方法各有利弊，对特定职位分析方法的选择取决于职位分析的目的。例如，员工导向的分析方法适用于设计新的甄选程序、职业发展系统，而任务导向的分析方法更适用于企业技术培训项目的设计。正因为如此，人力资源管理专业人员往往运用多种职位分析方法的组合，以适应企业人力资源政策和实践调整的要求。

（二）职位分析在人力资源管理中的重要作用

基于职位分析形成的职位说明书和素质模型，说明了关于工作职责、工作关系、工作权限以及任职者所需知识、技能等方面的信息。作为人力资源管理的基础性工作，职位分析的成果被广泛用于招聘与甄选、薪酬管理、绩效评估和培训开发等活动中，同时，这类信息也为企业进行人力资源战略调整提供了基础（见图 3－1）。

1. 人力资源规划

人力资源规划的起点，是对当前企业各类职位对应的岗位数量、在职者能力要求的审核。管理者应在准确全面把握企业职位和在职者信息的基础上，开展对未来人力资源管理活动的规划。

2. 招聘与甄选

职位分析指明工作的要求及在职者需要具备的知识、技能和其他素质，这些信息能帮助企业找到所需类型的员工。

3. 薪酬管理

为了确定组织中各职位的合理薪酬水平，需要对职位的相对价值进行科学全面的评价。当企业使用基于职位的薪酬体系时，薪酬水平往往与工作责任大小、难度，员工的技能、教育水平，以及工作条件等相关联，只有基于全面详尽的职位分析信息基础上才能进行职位评价，这一做法也有助于改善员工对薪酬支付公平的感受。

4. 绩效评估

绩效评估是将员工的实际绩效与企业期望的绩效标准进行比较的过程。借助职位分析，可以确定任职者的绩效目标及需完成的特定活动，为绩效评估提供依据。

5. 培训与开发

职位分析获得的信息也可用于确定员工培训需求，并设计员工培训和开发方案。同时，职位分析说明了特定职位对员工的技能和资格要求，这些信息有助于员工制订自己的职业发展计划，并有针对性地进行自我开发。

6. 优化职位设计

职位设计是确定工作任务如何执行、由谁来执行及在哪里执行的过程。职位分析的结果可能提示需要重新设计工作流程，或精简、合并重复性的工作内容，改变工作中的合作方式，这都产生了职位再设计的需求。

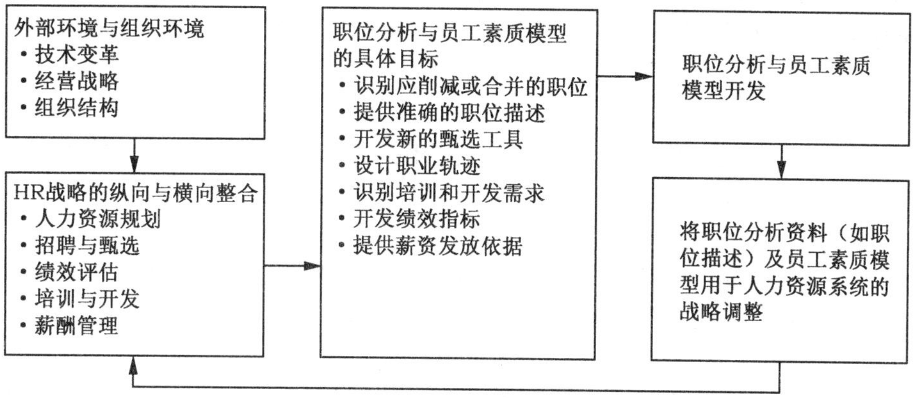

图 3—1　职位分析/员工素质模型与 HR 战略调整

(三)职位分析的相关概念

职位分析中会使用一些专业术语，有时这些专业术语的含义会与我们的日常理解有一定差异，有必要在此做简要说明。

1. 工作要素

工作要素(job element)是指工作中不能再进一步分解的最小动作单位。如拿起听筒，接听电话。工作要素不直接体现于职位描述中。

2. 任务

任务(task)是指一项独立、可识别的工作活动，通常有明显的开始和终结点(但精神活动如思考、决策等例外)。如销售人员的工作任务之一是“回答客户的电话咨询”。任务是职位分析的基本单位。

3. 职责

职责(responsibility)是指为了在某个关键领域取得成果而完成的一系列任务的集合，常用任职者的行为及行动目标来表达。如销售人员的职责之一是“维护客户关系，以保持和提升公司的市场形象”，其实现途径之一是“回答客户的电话咨询”。

4. 权限

权限(authority)是指为了保证职责的有效履行，任职者必须具备的、对特定事项进行决策的范围和程度。比如，行政经理具有批准预算外 10 000 元以内的礼品采购支出的权限。

5. 任职资格

任职资格(qualification)是指为了保证工作目标的实现，任职者必须具备的知识、技能与能力要求。经常表达为在职者需要具备的最低学历、专业、工作经验等。

6. 绩效标准

绩效标准(performance standard)是指对工作职责的完成质量和效果的评价指标。如人力资源管理者的绩效标准可能包括员工满意度、培训计划的完成率等。

7. 岗位

岗位(position)是指能由单个员工完成的、一系列工作职责或任务的集合。岗位是组织的基本构成单位。岗位与员工一一对应,企业中的职位数等于员工数。

8. 职位

职位(job)是指组织中承担相同或相似职责、工作内容的若干岗位的总和。企业高层管理职位往往对应于一个岗位(如财务总监),但中层、基层则有多个员工从事同一职位的工作(如销售代表)。

9. 职级

职级(job class)是指工作责任大小、工作复杂性与难度以及对任职者的能力要求水平相近的一组职位的总和,常与组织层级相对应。如部门经理就是一个职级。

10. 职类

职类(又称职系,job family)是指在工作内容、知识技能或组织贡献方式上具有相似性的一组职位。职类是对工作类型的纵向划分,常见的分类有管理类、技术类、营销类等。

11. 职业

职业(occupation)是较宽泛的工作分类(如会计师、教师等),并不涉及组织内的岗位关系。职业不是职位分析的分析和描述对象。

二、职位分析的原则与基本流程

(一)职位分析的原则

职位分析应遵循以下四项原则:

1. 以战略为导向,强调职位与组织和流程的有机衔接

职位分析必须以企业战略为导向、与组织变革相适应,强调流程的灵活性与效率,并以此推动职位描述与任职资格的合理化。

2. 以现状为基础,强调职位对未来的适应

职位分析应以当前职位为基础,强调职位信息的客观性与真实性。同时,兼顾组织环境、战略变化、工作方式转变等对职位的影响,强调职位分析的适应性。

3. 以分析为基础,强调对职位的系统把握

职位分析不应简单罗列职责、任务、业绩标准、任职资格等信息,而应系统把握工作内容及要求,包括该职位对组织的贡献、与其他职位的关系、在关键流程中的位置与角色等内容。

4. 以稳定为前提,同时强调对职位描述的动态管理

为保持组织与管理的连续性,待分析的职位应具有稳定性(而非处于流程再造、职位再设计过程中)。同时,为防止职位描述的信息与现实脱节,人力资源管理者应与在职者合作,定期审查职位描述信息是否需要更新。

(二)职位分析的基本流程

1. 职位分析的准备阶段

在开展职位分析之前,首先要确定以下3点:

(1)各个职位在组织中的相对位置。职位分析师需要首先了解部门构成和每项职位存在的必要性,并确定每个职位如何嵌入组织的整体结构中。组织结构图和工作流程图可以提供组织与职位关系的整体信息。组织结构图呈现了企业不同部门、不同层次间的关系,直线与职能部门的数量及管理汇报关系等信息;部门层面的组织结构图能清晰地显示各职位的管理层级、工作联系和汇报关系等。工作流程图则体现了处于生产或服务提供流程上的多个职位间的相互关联与角色分工。

(2)职位分析的目的。职位分析的目的,在很大程度上决定了对职位信息的不同需求(详细/简略、任务导向/员工导向、信息的可靠性要求等),进而决定了职位分析方法的选择。当职位分析被用于开发新员工技术培训方案时,分析者应关注该职位的主要活动、任务、绩效标准,以及任职者应具备的专门知识、技能和能力。而当分析目的在于改进薪酬制度、基于职位分析信息进行职位评价时,管理者和员工都会要求职位信息满足全面、真实、透明、精确的要求。

(3)确定职位分析的负责人和参与者(信息来源)。一般而言,职位分析小组的负责人通常是熟悉组织职位体系的人力资源管理者,参与者则应包括任职员工、直接上级、职位分析师和顾客等。不同信息来源的利弊见本章第二节的说明。

2. 职位分析的实施步骤

职位分析的具体实施步骤包括四项工作:

(1)搜集与职位相关的背景资料。职位分析的背景资料包括:公司组织结构图、工作流程图、职位体系及企业原有的职位分析资料和职位说明书以及同类企业的职位分析资料等。背景资料搜集的目的在于了解职位的基本特征,但无法取代实际的职位分析。在这一阶段,还应确定参与职位分析的人员及职位信息的收集方法。

(2)选择分析的样本。当需要分析的职位数量众多且相似程度很高时,如对大型制造企业中一线生产工人的职位分析,可以采用工作抽样法选择代表性样本进行分析。

(3)搜集整理职位分析资料。运用职位分析技术和工具,搜集整理有关工作活动、对员工任职资格的要求、工作条件等方面的信息。在这一步骤,可能用到多种定量和定性的职位分析方法,随后将详细说明。

(4)编制职位说明书。职位说明书是对职位分析结果的书面报告,包括职位描述和任职资格两部分。起草工作一般由人力资源管理部门负责。在完成初稿后,应分发给在职者及其直接上级进行审核并修改定稿。

企业是动态的、不断演化的实体,特定职位的工作职责、任职要求也会随之变化。因此,在形成职位说明书的定稿后,还应建立定期审核制度,根据环境和企业经营的调整不断更新。

(三)职位分析中应搜集的信息

职位分析需要搜集的职位信息,应能充分体现不同职位间的特性差异(见表3－1)。显然,职位分析过程中,能够被搜集的职位信息是难以穷尽的,但通常没有必要搜集所有可能的资料。职位分析的目的或用途决定了待搜集的关键信息类型。需要注意的是,如果你分析的是一个已经存在的职位,应该尽量忽视当前在职者的个人信息,而专注于确认合格员工从事本职位时的职责、任务和任职资格。

表 3—1 职位分析中需要搜集的信息类型

项　目	内　容
1. 工作活动	(1)工作活动和过程 (2)活动记录(例如以视频形式) (3)所采用的程序 (4)个人责任
2. 员工导向的活动	(1)工作中的个人行为,如沟通、决策、撰写等 (2)个人工作要求,如体力耗费
3. 使用的机器、工具、设备和辅助工具	
4. 与工作有关的有形和无形资产	(1)所涉及或应用的知识(如会计知识) (2)加工的原材料 (3)生产的产品和提供的服务
5. 工作绩效(不涉及绩效评估的具体标准)	(1)错误分析 (2)工作标准 (3)工作计量,如完成任务的时间
6. 工作环境	(1)工作日程安排 (2)货币和非货币性奖励 (3)工作条件 (4)组织和社会环境
7. 对任职者的个人资格要求	(1)个人因素,如人格特质、兴趣、技能 (2)所需要的教育和培训经历 (3)工作经验

资料来源:R・韦恩・蒙迪、朱迪・B・蒙迪:《人力资源管理》(第 11 版),机械工业出版社 2011 年版,第 84 页。

职位信息可分为三类:定性的、定量和二者兼具的。定性的信息往往以文字表达,如工作条件、社会环境、任用资格等。第二类则可以用数字表达,如单位时间的标准生产量、废品率、工作时的心跳速度、视力读数、工作小组人数等。但多数常见的工作信息属于定量与定性兼备的。

(四)职位分析的主要信息来源

主题专家(Subject Matter Experts,SMEs)拥有关于特定职位的相关知识、能提供特定职位信息,是职位分析的参与者和信息提供者。具体来看,主题专家包括任职者、特定职位的直接上级、职位分析师以及客户。不同的信息来源提供了不同视角的职位信息。通过使用多个渠道的信息,可以减少职位分析中出错的可能性。

1. 任职者

任职者拥有关于职位及在职者的第一手资料。企业可以通过访谈、问卷向任职者收集职位信息。当多名员工从事同一职位时,企业可以选取代表性样本来收集职位信息。一般来说,参与职位分析的在职者应满足以下标准:(1)在职者在目前职位的工作时间超过 6 个月;(2)使用访谈法时,在职者应具备较强的口头表达能力和沟通意愿。

研究发现,管理者与任职者在完成工作任务所需花费的时间、具体职责上易达成共识,但在职位所需的技能和知识方面,任职者评级往往高于管理者和外部的职位分析师。当职位分析的结果被用于薪酬决策时,任职者有动机夸大工作职责和任职资格要求。尽管任职者的信息存在夸大的风险,企业仍有必要将其纳入职位分析过程中。原因有三个:(1)任职者能提供职位风险因素最及时、准确的信息；(2)任职者参与职位分析，有助于使管理者和任职者就工作期望达成共识；(3)任职者的参与，有助于提高员工对职位分析中程序性公平的评价，减少对企业随后的人力资源变革活动的抵制。

2. 直接上级

任职者的直接上级，也是职位信息的重要来源。直接上级拥有关于特定职位的全面信息，可以观察多名任职者的任务完成情况，为职位分析提供了更宽的视野。上级还可以根据职位分析信息，提出关于职位设计、职责调整的管理建议。当然，这一来源也存在缺陷，即上级不亲自从事具体工作，难以罗列和解释所有工作任务，特别是无法提供关于工作过程中的心理活动，或在工作场所之外完成的工作任务的信息。

3. 职位分析师

使用职位分析的某些方法，要求职位分析师的参与。在这种情况下，任职者及直接上级提供职位分析所需的第一手资料，由职位分析师进行信息的整理汇总。

引入职位分析师的好处在于，他们可以观察组织中不同工作地点、不同管理者手下的多名任职者的工作状况。职位分析师还可以查阅组织记录和技术文档，结合其长期积累的专业知识为企业提供高效服务。但是，这一信息来源也存在弊端，由于职位分析师不直接从事内部工作，他们无法观察和了解职位的全部信息，特别是心理活动和对任职者的情绪要求。同样，职位分析师可能已形成对特定职位(基于工作名称)的刻板印象，因而无法有效处理相关的职位信息。如果职位分析师为外部咨询顾问，这一服务还可能代价高昂。

4. 客户

如果满足客户需要是企业的重要战略目标，则客户也应被视为职位分析过程的主题专家。在实践过程中，向客户了解情况往往被视为营销活动，与人力资源管理无关。但客户可能是企业中某些职位的最佳信息提供者。研究发现，一线销售人员、服务人员与顾客的接触时间，往往超过与同事、直接上级的个人接触。随着企业中越来越多的员工直接为客户提供服务，客户作为主题专家的价值也日益明显。

(五)职位分析的常见误差及其原因

导致职位分析误差的原因很多，工作任务调查抽样不完全、任职者未能完整据实提供信息、职位分析过程中的行为偏差、组织环境变化、员工行为变化等都会导致职位分析不能实现其预期目标。表3—2列出了产生职位分析的常见误差及其来源。

表3—2　　职位分析中的常见误差及其来源

常见误差	误差来源	说　明
职位的信息不完整	信息准确率低	职位分析的参与者众多，任务分工不明确；个人不认为自己对最终的分析成果负有责任；抽样未能涵盖全部工作任务。
夸大的职位描述或任职要求	印象管理	任职者认为职位分析结果将被用于评价个人贡献和价值，对工资、职位等级方面的信息进行夸大其词的描述。
	需求效应	主管给员工传递一种信息，即员工将职位说得越有难度、越复杂，就越容易赢得主管的偏爱。

续表

常见误差	误差来源	说明
不完备、不可靠的任务评级	回答者的理解偏差	回答者对定性的选择项存在不同理解，如每天花两小时，某些任职者认为是“相当多时间”，另一些则认为是“一些时间”。
	哈罗效应	评价者不拥有充分的职位信息，对职位缺乏个人了解，或者没有动力提供准确信息，持续以固定模式回答所有问题。
	过严倾向	评价者认为评价结果应对组织有利时（如降低评级有助于说明削减职位或低工资的合理性），会导致过严的倾向。
职位描述和任职资格很快过时	工作环境变化	引入新的工作流程或信息技术，工作组织方式改变。
	员工行为尚未定型	员工处于学习期，工作熟练程度、主要工作行为随时间而发生变化。

三、职位分析的主要方法

（一）传统方法

传统的职位分析方法具有以下特征：(1)搜集的职位信息以定性为主，文字叙述较多，难免带有主观判断的色彩，而语言文字中的“语义”问题，也使此类信息的使用存在某些缺陷；(2)信息搜集的主要目的在于撰写职位描述与任职资格，目标单一。虽然传统方法存在上述缺陷，但因其简单、经济，仍得到广泛使用。常用的传统职位分析方法有四类：观察法、访谈法、问卷法和工作日志法，它们在复杂程度和适用范围上存在很大差异。

1. *观察法*

观察法是以观察为基础进行的职位分析，在工作现场直接观察员工的工作过程、工作行为、使用工具和工作环境，并以文字或图表形式予以记录。这种观察通常是由受过专业训练的职位分析师进行的。观察法常用于分析进行大量重复、短周期体力操作的职位（如一线生产员工），这些职位需要的抽象思维和推理较少，行为与工作成果的关联性强。观察法不适用于设计师、律师、管理者等脑力劳动者的职位信息搜集。同样，如果重要的工作活动或任务执行缺乏时间、空间的规律性，难以观察，此法也不适用。观察法经常与其他职位分析方法（如访谈法）结合使用，此时观察法的应用是为了获得对特定职位的直观了解和信息验证。

使用观察法要特别注意职位样本选择的代表性，否则可能无法观察到某些重要行为。观察者在观察过程中，应尽量不引起任职者的注意，以免影响其工作进程或产生行为偏差，导致不正确的观察结果。为了做到上面几点，观察前应有详细的观察提纲和行为标准。

使用观察法时，管理者经常应用工作抽样法（work sampling）。具体的取样方法可以分为横向抽样和纵向抽样两种。在横向抽样中，企业在同一时点对从事同一职位的多名员工的工作行为进行记录，以涵盖工作的全部内容。例如，观察 30 名销售代表在某一天的工作行为，将能描述销售代表工作任务的全貌。如果从事某项职位的员工人数较少，分析师就必须在多个时间段内进行这种观察，即纵向抽样。例如，以每小时为时间间隔，观察一周内门店店长的工作行为，以获取全面的职位信息。当取得足够的观察样本时，就可以推论得出职位的信息。

2. *访谈法*

访谈法是指工作分析师通过询问在职者（及其直接上级/下属），以获得有关某一职位的相关行为或个人特征的信息。依访谈对象的不同，可以将访谈法分为不同类型：个别访谈（与任职者本人单独谈话）；集体访谈（与若干名从事相同职位的员工一起讨论并搜集资料）；管理人员会议(与员工的直接上级面谈以获取职位信息);以及讨论会(邀请若干主题专家,如人力资源专家、培训师、管理者和资深员工,共同探讨和交流职位信息)。

访谈前,职位分析人员应准备好一份标准问题列表,作为提问及访谈记录的基本依据。在访谈过程中,应注意做到以下几点:(1)迅速与被访者建立和谐、相互信任的关系;(2)访谈者在访谈过程中需要保持主动发问;(3)不应遗漏重要的问题;(4)不应介入员工与上级的冲突,不应使访谈转变为员工发泄不满的渠道。

访谈法是最常用的任务导向型职位分析方法。访谈法的好处是工作相对简单、高效,面谈还提供了向相关各方说明职位分析的必要性及其价值的机会,有时被访者还可能提供一些偶发性但非常重要的工作活动信息。但访谈法也有缺点:被访者可能因职位分析的目的而有意无意扭曲信息。为此,分析人员需要通过观察,向管理者核实来提高信息的可靠性。访谈法也可以作为问卷调查的补充,要求相关人员协助澄清问卷中的疑点或补充遗漏的信息。

3. 问卷法

问卷法是让受访者通过填写调查问卷来描述职位信息,常用于需要在短时间内从多名员工处获取信息的情况。标准化问卷通常由任职者、直接上级或人力资源管理者对罗列的工作行为提供说明,这一做法减少了对外部职位分析师的依赖。此外,标准化问卷适用于各种不同类型的职位,企业可以使用同一问卷分析所有职位。目前,美国企业最常用的标准化问卷主要有两种,即职位分析问卷调查表(PAQ)和管理职位分析问卷法(MPDQ),我们将在创新的职位分析方法中说明。与标准化问卷相比,企业自行开发的问卷提供的信息更为具体、与特定的职位更为相关,这一点在编制职位描述和开发个人绩效评估指标时特别有价值。

问卷法的优点是节约时间与经费,能够快速高效地获得大量职位的完整信息。但问卷法的优点能否充分显现,取决于三个方面:问卷设计是否包括所有相关的问题?问题的表述是否清晰准确和易于理解,使回答者在独立回答时的误差减至合理范围?如何确保回答者有意愿提供真实准确的职位信息?典型的问卷如表3—3所示。

当企业需要针对地理位置分散的员工来开展职位分析时,还可能引入基于互联网的问卷调查。最简单的做法是:人力资源部门通过公司的内部局域网向分处各地的员工发送标准化的职位分析调查问卷,附上指导如何填写表格的说明,并明确回收表格的截止时间。网络被用于发送和回收问卷,以及回收后的信息分享和讨论。人力资源部门也可以利用网络的互动性重新设计问卷,要求员工逐一回答各项具体职责,将信息的模糊性尽量降低。

4. 工作日志法

工作日志法要求任职者本人按时间顺序详细记录一段时间(一天、一个月、或一个工作周期)内从事的各项工作活动或任务,以及完成工作所花费的时间。航海日志、维修记录、特殊活动的纪录影片、警卫员的值班记录等,都可以归到此类。

工作日志法的优点,是在工作任务结束后即时记录,其详尽程度常常是其他职位分析方法无法达到的。为了避免遗漏,有些企业为员工提供袖珍口述记录器,定期呼叫员工,提示员工口述记录自己当时的工作。在实际工作中,工作日志法较少单独使用,而是被作为拟定问卷、计划访谈或对某一职位做初步了解的参考资料来源。

表3—3　　职位分析调查问卷(示例)

姓名：　　　　　　部门：

职位名称：　　　　　　主管姓名：

填表须知：请详细阅读表格，并准确回答每个问题。填写完毕请交给主管。

你的职责：

　　你每天的经常性工作活动或职责是什么？

　　你每天的非例行职责(即少于每周两次)有哪些？多久一次？

　　你还有哪些非固定、非经常性的职责与活动？

监督指导：

　　你的直接下属有哪些(请列明职称与人数)？

　　你是否有全权委派员工、处罚员工、建议加薪、职位调整、晋升或解雇以及答复申诉？

　　你是否需要指导和协调下属的工作？

物料、工具与设备：

　　你所使用的主要物料是什么？

　　请列举你工作中使用的主要机器与设备。

　　请列举你工作中使用的主要工具、器材。

你接受的指令性质是什么？(口头、书面、蓝图、规格说明等)

除直接上级和本部门同事外，你还需要与哪些人接触？

　　注明与你接触的员工所在的职位及所属部门，并说明接触的性质。

决策：

　　你可以自行做出的决策事项有哪些？

责任：

　　说明你所负责任的性质(对金钱、机器、设备与报告等)；

　　如果你在工作中有无心之失，可能导致的金钱损失是多少？

记录及报告：

　　(a)你个人必须提出或准备哪些报告与记录？

　　(b)资料来源是什么？

工作要求的生理条件：

　　(a)在一个工作日内，你站立的比例是________%，坐下的比例是________%，走动的比例是________%。

　　(b)你在工作时需要举起或携带的重量是________千克。

　　(c)在一个工作日里，你要举起或携带这一重量的时间是________%。

　　(d)你的工作中是否需要某种特殊生理条件(如手眼协调，或灵巧的双手)？

工作环境：

　　请列举在工作场所里影响你工作或健康的燥热、噪声、烟尘、恶臭等情况。

危险因素：

　　请说明在你工作时可能出现的危险或意外。

以下部分由你的主管填写

　　所需学历或教育程度：本职位所需的最低教育程度是：________________________

　　所需工作经验：

(a)从事本职位的新员工，为使工作绩效达到最低要求(满意程度)，需要具备何种性质的工作经验？

(b)需要多长时间的工作经验？

　　训练：

　　如果新员工达到最低学历要求，为达到本职位的平均绩效，还应接受何种培训？(请注明所需的培训时间)。

　　填表日期________________　　主管签名________________

(二)量化的职位分析方法

由于传统职位分析方法取得的资料以定性叙述为主、难以避免主观偏差的影响,且多以特定职位的工作内容为指向,由此获取的信息很难用于不同职位间的参照比较(如职位评价)。因此,研究者开发出了多种量化的职位分析技术,常用的技术包括职位分析问卷调查表(PAQ)、功能性职位分析法(FJA)、关键事件法(CIT)等。

1. 职位分析问卷调查表

职位分析问卷调查表(The Position Analysis Questionnaire,PAQ)是普渡大学麦克柯米克(McComick)教授开发的行为导向的结构化职位分析问卷,是目前使用最广泛、研究最深入的职位分析方法之一。PAQ 的提出基于两项假设:(1)在所有职位中都存在一些通用的工作行为;(2)可以用对通用工作行为的评价来描述所有职位。基于上述假设,PAQ 法提出了一份包含 194 项工作要素(题项)的问卷,这些工作要素代表了能够从各种不同职位中概括和提炼出的通用工作行为、工作条件及职位特征。这些工作要素可以被归并为六大维度:

(1)信息来源:任职者从哪里、如何获得完成工作所需的信息(见表 3-4)。

(2)智力过程:任职者在执行工作任务时需完成的推理、决策、计划及信息处理活动。

(3)工作产出:任职者在执行工作任务时的身体活动及使用的工具、设施等。

(4)人际关系:在执行工作任务时,任职者与他人之间发生的互动。

(5)工作背景:任职者在执行工作任务时所处的物理、社会环境。

(6)其他职位特征:与该职位有关的其他活动、条件及特征。

在进行职位分析时,分析者首先应确定问卷中涉及的各个工作要素是否适用于待分析的职位。研究发现,PAQ 问卷中的很多题项仅适用于特定职位,实际上仅有 1/3～1/2 的题项适用于大多数职位,简化题项有助于大大节约时间成本。其次,分析者根据特定职位的情况,对每个工作要素从运用程度、对职位的重要性、花费时间、发生的可能性、适用性和特殊编码(用于特定项目的专用等级量表)六个方面进行评分。分析者将上述评分结果提交 PAQ 公司总部,经专用计算机程序得出分析报告,说明特定职位在各个维度上的得分情况。常见的三种 PAQ 职位分析报告形式有:

(1)工作维度得分统计报告是指特定职位在 PAQ 各评价维度得分的标准化及综合性的比较分析报告。

(2)能力测试估计数据是指 PAQ 通过对职位信息的分析,确定任职者的各项能力要求,并通过与能力水平常模["通用能力测试问卷(GATB)"]的比较,将能力测试预测分数转化为相应的百分比形式,便于实际操作。

(3)工作评价点值。运用 PAQ 内置的职位评价系统,将 PAQ 各维度的分值转换为职位评价点值,确定企业的职位价值序列,作为企业薪酬设计的基本依据。

PAQ 法使工作内容的表达标准化,并且运用量化指标,为企业内部划分职类、进行职位间的比较提供了相对客观的标准,使分析和对比不同组织间的相似职位成为可能。同时,PAQ 数据库还可用于分析 PAQ 评分、任职者的工作能力与劳动力市场工资率之间的关系。因此,PAQ 不仅被用于撰写职位描述,还可用于确定录用决策中的甄选标准及企业的薪酬方案设计。但 PAQ 法也并不完美。第一,PAQ 采取一种通用性、标准化的格式,搜集到的职位特征过于抽象,无法提供关于特定职位工作内容的完整描述,因而无法用于编写职位描述或进行职位再设计。第二,PAQ 法的表达相对晦涩,要求问卷回答者具备大学毕业生的阅读水平,更为理想的做法是,在访谈基础上由专业职位分析师来填写问卷。这一要求实际上限制了 PAQ

的使用范围，并提高了运行成本。

表 3－4　PAQ 中与“信息来源”有关的部分题项（节选）

信息来源	工作信息使用程度
1.1　工作信息的来源 请将下列的每一项要素根据它们被员工在工作中当作信息来源使用的程度划分等级 1.1.1　工作信息的视觉来源 ___a. 书面材料（书、报告、笔记、文章、工作指导等） ___b. 数字材料（与数量有关的材料，如各类曲线图、账本、说明书、数据表等） ___c. 图形材料（图画、蓝图、图表、地图、轨迹图、幻灯片、X 光片，电视片等）	

___d. 图案/相关设备（模板、蜡纸、图案等，并在使用过程中成为观察者的信息来源，不包括 c 中所列各项）

___e. 视觉展示（转盘、量规、信号灯、雷达示波镜、里程计、钟表等）

___f. 度量设备（尺、测径器、轮胎气压量尺、比例尺、气压力表等取得有关物理度量的可视信息；但不包括上述 e 中所示的各项工具）

___g. 机械设备（工具、设备、物品等，在使用和操作过程中成为观察者的信息来源）

___h. 处于生产过程中的原料（零部件、原材料、物品等，当它们被更新、修正、加工处理时，成为观察者的信息来源）

___i. 处理过程之外的原料（部件、原材料、物品等，不处在更新、修正、加工处理过程中，并且在其被检查、处理、包装、分发或拣选时成为信息来源；主要包括作为存货、仓储、分配渠道和处于检查程序中的各类物资和商品）

___j. 自然特征（风景、土地、地质样本、植被、天气状况等通过观察可以取得的信息来源）

___k. 环境中的人造特征（结构、建筑、大坝、高速公路、桥梁、铁路等其他人造/改造的室内室外环境，并能通过观察提供有关工作信息）

2. 功能性职位分析法

功能性职位分析法（Functional Job Analysis，FJA）起源于美国劳工部培训与职业服务中心的职业分类系统。FJA 以任职者应完成的职能为核心，对各项工作内容和任务要求进行详细分析，基本能覆盖全部工作内容 95％以上。FJA 法假定，所有职位都涉及任职者与数据、人和事三者的互动关系，任职者在互动中表现出的工作行为，将反映工作特征、工作目的和人员职能。FJA 法主要针对各项工作职能（任务）进行分析，当工作职能对应的行为难度越大，所需的能力越高，任职者的职能等级越高。表 3－5 是 FJA 的职能等级表，每项职能描述了广泛的行为，概括了与数据、人和事发生互动时的员工工作行为。任职者的所有工作活动或行为均可依据上述标准，评定其职能层次所属的等级。

表 3－5　FJA 职能等级表

等级	数据		人		事	
	编码	描述	编码	描述	编码	描述
高	6	综合	7	顾问	4A	精确操作
	5A	创新	6	谈判	4B	装配
	5B	协调	5	管理	4C	操作控制 2

续表

等级	数据		人		事	
	编码	描述	编码	描述	编码	描述
中等	4	分析	4A	咨询	3A	熟练操作
	3A	计划	4B	指导	3B	操作控制 1
	3B	编辑	4C	处理	3C	开动一控制
			3A	教导	3D	发动
			3B	劝导		
			3C	转向		
低	2	抄写	2	信息转换	2A	机械维护 2
	1	比较	1A	指令协助	2B	机械维护 1
			1B	服务	1A	处理
					1B	移走

除工作行为中与信息、人、事的互动等级外，FJA 法还分析以下四项要素的等级：在执行任务时需要获得多大程度的指导，执行任务时需要运用的推理和判断能力应达到什么水平，完成工作所要求具备的数学能力有多高，执行任务时所要求的口头及语言表达能力如何。据此，FJA 法可以确定职位的绩效标准和对任职者的培训要求。

3. 关键事件法

关键事件法(Critical Incident Technique，CIT)是基于特定的关键行为和任务信息(即对工作绩效产生显著影响的关键事件)来描述具体工作活动的职位分析技术。关键事件法的具体做法是搜集与工作有关的员工行为(包括正确和错误的行为)，并选择其中最重要和关键性的部分评定其效果，建立经常性记录。关键事件是有可能决定执行一项所分配任务的成败的具体工作行为，事件通常表现为导致成功或失败结果的具体工作行为事例，并被浓缩为一个能抓住因果关系本质的单一行为陈述。例如，在"客户服务"这一维度，成功的关键事件可能是"当一名顾客向店员询问某样商品时，由于负责该货架的店员不在，这名店员就陪顾客到货架旁找出她所需要的商品"；而失败的关键事件则可能是"当多名顾客排队等候结账时，这名店员表情冷漠厌倦，并与焦急的顾客发生口角"。

关键事件法要求管理者的积极参与，即由管理者对直接/间接影响工作绩效的重要行为进行记录。这一方法主要用于工作周期较长，以及员工行为对组织任务的完成具有重要影响的情况。关键事件法能提供重要任务行为的具体例证，可用于企业行为面试、绩效评估与培训需求评估的参考。但关键事件法不构成完整的职位描述，它仅说明了对工作绩效产生明显正面或负面影响的行为，而遗漏了"平均"的工作行为。此外，为搜集必要数量的关键事件所花费的时间也往往较长。

由于存在多种不同的职位分析方法，因此，企业需要在职位分析时确定适用的职位分析方法。一般而言，选择的依据包括三个方面：(1)职位分析的目的，即职位分析取得的信息将用于哪些具体的人力资源决策；(2)职位分析需要的信息类型，这将决定企业是选取任务导向还是人员导向的职位分析方法；(3)企业目前拥有的一般信息，现有背景信息和资料的详略程度将决定职位信息搜集的难度、工作强度，从而影响到适用的分析方法。

四、撰写职位说明书

职位说明书应被视为企业劳动合同的有效补充，规定着员工在工作过程中应承担的责任、义务及应表现出的工作行为。职位说明书应能帮助管理者和员工确切了解特定职位的主要职责、关键任务目标、工作条件及在职者应具备的个人特征，因此，职位说明书的表述应当清晰、规范、具体。下面将分别就职位说明书的两个构成部分——职位描述与任职资格，说明其主要构成及撰写方式。

(一)职位描述

职位描述是对职位所包含的任务、职责、权限及其他相关事项加以规范表述的书面文件。准确简洁的职位描述有助于员工明确关键职责和任务目标，并相应调整其行为。管理者也会根据职位描述的信息来选拔员工、评价员工绩效和提供反馈。

职位描述的撰写，应考虑三个方面的要求：结构、格式、用词的标准化。在结构上，职位描述没有标准模式，但通常可以将其分为核心内容与选择性内容两部分。核心内容是职位描述必须包含的部分，否则将无法区分和识别特定职位；选择性内容由职位分析者根据职位分析的目的或职位类别自行决定取舍(见表 3—6)。

表 3—6　　职位描述的主要内容

构成	项　目	内　涵	应用目的
核心内容	工作标识	关于职位的基本信息，如职位名称、所属部门、工作隶属关系、工作地点、职位分析的时间和核准时间，核准人等。	
	工作概要	简明概要地说明职位的责任、工作内容和特点，表明职位存在的价值和理由。	
	工作职责	清楚而精练地表述该职位通常从事哪些工作任务、职责和责任，以便实现组织目标，并将取得哪些工作成果。这一部分是对工作概要的具体化。	
	工作联系	该职位在组织中的相对位置(上下级关系)；任职者在工作过程中，与组织内外各单位的工作联系(横向联系)。	
选择性内容	工作权限	组织赋予该(管理)职位的决策范围、层级与控制力度，一般分为人事权、财务审批权和重大业务权限。	流程优化、管理人员职位评价
	执行程序	对各项工作职责完成方式的详细分解与描述。	绩效评估、上岗引导
	绩效标准	在明确工作职责的基础上，明确规定各项职责完成情况的衡量标准。	职位评价、绩效评估
	工作条件	主要针对制造企业中的操作工人，界定工作物理环境对工人身心的不利影响。	职位评价
	工作负荷	说明工作安排、工作环境等因素给任职者造成的压力。	职位评价
	工作领域特点		上岗引导/职位评价

关于职位描述应详尽到何种程度，存在两种观点。第一种观点力主详尽无遗，以确保企业的每项重要工作都有专人负责，以免出现管理上的真空地带。另一种观点则认为对职位仅做大致说明即可，以免员工的主动性与进取心受到过于严格周密的“工作职责与范围”的约束，同时可以避免因组织环境变化而使说明书迅速过时。显然，两种观点都有道理。制订职位描述时，应考虑企业的性质(是成熟的企业组织，还是新成立的、处在迅速成长期的组织)与管理目

的，再决定其详略程度。

工作职责应按重要性或核心程度（与工作目标达成的关系或花费时间的多少）来排列，最重要、最核心的工作职责应排在最前面，辅助性的工作职责则排在较后的位置。并且，在工作概要及工作职责的撰写过程中，为避免语意模糊、确保规范性，需要明确写作规范。例如，美国劳工部培训与就业局的职位分析手册（Handbook for Analyzing Jobs）中，对英语时态、人称、句子结构等语法问题都有严格规定。国内在实践中虽没有如此严格的规范，但也应遵循若干原则：

（1）采用“谓语（动作）＋宾语（动作的对象）＋目的状语（目标）”的结构。

（2）避免使用抽象概念、长句、语义含糊的形容词，以及难以理解的技术性词汇；

（3）当存在多个行动和对象时，应分别表述。

表 3－7 的例子选自美国的职位分析手册。

表 3－7　　工作职责的书写格式（示例）

谓语（动词）	宾语（对象）	目的状语*（动宾结构）
分析	试卷答案	以评价学生的专业知识水平
编纂	信用资料	以决定贷款申请者的信用等级
计算	成本与收益	以确定经营状况与利润水平

注：* 在目的状语中，一般还包括：（1）在什么（或谁）的指令下；（2）用什么工具或设备，以构成必要的活动描述。

由于个人对职责、工作任务的认识与表述方式可能存在差异，因此，一份实用的职位描述除了力求内容结构完备、文句格式通顺外，还需要建立一套标准化的词汇。建立标准的词汇库，不仅有助于职位描述的编写，也可以在搜集职位分析信息的过程中运用精确适当的词汇进行记录整理。本章附录是对一家中型企业人力资源经理的职位说明书样本。

（二）任职资格

任职资格，又称工作规范，说明了一个员工从事某个职位所应具备的各种能力素质和条件，通常包括对学历、经验、技能、个人特征及其他实质条件（如视力）、资格考试等的具体描述。在制订任职资格时，由于工作性质与职位分析结果不同，应分为两类：

（1）如果工作性质简单，固定且具体条件可以列举（如专业人员、技术员、打字员等），任职资格可以直接列举个人资格条件（如学历、工作经验、培训、专业文凭、实际技能水平等）。理想的做法是，不仅指出要求在职者有多长时间的工作经验，还应明确指出哪些工作技能对于完成这一职位的工作目标至关重要。

（2）如果不属于上一类别，任职资格的制订就需要根据职位分析资料，明确影响特定工作绩效的个人特征，推断任职者为完成工作需要具备的资格条件。推断可以使用两种方法：其一是根据某些项目（如教育、训练、智力、个性等），判断做好某项工作所需达到的最低标准；其二是运用统计分析方法，根据企业的历史记录分析员工特征与个人绩效的关系，据以确定任职资格标准。第二种方法多用于研究机构的分析，企业很少采用。

目前，流程再造、网络化及按需经济的发展正剧烈地改变着组织工作的基本特征，对职位的功能、活动进行静态描述的职位分析与强调灵活性、创新性的工作组织趋势存在明显冲突。例如，美国航空公司要求员工完成多种不同工作任务来降低劳动力成本，同一员工可能在一周之内充当空乘人员、机票代理人和行李员。这类变化使职位分析和职位说明书的管理价值显著下降甚至完全失效。同时,团队作业方式的流行,使狭隘孤立地定义职位内容的做法过时。在团队工作环境下,团队成员的技能要求在深度和广度上往往超过传统工作。传统组织中可能存在100种以上的独立职位类别,而在团队设计下可能仅余不到10个定义宽泛的团队角色,团队成员需要经常改变自己的角色来满足团队工作要求。因此,组织期望职位分析的重点是确认员工为适应当前及未来战略变化所需的知识和技能,这一关注点的改变有助于提升员工与职位配置的灵活性。工作活动、任务也许会变化,但员工的个人特征和行动,如创新、团队合作、人际关系技能、沟通能力,对于组织成功仍是至关重要的。基于这一管理要求的调整,越来越多的企业转而强调员工素质模型作为人力资源管理信息基础的重要性。

第二节　员工素质与素质模型的构建

所谓素质(competency),是指驱动员工产生优秀工作绩效的各种个人特征的集合,它反映了以不同方式表现出的员工的知识、技能、个性与内驱力等。通过员工素质模型构建而取得的任职者素质要求的信息,对于大量人力资源管理活动(如设计员工甄选程序、培训开发项目、建立基于素质的薪酬体系),都是很有价值的。

员工素质模型可以被视为一种行为性的职位描述,它强调与绩效相关的员工个人特征,以替代传统职位描述中对具体工作行为和技能的关注。由于环境与技术变化、组织柔性化、工作团队化的要求,职位设置不再过分强调分工专业化,职位分析也更重视动态性与灵活性。素质模型强调员工行为特征而非工作内容的做法,使职位分析更具稳定性,减少了技术、工作方式、职位体系等方面变化的负面影响。例如,素质模型所关注的不是具体的沟通行为(包括通过书面、口头沟通及商业演示的方式,向客户宣传本公司的产品),而是要求任职者具有"积极倾听、构建信任关系、并视听众的不同要求而调整个人沟通风格与策略"的能力。这样,即使在企业大量引入视频会议、局域网和远程工作的情况下,素质模型在工作方式改变的情况下仍然适用。

一、素质的定义与构成要素

20世纪70年代早期,美国心理学家麦克利兰(David C. McClelland)运用行为事件访谈法研究影响美国驻外情报信息官(FISOs)工作绩效的因素,发现传统上强调的教育程度、智商、工作经验等指标不足以预测其未来绩效,但在绩效卓越者与一般胜任者之间存在明显的行为特征、跨文化沟通能力、思维方式的差异。基于这一研究,他在1973年发表了"测评素质而非智力"一文,指出智力水平与工作绩效之间没有必然联系,应关注对工作成功者所具备的个人特征(即素质)的研究。从此开启了素质及素质模型构建的研究。

素质通常被视为导致高工作绩效的员工潜质,是决定并区别绩效差异的个人特征。也就是说,在一定的组织环境和工作要求之下,具有不同素质(特性、能力)的员工可能做出不同的行为选择,行为选择的差异进而导致不同的工作结果,因此在素质—行为—绩效三者之间存在因果驱动关系。在素质的定义中,素质—绩效的驱动关系往往是强调的重点。例如,美国管理协会将素质定义为"在一项工作中,与达成优良绩效相关的知识、动机、特征、自我形象、社会角色与技能的总和"。斯潘塞也认为,素质是在工作或情境中,产生高效率或高绩效的人所必需的潜在特征,同时只有当这种特征能在现实中带来可衡量的成果时,才能称为素质。麦克利兰提出的素质的冰山模型，形象地说明了素质的构成要素及其特点（见图 3－2）。在冰山模型中，素质包括五个方面的构成要素：知识与技能，社会角色，自我形象，个性与人格特质，动机、价值观和态度。其中，“水面以上”的知识与技能相对容易观察、评价和发生改变，但与绩效的关系不明显；“水面以下”的其他特征是难以观察、评价和相对稳定的，容易在人力资源管理过程中受到忽视，但这些隐性特征却往往构成了工作成功的关键因素。

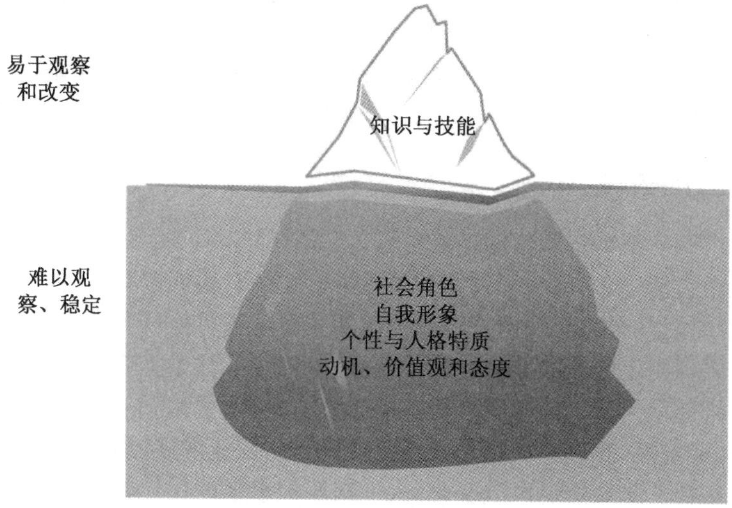

图 3－2　素质的冰山模型

1. 知识与技能

知识是个人拥有的特定领域的事实型、经验型信息。技能则是个人运用知识完成具体工作的能力。例如，大学生经过多年学习，拥有英语语法、词汇的大量知识，而其技能则表现为能流利进行英语的听、说、读、写。

2. 社会角色

社会角色是指个人对其承担的组织角色及行为准则的认识。例如，销售人员应认识到为客户提供价值、使客户满意是自己应遵循的行为准则，这一认识会影响到他与客户的互动关系。

3. 自我形象

自我形象是个人自我认知的结果，即个人对自身的看法与评价。例如，自信就是个人坚信自己有能力应付各种问题，这是大多数领导者必备的素质。

4. 个性与人格特质

人格特质反映了个人对环境刺激的反应方式及与他人交往的方式。研究发现，很多人格特质可以用于预测员工的工作行为和绩效。

5. 动机、价值观和态度

动机是推动员工为达到一定目标而采取行动的内驱力，动机可以预测个人在长期无人监督时的工作状态。成就动机强的员工常为自己设定更具挑战性的目标，并调动各种资源实现目标。价值观是个人对行为、状态的对错判断的信念，价值观会影响到员工的态度和行为。强调过程公平的员工在面对组织政治活动时，个人价值观与组织实践的冲突将会影响员工的情绪、激励水平。个人价值观具有很强的稳定性。态度则是个人对客观事物、他人的评价性陈述，态度虽然不具有长期稳定性，但同样对工作行动会产生影响。

与外显的知识能力不同，隐性的、“水面以下”的素质要素并无高低好坏之分。隐性素质要素与组织环境、职位要求相适应，即特定素质维度上的人一岗匹配，决定着员工“适合做什么”。从素质的视角来看，企业人力资源管理(甄选、任用、培训开发等)的着眼点，不应仅仅停留在追求“高技能”“高学历”的人才，还应强调其隐性素质要素、组织行为与职位要求之间的优化配置与开发。例如，员工的隐性素质不适合从事特定职位(性格内向、不喜欢进行人际交流的个人，不适合从事销售、公关类工作)，则即使企业对其工作内容和职责进行详细说明，建立了针对技能改善的培训开发计划，并对优良绩效进行高额奖励，恐怕也是事倍功半的。因此，围绕着员工素质进行员工配置、利用与开发，对于企业人力资源管理政策、实践无疑具有巨大的价值。

二、素质模型的构建

素质模型是组织依据特定职位的绩效目标，要求任职者具备的一系列不同素质要素的组合。素质模型通常包括4～6项与工作绩效关系最密切的素质要素，组织针对每项素质要素进行分级界定。素质模型的构建，强调特定职位与素质要项的具体行为等级的适配性，企业应为每个职位的素质要项制定合理的绩效标准，并在此基础上界定合理的素质级别和行为化的描述。以素质模型构建取代传统的职位分析，是因为人力资源管理日益强调员工在潜能方面的独特性、差异性和稳定性，管理者在招募甄选、员工培训、职业发展、绩效评估与优化等方面，都应针对员工的特点扬长避短，充分实现内部人一岗匹配水平的优化，进而构建员工的核心专长与技能。

(一)素质要素的分类

素质要素的分类是建立与运用素质模型的出发点。只有针对不同的素质要素类别构建体现企业特色和职位要求的员工素质模型，才能有效指导企业的人力资源管理工作，使素质模型的作用发挥到最大。常见的素质要素分类法有两种：一是根据素质要素与个人绩效的关系，将其分为基础素质与鉴别性素质；二是根据素质要素的专用性程度，将其分为通用素质、可迁移素质和专业素质。

1. 基础素质与鉴别性素质

基础素质是指员工具备的基础知识与基本技能，是完成工作目标所需的最低标准，但它不足以帮助员工达成卓越绩效。基础素质又称“任职资格”或“门槛素质”。例如，一名销售员的基础素质包括了解产品的基本性能、会开发票、能按企业标准陈列商品、具备基本的人际交往能力等。鉴别性素质又称特殊素质，是指可以解释并预测卓越个人绩效的素质。例如，一名优秀销售员的鉴别性素质应包括对产品特性和顾客心理的充分了解、高超的人际影响力、高成就动机等。

2. 通用素质、可迁移素质和专业素质

这一分类可参见图3－3。通用素质是指企业全体员工所共有的素质，主要是指那些与企业核心价值观、文化等相匹配的素质。例如，对于快速消费品类的企业，关注和满足客户需求至关重要，则“客户导向”是这类企业的通用素质。对于行业领先的企业，“成就动机”可以构成企业的通用素质。可迁移素质的核心是领导力素质和管理者素质，即管理者在职位升迁过程中，所具备的充分开发、利用企业中的人力资源，激励员工并组建高绩效团队的素质，如影响力、培养人才等。专业素质是指员工为完成其职责所需具备的素质，通常分为技术研发、生产作业、营销销售、人力资源管理、财务管理、战略、IT等专业类别。例如，技术研发类的专业素

质包括归纳演绎思维、关注程序、团队合作等，而营销类的专业素质则包括影响力、人际理解力和客户导向等。可以看出，由于企业战略和价值观的差异，同一素质要素（如成就动机）可能既是企业的通用素质，也构成了特定职位的专业素质。

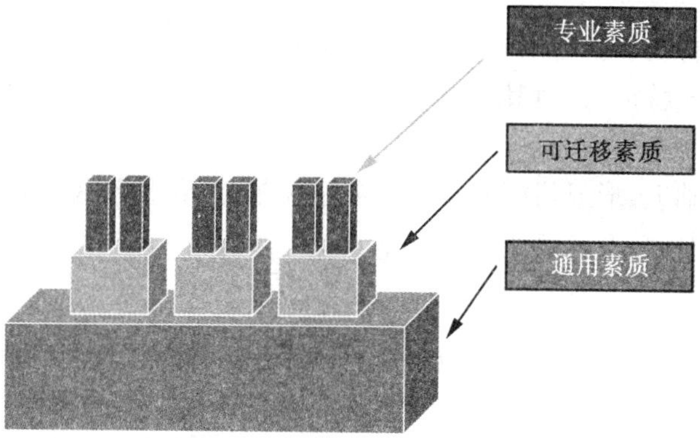

图 3—3　依据专用性程度对素质要素进行的分类

（二）素质模型的构建流程

本书将素质模型构建视为一种员工导向的职位分析方法，它同样始于对企业战略、职位体系和具体工作职责等的深入了解，并以形成书面文件服务于各项人力资源管理活动为终点。因此，关于素质模型构建的流程，本书仅述及素质模型的开发过程及其中使用的独特技术和做法。

素质模型的开发流程通常包括以下七个步骤：

1. 选定待研究的职位

由于素质模型的开发时间较长、成本花费不菲，企业应集中针对与企业战略执行相关的、产生价值增值的关键职位进行素质模型开发。这一步骤可以通过搜集分析组织结构图、战略计划或进行企业高管访谈的方式来进行。企业的管理职位往往被视为关键职位，此外，作为企业价值创造的核心环节，与技术研发、生产作业、营销、客户服务有关的职位也应被视为关键职位。

2. 明确绩效标准

企业需要确定关键职位上的卓越绩效标准，从而为该职位所需素质的研究提供基础。有些职位的绩效标准容易达成共识，如销售人员的绩效可以用销售额、毛利率等评价，操作工可以用日劳动生产率、次品率来评价。但对于职能部门的大多数职位，其工作重点是保障与支持企业内部运营，则除了评价其完成预定工作的质量与及时性外，还可以引入该职位的上级、同事及相关人员的绩效评估。

3. 选定绩效研究样本，建立对照组

根据绩优标准与企业员工的实际考核结果，甄选该职位的素质模型研究样本，并组成两个对照组。一组是具备基本胜任能力但业绩平平的人，2～3 人；另一组是绩效卓越的人员，3～6 人。

4. 任务要项分析

依据职位分析方法，将目标职位的绩优标准分解为具体的任务要项，其目的在于找出哪些行为/活动是绩优者完成而一般绩效者未完成的，借此归纳驱动高绩效的任职者行为特征。

5. 分别与两个对照组进行行为事件访谈

采用结构化的问卷分别对绩优和一般的任职者进行行为事件访谈(Behavioral Event Interview,BEI),搜集绩优与一般任职者在任务要项上的行为差异。

6. 信息整理与分类编码

由素质开发小组将访谈获得的资料进行归类(通过主题分析),识别能导致两组人员绩效差异的关键行为与素质特征,并对其进行级别划分。

7. 撰写员工素质模型

在前期分析的基础上,形成目标职位的素质模型框架,包括最关键的素质要素(4～6 项)、每项素质的定义、级别划分及各等级的行为描述。

(三)行为事件访谈

由于在职者往往对个人才能、优缺点缺乏深入了解,并且很可能不愿流露真实的动机和想法,传统的访谈方法对于识别关键素质要素并没有很大帮助。行为事件访谈通过任职者(绩优者与一般者两组)对工作中所经历的关键事件的详尽描述,记录并分析导致员工绩效差异的关键行为特征,借此揭示出任职者应具备的素质特征。BEI 观察识别员工素质的效度优于其他资料搜集方法(如访谈法、观察法、小组会议法),因而不仅是素质模型构建中使用的重要信息搜集技术,目前也被广泛用于员工内外部甄选,以替代传统的面试方法。

BEI 的具体工作流程如下:要求被访者(即特定职位的任职者)详细描述自己在顾客服务、团队合作、危机处理、问题解决等方面遇到的若干(通常为 2～3 个)成功和失败的典型事件或案例。被访者依据 STAR 工具的要求,分别说明事件发生的情境(Situation)、待解决的问题或任务(Task)、个人在事件中扮演的角色与采取的行动(Action)以及事件的最终结果(Results)等(见表 3—8)。访谈者在收集记录关键事件的行为信息基础上,总结并归纳被访者的思想、情感与行为活动,继而衡量与评价对方的能力水平,了解与发掘其动机、个性以及自我认知能力等决定人的行为的"素质"特征。

表 3—8　　行为事件访谈法中的 STAR 工具示例

问题示例	情境(S)/任务(T)	行动(A)	结果(R)
请说明你在下属培养方面的工作实例。 请说明你在重要客户谈判时曾面对的困难及解决方案。	当时的情况怎样? 出现了何种问题? 你为什么要这样做?出于何种考虑?	你对当时的情况有何反应? 采取了什么具体行动? 请描述你在整个事件中承担的角色。 你在处理整个事件的过程中,采取了什么行动步骤?	事件的结果如何? 这一事件引发了什么问题或后果? 你得到了什么样的反馈?

通过 STAR 工具的使用,BEI 不仅描述了员工行为的结果,也说明了导致结果的情境、任务、产生行为的动机和行为选择等方面的因果联系。BEI 还可以准确详细地反映被访对象处理具体工作任务与问题的过程,指出有效和无效的工作行为,对于实现与获得高绩效具有指引作用。

(四)素质要素的选择与主题分析

麦克利兰基于对 200 多个职位所进行的素质研究,提炼出了 21 项通用素质,并将其划分为 6 个素质族(见表 3—9)。由于企业战略、价值观和职位体系的独特性,由这 6 个素质族、21 项素质要素组成的素质词典,无法涵盖企业所有职位的素质要求,并解释所有行为及其绩效的形成原因。因此，企业员工素质模型构建中的要素选择，可以用通用素质词典为基础，通过对企业特定职位的具体信息进行主题分析，补充部分个性化的素质要素。

表 3—9　　麦克利兰的素质族与通用素质

素质族	含　义	通用素质要素(21 项)
目标行动族	个人对设定目标并采取行动实现目标的取向	成就导向；重视次序、品质与精确；主动性；资讯收集
帮助与服务族	个人满足他人需要、与他人的兴趣需要保持一致的意愿和能力	人际理解力与沟通；客户服务
冲击和影响力族	个人通过影响他人以达成工作目标的能力，即权力需求	影响力；组织知觉力；关系构建
管理族	影响并启发他人、帮助他人提升能力的素质	培养人才；指导与命令；团队合作；团队领导
认知族	帮助个人了解和认识外界事物规律的素质	演绎思维；归纳思维；专业知识与技能
自我概念族	个人如何看待自己与他人、与工作的关系	自我控制；自信心；灵活性；组织承诺；其他个人特色与能力

主题分析是分析者从 BEI 原始资料中识别主题与素质要素的过程。素质模型构建中的主题分析有两个含义：一是基于通用素质词典提出的素质要素定义及分级，对 BEI 访谈中的素质信息进行编码与归类整理；二是在通用素质词典之外，对 BEI 过程中新出现的、企业个性化的素质进行分析、提炼与概念化。

主题分析的核心在于通过对绩优者与一般人员的比较，发现决定绩效优劣的关键因素，即从事该职位所需的素质。主题分析应能帮助分析者回答以下问题：(1)关键素质要素是什么？(2)要求该素质达到何种水平？(3)定义素质要素。为此，需要组建主题分析小组，对 BEI 取得的资料进行个体分析，提出可能的素质主题(见表 3—10)，确认各素质要素在 BEI 材料中的发生频率与层级，以确定素质要素的定义、内容与级别。对于通用素质词典中没有的素质，经小组讨论，可以作为某一已知素质要素的子项，或者作为补充素质要素加入企业素质要素词典。

表 3—10　　主题分析示例

序号	事件描述	主题分析	可能的素质要素
1	销售人员：我现在手上有一个长期客户，他现在除了公司业务之外，有其他事也经常找我帮忙……	关注与客户建立长期稳定的服务关系，并注意培养与客户的私人友谊。	关系构建
2	咨询人员：在那次咨询活动中，一共形成了 600 多页的访谈材料，我将这些材料归纳汇总成五个方面进行分析研究……	善于发现海量信息中包含的模式或关系，找出复杂情况中的关键问题。	归纳思维

(五)素质模型的撰写

在搜集并分析绩优者的关键素质特征的基础上，企业应根据需要针对职类(如管理类、技术类)或关键职位撰写素质模型。为确保素质模型的结构清晰、简单易懂，企业应将素质要素控制在 4～6 项，并按“定义＋编码＋级别＋事例/行为”的方式来表达。

以 3M 公司的素质模型构建及其应用为例。作为一家全球化程度很高的跨国公司，3M

公司中的大量人力资源管理活动都以其全球领导者素质模型为基础。该素质模型指出，作为一家跨国公司的成功领导者，需要具备三个方面的素质(见表3－11)：

(1)通用性领导者素质，指新员工入职时必须具备的素质，并在不断接受管理任务的过程中实现升华。

(2)可迁移领导者素质，指通过实际领导特定职能部门而培养的素质，并为更复杂的中高层管理职位提供了基础。

(3)愿景型领导者素质，指身为中高层管理者，在承担跨部门管理责任的过程中培养的素质，并将在更高的职位上得到广泛应用。

表3－11　　3M公司成功领导者的素质模型

通用性领导素质	可迁移领导者素质	愿景型领导者素质
· 伦理与正直 · 智力能力 · 成熟与判断力	· 客户导向 · 培养人才 · 激发他人 · 关注经营成果	· 全球化视角 · 愿景与战略 · 创新孵化 · 构建联盟 · 组织活力

其中，3M公司的核心价值观在通用性领导者素质和可迁移领导者素质中得到了充分体现，公司的战略则更多体现在愿景型领导者素质中。3M公司的素质要素，通过具体的行为范例加以说明。例如，在愿景型领导者素质中的“全球化视角”，具体的行为描述包括：尊重、重视并积极利用其他的文化、习俗及价值观；使用全球化管理团队来理解和推动业务成长；能充分利用多文化环境下工作的优势；在全球范围内进行资源的最优整合，包括制造、研发、跨国及跨职能经营，以提升3M公司的成长性和营利性；满足全球客户和市场的需要；及时把握全球经济、贸易、市场趋势和机会。

在3M公司的管理人才开发及运用方面，素质模型发挥了重要作用。例如，CEO将针对中高层管理者表现出的具体行为信息，做出年度绩效评估。此外，公司在管理者的绩效期望、员工开发需要及继任者计划等方面，都会以全球领导者素质模型为依据。

管理聚焦3－1

如何管理知识员工？

20世纪下半叶以来，为兼顾效率和增长，企业不断加大对研发、品牌推广、信息技术和自动化的投入，企业的知识员工队伍日益壮大。如何管理知识型员工，成为所有企业共同面临的难题。与体力劳动者相比，人们对知识型工作仍知之甚少，对二者的异同也有很大误解。大部分公司在知识型员工管理中存在两类常见错误。其一，参照体力劳动，为每一位知识型员工设置日复一日的工作结构。这类错误部分导致了第二类错误，即认为知识和经验只是知识型员工的个人财富，不像体力劳动技能可以归纳总结、传授给他人。宝洁公司试行了一种名为“决策工厂”的知识型员工管理方法，力图纠正这种人才管理中的错误。

宝洁公司认为，知识型员工的主要工作职责不是生产产品，也不是提供具体服务，其主要工作职责与“决策”有关，关于商品品种、价格、销售地域、目标消费者的决策，以及关于广告策略、物流、人员编制的决策。但由于决策活动在大脑中进行，管理者难以通过观察、分析员工行动并进行标准化来提升决策效率。宝洁公司认为，提升知识型员工管理的关键，是重新定义工作契约，重塑决策的任务结构，以项目而非职位作为管理的基本单元。在这种模式中，员工不会被拴在固定职位上，而是根据自身能力特长参与不同项目。通过灵活利用现有员工的能力，企业可以实现精简，大大减少"产能闲置"和因人设事的情况。1998 年，宝洁公司进行了重大运营改制，核心是将四大区域利润中心重组为包括婴幼护理、衣物护理、美容护理等在内的七大全球业务单元。这次改制的一大创新就是成立了全球业务服务部(GBS)，负责信息技术和员工服务的共享。宝洁于 2003 年启动了公司历史上规模最大的外包计划，将约 3 300 个岗位外包给 IBM、惠普和仲量联行，并将承担重复性、非项目导向职责的员工派往其他公司，为结构创新留出空间。对于留在 GBS 中的部分业务，则强调项目导向：少数员工仍保留固定职责，而大部分员工则灵活地流向时间紧、回报高的项目。知识型员工很清楚，自己不会长期在同一区域的同一业务单元工作，而会在不同项目团队中完成不同的任务。项目导向的任务结构有助于提升知识型员工的生产效率，清除企业内部经验总结和知识分享的障碍。

宝洁正在全公司推广项目导向的管理方式。2012 年，宝洁宣布了一项白领削减计划，旨在降低成本，更有效地管理知识型员工。每个部门都必须确定知识型员工中固定职责和"流向任务"二者的比例。各部门可以因地制宜确定后者的比例，但这个比例至少要大于零。

宝洁这样规模的企业不可能一夜之间实现项目导向的转型，但将职位 100%固定的企业基本已经过时。为了应对快速的组织变革，企业需要把重要的知识人才资源投入到能够促进知识共享的项目中，只有如此，才能提升企业"决策工厂"的生产力。

资料来源：罗杰·马丁："重思决策工厂"，《哈佛商业评论》2014 年 1 月刊。

本章小结

职位分析通过系统搜集和分析各类职位信息，明确各个职位的定位、目标、工作内容、职责权限、工作关系等项目，进而确定任职者所需的资格条件。职位分析是战略性人力资源管理中的最基础工作。

职位分析需要搜集的职位信息，应能充分体现不同职位间的特性差异和职位分析的目的或用途。主要的职位信息提供者是主题专家，具体包括任职者、直接上级、职位分析师以及客户。

传统的职位分析技术很多，常用的有观察法、访谈法、工作日志法和问卷法。但传统职位分析方法取得的资料以定性叙述为主、难以避免主观偏差的影响，研究者开发出了多种针对员工或工作的量化职位分析方法，其中常用的技术包括职位分析问卷调查表(PAQ)、功能性职位分析法(FJA)、关键事件法(CIT)等。

职位说明书规定了员工在工作过程中应承担的责任、义务及应表现出的工作行为。职位说明书包括职位描述与任职资格。

素质，是指驱动员工产生优秀工作绩效的各种个人特征的集合。素质模型是组织依据特定职位的绩效目标，要求任职者具备的一系列不同素质要素的组合。素质模型强调员工行为特征而非工作内容的做法，使职位分析更具稳定性，减少了技术、工作方式、职位体系等方面变化的负面影响。

素质模型的开发流程通常包括七个步骤：选定待研究的职位；明确绩效标准；选定绩效研

究样本，建立对照组；任务要项分析；分别与两个对照组进行行为事件访谈；信息整理与分类编码；撰写员工素质模型。

思考题

1. 职位分析通常被称为人力资源管理的“基石”，服务于所有其他人力资源管理活动。你同意这一观点吗？请简要说明你的理由。

2. 收集职位分析信息的主要方式有哪些？请说明这些方法各自的特点，并指出各种方法的优缺点。

3. 请将大学生视为一个“职位”并进行职位分析。在这一职位上需要完成的工作任务是什么？要想完成这些工作任务，需要任职者具备哪些知识、技能和能力？哪些环境因素（经济、技术、市场）会导致这一职位发生变化，教育机构的内部变革（如翻转课堂）又会对任职者的技能要求产生何种影响？

4. 素质模型与传统的任职资格，都是针对任职者的个人特征而提出的。二者在信息来源、信息质量、管理应用等方面存在何种差异？

5. 在企业面对重大管理变革（如兼并收购、组织精简、快速成长）时，职位分析和素质模型构建对于战略性人力资源管理有何作用？二者之间是否存在差异？

6. 假如你是一家大型机械制造企业的人事总监。有两个职位空缺需要填补：一个是研发团队的负责人，另一个是生产部经理。你现有的候选人有两位——丁某和王某。在查看这两位候选人的人事档案资料后，你发现丁某和王某有很多共同点。例如，两人都有15年以上的机械行业从业经验，拥有相关专业的名牌大学文凭，同时获得了国家相关技术领域的专业资格证书。作为人事总监，你需要确定谁更适合做研发团队负责人，谁更适合做生产部经理。为了做出上述决策，你需要了解和甄别哪些方面的事项？一名优秀的生产部经理需要具备哪些素质？一名优秀的研发团队负责人又应当具备哪些素质呢？

本章案例

海森公司的职位说明书

在丁娜完成了人力资源管理专业的学习后，进入了海森公司的人力资源部工作。她被要求评估公司当前的薪酬实践，其中的第一项任务就是评估海森公司现有的职位说明书（约600份），并在此基础上压缩职位说明书的数量并提出相应的管理建议。

1. 公司背景

海森公司是一家高成长、高营利性的计算机企业。它有大量的政府订单，此外，它也向公司和个人消费者提供软硬件产品。自20年前公司成立之日起，海森一直保持着经营上高度灵活、紧贴市场和客户的特色。公司的行业特性决定了人力资源的重要性，因此，形成有助于提高员工生产率和满意度的管理制度、实践，对于公司成败是至关重要的。

由于计算机行业的迅猛发展，企业对高素质人才的竞争相当激烈。海森公司在过去3年间保持超过20%的销售收入增长率，其员工流动率（15%）在行业中尚属正常。但管理层清楚地认识到，这一行业中的人才流入流出极为频繁，企业需要提高其人才吸引力。

海森公司约有1 000名员工，而且它强调培养一种“小团队式的公司文化”。公司的组织结构相对扁平、精简，公司内部各组织层级的地位差异和隔阂较少，公司各部门间存在广泛的横向沟通和交流，都是这一文化的体现。除了人力资源部，在公司的其他部门中，各个不同层级的员工一起工作，管理者根据每位在职者的特定素质和兴趣来分派任务；素质、工作能力和动机高于当前职位要求的员工往往会很快获得晋升；很少有正式的书面规则，新进员工要想知道为什么要以特定方式完成工作，只能去询问流程的创建者。在公司里，公司局域网的广泛使用和开放式办公空间的设计，也强化了这一文化。总体而言，员工热爱在海森公司的工作，喜爱公司的活力和开放性。

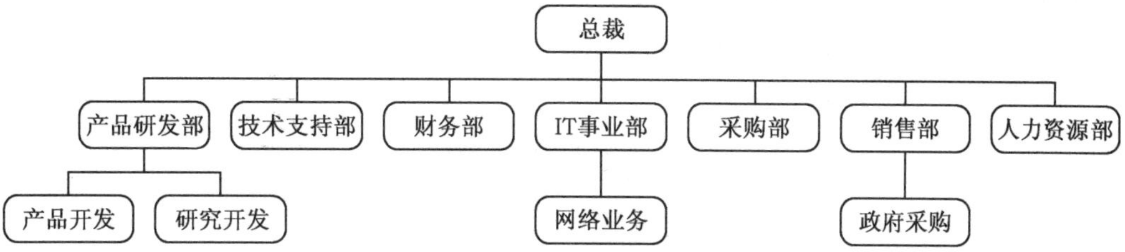

图1　海森公司的组织结构

2. 人力资源部

公司的人力资源部与海森公司的其他部门形成了鲜明对照。这一部门雇用了约18名员工（包括支持性员工）。人力资源副总裁刘丽平以“铁腕”形象管理着整个部门。员工们小心翼翼地表达自己的意见，在刘总的观点之下不敢越雷池一步。当新进员工提出工作改进建议时，他们被告知：“在这里，我们总是这样做事情的”“这就是我们的文化”。书面规则和标准业务流程指导着员工的所有行为。部门员工清楚地了解自己的职位说明书，在员工的职责之间很少存在重叠。

除了一名招聘主管，图2中列出的人力资源部的其他在职者均为女性。这些人中有一半人取得了相关管理专业的学位，有1/4的人有其他企业的工作经验。大部分人员是由公司职员提拔上来的。事实上，有些员工觉得刘丽平能成为公司人力资源副总裁纯粹是运气好，她以前是总裁秘书，在取得本地一所大学的专升本学历后，很快就被提升到这个职位。

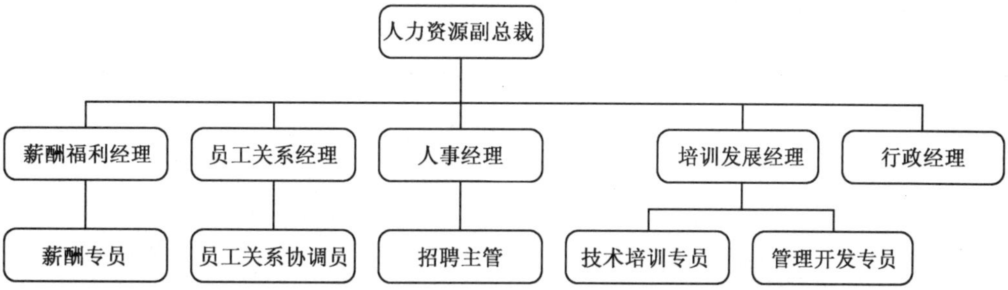

图2　海森公司人力资源部的结构

在丁娜接手“职位说明书评估”这项工作任务后的第二周，一件小事使她意识到其他部门对人力资源部员工的看法。在和销售部经理张欣一起讨论销售部的职位说明书时，丁娜提出，她会将这些职位说明书提交给薪酬专员周洁审核。张欣对这一提议表现得相当困惑,他表示:“但是,周洁不过是个办事员,她怎么能审核?”

3. 丁娜的职责

随着海森公司不断聘用新员工,职责说明书的数量几乎每天都在增加,但大量的旧职位说明书哪怕已经过时了,也仍然没有被摒弃。总体而言,很大一部分职位说明书需要更新。丁娜认真地考虑如何着手进行这一工作。她考虑了企业中职位说明书的各种可能的用途,以及由此产生的不同要求。此外,她也认真考虑了人力资源部可能对这项工作提供的支持。答案并不乐观,人力资源部的每个人都很忙,她恐怕要孤军奋战了。

经过6个月繁忙的工作,丁娜修订了所有职位的职位说明书(职位说明书的旧版和新版示例,见表1和2)。她也开始形成关于海森公司的人力资源部应当发挥何种作用、在哪些方面需要改进以提高部门运作效率的个人观点。她想利用下周五向公司总裁韩总报告项目进展的机会,提出自己的管理建议。

表1 旧职位说明书(示例)

助理程序员	
基本目标	在项目主管的领导监督下,完成程序编码、测试和程序文件编写。
具体工作任务	· 根据程序规格说明的要求,进行程序编码、误码测试和软件测试; · 开发程序文件; · 在系统使用过程中,协助进行程序安装和用户培训。
任职资格	最低要求: · 相关专业的本科学历,或同等经验/知识; · 掌握Java或C#编程语言; · 拥有商业或金融应用方面的营运知识。 优先考虑: · 在时间共享条件下的计算机编程经验; · 拥有XML、UML和HTML语言的培训或工作经历。

表2 新职位说明书(示例)

助理程序员	
工作概述	在一名资深程序员或管理者的领导下,完成程序编码、误码测试、软件测试和程序文件编写。需要进行个人独立判断。
所受管理监督	在一名资深程序员或管理者的密切监督之下开展工作。
管理权限	无。

续表

助理程序员	
工作职责示例	(特定职位可能不涉及下面所列的全部职责,同样,以下职责并未涵盖这一职级的全部工作内容) • 与分析师、上级主管和来自不同部门的代表召开会议,厘清软件的编程要求; • 基于特定编程任务、项目或问题的要求,进行编码、误码测试和软件测试; • 编写程序文件; • 当面对个人无法解决的问题时,寻求上级主管的建议和帮助; • 将软件编程要求中的缺陷,向上级主管报告; • 将软件设计和开发中的个人创意,向上级主管报告; • 在系统使用过程中,协助进行程序安装和用户培训; • 向用户提供支持和帮助; • 培养产品知识、个人技术诀窍,并提高系统使用的熟练度; • 根据经验的不断积累,承担更为复杂、独立的工作职责; • 根据公司和部门标准,完成企业要求的各项工作。
最低任职资格	• 教育程度:相关专业(计算机科学、数学等)本科毕业,或拥有同等经验/知识; • 工作中积极主动、做出有效判断所需要的知识、技能和能力; • 熟练掌握一种结构化语言; • 熟练掌握多种操作系统的工作知识; • 有能力保持与上级管理者的开放式工作关系; • 逻辑思维和问题解决技能; • 系统流程图的开发技能。
期望任职资格	• 掌握 Java、C#和数据传输语言; • 在会计实践和控制方面受过一定培训; • 良好的书面和口头沟通技巧。

问题:

1. 海森公司的战略目标是什么?人力资源部的目标是什么?这二者在目标和文化上的冲突,给海森公司的人员管理带来了何种问题?

2. 海森公司内部的职位设置经常发生变动。在这种快速变化的环境下,何种职位分析方法是最适合的:定制化的?标准化的?工作任务导向的?人员导向的?企业是否应当考虑构建员工素质模型?请评估各种不同方法的优劣,并向丁娜建议如何着手开始职位分析工作。

3. 新职位说明书(见表 2)是否优于旧的职位说明书(见表 1)?请说明做出这一判断的理由。在评价时,请同时从员工和上级主管的视角来考虑。你的回答是否会因职位说明书的不同用途而发生改变?

附 录

人力资源经理的职位说明书(示例)

职位名称	人力资源经理	职位代码		所属部门	人力资源部
职　　系	管理	职等、职级		直接上级	人力资源总监
薪金标准		填写日期		核准时间及核准人	

工作概要：

在人力资源总监的领导下，协助制定、组织实施公司人力资源战略，建设发展人力资源各项目系统，最大限度地开发人力资源，为实现公司经营发展战略目标提供人力保障。

工作内容：

1. 参与制定人力资源战略规划，为重大人事决策提供建议和信息支持；
2. 组织制定、执行、监督公司人事管理制度；
3. 协助人力资源总监做好相应的职位说明书，并根据公司职位调整需要进行相应的变更，保证职位说明书与实际相符；
4. 根据部门人员需求情况，提出内部人员调配方案(包括人员内部调入和调出)，经上级领导审批后实施，促进人员的优化配置；
5. 制订招聘计划、招聘程序，进行初步的面试与筛选，做好各部门间的协调工作等；
6. 根据公司对绩效管理的要求，制定评价政策，组织实施绩效管理，并对各部门绩效评估过程进行监督控制，及时解决其中出现的问题，使绩效评估体系能够落到实处，并不断完善绩效管理体系；
7. 制定薪酬政策和晋升政策，组织提薪评审和晋升评审，制定公司福利政策，办理社会保障福利；
8. 组织员工岗前培训、协助办理培训进修手续；
9. 配合人力资源总监做好各种职系人员发展体系的建立，做好人员发展的日常管理工作；
10. 完成人力资源总监交办的其他工作。

任职资格：

教育背景：人力资源、管理或相关专业大学本科以上学历。

培训经历：受过现代人力资源管理技术、劳动法规、财务会计知识和管理能力开发等方面的培训。

经验：5 年以上人力资源管理相关工作经验。

技能技巧：对现代企业人力资源管理模式有系统的了解和实践经验积累，对人力资源战略规划、人才的发现与引进、薪酬设计、绩效考核、岗位培训、福利待遇、公司制度建设、组织与人员调整、员工职业生涯设计等具有丰富的实践经验；对人力资源管理事务性的工作有娴熟的处理技巧，熟悉人事工作流程；熟悉国家、地区及企业关于合同管理、薪金制度、用人机制、保险福利待遇和培训方针；熟练使用办公软件及相关的人事管理软件；较好的英文听、说、读、写能力。

态度：对人及组织变化敏感，具有很强的沟通、协调和推进能力；高度的敬业精神及高涨的工作激情，能接受高强度的工作，工作态度积极乐观；善于与各类性格的人交往，待人公平。

第四章　战略性人力资源规划

学习目标

在学习本章后，你应该能够：

1. 了解战略性人力资源规划的相关概念及主要工作内容。
2. 学习掌握人力资源规划的四个基本步骤。
3. 学习掌握人力资源需求预测的常用定性、定量方法。
4. 学习掌握人力资源供给预测的常用定性、定量方法。
5. 了解人力资源供求失衡时的多种备选方案。
6. 了解人力资源管理信息系统的组成部分和用途。

全球化、信息化使企业面对巨大的变革压力。为了在新的环境下赢得竞争优势，企业必须不断调整其愿景、战略、结构和文化，在这一过程中，人力资源管理者需要积极参与战略规划过程，并通过战略性人力资源规划来支持战略目标的达成。战略性人力资源规划是指基于企业战略界定的关键性人力资源问题而进行的全面规划，是“根据组织的战略目标和内外环境的变化，系统评价和识别企业在未来特定时间段的人力资源需求，并制定新的政策、系统和方案，确保企业在动态条件下有效获取、利用、保持和开发人力资源的过程”。从这个意义上说，人力资源规划需要企业回答三个关键问题：第一，企业必须对其现有的人力资源状况有清楚的认识，了解员工队伍的优势和劣势；第二，企业必须明确未来的方向，并意识到其人力资源现状与未来需要达到的人力资源状况之间存在何种差距（即未来员工过剩或短缺的可能性和严重程度）；第三，企业需要明确采取何种行动计划来确保未来人力资源需要的满足。通过回答这三个问题，战略性人力资源规划将企业的人力资源政策、实践与长期战略联系起来，使企业保持对短期环境变化、经营调整等重大事件的灵活应对，从而使企业在快速变革过程中保持相对稳定性，并将变革的范围、速度控制在企业及员工可以承受的范围内。

为了确保企业在战略实施过程中，拥有“适当数量和类型的员工，在适当的时间和适当的地点，从事使组织与个人双方均获得最大长期利益的工作”，战略性人力资源规划除了需要建立数量模型之外，还应包括以下内容：

（1）向员工传递关于使命和价值观的信息；（2）明确人力资源行动计划，以确保公司员工拥有未来所需的素质和行为；（3）系统设计和整合各项人力资源活动，并兼顾组织各关键利害关系人的目标；（4）通过规划，实现人力资源活动与其他领域（如财务、营销、运营）变革活动的整合；（5）定期评估人力资源规划的实施情况，并根据环境变化进行重新修订。

由于战略性人力资源规划具有整体性、综合性，人力资源管理者应协助企业各直线及职能部门管理者制订其各自的计划,并将其整合成企业的总体构架。直线部门应负责各项短期人力资源计划的执行,并视业务需要而做必要调整。为了将企业的整体规划落实到员工个人,人力资源规划不仅包括企业的总体规划,也应设定个人层面的发展计划,以配合企业总体目标的实现。

第一节 人力资源规划的程序

人力资源规划包括四个基本步骤:环境分析与组织分析、需求与供给预测、规划行动方案、规划的实施与评价(见图 4—1)。具体地,这四个步骤的工作包括:

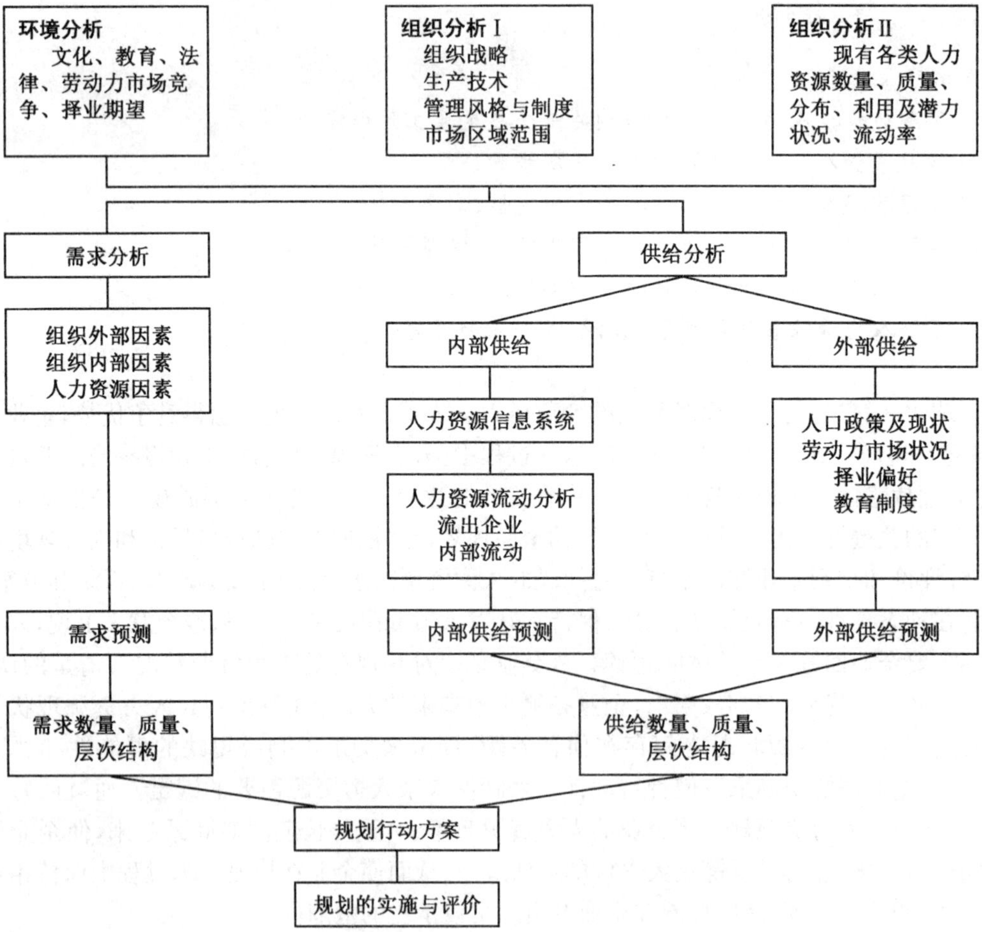

图 4—1 人力资源规划的程序

一、环境分析与组织分析

为了确保人力资源规划的有效性和可操作性,必须首先进行周密完备的环境分析与组织分析。环境分析涉及的内容很多,其中最重要的是了解与人力资源战略相关的外部环境。如外部劳动力市场的供给与需求状况、新的劳动法律法规对劳动力成本的影响、政府的职业培训和教育政策等，都是人力资源规划必需的外部环境信息。除非能对人力资源供求的整个外部环境与影响因素做深入分析，否则企业的人力资源规划很难符合实际需要。

外部环境对组织的影响程度，视组织的具体情况而定。例如，高等教育扩招导致的大学毕业生数量快速增长，使企业可获得的潜在人力资源数量增加，压低了起薪水平，但对于要求高素质、高技术人才的企业则并非完全是好消息。具体来看，环境分析的对象包括：

(1)企业战略计划、经营状况和财务状况。例如，企业未来的销售预测、利润目标、生产目标、财务稳定性、竞争对手状况、外部环境的变化等信息。

(2)企业内部的生产技术、管理风格与管理制度。如企业的自动化、信息化，将会影响到员工技能和素质要求；而企业的薪资、福利水平及管理风格等，也会影响企业在劳动力市场中的吸引力。对企业管理风格与领导能力的分析，应包括公司文化、结构、当前使命、历史、管理层级、管理跨度、领导与权力等内容。

(3)企业人力资源供求与利用现状。具体包括企业劳动力成本、劳动力损耗、员工流动率、员工利用不足等情况的分析。此外，还应分析各部门间的营业、生产活动变化对人员调配的影响，员工结构对未来人力资源计划与政策的影响(如员工平均年龄较大，则需要预先制订退休及接班人计划；如员工平均年龄较小，则需要制订晋升和培训计划)。

为了确保企业内部资料的及时性，许多组织的人力资源管理部门将有关资料纳入人力资源管理信息系统(HRIS)，以便随时更新、修正或提供各类人力资源计划。

二、需求与供给预测

人力资源预测包括需求预测和供给预测两部分，预测的基本目标是明确组织中哪些领域未来有可能出现劳动力短缺或过剩。人力资源需求预测的目的在于估计未来所需员工的数量及其应具备的技能，供给预测则要确定企业未来能否获得具备所需技能的员工以及这些员工的来源。预测方法大致可分为主观判断和统计分析两类(具体预测方法的说明见本章第二节)。人力资源供求预测的质量将取决于组织信息的质量及内外环境的可预测性。预测所涉及的时间期限越短，内外环境的可预测性越强，则人力资源预测信息的准确性就越高。例如，公司往往可以准确预知明年需要新招的大学生数量，但预测未来 5 年的大学生需求却难度很大。因此，预测者需要认识到，不论使用何种预测方法，预测结果都是近似值，不应被视为绝对准确。

三、规划行动方案

当人力资源的供给、需求预测完成后，人力资源规划工作就进入了行动方案的规划阶段。对于几乎所有人力资源问题，都存在大量的备选方案可供选择，区别仅在于方案的效果和影响时间的长短。例如，企业在人力供求预测后发现未来将面对高技能工人的短缺，就可以提出多种备选的解决方案(见表 4－1)。不同的备选方案各有利弊，一些方案在短期内效果明显，但在长期可能产生新的问题；而在长期可能奏效的方案，却无法满足短期内的需求。同样，有些方案有助于降低成本，有些则有助于提高员工的激励水平。在人力资源规划者规划行动方案时，需要考虑各种备选方案的利弊以及短、长期影响，并加以组合应用。

表 4—1　　应对高技能工人短缺的备选方案

备选方案	可能的负面影响
提高基本工资,吸引更多的求职者	吸引到的求职者未必能满足企业的期望,同时会提高企业的招聘和甄选成本
将员工绩效与奖励挂钩,鼓励员工提高生产率	如果生产率的提升跟不上劳动力成本增长的速度,则产品生产成本会增加
降低员工流动率,减少对新员工的需求	为降低流动率而支付的成本增加;同时,流动率降低可能产生员工技能过时的风险
雇用不具备所需技能的员工,并提供技能培训	新员工的生产率低下;增加新员工的管理监督成本;此外,存在员工培训后流失的风险
吸引竞争对手的员工跳槽	薪酬成本大大提高;吸引来的员工忠诚度不高
投资于新技术,以资本替代劳动	技术变革要求组织结构和流程的调整;要求现有员工具备更高的素质和技能

四、规划的实施与评价

人力资源规划的最后一步是付诸实施,这一阶段是将人力资源行动方案具体落实到各部门、各管理环节的过程。人力资源规划的质量评价与未来调整,将取决于规划的实施效果。实施的效果主要体现为企业人力资源的利用水平,具体包括生产率指标、财务指标、员工的出勤率、流动率和满意度等。

第二节　人力资源需求和供给预测技术

一、人力资源需求预测

(一)人力资源需求预测的基础工作

为了进行人力资源需求预测,明确组织在未来对某种特定技能的人员需求会上升还是下降,管理者首先应收集与组织经营和人力需求相关的信息。企业应在掌握完备的职位分析资料的基础上,对企业的现行组织方式、生产技术及未来前景对人力需求的影响做深入分析。一般而言,对人力资源的需求调查应包括以下项目:

(1)此项职位是否企业运作所必需?企业应将人事上的任何变动视为重新思考现行组织结构合理性的契机。由于组织行为的“惰性”,某些工作活动甚至某些职位的设置都不再符合实际需要。对职位存在的必要性做出分析,可以避免在估计需求时计入“冗余”职位的人员需求。

(2)目前从事这一职位的员工数量、结构是否合理?这一评估将有助于判断当前企业是否存在冗员或员工短缺。例如,当员工频繁地长时间加班,或存在普遍人浮于事的情况时,都显示出人力资源配置不当的问题。关于员工配置数量或比例的分析,通常采用零基预测方法来进行。

(3)现有员工是否具备组织战略实施所需的知识、技能和素质?员工是否需要学习新技能或完成不同的工作,以促进公司的发展?在预测专业技术人员或技术变革迅速的企业人员需求时,应体现出未来员工技能、素质要求的调整和提升。

(4)新增投资对生产率、劳动力成本的影响如何？新增投资(如新设工厂、扩充生产规模、更新生产程序等)可能涉及引进新技术或劳动/资本比例的改变，因而会影响员工劳动生产率。相应地，企业所需的员工数量、质量和结构也会发生改变。组织战略对员工需求的影响，需要及时体现在需求预测中。

(5)本企业劳动生产率的变化与技术发展的一般趋势如何？劳动生产率在过去一段时期的提升速度，以及本行业生产技术发展的一般趋势，也会对未来员工需求预测产生重要影响。

(6)企业的劳动力队伍的结构如何，以及如何通过弹性雇佣方式应对短期或长期的人员需求变化。越来越多的企业使用弹性雇佣方式(临时工、外包、劳务外派和非全日制工)来替代传统的固定工。如果企业仅保持少数具有关键技能的正式员工来完成其核心经营职能，同时大量使用弹性雇佣方式来调整企业劳动力队伍规模的扩张与收缩，则人力资源规划者就需要确定哪些员工(或职位)构成企业的“核心”，哪些职位应更具流动性。

管理聚焦 4－1

技术变革的影响：人工会被机器完全替代吗？

技术革新导致大多数公司的人力资源规划需要做出巨大改变。数字化转型、工业互联网、大数据分析、人工智能、机器人、机器学习等，还有许多其他变革正从根本上改变着工作的性质。以机器学习为例，在许多工作中可能不会完全替代人工，但它会影响工作的方式，需要新的技能并导致许多现有的技能变得不那么重要。

除了完成特定工作所需要的技能，技术变革会改变企业竞争的基础和竞争优势来源。企业里的关键角色(将公司与竞争者区别开来，并成功执行战略的核心职位)也会发生改变。公司将不得不重新考虑未来扮演这些关键角色需要的人才。以保险为例，保险公司竞争优势的一项重要来源是比对手更强的风险定价能力。精算师团队不知疲倦地评估承担某项风险的成本。在未来，这种工作多数将由机器完成，保险公司所需的精算师会减少，而需要更多的数据科学家，他们能够挖掘数据，为特定的细分市场甚至个人定制保险。尽管一些精算师有可能会升级为数据科学家，但是，绝大多数的职位会用到新的人才。技术变革使公司未来需要的人才类型具有高度不确定性，企业也因此需要提前进行人才规划。

领先企业已经采取措施吸引新的人才，其中有三点做法值得每个企业去学习：

1. 基于公司战略，勾画出制胜未来所需要的技能和能力。大数据分析、物联网、人工智能以及其他创新，让公司以截然不同的方式参与竞争成为可能。这会导致新的战略形成，并产生新的企业关键角色。美国迪尔公司一直致力于为农民提供生产必备工具，但庄稼、天气以及数据的新来源为提升农业生产力创造了新的机会。迪尔公司的智能方案团队将实时数据(从公司成千上万的客户中产生)转化为基于大数据来实现的服务，迪尔公司的战略改变使公司的关键角色从传统制造岗位变为分析与服务角色。具备高级分析技能的员工对公司而言至关重要，而工业工程和工厂管理技能对于公司的长期增长将不再是关键。

2. 客观评估员工现有的技能和能力，找出差距。一旦确定了制胜未来所需的最关键角色及其技能，则检验员工的现有技能和能力就很重要。有多少员工能够成为明日企业关键角色中的明星？你的公司是否拥有足够的明星人才来赢得胜利？最优秀的公司会仔细地审视其员工的现有技能和能力，以找出他们面临的差距。

3. 立刻着手开发和引进需要的人才，填补差距。领先企业努力将其招聘和开发人才的战略与未来的员工需求相匹配。汽车制造商正面临来自诸如谷歌、优步、特斯拉以及数十家新兴企业的竞争威胁。福特汽车为应对挑战建立了“福特智能移动”，并联合微软为公司带来新的数字技能。同时，福特将智能移动单元设在离斯坦福大学仅几分钟距离的加州帕洛阿尔托，以便更好地获取软件工程人才。

技术革新正在改变工作的性质，以及在未来取胜所需要的技能和能力。由于吸引和开发明星人才需要时间，对企业来说，立刻着手针对未来战略来打造员工队伍是竞争制胜的核心关键。

资料来源：《哈佛商业评论》，2018 年第 1 期。

（二）人力资源需求预测的分类

人力资源需求预测的内容及相关工作，常因预测时间的长短而有差异。根据预测时间的长短，可以将人力资源需求预测分为三类：短期预测、中期预测和长期预测。

1. 短期预测

通常较短时间的人力资源预测（如 6 个月～1 年）是根据当期或下一期的人力资源成本预算，估计现有人力资源的数量、可能的离职人数与补充人员的数量。由于预测所涉及的时间较短，有关新聘员工、培训开发计划等内容都只能做出局部或战术性调整。所以，根据短期预测所采用的措施通常是外包、加班、新聘、裁员、晋升和调职等方面。短期预测是企业人力资源规划的例行工作事项，为企业提供了近期人力资源需求的最好估计。

2. 中期预测

中期预测一般指 1～5 年期的需求预测，通常根据组织的财务预算而定。在这一时间和资源限制条件下，估计可能留住的现有员工以及对新进（或内部晋升）员工的培训等内容。中期预测可采用的措施不仅限于局部调整，也可进行某些战略性的人力资源活动，如长期性的招聘计划、培训计划与员工流动管理的方案等。

3. 长期预测

长期预测一般指未来 5 年以上的人力资源需求预测。由于计划期较长，一些根本性、全局性的改变可以据此进行，如组织发展、工作内容再设计和管理人员开发计划等。长期预测的基础通常是公司与未来市场的展望以及预期的技术变革等，预测对象也包括了未来劳动力市场供求状况以及教育体系的人力资源培养等。但长时间跨度使预测中包含的不确定性因素较多，长期预测很难准确估计未来的外部环境变化和内部适应性调整。例如，技术变化会影响到人力资源需求量及员工素质要求，但确切的影响程度将很难确定。

研究发现，长期视角在人力资源规划实践中受到相对忽视。一般认为主要有两个原因：(1)规划者相信未来是不可预测的，试图预测企业在未来 5～10 年的人力资源需求完全是浪费时间；(2)规划者隐含地假定未来就是目前状况的简单重复，因而长期规划是不必要的。这两种完全对立的假设都会使人力资源规划者关注于中短期规划。

（三）人力资源需求预测的方法

人力资源需求预测的方法可以主观判断为基础，也可以统计分析为基础。主观判断依赖的数据相对较少，但在实践中使用更为普遍。统计分析方法主要依赖于客观数据和正式的统计预测模型，要求企业拥有大量的历史数据，并在鉴往知来的假设下用于预测未来。统计预测模型常被用于估计外部劳动力市场的劳动力供给状况。此时，关于出生率、退休年龄、教育趋势的信息都被用于预测未来的劳动力供给。在企业内部，如果组织拥有预测所需的较长时间跨度且稳定的历史数据，统计分析也可以用于构建市场产品/服务需求变动—组织经营—人力资源需求的关系模型，估计员工的需求和内部供给。在大数据环境下，大型企业还可能用统计分析来预测具体职位的短期劳动力需求。例如，沃尔玛就引进了一种员工工作时间排班系统，基于历史数据预测的某日某时会到特定门店购物的顾客人数，对门店的人力需求做出可靠预测，并据此安排员工的工作时间。下面对相关预测技术做具体说明。

1. 主观判断

主观判断依赖于管理人员的经验和专家知识，对未来的生产率水平、市场需求、销售收入及员工配置需求进行预测。管理人员的主观判断方法在企业统计资料缺乏、市场变动剧烈、企业经营规模出现波动或推出新产品的情况下，可能是唯一可行的方法。

常用的管理人员主观判断法，包括管理估计法、德尔菲(Delphi)法和企业情景分析(scenario analysis)法。在管理估计法下，管理者根据过去的经验，对未来的人员需求做出判断和预测。这些估计可由最高管理者做出，也可能由中基层管理者做出预测再交给上级做进一步修正。

德尔菲法通过集中一组专家(根据其对组织的内部因素的了解程度)，在彼此隔离的环境下经由一系列的问卷方式，让每一个参与者自由表达对某一特定问题的看法或提出估计数字。德尔菲法的具体做法是：首先，将要咨询的内容写成若干条意义明确的问题寄给专家，由他们以书面形式予以回答。其次，由一位中间联络者集中归纳汇总专家意见，并将意见反馈给各位专家，在此基础上要求专家重新考虑其预测，并说明修改的原因。再次，各专家以往所要求的资料清单被汇总整理，并与前一阶段里各个估计值的差距一并发给各位专家。最后，专家传阅在前一阶段各个估计值的差距，各位专家据此做出最终估计并说明估计的经过和理由。德尔菲法的好处是集中专家智慧和经验，同时可以避免群体压力与权威的个人影响力，用这种方法所做的估计有相当大的价值。

企业情景分析法是指依据劳动力市场环境分析的数据，提出可供选择的劳动力方案。这些方案是通过召开部门管理者和人力资源管理者共同参加的头脑风暴会议来制定的。他们预测在未来数年所需的劳动力数量和素质。在预测成形后，管理者将进一步识别关键的变化点。企业情景分析法的最大优点是鼓励开放的、不受固定框框约束的思考。

管理聚焦 4－2

用德尔菲法确定大学图书馆的人力需求

德尔菲法在确定组织人力资源需求的一次有趣应用，是中国台湾成功大学图书馆的人力需求预测。馆长发现，馆内的五个部门主任(采编、阅读、典藏、期刊、资讯)都提出，业务量日益增大，希望增加人力。为了充分利用专家经验，同时避免个人私心在其中的影响，馆长私下请五位主任分别以书面报告方式说明：除了自己所在部门之外的其他四个部门的合理人力需求量。由于每位主任都只评估其他部门的人力，可以做出客观判断，再加上每位主任也都清楚其他四个部门如果人力安排的预算过于宽松，会影响到自己部门的人力配置，因此评估中会精打细算。此外，由于秘书和两位编审的地位比较超然(不属于任何部门)，所以也加入这3人来对五个部门的人力需求加以评价，由此七人的建议形成关于五个部门的人力需求的专家意见。

整理出来的书面结果相当理想：对同一部门的人力建议，经常是7个人中有四五个人相同，另外两三个人的建议也至多是一人之差。馆长因此直接用每个部门的7人建议的平均数来分配人力。

为了防止少数人有意操控数字，馆长在数字差异较大时采用的方法是(加入第二轮调整的机会)：将每一部分的7个数值依大小排序，挑出中位值(第四个)，再列出第二高和第二低的数值，分别告知评估者，并询问是否要调整其先前所建议的数额。此时，建议最高值或最低值的人(如果初始建议有失公正客观)，往往会调整到次高和次低的数额之内。如果建议者坚持其初始意见(极端值)，馆长则要求对方以书面方式说明建议的理由。剔除最大和最小评分的方式，主要是为了避免人为判断时过分主观造成的影响。

来源：台湾《商业周刊》，2010年。

2. 统计分析

统计分析预测，建立在有效预测企业产品或服务需求的基础上。其基本分析思路是：首先预测企业产品或服务需求，再运用一定的统计分析工具，将这一预测转换为满足产品或服务需求而导致的对员工的实际需求。因此，企业总体经营状况预测的准确性将在很大程度上决定人力资源需求预测的有效性。此外，为确保预测的有效性，分析者还应关注统计方法本身的限制条件。例如，运用线性回归方法，就要求自变量(产品需求)与因变量(人员需求)之间存在线性相关关系，即企业在一定时期内的劳动生产率水平基本保持稳定。

使用在人力资源需求预测中的统计方法有很多，本书将介绍其中三种方法：(1)工作负荷定员法；(2)时间序列分析法；(3)生产率分析法。其中，工作负荷定员法适用于短期预测，时间序列分析法和生产率分析法可用于较长时间跨度的预测。

(1)工作负荷定员法。

工作负荷定员法主要用于一线员工的数量预测。首先，根据职位分析获得的数据，计算出某一特定职位每人每天的工作量(即工作负荷，如产量、处理件数、授课时数等)，再根据未来的产品(或劳务)产量目标，计算所需总工时，并折算出所需员工数。

例4—1 某企业下设一车间，其中有四类任务：仪表、装配、维护及紧急任务。企业需要了解未来3年该车间所需的最低员工数。

步骤一：根据职位分析或其他调查资料，确定四类任务所需的标准任务时间(小时/任务)。假设四类任务的标准任务时间分别为0.5、2.2、1.6与1.1个小时。

步骤二：估计未来各年度每类任务的工作量。见表4—2。

表4—2 单位：件

工种＼年份	2019年	2020年	2021年
(1)仪表	12 000	13 000	10 000
(2)装配	95 000	104 000	123 000
(3)维护	29 000	34 000	38 000
(4)紧急任务	8 000	6 000	5 000

步骤三：折算所需的“人工小时总量”。见表4—3。

表 4—3

单位:千人工小时

工种＼年份	2019 年	2020 年	2021 年
(1)仪表	6(12×0.5)	7	5
(2)装配	209(95×2.2)	229	271
(3)维护	46(29×1.6)	54	61
(4)紧急任务	9(8×1.1)	7	6
合　计	270	297	343

注:表中数据四舍五入为整数。

步骤四:折算所需人员数。假设每人每年正常工作小时数为 1 800 小时。则由步骤三所得资料可知:2019 年、2020 年和 2021 年所需员工数分别为 150、165 和 191 人。

工作负荷定员法可用于制订短期员工需求计划。下面示例说明了一家季节性生产企业的员工需求计划。

例 4—2　已知某企业主打产品未来 6 个月的市场需求,可以根据企业的不同管理政策预测所需的直接生产工人数。

政策一:每月生产当月所需数量,灵活调节员工数量(雇用或遣退)。见表 4—4。

表 4—4

月份	(1) 需要产量(件)	(2) 所需人工小时	(3) 人均月工作时数	(4) 预计工作人数①	(5) 计划增雇人数	(6) 计划遣退人数
		(1)*5		(2)/(3)		
1	1 850	9 250	176	53	—	—
2	1 425	7 125	152	47	0	6
3	1 000	5 000	168	30	0	17
4	850	4 250	168	25	0	5
5	1 150	5 750	176	33	8	0
6	1 850	9 250	160	58	25	0

注:①假设每月工作天数为 22、19、21、21、22、20,共 125 个工作日。

政策二:保持员工队伍稳定,生产平均需求量,并负担企业缺货与仓储成本。见表 4—5。

表 4—5

月份	(1) 需要产量累计(件)	(2) 可用生产时数	(3) 生产量	(4) 累计产量(件)	(5) 缺货数	(6) 计划遣退人数
		41×8	(2)/5		(1)—(4)	(4)—(1)
1	1 850	7 216	1 443	1 443	407	—
2	3 275	6 232	1 247	2 690	585	—
3	4 275	6 888	1 378	4 068	207	—
4	5 125	6 888	1 378	5 446	—	321
5	6 275	7 216	1 443	6 889	—	614
6	8 125	6 560	1 312	8 201	—	76

直接生产工人平均需求量＝(8 125×5 小时/件)/(125 天×8 小时/天)＝41 人

政策三：保持员工队伍稳定以应付最低需求，其余外包生产。见表 4—6。

表 4—6

月份	(1) 需要产量(件)	(2) 可用生产时数	(3) 生产量	(4) 外包数量
		(25×8)	(2)/5	(1)－(3)
1	1 850	4 400	800	970
2	1 425	3 800	760	665
3	1 000	4 200	840	160
4	850①	4 200	840	10
5	1 150	4 400	880	270
6	1 850	4 000	800	1 050
合计	8 125		5 000	3 125

注：①最低月需求量为 4 月份的 850 件。

直接生产工人需求量＝(850 件×6 个月×5 小时/件)/(125 天×8 小时/天)＝25(人)

使用工作负荷定员法预测的是生产工人需求，至于非直接生产工人、基层管理人员(如班组长)、辅助工人和支持性员工(如办公室职员)的需求预测，可以根据历史经验，按直接生产员工的一定比例估计出来。如每 10 个生产工人需配备 1 名班组长，则工人人数增加 50 人，就应增加配备 5 名班组长。

工作负荷定员法应用简便，不涉及烦琐的统计方法。但这一做法也有明显缺陷：①部分任务难以计算其工作量；②除非有完备的动作分析或时间分析，否则难以估计准确的“标准任务时间”；③新工艺或新设备的使用，往往会改变工作强度、节奏乃至部分工作内容，这将使工作负荷预测与实际情况出现偏差。

(2)时间序列分析法。

在企业历史统计资料完备准确、经营环境较稳定(不存在大量冗员或加班)的情况下，可以使用时间序列分析方法来预测员工需求。应用时间序列分析法应满足以下假设：A. 员工增加(或减少)的趋势在未来保持不变；B. 趋势线的形状(通常假设为直线)也会保持下去。时间序列分析期望发现企业长期产品需求及其他主要经济指标与员工需求量之间的相关关系，从而用于预测未来需求。

企业的统计资料，尤其是按月(周)取得的统计资料，通常包括以下三种变动：

A. 周期变动。即发生在 1 年以上的可预测的趋势线运动。循环变动可能是由经济周期、生产周期引起的。由于存在潜在的高峰和低谷，所以对周期性需求的预测十分重要，这是因为，即使企业经营及产品需求的长期趋势是稳定的，也会需要额外人手来满足周期性的高需求，同样，短期的经济衰退也会导致暂时性的人员削减。

B. 季节变动。即可预测的 1 年内发生的变化，通常与生产及消费性季节变动有关。如某些特定的礼品销售、农产品的生产和加工，都会受季节变动的影响。对于既想稳定员工队伍、又想满足季节生产要求的企业来说，季节变动对其人力资源规划影响较大。

C. 随机变动。随机变动是由未能认定的因素所导致的不规则波动，即使是最严密的预测技术也无法预测这种变化。

在运用统计资料估计中长期趋势时，必须在一定程度上消除上述各项变动的影响，以清楚地观察到中长期内的变化轨迹。本书主要介绍两类时间序列分析方法。

① 趋势分析。

趋势分析通过分析企业在过去数年间的雇用趋势，并据此预测企业未来人员需求。趋势分析使用的统计方法主要是移动平均法和最小二乘法（见例 4—3）两种。趋势分析常用于预测中期的人员需求。

例 4—3　设有某公司 12 年来的雇用员工数据，如表 4—7 所示。现利用最小二乘法的公式，可以求出以下方程式：

$Y=a+bX$ 的参数 a、b 如下：

$$a=\frac{\sum Y}{n}-b\times\frac{\sum X}{n}=\overline{Y}-b\overline{X}$$

$$b=\frac{n(\sum XY)-(\sum X)(\sum Y)}{n(\sum X^2)-(\sum X)^2}$$

则：$a=432.1$；$b=41.3$。

表 4—7　　**某公司雇用员工数据**

年　度	(X)[①]	人数(Y)
2007	1	510
2008	2	480
2009	3	490
2010	4	540
2011	5	570
2012	6	600
2013	7	640
2014	8	720
2015	9	770
2016	10	820
2017	11	840
2018	12	930

注：①令 2007 年为 $X=1$，2008 年为 $X=2$，……，以此类推。

换言之，趋势线可以用公式 $Y=432.1+41.3X$ 来表示。即每过 1 年，企业雇用的员工人数将增加 41.3 人（或取整数 42 人）。由此可以预测：2019 年雇用的员工人数将达到 969 人 [432.1+13×41.3]。

②比率分析。

比率分析认为，某些关键性指标（如销售量）与所需员工数量（如销售人员数）之间存在相对稳定的比例关系。例如，一名销售人员的年平均销售额为 100 万元，在过去两年中，每年需要 5 名销售人员来完成 500 万元的销售额。再假设，明年你的计划销售额将提高到 800 万元，后年将进一步提高到 1 200 万元。如果销售人员的劳动生产率保持不变，企业明年需要增加 3 名销售人员，后年则需再增加 4 名。此外，比率分析还可用于分析各类人员间的比例关系

(如文秘一管理人员、生产人员一基层管理者等)。

图 4—2 是对医院规模(床位数)与护士人数的比例关系说明和预测。

表 4—8

医院规模 (床位数)	护士人数
200	240
300	260
400	470
500	500
600	620
700	660
800	820
900	860

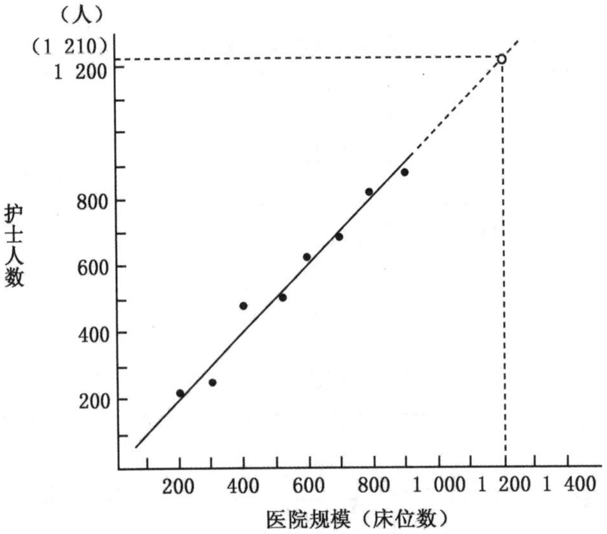

图 4—2 比率分析示例:医院规模(床位数)与护士人数的关系

与趋势分析一样,比率分析假定生产率保持不变,比如企业生产组织方式改变、技术变革不会在预测期内大幅影响生产率,同时忽视了员工存在的个体差异(假设不同员工的生产率相同)。如果企业员工生产率发生重大变化,比率分析的预测就不会很准确。

(3)生产率分析法。

时间序列分析假设生产率保持不变,但在实际生产中,企业的生产率往往会随着生产技术、规模和激励政策的变化而变化,这也会体现在人力资源的需求预测上。生产率变动条件下的人力资源需求预测,通常可采用统计回归的方法计算经济计量模型,将影响劳动生产率的生产性、制度性、管理性的因素均纳入考虑,以求进行较为详尽可靠的预测。

需要指出的是,人力资源规划技术在实践领域的使用,目前越来越注重中短期规划,相对较少采用长期规划和详细的定量预测。

二、人力资源供给预测

(一)内部供给预测与外部供给预测

人力资源供给包括两个来源，即内部供给和外部供给。相应地，人力资源供给预测也包括两方面的内容：一是内部供给预测，即根据现有人力资源及其变动情况，预测未来组织内部所能供应的(或经由培训可能补充的)人员数量和质量；二是外部供给预测，确定外部劳动力市场可能提供的各类人员的数量和质量。由于企业内部供给成本较低、配置效率更高，且企业的招聘与晋升政策往往要求优先考虑内部人员，内部供给预测构成了人力资源规划的重点。

内部供给预测不仅要考虑当前员工的数量、素质及结构，还需要动态预测在发生员工流动、培训开发和晋升之后，未来能够满足企业需求的员工数量、素质及结构。因此，内部供给预测首先应掌握以下三类信息：(1)现有人力资源整体状况与使用情况，如年龄性别与学历构成、服务时间、缺勤状况、裁员政策等；(2)现有人员的内部升迁、调职以及相关政策(如继任计划、培训开发等)，员工内部流动虽然不会影响企业内部供给的总量，但却影响到具体部门、职类、职级的内部供给状况；(3)现有人员的保持能力(即“流动性分析”)，只有清楚地了解遣退、开除、辞职、退休等员工损耗对不同部门、职位的影响，才能准确预测内部供给。内部供给预测的信息是否完备准确，很大程度上取决于企业人力资源管理信息系统的建设。基于 HRIS 所提供的每位员工的人事数据，人力资源规划者可以了解员工队伍的整体状况、优势与不足。

与内部供给不同，预测外部供给需要对全国、地区劳动力市场的变化与相关资料进行具体分析，对企业自身在招聘时的竞争优势形成客观认识，并应估计企业内部其他各项管理政策对人才吸引力的影响。上述要求不仅牵涉到组织外的环境，相关信息难以客观准确，且受制于许多不易控制的因素(如户籍制度、政府政策等)，因此，外部供给预测一直是人力资源计划中的薄弱环节。

(二)现有人力资源状况的分析与内部供给预测

在涉及内部人员的质量和结构问题时，企业应结合 HRIS 所提供的资料，对现有人力资源的利用水平做出切合实际的分析，用于指导各项具体计划的制订与实施。具体分析内容如下：

1. 年龄分析

公司内的员工年龄分布模式会影响未来的退休、升迁、知识技术传承、职业发展和公司文化等方面，企业内部供给预测应考虑员工年龄的合理构成。当年轻人比例较高时，员工进取心较强，但如果无法在晋升和报酬方面提供足够的空间，就会形成“瓶颈”，使中、基层员工的离职率增加(见图 4－3 中的模式 A)；反之，如果公司员工年龄普遍较大，退休与接班的问题较为严重，一旦公司发展前景转好，中、高层管理人员的来源就会出现问题。另外，这类公司可能倾向于保守经营，缺乏活力。在此情况下，通过加速退休、管理继任计划等都是人力资源规划中应考虑到的措施(模式 B)。如果公司曾经历过规模的扩张、紧缩与再度扩张，则年龄结构的分布将如模式 C 所示。这一模式的年龄结构最容易产生高层接班人的继承问题和士气问题。由于中层接班人“供给”不足，势必需要考虑年轻的中、基层员工的快速晋升。由于以往的晋升传统无法维持，如果不能妥善处理，中、青两代的士气都会受到打击，而快速晋升的年轻员工因经验不足，也容易引起经营方面的问题。因此，在模式 C 下，人力资源部门应强化管理开发和职业发展计划的力度，以弥补资深人员退休的损失，并加快继任人员的成熟速度。当然，在一段时间内延后员工的退休年龄，也可以临时救急。

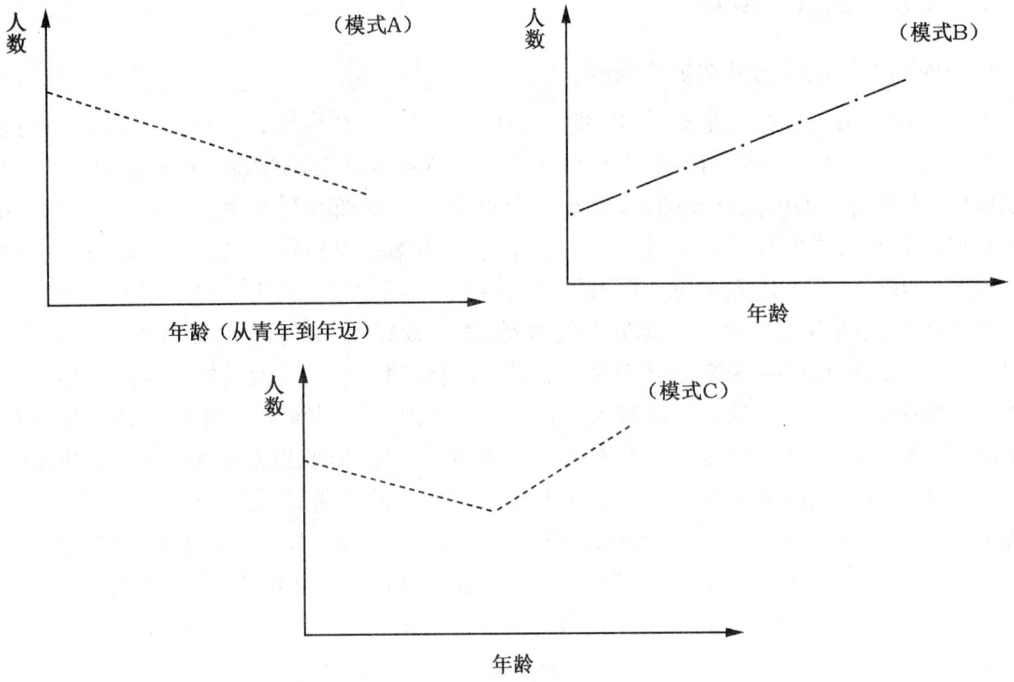

图 4—3 企业员工的年龄分布模式

2. 缺勤分析

缺勤水平的高低，可以反映企业在员工士气、生产率水平、工作绩效等方面的管理成果。在员工经常缺勤的情况下，企业的人力资源实际供给低于在职员工人数，企业需要雇用高于合理水平的劳动力，才能弥补因休假、病假、事假等原因造成的工时损失。因此，及时准确掌握员工缺勤情况，能为未来人力资源的内部供给预测提供较为准确的数据。

3. 技能储备清单

技能储备清单(skills inventory)提供了现有员工的能力、知识、技能、绩效评级、潜能及个性等方面的信息(见表 4—9)。由于管理者所需要的技能储备信息有别于非管理人员，有些企业会针对管理者建立技能储备清单。除表 4—9 中提及的个人传记信息外，管理人员清单还包括对管理者以往绩效、优势弱势和晋升潜力的简要评价。了解现有员工的总体技能储备状况，有助于掌握企业的员工质量和结构信息，并能帮助管理者迅速识别具备特殊能力、发展潜力的员工，通过规划使其适应企业不断变化的需求。

表 4—9 技能储备清单应提供的七类信息

1. 个人数据：年龄、性别、婚姻状况
2. 技能：教育经历、工作经历、培训
3. 特殊资格：专业团体成员资格、职业资质、特殊成就
4. 薪资和工作历史：过去和现在的薪资、加薪日期、承担过的各类工作
5. 福利与退休数据：福利计划数据、退休信息、资历
6. 个人能力：在心理测验或其他测试中的成绩、健康信息
7. 个人兴趣和偏好：工作地点、工作类型

(三)员工内部流动与内部供给预测

企业可以使用多种方法来预测因内部晋升、职位调整和跨部门流动等给内部供给带来的变化。内部供给预测方法也可分为定性方法和定量方法两种。在定性预测方法中，常用的有高管评议法(executive reviews)和组织安置计划表。

高管评议法是集中企业内的高层管理者和最有潜力的接班人信息，由待规划职位的上级以会议形式讨论并决定各位管理者、接班人的职业发展方向，比如该管理者未来是否会离职、是否为晋升或调职做好了准备、是否需要为晋升安排必要的培训开发项目等。上述决策取决于管理人员(接班人)在以往的绩效表现(绩效评估结果)以及未来晋升潜力(长期职业发展潜力、员工个人兴趣等)。如果高管评议的结果表明，企业未来的管理人员需求无法通过正常内部晋升得到满足，企业可能降低晋升标准，采用加速晋升的政策，也可能通过引进外部管理人员的方式满足企业的人员需求。高管评议涉及的管理人员规划，通常用组织安置计划表来落实和具体化。

组织安置计划表的具体形式各异，但大体上都是利用工作绩效评估的资料，对各个职位(尤其是管理阶层)的接班人预先安排，并且记录各职位的接班人预计可以晋升的时间，作为内部人力供给的参考。表 4—10 是一个典型的组织安置计划表。

表 4—10　　组织安置计划

<table>
<tr><td colspan="3">机密***组织安置计划表——2018 年 2 月 3 日起***图号:EA—01</td></tr>
<tr><td colspan="3">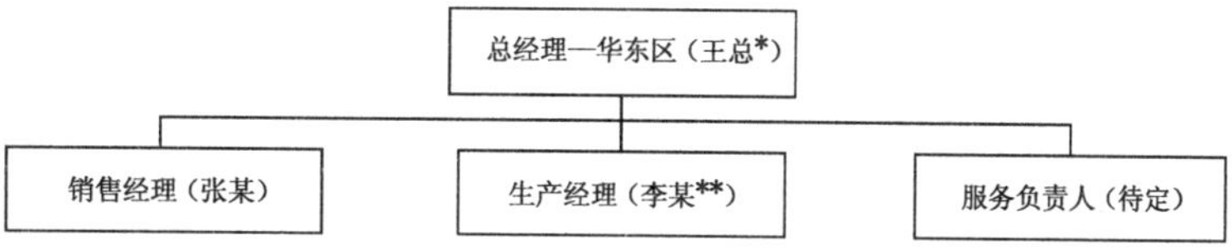
</td></tr>
<tr><td>计划退休时间:2028 年 6 月
绩效评价:优
近期晋升潜力:可以晋升
长期发展潜力:高
****三项发展需要****
合同管理
变换上司
训练下属</td><td>计划退休时间:2024 年 1 月
绩效评价:良
近期晋升潜力:需要培养
长期发展潜力:一般
****三项发展需要****
领导/激励他人
维持质量控制
授权能力</td><td>****三项发展需要****</td></tr>
<tr><td>****可能晋升的职位****
华东区总经理　(1 年)
集团公司副总裁　(6 年)</td><td>****可能晋升的职位****</td><td>****可能晋升的职位****</td></tr>
<tr><td>****可能的替换者****
方某
刘某</td><td>****可能的替换者****
钱某</td><td>****可能的替换者****</td></tr>
</table>

在表 4—10 中，职位方框中说明了职位名称和任职者姓名。在姓名后有 * 号，表示任职者将在 1～2 年内退休，需做短期计划；在姓名后有 * * 号，表示任职者将在 5 年后退休，应做长期计划；如果方框中出现“空缺”字样，表示该职位目前尚无任职者；如果方框中出现“待定”字

样，表示该职位属于计划中，目前还不存在。

在组织安置计划中，特别值得关注的是管理继任计划。管理继任计划是组织用来确认重要职位的特定候补人员安排的过程。在一个完整的管理继任计划系统下，一位高潜力员工在被确认为晋升候选人后，人力资源管理者会审查其以往绩效、评估其能力和发展潜力，设计其未来发展计划并规划其职业轨迹。缜密的继任计划能确保企业留住合格适任的高潜力内部员工。

管理聚焦 4－3

管理继任计划：相马？赛马？

大型企业在选定接班人时，通常面临“相马”与“赛马”的决策两难。所谓“相马”，就是事先明确指定一个接班人选，选定之后给予接班训练，但企业需要承受选错人的风险。“赛马”则更多的是大企业在形成高潜力人才库之后，以内部竞争机制来决定，但这么做同样有风险，若一人胜出，其他落败的高潜力人才可能会离开企业。

以“赛马”机制来选人才的企业，最典型的是美国的通用电气。通用电气在培养人才的同时鼓励“赛马”，高层管理团队需要经过内部激烈的竞争，才有望成为指定接班人。但家庭企业、面临转型考验的企业，则更倾向于在内部或外部指定接班人（“相马”）。

但通过高潜力人才库建立“赛马”机制，也有潜在风险。美国“创意领导力中心”的道格拉斯·里德尔对公司加速培养高潜力人才的做法，提出了几点告诫：

1. 高潜力人才计划在为其他公司培养领导者。如果没有明确的领导力发展战略（作为人力资源规划的子项目），极有可能培养出的人才会成为竞争对手未来的领导者。这是一个简单的数学题：公司培养出了 15 位高潜力领导者，却只提供了五个晋升机会，没有获得晋升的人才会乐于继续待在公司中等待下一次晋升机会吗？他们能抗拒来自竞争对手的橄榄枝吗？因此，你需要将高潜力人才培养计划视为一项整合人才培育计划的一部分，先思考那些高潜力人才未来几年可能扮演的角色，并与相关人员讨论这一问题，如此一来，他们留任的可能性会大得多。

2. 区分员工。如果挑选出高潜力人才的程序不透明、标准不清晰，就会有人假设这个制度是对“爱将”的奖励。任何偏袒徇私的迹象都会破坏组织的气氛和获选者的可信度，这会破坏其未来成为领导者后的领导效力。

3. 对人才的过高承诺，会造成候选人的过度傲慢和过高期待。如果高潜力人才计划被视为对少数特殊人员的认可和未来承诺，有些参与者会变得很傲慢。他们会努力争取更多注意，让别人知道他拥有特权。高潜力人才需要一个平台来呈现卓越的成绩，而不是一张特权通行证。

资料来源：整理自《哈佛商业评论》，2013 年 10 月。

有时，为了从历史数据中有效分析企业的人才供给状况，还可以利用组织安置计划表的资料计算组织活力指数（organizational vitality index，OVI）。组织活力用来表示某一部门（组织）的人事活力或储备情况。通常 OVI 高的部门，往往是整个组织内的技术来源，甚至是其他部门主要的接班人选来源。OVI 的计算公式如下：

$$OVI=\frac{HP+PN+P(1)+P(2\sim3)-NP-NBU}{员工总数}$$

其中，HP 为高潜力员工人数；PN 为可能晋升的员工人数；P(2～3)表示在 2～3 年后可能得到晋升的员工人数；NP 为不可能在本组织内获得晋升的员工人数；NBU 为无人可以替代的员工(职位)数。

在定量预测方法中，马尔科夫矩阵模型常用于预测具有等时间间隔(一般为 1 年)的时点上各类人员的分布状况。使用马尔科夫矩阵的前提是：过去的人事变动(如升迁、内部调动)的模式与相对次数(概率)会在未来重复发生。运用马尔科夫矩阵预测未来的人员内部供给，需要以往员工内部流动数量和流向的大量数据，并在分析总结流动规律和模式的基础上，用于分析未来的员工流向和员工分布。通常来说，马尔科夫矩阵分析所涉及的分析期较长(如预测未来数年)，包括的人数较多(如拥有数万名员工的大公司)，则各种状态间的变动概率较为稳定，预测结果也较可靠。所以，马尔科夫矩阵模型适用于稳定经营的大型企业。

例 4—4　根据 2020 年某企业生产部门各职级的员工分布状态(见表 4—11)和员工流动状况(见表 4—12)，假定员工流动状况在历年保持不变，预测 2021 年各职位的内部供给状况。

表 4—11　　**各级职位初始分布状态**

职位	厂长	副厂长	厂长助理	车间主任	班组长	见习管理人员
代码	A	B	C	D	E	F
总人数	10	10	20	50	100	50

表 4—12　　**2020 年部门内的员工流动**

自＼至	A	B	C	D	E	F	总计
A	10						10
B	1	9					10
C	1	2	17				20
D			5	44	1		50
E				2	98		100
F			3	6		41	50
总计	12	11	25	52	99	41	

从表 4—12，可得马尔科夫概率矩阵(见表 4—13)。

表 4—13　　**马尔科夫概率矩阵**

自＼至	A	B	C	D	E	F	总计(人数)
A	1.0						10
B	0.1	0.9					10
C	0.05	0.1	0.85				20
D			0.1	0.88	0.02		50

续表

自\至	A	B	C	D	E	F	总计（人数）
E				0.02	0.98		100
F			0.06	0.12		0.82	50

由表4—7可知，2021年初，生产部门各级职位分配状态如表4—14所示。

表4—14　各级职位分配情况

A	B	C	D	E	F
12	11	25	52	99	41

例4—4中并未考虑离职与引进管理人员的情况；如果需加入，可以在六个职级之外，再加入“离职”和“新进”两项。

管理聚焦4－4

高管突然离职，你准备好了吗？

当我们想到管理继任计划时，头脑中浮现的往往是睿智的企业家或所有者提前多年布局，精心培养其继任者，使其在现实历练中增进知识和经验，最终顺利交班的故事。这在传统的大企业中并不少见，也备受推崇。但管理继任计划的作用不仅限于长期规划，在应对短期突发性的高管人员离职时，有无管理继任安排可能决定了企业的成败得失。

重要的高管人员突然离职，会使大多数缺乏管理继任安排的企业大乱阵脚。此时，公司临时起意寻求猎头公司的帮助，甄选接任人选；临时领导人勉强代理总裁职务，公司的发展方向失去了聚焦目标。混乱的局面将至少持续数周，有时甚至长达数月，员工因各种不确定性与传闻而士气低落、效率不彰。有望登上总裁宝座的内部人士很容易陷入明争暗斗。有些人会选择安全至上，力求避免犯错；有些人则可能放手一搏，希望一举成功。竞争对手则将这段时间视为抢占市场的好机会，也可能借此时机挖走因公司前景不明而感到不安的人才。等到公司找到合适的接任者时，可能已经遭受长期伤害。但这种事不会发生在通用电气（GE）、麦当劳等管理继任计划成熟有效的公司。GE在每个层级都有继任安排，必要时可以快速任命最适任、最有能力解决未来难题的内部人员出任重要职位，将组织运作可能遭受的干扰降至最低。在GE，一次高管突然辞职事件就很好地验证了其继任安排的有效性。

2000年的某一天，年营业额达60亿美元的GE家电事业部CEO拉里·詹斯顿因为有了更好的工作机会而突然提出辞职。面对这一突发状况，GE刷新接班速度的纪录，半天时间就决定了接任者及其下属三位主管的人选，并在当天宣布了人事变动。此举成为GE安排继任事宜的楷模。时任GE董事长的杰克·韦尔奇并没有花时间挽留詹斯顿，而是着眼于尽快从预先确定的4个候选人中找到继任人选。4个候选人中仅有1个在家电事业部任职（康伯尔），4个人都在长期的任职中表现出色、能力卓越。但这是一次不寻常的任命。韦尔奇、伊梅尔特及人力资源副总裁康纳提在分析了家电行业竞争现状后认为，候选人最重要的是有能力维护品牌及与重要客户（销售渠道）的关系。在权衡个人胜任力、团队合作能力和安抚家电事业部员工的种种因素后，韦尔奇选定了康伯尔继任。其后家电事业部的发展证明康伯尔是理想人选。

GE 管理继任计划的独特之处，正是为一个职位准备多个人选。康纳提认为，许多公司在制订继任计划时，会针对每个重要职位内定一位接班人。但这其实不是好事。预先内定接班人，让公司在选择重要主管时陷于僵化，在瞬息万变的商场中，今天适任的人，一年后可能就不再适任。有多位人选，更有机会找到处理新难题的人才。

资料来源：改编自夏蓝、康纳提：《决胜人才力》，天下文化出版公司 2011 年版。

（四）基于大数据的人力资源规划

近年来大数据的发展，不仅影响到企业的客户、物流和生产管理，也影响到了人力资源管理领域。有了大数据，管理者可以对人力资源的供求数量、质量进行精准的量化和预测，减少经验、直觉在管理决策中的作用，运用算法来改善决策质量和业绩表现。

IBM 自 2006 年开始，引入"全球整合企业"的模式进行运作。为了适应 IBM 的业务转型，将其科技服务业务通过人、流程和技术的整合输出到全世界，要求企业范围内的人力资源无国界流动，工作机会应自然流向效能最大的地方。为了实现这一点，IBM 将其位于 164 个国家的 35 万名员工的个人资料进行平台整合，将每位员工的技能与薪资成本展示在平台上，让客户随时能从全球挑到最适合的项目人才来提供服务。如果员工拥有相似技能，却只需支付较低成本（如来自印度、中国）的员工，就会在整合平台上脱颖而出。为此，IBM 花费了大量资源建立专业市场平台"Professional Marketplace"，运用 100 种以上的工作定义和上万种工作技能，将每位员工的个人描述细化，并记录员工的工作、度假和培训安排，系统可以监测员工在 14 周内的时间安排，并用此类信息为客户遴选出最合适的人。例如，有上海的客户需要一个软件专家团队来实现某种应用，就可以上这个平台搜寻，发现所需的人才，包括谁的技能适合且目前有时间配合工作，同时系统还会显示，这位员工目前所在的国家及人力成本报价。系统会自动帮客户比较出拥有同样技能但成本效益最高的人才（比如，一位小时工资为 10 美元的印度工程师，其成本效益优于美国相似资质的工程师）。通过这一系统的实施，IBM 大大提升了员工的工作时间利用率，减少了排程误差；并且，人力资源管理部门还可以通过这一系统发现市场对哪一类专业技能的需求在增加，从而及时地安排员工培训课程。

三、人力资源的需求与供给预测：一个示例

企业的人力资源需求与供给预测的数据整合，将会揭示企业因未来业务增长、变化而导致的人员需求变化，以及这些需求在多大程度上可以通过内部员工来满足，是否有必要通过外部劳动力市场来解决。以下是一家大型连锁酒店对未来 2 年 16 个关键职位的劳动力需求和供给的预测①。

在表 4－15 中，A 栏为 2020 年这 16 个关键职位的在职员工数，B 栏为 2020 年在职员工数与酒店数的比值。这家连锁酒店预计到 2021 年将新增 7 家酒店（总数达到 32 家）。C 栏是预计 2021 年 32 家酒店的关键职位所需的员工数（员工数/酒店数保持不变，即 B 栏数据×32）。举例来说，食品/饮料经理与酒店数的比例在 2020 年为 0.92(23/25)，则当酒店数上升为 32 家时，需要的食品/饮料经理人数为 29 人（0.92×32＝29.44，取整后为 29）。

① 改编自路易斯·R. 戈麦斯－梅希亚、戴维·B. 鲍尔金、罗伯特·L. 卡尔迪，《人力资源管理》（第 6 版），格致出版社 2014 年版，第 176－177 页。

表 4—15　　连锁酒店企业需求预测表(示例)

关键职位	A 2020 年员工数(人)	B 2020 年员工数/酒店数 (A 栏数据/25)	C 2021 年预测的酒店关键职位员工数 (B 栏数据×32)*
总经理	25	1.00	32
驻店经理	9	0.36	12
食品/饮料经理	23	0.92	29
财务总监	25	1.00	32
财务经理	14	0.56	18
总工程师	24	0.96	31
销售总监	25	1	32
销售经理	45	1.8	58
会务经理	14	0.56	18
餐饮经理	19	0.76	24
宴会经理	19	0.76	24
人事经理	15	0.6	19
餐厅经理	49	1.96	63
厨师长	24	0.96	31
副厨师长	24	0.96	31
客房服务经理	25	1.00	32
总　计	379		486

* 数字为取整后的数值。

表 4—16 的 A 栏到 D 栏是同一家酒店连锁企业的劳动力供给预测。A 栏为过去 3 年(2018～2020 年)16 个关键职位的平均流动比率,将这个比率乘以目前每个关键职位的员工数,可以预测在 2021 年有多少人将离开本企业(见 C 栏数据)。例如,2018～2020 年,财务经理的平均离职比率为 31%,目前的在职人数为 14 人,可以预计在 2021 年将有 4 人离职(0.31×14=4.34,取整为 4)。D 栏为 2021 年初预测留任的员工数。E 栏为表 4—15 中 C 栏的数据,即当公司下属的连锁酒店扩大到 32 家时,16 个关键职位上所需的员工数。F 栏为企业在 2021 年需要的员工数与留任员工数的差额,也是企业需要增加的新员工数。

表 4—16　　连锁酒店企业供给预测及需要配置的新员工数(示例)

关键职位	A 平均流动率 (2018～2020 年)	B 当前员工数	C 2021 年预计 离职人数 (A×B)	D 2021 年留任 员工数 (B—C)	E 2021 年预测 员工需求 数量	F 2021 年预测 员工缺口 (E—D)
总经理	0.13	25	3	22	32	10
驻店经理	0.22	9	2	7	12	5

续表

关键职位	A 平均流动率 (2018～2020年)	B 当前员工数	C 2021年预计 离职人数 (A×B)	D 2021年留任 员工数 (B—C)	E 2021年预测 员工需求 数量	F 2021年预测 员工缺口 (E—D)
食品/饮料经理	0.15	23	3	20	29	9
财务总监	0.3	25	8	17	32	15
财务经理	0.31	14	4	10	18	8
总工程师	0.27	24	6	18	31	13
销售总监	0.11	25	3	22	32	10
销售经理	0.17	45	8	37	58	21
会务经理	0.3	14	4	10	18	8
餐饮经理	0.24	19	5	14	24	10
宴会经理	0.2	19	4	15	24	9
人事经理	0.13	15	2	13	19	6
餐厅经理	0.25	49	12	37	63	26
厨师长	0.27	24	6	18	31	13
副厨师长	0.31	24	7	17	31	14
客房服务经理	0.21	25	5	20	32	12
总　计		379	82	297	486	189

第三节　人力资源战略方案的形成

企业在人力资源需求与供给预测后，应比较供求预测数据是否平衡，并分析产生未来员工短缺或过剩的原因。原因可能是多方面的：自动化、信息化可能导致企业一线员工过剩，经济周期、员工流失加剧则可能导致员工短缺。总之，企业必须在分析供求不平衡的原因的基础上，提出针对劳动过剩或短缺的具体行动方案。

一、员工供求不平衡时的备选行动方案

解决员工供求不平衡的方法多种多样，图 4－4(A)、(B)是企业可供选择的备选行动方案。在确定实际选择的行动方案之前，企业需要考虑经营战略目标、内外部环境扫描，以便有效分析各种行动方案的成本收益、可行性和员工的接受程度。

(一)供过于求(员工冗余)的行动方案

在面临短期供过于求的情况时，企业主要通过减少现有员工提供的总有效劳动时间来平衡人员供求关系。可能的备选方案包括缩短工作时间、收回外包工作、减少兼职和弹性雇用人员、限制雇用新员工、安排员工从事培训或临时工作等。为了缓解短期成本压力，企业还可能采用缺勤赦免(excused absences，即无薪休假)乃至临时解雇，在产品/服务需求改善时，重新恢复与员工的正常雇佣关系。

而在企业判断产品/服务需求将长期恶化，企业的供过于求状态可能在较长时间内持续

时，为了降低成本，则需要切实减少雇用的员工数量。此时，自然减员、提前退休与买断、临时解雇乃至大规模裁员是最常用的办法。

(1)限制雇用和自然减员。限制雇用是指企业在员工辞职、生病或退休时，不及时以新员工来填补空缺职位的做法。当离开的员工未被新员工替代时，就产生了自然减员。这种减员方法无须直接解雇员工，剩下的员工需要在人员减少的情况下承担同样的工作负荷。不过，除非人员流失数量较大，否则自然减员的影响通常比较有限。这种做法对企业当前员工的负面冲击较小，更受员工欢迎，因而成为企业减员的首选做法。

(2) 提前退休与买断。提前退休与买断是企业促使年长员工提前离开企业的一种手段。在工会力量较强、难以大规模裁员，或不希望直接解雇影响现有员工士气的情况下，企业用金钱赎买的方式鼓励员工自愿性终止雇佣关系。

(3) 临时解雇。临时解雇是指企业使部分员工处于没有报酬的离职下岗状态。如果企业的经营有了改善，员工就可以重新返回企业工作。当企业暂时处于不景气状态时，临时解雇不失为一个适当的减员策略。

(4)裁员。企业可能判断行业不景气、对员工的需求下降将长期持续，为提高企业竞争力需要进行大量人员削减。裁员可能是因为削减成本的需要，剥离部分业务，或者改变经营地点。大规模解雇(裁员)在成本削减方面有立竿见影的效果，但大量研究表明，裁员对组织的长期经营效能会产生负面影响，特别是如果公司业务强调研究开发、客户服务、高参与实践、广泛的社会网络(即人力资源对于赢得竞争优势至关重要)，裁员对生产率的不利影响就更明显。在网络环境下，与裁员相联系的负面公众印象还会被广泛曝光，损害企业在劳动力市场的声誉，增加其未来雇用员工的难度。

为了减少大规模解雇员工带来的不利影响，员工安置服务是一种越来越常见的安排。员工安置服务是企业为被解雇员工寻找新工作提供支持和帮助的一系列服务。这些服务主要提供给那些因工厂关闭或部门撤销而失去工作的员工，早期更多针对组织高层管理者，后来则扩大到更多的组织层级。企业提供的员工安置服务主要包括：养老金、社会保险金、面试费用和协议工资等资金部分；职业指导，可能用到一般潜能/兴趣、人格专项测试和软件；提供自我评价的技术指导，帮助发现用人单位需要的技能、知识、工作经历和其他资质；自我推销技能指导，获得进入目标企业的机会；帮助掌握成功面试的技能；制订个人行动计划，并提供持续支持。

(二)供小于求(员工短缺)的行动方案

在企业人力资源计划发现员工短缺时，首选方案并非聘用新员工。企业可以选择多种备选方案来应对人力资源需求的快速增长。

(1)企业可以让现有员工延长工作时间，加班加点工作。虽然这一做法需要支付较高的加班工资，但这一做法在灵活应对短期需求增长的同时，避免了雇用和培训新员工的劳动力成本。但企业要求员工长期加班，则可能使员工压力过大、精神疲惫、挫折感增加，不利于生产效率和员工激励水平的改善。

(2)企业可以重新设计工作负荷，以充分发挥员工的技能和才干。

(3)如果有必要，开展广泛的员工培训并向有经验的员工授权，提高现有员工的人均生产效能。

(4)调整工作安排，让员工集中精力完成眼前的紧迫工作，暂时推后部分次要活动。

(5)把部分工作外包出去，或通过劳务外派机构雇用临时工。

如果以上临时性解决方案都无法满足企业对高忠诚度、高技能员工的需求，且公司的长期发展足以支撑雇用新员工的合理性，则企业就需要考虑从外部市场雇用新员工。

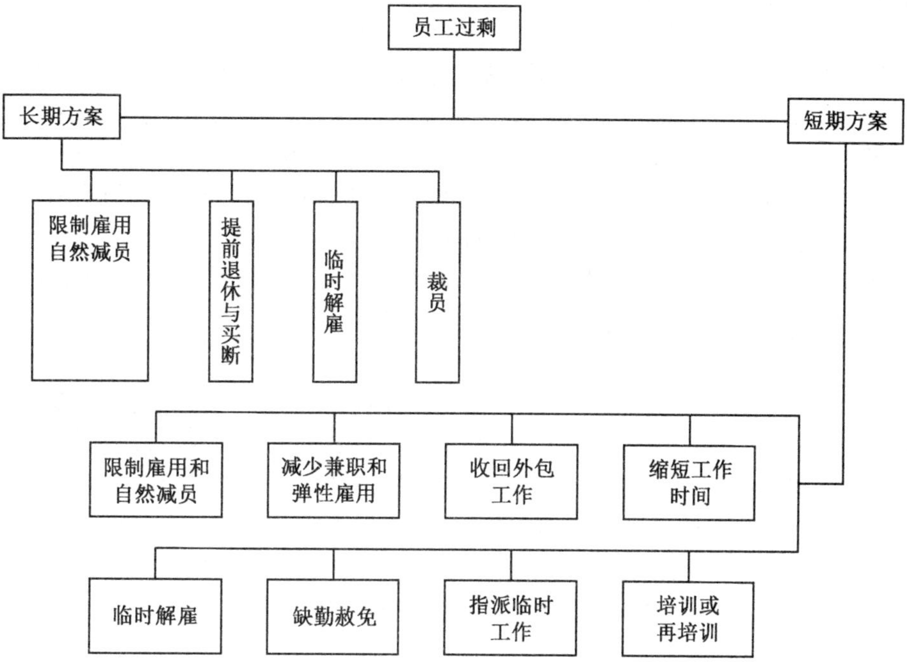

图 4—4(A) 企业员工过剩的备选行动方案

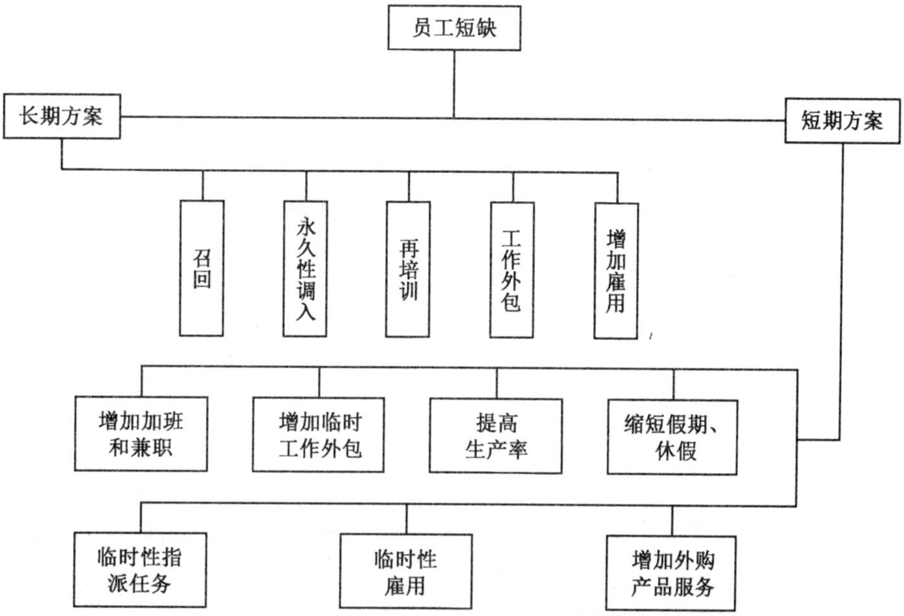

图 4—4(B) 企业员工短缺的备选行动方案

二、环境扫描

企业的环境扫描包括外部扫描和内部扫描。大量的外部因素会影响人力资源管理部门的最终决策，其中包括政府法律法规、劳动力市场状况、竞争者的经营策略等。外部环境扫描主要是一个信息收集和处理的过程，其真正发挥作用有赖于综合处理来自经营战略规划、职能战略规划及内部扫描获得的信息。在美国，一家主要能源生产厂商曾进行外部环境扫描，并得出劳动力市场在未来10年将出现地理学家和地球物理学家短缺的结论。当然，这一信息只有在与公司的经营战略结合考虑时才有意义。由于该公司计划未来10年在美国西南部大量采购、勘探油田，并最终进行大规模开采，公司现有的地理学家和地球物理学家供给远不能满足需要。当上述信息反馈给经营战略规划者时，规划得到了调整。其结果是，公司将放慢开采计划，这将减少对有关技术人员的需求，同时人力资源管理者提出关于人才吸引和保留的行动方案。

内部扫描是了解关于人力资源规划期内的公司环境信息，从而形成可行方案的过程。在内部扫描需要了解的信息中，高层经理的价值观是关键。高层经理的价值观将在很大程度上决定组织如何使用和对待人力资源，人力资源战略规划必须避免与其价值观和意愿发生直接冲突。此外，了解目前经理人在目标达成过程中所遇到的问题(如低生产率、员工频繁跳槽、事故频发等)，也对形成有效的人力资源规划相当重要。内部扫描通过管理者访谈、员工态度调查、人事研究等方法，可以发现人力资源管理中的关键问题及其产生根源。

三、人力资源规划方案的提出

人力资源战略规划方案是整个人力资源规划过程的核心。一个合理有效的战略必须包括以下内容：战略目标、规划范围、重点工作、人力资源管理部门在其中扮演的角色及相应的结构调整。

(一)战略目标的确定

战略目标的确定是人力资源规划过程的主要目标，为战略形成和执行提供了方向和指导，并构成未来战略实施的评价标准。人力资源战略目标主要包括生产率、劳动成本、人员安置、员工流动率、出勤率、员工态度等。表4—17列出了战略目标与相应行动方案的示例。

表4—17　　战略目标与相应的行动方案

目　标	行动方案
到12月31日，本车间每位工程师的生产率提高10%	1. 技术变革，并辅以甄选、培训及薪酬制度方面的变化； 2. 组织调整，并相应调整甄选、培训及薪酬制度； 3. 通过改进培训项目，提高现有员工能力； 4. 通过完善激励、监督机制，提高工作积极性。
到12月31日止，本公司需减少20名车工	1. 解雇20名车工，并给予相应的经济补偿； 2. 视个别情况，对20名车工进行晋升、平调、降职，并给予相应培训； 3. 鼓励员工提前退休。
到12月31日止，本公司需增加30名销售人员	1. 雇用30名新销售人员； 2. 雇用15名新销售人员，其余15人以内部提升、平调等方式补充； 3. 雇用20名新销售人员，其余工作通过加班、提高生产率形式来消化； 4. 工作外包。

规划过程往往会提出多个目标，企业有限的资源却需要集中在有限目标的实现上，因此，目标的优先排序非常重要。通常，排序的依据包括员工对目标的期望强度、目标的可行性、部门的使命、高层经理人的愿望、部门能力等。值得注意的是，目标的选择和排序不仅是人力资源部门在经济分析后的决策，更是各部门间政治活动的结果。

(二)规划范围

战略规划的范围是指战略集中作用于哪些组织部门或员工群体。在人力资源战略规划中，不应有任何部门或群体完全被忽视，但不同的部门和群体在战略中受到的关注程度是不同的。战略活动的范围在分析过程中就会得到体现。一般来说，战略规划的重点在于合理分析和规划对关键人员(如管理人员、专业人员)的吸引、利用、开发和激励。

战略目标也会影响规划范围。例如，在一家大型公司中，未来5年内的战略中包含两项目标：(1)由于公司所处行业已进入成熟期，未来5年员工数量应基本保持不变；(2)生产率每年提高3%。为实现上述目标，管理层认为人力资源战略的重点是中层管理者。这是因为，中层管理者通常是企业中生产率提高潜力最大的群体，他们对企业生产率状况负有直接责任，此外，对中层管理者的业绩考评也较直观，从而对其他群体具有示范作用。

战略规划的范围在很大程度上还决定于各员工群体的谈判力、在不同企业生命周期阶段的价值性等方面。在汽车、钢铁、轮胎等传统制造行业，战略规划的范围通常包括生产层面的蓝领工人；而在光通信、生物技术等高科技企业，其发展初期的战略计划更强调对实验室、科学家和技术人员的管理，随着这类公司的技术和市场逐渐成熟，战略重点就会转向市场推广和销售人员的管理。

(三)重点工作

为了将人力资源规划落实到管理政策和实践工作中，企业需要将其人力资源数量规划、结构规划和素质规划转化为具体的人力资源行动方案，如继任晋升计划、人员招募计划、培训开发计划、工资奖金计划等。但从表4—17中可以看出，实现一项战略规划目标存在多种备选的行动方案，管理者需要从中选取能在规定期限内、以最小成本(或可接受的成本)完成规划目标的方案。

由于方案选择标准的多重性，企业往往很难抉择。有些企业运用集体决策的方法来集思广益，但会议可能演变成组织政治的战场；部分企业运用辩证质询法(dialectical inquiry)来优化人力资源规划方案的选择过程。辩证质询是指由两个或多个群体(由内部人员组成)参与，其中一个群体评估各项备选行动方案并形成书面的评价和推荐意见，其后由其他各组提出反驳(包括评价和评价依据的假设)，并形成书面的反建议。各个参与的群体最终可能通过争论形成一个综合意见，也可能直接将各方意见提交第三方(人力资源副总)决策。这一做法的优点在于，它鼓励不同意见的交流和碰撞，从而使企业内的各类意见都能被纳入战略决策的考虑范围。在本章附录中，提供了一个在多重指标情况下的选择程序。

四、人力资源规划方案的评估

人力资源规划工作的成果，包括总体方案和行动方案(如招募计划、裁员计划、培训开发计划等)。人力资源规划的制订与执行是企业人力资源战略的核心工作，花费不菲，有必要对规划的长期利益与规划成本进行分析比较，以便评估人力资源规划过程及方案的合理性。

人力资源规划的评估通常被分为两个步骤：

(1)建立一个不断核对估计数与实际数偏差的作业程序。如果估计数与实际数之间出现了持续、显著的偏差,则可能显示存在基本资料或预测方法的不足,需要在这两方面进一步改进。

(2)在方法选择(包括预测方法与资料库的收集与分析)上,应注意是否处在"最适成本区"内(见图4—5)。例如,运用复杂精密的统计方法,需要支付较高的计划成本,但预测准确性提高会降低未来的人力资源使用和保留成本。运用简易的统计方法和未经核实的资料,则规划成本可能降低,但预测质量不理想却会导致后续成本较高。规划者应选择总成本最低的方法进行预测和规划。

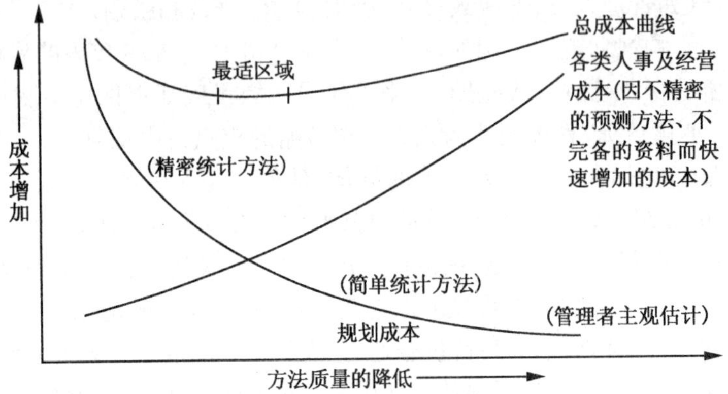

图4—5 最适成本区

管理聚焦4—5

超职场时代的企业人力资源规划

在外包、劳务外派、众包等各类短期临时性雇佣方式盛行的超职场时代,人力资源规划只关注员工供需缺口分析,并据此制订未来行动计划方案的做法,将无法适应高度弹性化的劳动力市场现状和新型的工作完成方式。人力资源管理者有必要将人力资源规划的分析单位由员工转向待完成的工作、工作流程,同时将可利用的工作者群体扩展到企业边界之外。

企业需要改变原有的人力资源规划模式,是因为网络时代的企业经营和任务完成方式发生了巨大变化。在传统的工作方式下,工作任务按职位划分,由内部全职员工在固定时间、地点完成,工作任务在封闭、排他和稳定的组织结构中完成,员工与企业之间建立了稳定、长期的雇佣关系,企业向员工提供具有高度一致性的薪酬回报。而在网络时代,大量企业将工作任务进行模块化分解,由身处不同时间、地点的工作者(不仅限于内部员工)来完成,组织边界具有高度渗透性和灵活性(通过合作、联盟、并购而随时改变),企业可利用的人力资源范围大大扩展了。

在工作任务完成方式、组织结构变化的情况下,企业的人力资源规划者需要考虑的问题不再是"现有的内部全职员工能否完成工作",而变成了"能否通过任务分解,充分利用内外部资源;哪些任务需要内部员工来完成,哪些需要引入外援",以这种方式思考,将大大改变人员规划的过程。在《未来的工作:传统雇用时代的终结》一书中,作者提供了一个富于启发的例证:

一家美国基因测序公司 Ion Torrent 需要管理 DNA 排序产生的海量数据文件，IT 主管必须找到新的方法对这些数据进行快速压缩和解压。按照传统的人员规划思路，企业在定义工作任务需求后，会制订招聘计划吸引新的程序员加入企业，也可以制订激励计划来鼓励现有程序员拼命工作解决数据压缩问题。但这种高度依赖内部全职员工的做法无法保证快速、高效、可靠地解决技术难题。Ion Torrent 公司选择了网络时代的典型解决方案：向拥有 70 万名程序员会员的编程大师网（Topcoder）求助。编程大师网根据公司的要求，向其全体会员发出竞赛邀请，竞赛的内容是为 Ion Torrent 公司开发出速度最快的压缩工具。竞赛吸引了全球最优秀的程序员参与，他们开发出了多个全新的解决方案，其中最出色的工具将压缩速度提高了 41 倍。无独有偶，以测试新款应用软件为业的 Applause 公司也通过群众外包路线，将测试工作通过网络外包给 14 万名以上的测试人员。公司所有可用的测试人员中，仅有 2% 为内部员工，其余的外包人员则按照找出问题和故障的多少及重要程度获得报酬。巨大的人才储备使公司受益良多：公司曾获得一项订单，为一家媒体串流公司测试其应用 App 在 100 多种不同产品上的效果。项目内容庞杂，但公司却通过动员来自 78 个国家的 500 多名测试人员联手分析 App 的功能和使用者体验，并于第二天早上完美交付任务报告。在运用外部自由工作者完成工作时，企业的人员规划过程简化为对工作任务分解、需求定义和利用外部人力资源平台，显然此时的人力资源供给范围发生了极大的变化，企业的人力资源系统需要明确体现新的人力资源供给的来源、数量、质量和成本。

另一方面，由于网络化时代的组织边界也会因合作、联盟、并购而不断变化，人力资源规划者需要考虑内部员工与外部资源（如项目承包人、自由工作者和众包工作者）的合作方式。有时，组织边界的高渗透性还表现为企业需要向竞争对手或合作伙伴借用人力。此时人力资源规划者要思考的问题就从“怎样防止对方挖我们的墙脚”，变成了“我们在哪些方面可以合作或交换人才，以实现共赢”。例如，西门子公司有全球领先的产品研发体系，它开发出了先进的儿童助听器，却发现自己缺乏打入这一市场的营销人员。对于西门子的人员规划系统来说，思考“哪些内部员工能胜任这一全新任务”显然不是最佳做法，它的解决方案是思考另一个问题——“谁最了解孩子们的喜好和需求？”，答案很明显——迪士尼公司。西门子公司选择不去构建、培养和开发内部员工队伍，转而与迪士尼公司的营销人才合作来解决这一问题。最终的解决方案有着明显的迪士尼特色：儿童助听器不作为单独的医疗产品出售，而是作为玩具的一部分，与米奇毛绒玩具和一本与助听器有关的漫画进行组合销售。由于运用了企业间合作，超职场时代的工作任务在无须改变内部员工的数量、结构或质量的情况下，就高效完成了。

可以想见，未来会有越来越多的企业因超职场时代的来临而调整其完成工作的方式，人力资源规划者有必要放弃传统、僵化的思路，转而思考对组织最有效的人员配置方式，才能在充斥着自由职业者、外包、众包的市场中，实现内部员工与外部劳动者的最优化组合。

资料来源：约翰·布德罗等：《未来的工作：传统雇用时代的终结》，机械工业出版社 2016 年版，第 106—111，225—228 页。

第四节 人力资源管理信息系统

人力资源战略规划和其他所有人力资源活动（如配置、开发、职业发展、薪资管理等），都要求企业集中管理和共享人力资源信息，并根据管理决策需要提供及时更新、内容翔实准确、与管理决策高度相关的人力资源信息。为了满足上述要求，企业必须建立人力资源管理信息系统。所谓人力资源管理信息系统，是从组织目标出发，对与职位和员工有关的信息进行收集、保存、分析和报告的整体工作过程。由于互联网和信息技术的普及，大多数企业的 HRIS 都已实现了电脑管理，网络自助服务系统也不断普及，这一技术大大提高了 HRIS 的运行效率。

一、HRIS 应具备的特征

在确保企业管理者可以及时、系统地获得人力资源管理决策所需重要信息的同时，HRIS 系统还必须具有高成本效率。具体来看，企业的 HRIS 系统应能提供具有以下特征的信息：(1)及时，管理者能获得实时更新的信息；(2)准确，管理者能信赖信息的准确性；(3)简明，管理者一次只能吸收有限数量的信息；(4)相关，管理者应只获得与特定决策相关的重要信息；(5)完整，管理者应收到完整(而非片段化)的信息。

上述特征如缺失任何一条，都会降低人力资源管理信息系统的效率，并使决策过程复杂化。相反，具备上述所有特征的系统，可以简化决策过程，并提高决策的准确性。

二、HRIS 的组成

所有企业都有某种形式的人力资源记录。但 HRIS 不只是一整套记录或档案，它将孤立零散的个人、工作数据资料转化为支持企业战略决策与日常管理决策的有用信息。因此，HRIS 包含三项基本功能：(1)获取个人、事件信息并进行编辑；(2)收集数据，并进行分类；(3)输出系统化的有用信息，为各项人力资源决策提供支持(见图 4—6)。

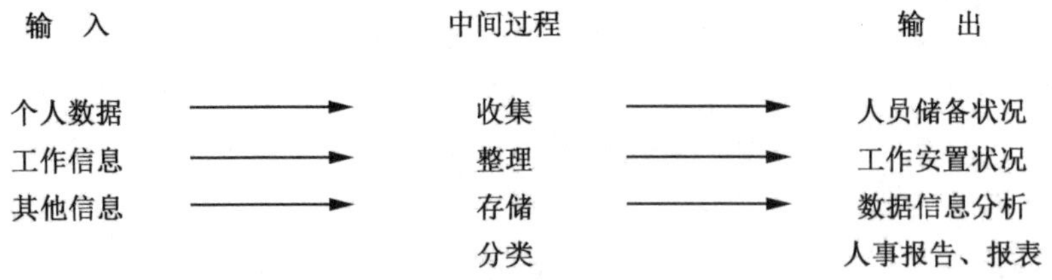

图 4—6　HRIS 的组成要素

(一)获取信息(输入)

员工个人信息和职位信息种类繁多，到底哪些应纳入 HRIS，并无定论。其中较权威的说法是贝塞特(Bassett)提出的 HRIS 应包括 17 个大类，148 种数据(表 4—18 列出了部分内容)。

表 4—18　HRIS 的基础信息输入(部分)

大类	具体项目
个人基本信息	姓名、工资号、身份证号、出生日期、民族、性别
招聘/甄选	首次接触日期、员工来源、面试日期、面试者、录用日期、面试得分、笔试成绩、同一职位的求职者人数
工作经验	加入本公司前的工作经历、本公司的工作经历、特殊技能
薪资	工资历史、当前工资、下次加薪面谈的日期
绩效评估/晋升可能性	绩效评估的历史记录、目前的绩效评估等级、晋升可能性的评价、下次评估的日期、职业偏好

续表

大类	具体项目
态度/士气	缺勤率记录、抱怨记录
福利计划	参加的福利计划、休假记录
健康/安全/事故	是否接触危险品、事故记录、就医记录、员工报酬主张

信息获取成本是相当高的，因此，信息输入必须有所取舍。通常的做法是，将全部相关信息分为两类：决策者和外部人必须获得的信息和可能需要的信息，HRIS应集中关注前者。为了减少信息成本，企业应尽可能利用人力资源活动中取得的各项表格、记录提供的信息，如员工申请表、简历、求职申请表、培训记录、工资单记录等。此外，为了及时更新信息，人力资源部门也可以利用网络自助服务系统，由各级管理者和员工本人承担更新信息的部分责任。

(二)数据收集、整理和分类(中间过程)

及时、准确地提供分类信息，是HRIS有效的标志。几乎每份人事记录中都包含有大量各不相同的人事数据，快速准确地找出其共同点并提供相关统计数据是很有价值的。此外，HRIS还应能交叉检索并列表、综合、比较数据，并提供员工流动的跨期数据。而网络技术的应用，使HRIS的数据分析处理更多地强调交互式运作，以及对信息使用者的便利性。

(三)提交有用信息(输出)

在数据分析、综合的基础上，HRIS可以提供对于人力资源计划和组织运用具有广泛价值的多种输出信息。图4—7列出了HRIS输出信息的相关使用领域。

人力资源信息系统的一项重要输出，是定期提供若干重要的报表及与经营相关的预测。企业中的人力资源报表包括：

(1)常规报表。按时间进度汇总的经营数据被称为常规报表。每周或每月用人情况报表可能被送达总经理，而每个季度该报表可能被送达最高管理层。

(2)例外情况报表。例外情况报表着重强调在经营活动中十分严重、足以引起管理者注意的变化。有一种类型的例外情况报表是质量例外报表，它是在产品缺陷数量超过了原定最高值时提交的。人力资源经理可能对这类信息感兴趣，从而确定是否需要额外培训。

(3)按需提供的报表。按需提供的报表是根据特殊需求提供的信息。例如，具有5年工作经历、能讲流利英语的工程师的数量是人力资源部可能要求的一种按需提供的报表。

(4)预测。预测将一些预测模型应用于特定情况。管理者需要预测为满足对企业产品的需求所需的员工数量和类型。

值得注意的是，提交数据的格式是否简明、清楚，与数据内容本身同样重要。有效的人力资源信息系统提供的信息及相关报表应满足以下特征：

(1)及时。管理者必须能获得最新信息。

(2)准确。管理者必须能够信赖所提供信息的准确性。

(3)简明。管理者一次只能吸收一定数量的信息。

(4)相关。管理者应只获得特定情况下所需的信息。

(5)完整。管理者应获得完整的，而不是片面的信息。如果缺少上述特征中的任何一项，都会降低人力资源信息系统的有效性并使决策过程复杂化。相反，拥有上述所有特征的系统将使决策过程更简单。

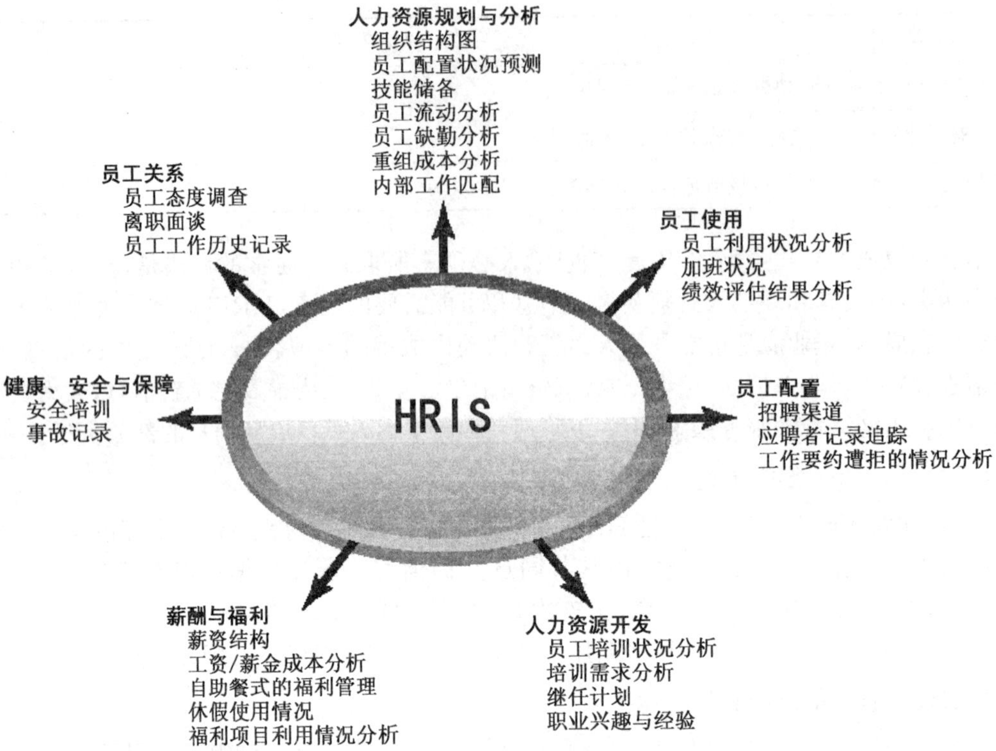

图 4—7　HRIS 输出信息的使用领域

人力资源管理信息系统的输出还可能表现为针对关键岗位或人员的分析报告，为企业人力资源供给预测提供翔实、全面的信息。

三、HRIS 的建立

通常，在获得高层管理者有力支持的前提下，遵循下述的四个步骤就能得到一个相当高效可靠的 HRIS。

步骤一：研究现有系统。在确定要求或评估现有信息系统时，需要回答四个问题：(1)企业中可以获得的人员与职位信息有哪些？(2)这些信息可以用于何种目的？(3)谁需要这些信息？何时需要？(4)需要以何种格式输出信息？

步骤二：确定信息的优先顺序及概念设计。在全面理解现有信息系统后，就要确定所需信息的优先顺序。HRIS 的设计必须确保提供必需信息，而非必需信息只有在其带来的收益大于获得这些信息的成本时才应提供。信息需求一旦确定，HRIS 的概念设计就完成了。

为了设立信息需求的优先顺序，每位管理者应制定自己的优先顺序名单，这些名单最终汇总成整个组织的统一名单。有些部门会发现，他们列于首位的信息在整个组织的名单上排名靠后。整个组织的需要必须是支配因素。

步骤三：整个组织的信息优先顺序清单支配着 HRIS 的设计。专家建议，一个简化的人力资源技能信息库也至少应包括以下内容：工作经历、产品知识、行业经验、正规教育、培训课程、外语水平、迁移限制、职业兴趣和工作绩效评估等指标。此外，在提供信息时应将整个组织视为一个整体，以免信息重复。

步骤四：运行新的 HRIS。在最终确定了正式模式后，就可以运行新的 HRIS。为此，企业需要做大量的工作，包括选择必要的设备和软件，进行相关人员培训，组织各类数据资料的输入和更新。人力资源软件通常由人力资源管理部门负责。在系统运行过程中，人力资源部门还应定期检查、评价系统运行状况和信息的数量、质量，并定期维护以确保系统的安全高效。

本章小结

人力资源规划是系统评价和识别企业人力资源需求，以及制定新的政策、系统和方案，确保企业在变动条件下有效获取、利用、保持和开发人力资源的过程。人力资源规划包括人力资源的数量规划和结构规划。

人力资源计划是一种整体性的、综合性的工作，其工作流程应包括四个步骤：调查、预测、计划、实施和评价。

人力资源的需求预测始于人力需求现状的调查。基于需求调查的信息，规划者可以使用定性或定量的方法开展需求预测。目前的趋势是强调中短期规划，同时重视定性预测方法的使用。

供给预测分为内部供给预测和外部供给预测。由于企业晋升政策和外部信息质量的限制，供给预测主要针对内部供给（提升、调动、降职）展开，对外部供给的预测相对薄弱。

基于供求预测的结果，企业必须为平衡计划期内的人员供求制订行动方案。可供选择的行动方案很多，但方案必须考虑计划期的长短、企业经营状况、经营战略及方案实施的总成本。

人力资源管理信息系统有三个基本功能：(1)获取个人、事件信息并进行编辑；(2)收集数据并进行分类；(3)输出系统化的有用信息，为各项人力资源决策提供支持。

思考题

1. 为什么企业应将人力资源规划视为人力资源战略的核心工作？当人力资源规划被忽略时，可能的不利后果是什么？

2. 你认为战略性人力资源规划能防止公司的大规模裁员吗？请说明理由。

3. 需求预测的目标是什么？请简要描述需求预测的主要方法。

4. 假如你是一家精密仪器制造公司的人力资源经理，根据预测取得的信息，你发现未来3～5年将出现多名高技能工人的退休，企业可能面临高技能工人的短缺问题。针对这一问题，你将会提出何种解决方案？为什么？

5. 为使企业构建的人力资源管理信息系统，足以提供有价值的信息支持人力资源规划及其他各项管理活动，该系统中应包含哪些重要信息？企业所在的行业、经营特性、管理哲学等方面的差异，是否会影响到上述信息的选择？

附录 项目评价程序的说明

评价目的：为各项人力资源管理项目提供评价和排序，从而决定实施的优先顺序。

程序：

1. 对各项人力资源管理项目进行界定和描述。

2. 单独列出那些法律法规要求的项目，予以优先考虑。

3. 按以下指标评价其余的项目：

(1)成本收益评价。即项目的预期成本和收益比较。预期收益应从以前的项目、可获知的文献等途径取得。如果无法了解以往的数据，可以使用目标收益作为替代。

(2)技术可行性。考虑到现有的和可以获得的技术、知识和人员。

(3)执行的难度。主要考虑直线管理者对项目的接受程度。

4. 用下面的图表对项目进行定级和排序。对项目的总体评价可分为四级：非常有吸引力，比较有吸引力，尚可和不值得进行。值得注意的是，这一系统的设计保证了某一指标(如成本节约)特别突出并不会对项目的总体评价产生决定性影响；相反，某一指标评价较低却直接影响了项目的总体评价。

第一步：评价项目的可行性和经济收益/风险。使用事先定义的标准，分别评价每个项目的技术可行性，执行的难度和净经济收益。以公司的服务人员工作丰富化项目为例，该项目的评价如下：

技术可行性　　高
执行难度　　高
净经济收益　　高

第二步：将技术可行性与执行难度的组合与表1进行比较。表1为公司事先设定的标准。高技术可行性与高执行难度的组合使项目评价为“尚可”。

表1　　技术可行性与执行难度的综合评价表

技术可行性	执行难度		
	低	中等	高
高	非常有吸引力	非常有吸引力	尚可
中	非常有吸引力	比较有吸引力	尚可
低	尚可	尚可	不值得进行

第三步：将第二步的评价结果与净经济收益结合，得出项目的总体评价。本项目在第二阶段的评价为“尚可”，结合高的经济净收益评价，对该项目的总体评价为“尚可”。见表2。

表2　　项目总体评价表

第二步的评价结果	净经济收益高		
	高	中等	低
非常有吸引力	非常有吸引力	比较有吸引力	尚可
比较有吸引力	非常有吸引力	比较有吸引力	尚可
尚可	尚可	尚可	不值得进行

第五章　员工招聘

学习目标

在学习本章后，你将能够：

1. 了解人员获取过程的三个阶段。
2. 了解招聘与企业战略的关系及招聘过程的主要决策。
3. 了解企业招聘工作的具体流程和步骤。
4. 了解企业招聘策略开发的主要工作内容。
5. 了解企业的内部招聘的主要方式。
6. 了解企业的常见外部招聘渠道。
7. 学习掌握招聘广告的格式和撰写要点。
8. 了解企业招聘工作效果评价的主要指标。

在人力资源规划完成后，如果存在企业内部人员短缺或结构失衡，组织可能选择用外部人员填补职位空缺。有效的人员聘用决策是企业成功的关键。雇用到合适的员工，意味着企业拥有了更高的工作效率和盈利能力，并能为未来持续成长积蓄人才；雇用了不当的员工，则可能花费企业大量金钱和时间，并损害企业的声誉乃至生存。

人员获取过程可分为招聘(本章)、甄选和录用(第六章)三个阶段(见图 5－1)。招聘是将空缺职位的信息以多种渠道传达给潜在求职者，使其对企业职位产生兴趣并前来应征的过程。高效招聘是获得高素质人才资源的前提，其目的在于寻找具备适合企业文化及职位要求的综合素质、有较强的工作动机、能在企业中稳定工作的合格求职者。科学高效的招聘决策建立在两项基础工作之上：职位分析和人力资源规划。人力资源规划的结果使企业明确需要填补的职位空缺，而职位分析则使管理者清楚合格任职者的素质要求。作为一项重要的人力资源管理工作，招聘过程吸引的求职者数量、质量决定着最终录用员工的数量和质量。当企业强调基于员工素质开展人力资源管理时，由于大量潜在素质难以培训和改造，选人的重要性甚至大于人员开发与培养，招聘与甄选工作就显得尤为关键。

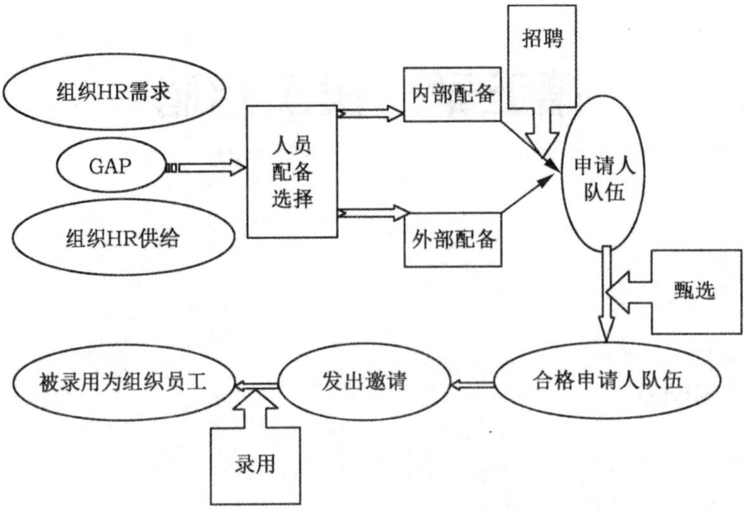

图 5—1 人力资源获取过程

第一节 招聘概述

一、人力资源战略规划与招聘计划

招聘是企业为发现和吸引潜在求职者而采取的活动，有效的招聘工作在满足企业人员需求的同时，应与组织的愿景、战略和公司价值观保持一致，从而提升企业的核心竞争力。表 5—1 说明了企业战略与具体招聘目标之间的关系。

表 5—1 企业战略与招聘目标的选择

战略目标	招聘和人员保留目标
成本节约	1. 随着公司的成长，尽可能留住现有人才； 2. 根据行业增长率和市场占有率，适时扩大员工规模； 3. 不断提高招聘活动的效率，以降低人力资源管理成本； 4. 成本压力要求企业节约薪资福利开支，企业需要使用创造性的做法来吸引和留住员工。
通过产品、服务创新实现差异化	1. 招聘活动关注于吸引本领域中的高端人才； 2. 最优秀的人才往往不需要寻找工作机会，企业需要主动寻找他们； 3. 企业需要为高级人才设计个性化的职业发展和人员保留方案。
退出衰退行业，进入新的业务领域	1. 需要开发和设计人员精简方案，同时又面临吸引新人才和留住优秀人才的挑战； 2. 针对新业务领域的招聘计划，必须优先考虑从原有业务平调和重新配置人员的可能性； 3. 企业需要为新业务的发展，吸引和招聘关键人才。

招聘必须是着眼于未来的系统管理活动，是企业人力资源战略规划在人员获取过程的具体化。在人力资源战略规划阶段，企业需要回答以下几个问题：

(1)近期及未来 3～5 年，本企业需要招聘多少新员工？

(2)本企业是期望长期留住这些员工,还是希望建立短期雇佣关系?

(3)企业是期望用高薪、高福利来吸引新员工,还是通过其他方法(职业发展、管理氛围等)来吸引新员工?

(4)企业是想吸引与现有员工不同的人以鼓励创新,还是想吸引与目前员工具有相似特征和想法的人?

(5)企业需要员工具备何种能力、素质,这些要求是否存在快速变化的可能性?

除了关于组织总体人员需要的战略讨论,组织还需要界定特定地区、部门的人员需要,以及特定职位的工作要求。在通盘考虑这些因素的基础上,企业可能做出不同的招聘策略选择,包括招聘渠道的选择(内部招聘/外部招聘)、求职者的类型(固定工/临时工/劳务工)等。

二、招聘策略的相关决策

为了实现人力资源规划的目标,招聘策略需要确定潜在的求职者群体、招聘渠道、合格求职者应具备的个人特征,以及采用何种宣传策略来提高本公司对合格求职者的吸引力。其中,招聘策略的首要决策,是要确定是使用内部求职者(内部晋升或调动)来增补职位空缺,还是寻求合格的外部求职者。这一决策取决于企业的内部流动和晋升政策,以及企业内部人力资源储备状况。

通常来说,内部晋升是对现有员工优良绩效的认可和回报,也是企业留住高绩效员工的重要途径。然而,如果完全依赖内部晋升,可能会使组织过于僵化保守,难以突破原有的工作方式,也难以满足企业在技术、产品快速更新突破时的员工需求。在技术变化迅速、高度竞争条件下经营的企业,往往更重视通过外部招聘获得新鲜血液。同样,不同职系、职级的特点,也会影响应聘者来源的选择。对于需要保持稳定的组织中层管理者的空缺,可以采用内部晋升,而为了引进最先进的技术、全新的管理哲学,则可能采用外部招聘来吸引技术研发人员和高管人员。关于外部招聘与内部招聘的招聘渠道,将在本章第三节中说明。

管理聚焦 5－1

网络金融热潮下的人才决策

当企业面对新的市场趋势时,是自己慢慢培养新能力,还是通过购并,快速取得新能力?这一决策体现在人力资源管理中,就是自行培养(培训与开发)和外聘(乃至直接购并以获得其他企业人力)的决策。

成立于 1958 年的支付市场龙头企业 Visa 就碰到了类似问题。2012 年,Visa 全球信用卡、签账卡支付交易量市场占有率为 64.6%(2012 年,每年处理 540 亿笔交易),但在网络购物中,Visa 卡的支付交易比率为 45%。在过去五十多年中,只要维护系统的交易安全,Visa 就可以顺利从银行端收取利润。与此商业模式相适应,2012 年,VISA 有 7 500 名员工(大品牌、小公司),其中 5 000 人是技术人员,致力于公司核心交易技术的维护(确保交易安全性和可靠度),也因此,Visa 拥有全球第二大(仅次于美国国防部)资料中心。

但每年两位数成长的电子商务市场,吸引了很多新的竞争者,如美国 Paypal 及中国的支付宝、微信、电子钱包等。手机支付的市场更是不容小觑。但跨入移动支付市场的难度很高,不仅付费技术的种类多,合作的对象也由银行扩大到电信公司、移动互联网公司、手机厂商等。

Visa为了适应这一变化，也需要考虑改变的核心能力是来自内部还是外部的问题。科技有门槛、业务复杂度增加，在移动支付快速发展的时候，竞争对手极有可能走得比Visa更快，旷日持久打造自己的核心技术，并不现实，也不可能成为行业标准。因此，Visa在2010年购并了网络支付安全服务商Cybersource，它擅长事前侦测到网络交易系统失灵的风险，也是全球最大的网络支付安全服务商。此外，Visa还于2011年入股网络游戏付费商playspan，手机支付商Square等。公司期望的愿景是在全世界建立最好的付费系统，因而在购并新业务的同时，仍专注于公司的核心竞争力：付费机制、处理交易量、维持系统安全和可靠性。

强调自行培养人才的优点是对核心竞争力掌握程度高，缺点是速度较慢。但在环境变化快的市场，就需要用购并来获得技术能力和人才，从而领先于竞争对手。在科技企业中，由于产业环境的快速变化，当企业遇到主流技术规格不明、产业竞争者和供应商的角色日益模糊的问题时，采取开放式创新外购能力和人才，风险相对较低。此时，外来人才能否有效融入，在很大程度上取决于其能否聚焦并助力企业核心能力的成长。

资料来源：台湾《商业周刊》，2014年。

组织还需要明确是以传统的全职（核心）员工来填补企业的空缺职位，还是利用劳务外包、临时工、实习生等弹性人员配置方式。不同类型的求职者构成了不同的细分劳动力市场，企业采用的招聘渠道和方法都会有所区别。值得注意的是，越来越多的公司正在增加弹性人员配置方式的使用，这一做法因各类数字人才匹配平台的出现而持续增长。弹性人员配置往往具有明显优势，如企业的法定义务较少、人员直接成本和行政管理成本较低、企业可以视业务条件的变化灵活调整员工数；但企业也需要承担隐性成本，即员工忠诚度不高、工作动机不强、员工素质和绩效可能无法达到企业的期望等。此外，《劳动合同法》的颁行也限制了劳务外包在企业的使用范围，这些都是企业选择求职者类型时应考虑的影响因素。

在确定具体的招聘渠道和方法之前，空缺职位的直接上级和企业人力资源管理者还有必要共同审核并修订有关职位的书面文件，如职位说明书或素质模型，以确保企业对求职者的要求具有准确、全面和时效性。在某些情况下，组织甚至需要改变工作本身（如提高工资和福利、调整工作内容和工作方式、弹性工作时间等），以吸引高素质的求职者。比如，在高科技公司，很多年轻员工偏好项目化的团队工作，而不愿从事每天朝九晚五的日常程序性工作。重新设计工作将会提高职位的外部吸引力，同时，这一改变还可能提高原有员工的保留率，从而减少空缺职位。

三、招聘工作的管理责任

作为一项重要的人力资源管理活动，招聘工作同样需要来自高层管理者和直接经理的支持。一般来说，高层管理人员负责为招聘工作确定一般政策和原则，如招聘与录用标准的确定、对求职者来源的偏好（如来自竞争者或来自高校）、起始工资等方面的问题。而直线管理者与人力资源管理者的良好合作更是保证招聘效率的关键。直线管理者通常并不深度参与具体招聘工作，但他们会通过提出空缺职位需求、审核职位信息和任职要求等方式影响招聘过程。一个例外是，如果中小型企业的职能专业化程度较低（未设专门的人力资源管理职位），则直线管理人员必须亲自主持招聘工作。

在大中型企业中，招聘工作的主要活动是由人力资源部门来完成的。人力资源部门向管理层推荐应采取的招聘策略、招聘程序、提出招聘计划并负责实施。人力资源部门还必须确保招聘工作的效率、效益以及有关人力资源活动符合法律法规的要求。

第二节 招聘流程

为了确保招聘过程的科学高效和成本节约，招聘活动通常包括五个步骤：(1)计划；(2)策略开发；(3)搜寻；(4)初步筛选；(5)评估与控制(见图 5—2)。这五个步骤实际上包括了招聘主管了解企业人员招聘需求、确定求职者所在的劳动力市场(招聘范围)、确定信息发布途径(招聘渠道)及招聘时机、吸引潜在求职者并建立求职者蓄水池、初步筛选可能合格的求职者、评估招聘工作完成绩效等内容。如果上述五个步骤不能有效完成，就可能导致招聘工作的低效或失败，如有意向的合格求职者数量不足、求职者的素质特征与企业期望不匹配、招聘主管对本企业的“推销”策略失误导致未来人员流动增加等。

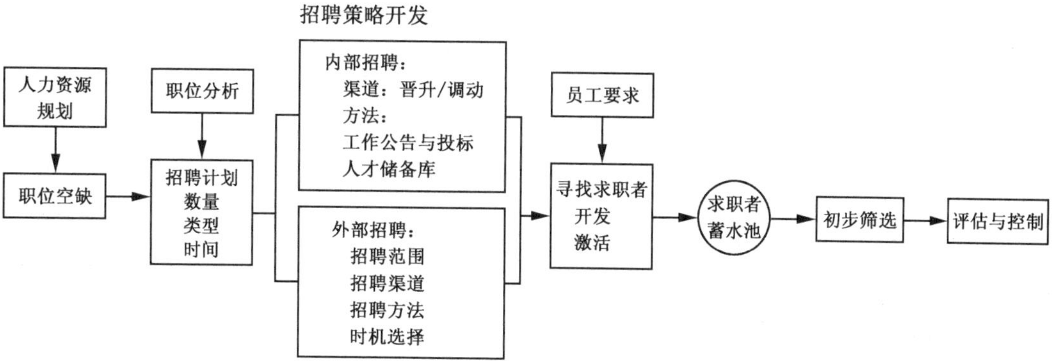

图 5—2 招聘程序

一、招聘计划

招聘计划是将可能出现或已出现空缺的职位纳入企业招聘需求的过程。具体来看，招聘计划应明确企业特定时段内拟招聘的员工数量、类型等内容。

(一)识别职位空缺

有效的招聘要求企业依据经营战略、人力资源战略规划及 HRIS 的信息，预测未来的人员招聘需求。当人力资源规划显示存在职位空缺时，企业需要评价各种备选行动方案，当其他临时应对方案均不适用时，应制订招聘计划来满足增长的员工需求。也有很多企业在出现职位空缺后，直接由直线管理者向人力资源部门提交正式的人员需求表(见表 5—2)，详细说明职位名称、部门、需要开始工作的日期以及其他相关信息。人力资源部门在评估人员需求必要性的基础上，启动招聘工作。使用这种方法填补空缺，从直线管理者填制人员需求表到最终新员工入职，可能会花费较长时间。

表 5—2　　人员需求表示例

部门：	填表人：	填表日期：
职位代码：	职位名称	新增职位：□是　□否
何时需要配备人员：		
申请原因：是管理原因还是员工的其他行为导致出现空缺？		
需求性质：□永久需求　□临时需求　□合同约定(时间长度：　　)		
主要工作职责：		
任职资格要求：		
特殊技能/培训要求：		
素质要求：		

(二)明确拟聘员工的类型和数量

在招聘计划中，企业必须明确招聘的目标总体，即需要具备何种素质、能力的人员填补空缺职位。人力资源管理者需要解决两个问题：(1)如何定义特定职位的工作内容和任职资格？(2)决定招聘工作是针对全体潜在合格求职者，还是针对其中的部分人员？前一个问题通常可以从职位说明书中找到答案。如果企业未做职位分析，则通常由直线管理者(或其他主题专家)确定合理的员工类型。招聘阶段的人员要求应避免走极端，不能仅提出对员工的模糊要求，如"找一个有销售经验的工程技术人员"；也不宜过分细化员工要求，如"找一位名校毕业、电子工程专业的本科生，该生在校期间曾任学生社团领导，有在上海向小企业出售计算机的经历"。过分简化或细化员工要求，会影响人员获取的质量，并提高招聘成本，延长招聘时间。目前，越来越多的大型组织更倾向于使用素质模型来界定理想员工类型，则招聘需求的定义将更多围绕员工特征展开。

关于第二个问题，没有唯一正确的答案。当企业决定进行内部招聘时，该问题就转化为：是应当在全公司范围内公布该职位空缺，所有合格员工都有机会申请，还是由公司管理者选择性告知部分"高潜力"人才来申请？在实践领域，这两种做法都被普遍采用。当公司从外部招聘时，必须决定是将招聘信息广泛告知尽量多的潜在求职者，还是瞄准其中的特定群体来发布信息。有的公司关注来自特定高校、专业的毕业生，也有些公司特别关注竞争者、供应商中表现上佳的员工。

关注目标总体中的特定部分，还意味着企业需要结合以往经验，判断所需吸引的候选人人数。企业通常期望求职者的人数足够多，为人力资源部门的甄选决策提供较大的选择余地。如果有两个岗位出现空缺，却只吸引到两位候选人应聘，企业就只能将就雇用或者无法填补全部空缺。但如果有 10～20 个人来应聘，企业就可以运用面谈、考试、心理测试等方法甄选员工、择优录取。但这并不表示求职者越多越好。过多的求职者会增加招聘成本、降低招聘效率。因此，企业需要在计划阶段确定期望吸引到的求职者数量目标。

对求职者数量目标的分析可以引入“产出率”(yield ratios)概念，即在招聘、甄选和录用过程的每个阶段(决策点)，参与该阶段的求职者中有多大比例通过了该阶段的甄选。产出率的应用，可以用“招聘甄选金字塔”来形象化地表达(见图 5—3)。

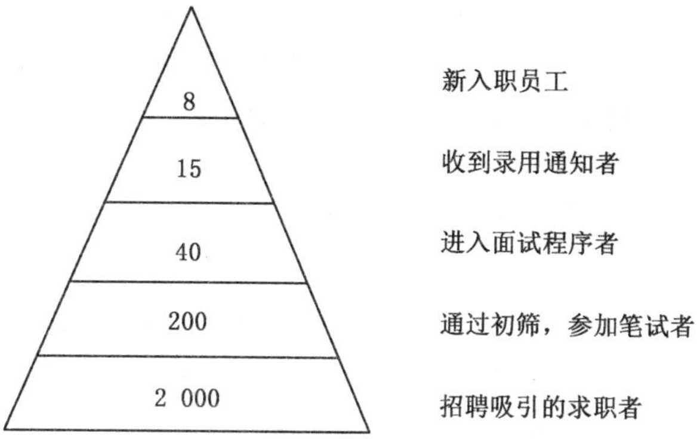

图 5—3　招聘甄选金字塔

图 5—3 提供了一个简化的招聘甄选金字塔的示例。一家企业对过去数年销售人员的招聘甄选数据分析后发现：如果采用报纸广告刊登招聘职位信息，一次可吸引 2 000 位求职者提交个人简历，其中，约 200 人可以通过人力资源部的初次筛选(即初筛的产出率为 200/2 000×100%=10%)。在这 200 名通过初筛、参加笔试的应聘者中，约 40 人可以通过笔试(笔试的产出率为 20%)。在参与面试的 40 人中，约有 15 人面试合格，企业将发放录用通知(面试产出率为 37.5%)；在收到录用通知书的 15 人中，有 8 人最终会决定来本企业工作(录用通知的产出率为 53%)。根据该企业的数据，招聘与录用全过程的总产出率为 0.4%。假定未来各项影响因素不变，企业在未来 6 个月内期望录用 15 名销售人员，则需将招聘吸引到的求职者目标设定在 3 750 人左右。当然，外部环境、招聘策略及技术的调整也会改变产出率的水平。例如，企业职位分析工作的改善，可能使招聘广告中的任职要求信息更有针对性，从而吸引到更多素质更高的求职者；或者，网络垂直招聘、社交媒体招聘使招聘信息更精准地传达给目标求职者。而短缺的劳动力市场则可能降低最终选择来本企业工作的求职者数量。

很显然，使用产出率进行招聘计划，适用于企业发展相对稳定，且招聘规模较小、不会影响劳动力市场供求关系的情况。但当企业首次进行招聘，或首次使用某一招聘渠道时，就需谨慎行事了。

二、招聘策略开发

在确定了招聘计划与目标之后，需要开发切实可行的招聘策略来增加最佳候选人前来求职并最终接受工作的可能性。有很多因素会影响求职者的求职决策，例如，替代性工作机会是否存在、公司整体薪酬的吸引力、工作本身的吸引力等。研究发现，公司在招聘过程中提供的信息内容、提供方式以及公司处理与求职者关系的方式，都会对求职者所感知到的工作吸引力产生强烈影响，此时，公司对招聘策略的选择就会影响到求职者的决策。一般来说，招聘策略开发包括：(1)招聘范围；(2)招聘渠道和招聘方法；(3)招聘时间安排；(4)如何向潜在求职者“推销”本企业。招聘策略开发对于外部招聘尤为重要。

(一)招聘范围

招聘范围,是指企业需要界定潜在求职者所在的劳动力市场范围。在现实中,并不存在单一的劳动力市场,而是存在多个按地理区域、行业、职业、就业类型等划分的细分劳动力市场。企业在外部招聘时,需要针对不同类型的员工确定相关的细分劳动力市场。研究发现,企业倾向于在全国或地区范围内招聘管理人员与专业人员,而在本地招聘文秘及一线员工。事实上,如果组织在招聘高管人员、高级专业人士时,将招聘范围限制在很小的区域内,结果会令人失望;反之,也没必要在全国范围内招聘流水线工人。特定职位的任职资格和劳动力供给的地理分布,将决定相关劳动力市场的范围。

为了更好地理解如何界定招聘范围,有必要引入三个不同的概念:劳动力总体、求职者总体和求职者蓄水池。劳动力总体是指当组织采用了全部备选招聘策略时,可能吸引到的求职者集合。正在寻找工作的学生、失业人员(包括公司以前的雇员)、有跳槽意愿的同类企业的员工、老年人和军人等,构成了企业招聘时的劳动力总体。不同类型的劳动者在工作意愿与动机、工作能力与经验、学习与成长的可能性、工作软技能等方面,均有重要差异。例如,高校毕业生是很多企业物色高潜力的专业技术、管理人员的重要来源,他们虽然缺乏工作经验,但工作动机强、充满活力,构成了企业技术创新和成长的新鲜血液。职业学校则是很多企业满足一线员工需求的来源。缺乏完整培训体系、需要快速补充人力的企业则可能偏重有相关工作经验的在职者。此外,传统上人们认为缺乏活动和学习能力的老人,如果善加利用、合理配置,也能成为有价值的候选人来源(见管理聚焦 5—2)。

求职者总体是劳动力总体的一个子集,它是指当组织使用某种特定的招聘方法时,可能吸引到的求职者集合。例如,企业仅面向少数几所著名大学的商学院招聘管理培训生,由此形成的求职者总体将不同于企业通过网络通用招聘平台发布信息形成的求职者总体。求职者蓄水池是指所有实际参与企业甄选过程的求职者集合。例如,组织可能仅面试著名商学院中的部分学生,因为并非所有的学生都会向本企业投递简历。此时,组织的市场声誉、行业吸引力、信息发布力度等,都会影响影响求职者蓄水池的规模。企业最终录用的员工,必然来自求职者蓄水池。企业需要在明确劳动力总体供给状况的基础上,选择合适的招聘渠道和方法,形成质量、规模上满足企业本次招聘计划的求职者蓄水池。

管理聚焦 5－2

银发族的价值:卖叶子的事业 VS. 网络公司职场主力军

日本与韩国都已进入老龄化社会,青壮年劳动力的缺乏影响到了社会的方方面面。在这一困境中,如何合理利用高龄人力资源,成为企业需要面对的新课题。一个日本小山村对其高龄居民的有效利用成就了一个产值超过 2 000 万元人民币的产业,而一家韩国科技公司 EverYoung 只聘用银发族,通过“老人军团”建立自己的独特竞争优势。我们可以从中得到什么启示呢?

● 卖叶子的事业

故事发生在日本四国德岛县的小山村上胜町,此处距离德岛市中心有一小时车程,整个山村有九成是山林地,居住人口不足 2 000 人,近一半是 65 岁以上的银发族。三十多年前,上胜町的主业柑橘、林业因外部竞争冲击而大受打击，年轻人纷纷离开去都市谋求机会，留在本地的只有少数的壮年人，更多的是无法做粗重工作的老年人。为了振兴经济，当地转型为其他经济作业生产，但这是老人在体力和知识上无法胜任的。这一状况在1986年发生了转机。人们发现寿司摆盘时用于装饰的叶子并没有批发渠道，都是厨师自行采购得来。于是，上胜町的老人们决定来“卖叶子”。老人们可以上山采摘花和叶子，保持其原始的样貌并加以简单包装，送到市场上贩卖。叶子很轻，在山里到处都有，老人可以轻松采摘，算得上是无本生意。但“卖叶子”的事业也很复杂，厨师在采用叶片装饰时，会考量到植物的含义、对应的季节，也要求叶片完美无缺，并能与盛放料理的容器尺寸、形态相匹配。这意味着老人需要精选完整无损伤的花、叶，摘取后要处理干净，包装时也要搭配器皿做好尺寸分类。这些要求对于体力不佳但很有耐心、经验和工作意愿的老人来说，是再合适不过的了；而且，在不同的季节到哪里能找到多大尺寸的叶子，熟悉山林的老人更是如数家珍。随着“卖叶子”的事业越做越大，上胜町的老人开始运用农业技能来影响花期，或种植各种不同的树木来增加商品的多样性，关于不同树木适合种在何种土壤或地形上，他们远比年轻人做得更好。

在这里，年老体衰不再是障碍，企业通过从老年人的角度思考，创造了能让老人轻松投入工作且充分发挥其专长的工作环境，终于使叶子变成了钞票。

● EverYoung 的“老人军团”

EverYoung 于2013年由郑恩颂创立，公司的重点业务是网络监控，员工的工作内容是审查并过滤网站内的暴力、毒品等敏感信息。自创办之日起，公司就采取一项非主流的招聘制度：只雇用55岁以上的员工。截至2017年8月，公司员工为450人，最年长者超过80岁，公司在2016年的年度营业收入约合人民币5 000万元，并成为韩国最大网络公司 Naver 的合作伙伴。EverYoung 能在同业竞争中取胜，其秘诀是放大老人的优点。首先，高龄员工虽然体力减弱，但脑力不输给年轻人，有耐心，比年轻人更能胜任网络监控这类枯燥乏味的工作。其次，他设计出每天工作4小时的工作节奏。低工时会导致低薪酬，但老人对薪资的关注度相对较低，而缩短的工作时间适合老人的身体状况，同时也使老人有余暇上教堂、接受教育培训，由此带来的稳定留职率使 EverYoung 有很强的竞争力。再次，EverYoung 的工作和福利设计都考虑到了“银发族”的特殊需求。EverYoung 每个小时都有10分钟休息时间。公司设置血压计，让员工休息时可以量血压；给员工提供孙辈生育津贴，以及兄弟姐妹去世时的“丧假”；公司还制定了每周的聚餐制度，邀请部门主管和员工一起吃饭来增加沟通。

郑恩颂认为，多数能通过电脑测验进入 EverYoung 的老人，都曾有过不错的工作背景，有些还曾在政府机关担任要职，自我意识强，管理难度较大。企业需要让他们放下过去，学习开始新的第二人生。为此，公司提供了大量的教育培训，如让老人学习编程、如何拍电影，还安排老人到国外去做志愿者，以此形成老人们的团队意识和更新技能。事实证明，希望开展第二人生的老人对自己有很高的期待，也有很强的学习动机，培训效果自然易于彰显。

“他山之石，可以攻玉”，在快速老龄化的中国社会，也许我们对银发人力资源的看法，也应该到了归零并重新认识的关键时刻。

资料来源：整理自《商业周刊》(2015年第6期)；以及横石知二，《对了，就来卖叶子!》，台湾高宝出版社2019年版。

(二)招聘渠道和招聘方法

招聘策略选择中的重要决策之一，是通过何种途径找到求职者(招聘渠道)，进而形成求职者蓄水池。劳动力市场状况是决定招聘渠道的重要因素之一。在劳动力短缺的情况下，企业往往需要加大招聘投入和信息发布强度，并需借助人才中介服务来提高招聘成功率。而在劳动力过剩的情况下，招聘的难度自然大幅降低。

在既定的劳动力市场状况下，应聘者的工作搜寻行为和获取职位信息的渠道是决定企业招聘渠道选择的关键。不同职类、职级的职位，其招聘渠道存在明显差异。例如，校园招聘多用于招聘对实践经验要求不高的初级专业技术人员和管理培训生；人才猎头、网络招聘则是招聘管理者常用的渠道；而生产员工更多使用人才市场、人才中介机构等社会公开招聘渠道。研究还发现，招聘渠道与员工流动性(以任职期限表示)、个人绩效之间存在相关关系。与招聘广告、人才中介等渠道相比，现有员工引荐来的求职者，入职后流动性较低，且工作绩效较好。同时，由非正式信息渠道吸引的求职者，其录用率比正式信息渠道高。研究者对此提出了两项解释：其一，非正式信息渠道与广告等正式渠道可能在传递的职位信息数量和准确性上存在差异；其二，不同的招聘渠道可能适用于不同的细分劳动力市场。前者要求企业提高正式渠道的信息质量，后者则提醒企业关注招聘渠道的差异化问题。关于招聘渠道的具体说明，见本章第三节。

(三)招聘时间安排

填补职位空缺常常要花相当长时间。从出现员工招聘需求(空缺职位)，到确定潜在求职者并向其传递招聘信息，再经过甄选确定拟录用人员，往往需要花费数周时间。如果被录用的人员目前有工作，则离职前还需经过一个月的提前告知期。为了避免人员短缺，组织应尽可能提前预测职位空缺发生的时间，确定招聘的最佳开始时间。只有如此，才能保证空缺出现时，能及时安排新员工上岗。

在招聘时间安排中，经常使用时间流逝数据法(time lapse data，TLD)，该方法显示了招聘过程中各关键决策点的平均时间间隔。假定企业计划在未来 6 个月录用 8 名销售代表，以往的招聘产出率决定了应吸引 3 750 位求职者。但为了应对 6 个月后的人员需要，何时应开始招聘工作呢？TLD 分析表明，根据以往经验，招聘广告刊登后的 5 天内是求职者简历征集期；企业需要 1 天初步筛选并进行面试通知；进行个人面试需要 3 天；面试后企业需要 2 天时间做出录用决策；收到录用通知的候选人需要 3 天时间决定是否接受工作；接受录用者为安排离职和工作交接，一个月后才能到企业报到工作。据此，企业最晚应在空缺出现前的一个半月刊登招聘广告。图 5－4 显示了该企业在 1～6 月间的员工招聘及甄选工作时间安排。招聘时间表也可用于控制和调整招聘过程。比如，如果企业到 4 月 1 日，仍未收到 2 000 份简历、发出 200 份通知、面谈 40 人、提供 15 份录用表、收到 8 份接受工作的反馈并安排上岗，则有必要调整招聘计划的时间与安排，包括调整产出率、改变招聘范围，甚至改变招聘方式与渠道。

(四)“推销”企业

招聘活动不仅是企业吸引应聘者的机会，也是企业公关和形象宣传活动的平台。招聘工作组织的好坏，可能影响求职者的决策和企业在劳动力市场上的声誉。企业的社会声誉，对于所形成的招聘者蓄水池的规模有很大影响。多项研究发现，求职者在选择工作单位时，既会考虑相关企业、职位或工作机会的信息，但也会受到招聘过程中接触到的企业员工(招聘者)的个人影响。招聘者的行为常常被视为组织“人格”的延伸，因此，求职者会将招聘者的行为视为公司人际关系质量、公司管理水平等的具体体现。而招聘时间安排不当及决策速度过慢，则是导致求职者对企业产生负面印象的主要原因。因此，需要从企业形象的高度看待招聘工作组织

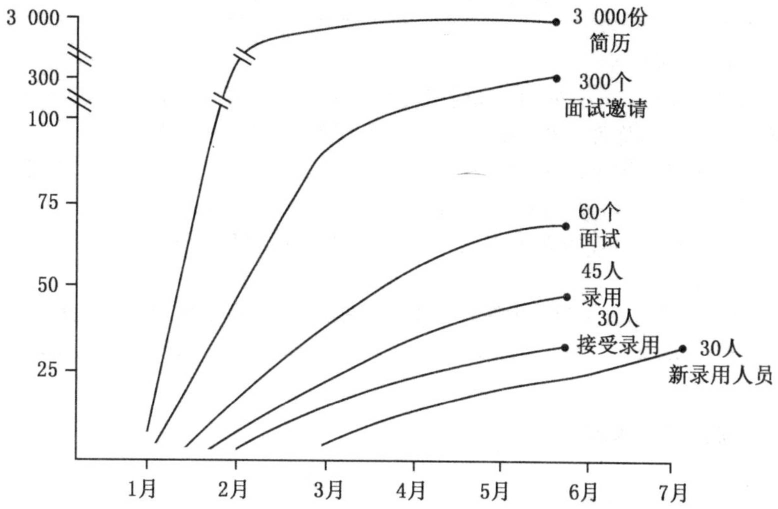

图 5—4　销售人员的招聘时间表

及对招聘者的管理。

企业发布职位信息的过程，应被视为对企业的"推销"，但此时应向求职者传递准确、有效的企业信息。在现实中，企业信息的提供往往存在两种倾向：提供信息不充分(under-sell)；提供信息夸大，以不实信息吸引求职者(over-sell)。上述两种倾向会导致一个共同后果，即新员工因个人期望与实际工作特性不符，将在入职后较短时间内离开企业。为防止企业招聘的短期化倾向，企业应针对影响求职者决策的各类信息，说明本企业的真实情况。一般而言，薪资、晋升机会、企业的地理位置(尤其对管理类和技术类求职者)、管理方式、企业文化、工作条件、工作保障、同事关系、工作时间等，都会影响求职者的选择。企业在传递信息时，应根据影响择业的因素及求职者的类型，有针对性地提供信息。

为避免企业在招聘阶段的过度自我推销，可以使用真实工作预览(realistic job previews, RJPs)方法，通过招聘广告、宣传册(包括公司网站介绍)、职位说明书、现场参观等方式向求职者提供多角度的组织、职位信息，使其了解工作的客观情况(特别是重要的消极因素)并形成合理预期，进而做出随后的求职决策(关于真实工作预览的信息建议，见表 5—3)。研究表明，在使用真实工作预览的企业中，员工的组织承诺水平较高、实际流动水平较低，且这一做法对从事复杂工作的员工，作用尤其明显。但真实工作预览不能被狭隘地理解为是企业用于劝阻某些求职者的手段。研究显示，真实工作预览适用于以下情况：

(1)员工流动及离职成本很高。

(2)求职者所不了解的工作消极面确实存在，且这些消极方面可能强烈影响其随后的离职意愿。

(3)目前有充足的合格求职者。

表 5—3 真实工作预览中建议提供的信息

在提供真实工作预览时,研究者建议: 1. 既包括描述性信息(起始薪资、提升的平均时间长度、工作时间安排),也提供判断性信息(令员工感到满意或不满的信息)。例如,你可以告诉候选人,公司会密切监控员工的工作绩效。 2. 将关于消极面的信息说明限定在:过去已经表现出的员工流动问题、工作中可能的风险、工作场所中的客户不满或抱怨、要求加工作的必要性、工作缺乏挑战和认可、工作压力等。当你决定要提供具体的消极信息时,需要考虑两个问题:"求职者对这一问题有不切实际的期望吗?""这个问题重要到足以影响员工的离职或留任决策吗?" 3. 平衡积极与消极信息的比例,大致上确保对二者的强调程度与实际工作中的比例保持一致。

三、建立求职者蓄水池

建立求职者蓄水池就是吸引和寻找求职者的过程。企业招聘策略的计划及执行效果,将决定求职者蓄水池的规模和质量。为了优化这一阶段的工作,企业应关注对招聘渠道的开发和维护。以校园招聘的开发为例,企业招聘人员每年应按计划完成以下工作:(1)准备并分发描述企业情况的宣传册;(2)与高校就业指导中心建立联系,并确定招聘会的日期;(3)同部分学生组织接触,了解本届毕业生的特点;(4)准备并安排在校园内张贴招聘广告。在直线管理者未提供企业空缺职位的人员需求之前,尚未开始实际的招聘工作,但招聘渠道的开发不能中止。招聘渠道的开发应成为人力资源部门的日常工作,这样才能保证企业一旦出现职位空缺,马上就能利用特定的招聘渠道、及时建立求职者蓄水池,在短期内吸引到足够数量的求职者。

四、对求职者进行初筛

对求职者进行初筛,可以将明显不具备任职资格要求的求职者剔除出去。初筛可以大量节省后期的甄选成本。初筛应当以职位说明书和员工素质模型为依据,建立统一、书面的筛选标准(具体做法见第六章),不宜剔除可能为企业创造价值的人。需要注意的是,虽然企业招录的员工是为了填补特定职位空缺,但该员工未来可能长期受雇于本企业,并因内部调动、晋升而改变工作职责。这就要求企业针对关键职位进行招聘时,应优先考虑有较强学习能力和发展潜力的求职者。

初筛工作往往由人力资源部门主持,但对于技术、管理等关键职位的求职者初筛,建议由直线管理者、HR 管理者及专家组成的筛选委员会负责将更有利于人员获取。此外,初筛结束后,人力资源部还应做好以下工作:(1)与通过初筛的求职者联系并确定面谈时间、地点;(2)给未通过初筛的求职者写信,表达歉意及企业对他们的感谢。后一项工作看似多余,但如果将招聘视为企业自我推销的平台,则它同样是不容忽视的。

五、评估招聘工作

评估就是对招聘过程的每个环节进行跟踪,检查招聘工作的效果。研究表明,不同招聘渠道和招聘方法产生的招聘效果存在明显差异。例如,采用不同方法招聘的员工,表现出不同的工作绩效、流失率和缺勤率。因此,对招聘效果的综合评估,有助于企业在未来招聘工作中优化招聘策略的开发和实施。招聘效果的评估,将在本章第四节中详细说明。

第三节 招聘渠道

企业的招聘渠道包括内部渠道和外部渠道两类，大多数企业会同时使用这两种招聘渠道（表5—4总结了内部招聘和外部招聘各自的优劣势）。如果企业身处外部环境变化相对缓慢的行业中，就可能采用以内部晋升为主、外部招聘为辅的策略，有效地利用企业内部劳动力市场资源，提高企业人力资源配置水平和效率，就成为招聘工作的重要内容。相反，当企业迅速成长、严重依赖外部提供重要人才时，有效地利用外部劳动力市场、吸引外部人才就成为企业招聘的工作重点。

表5—4　内部招聘与外部招聘的优劣势比较

招聘来源	优　势	劣　势
内部	奖励高绩效，有利于鼓舞员工士气 组织对候选人的能力有清晰的认识 高层职位的内部晋升，会派生出多个晋升机会 较低的人员获取成本（如招聘广告、甄选和培训费用）	会导致“近亲繁殖” 对未获得晋升的员工会产生不利的心理影响 会引发晋升过程中的组织政治行为 需要引入管理开发项目
外部	新鲜血液会带来新视角 比起自行培养专业人士，成本低且效率高 降低徇私的可能性 激励老员工保持竞争力，发展核心技能	录用的员工可能与职位或组织不相匹配 可能影响内部候选人的士气 新员工需要更长的适应期或入职培训

一、内部招聘

内部招聘，是企业在出现职位空缺后，通过多种信息渠道向内部员工（包括前雇员）发布相关职位信息，吸引员工表达工作申请意愿的过程。内部招聘的结果是内部员工的晋升、降职和调动，这虽然不会增加整个企业的员工人数，但可以通过内部流动填补特定部门的空缺职位。在一些人才供应充裕的大企业，外部招聘仅限于入门级职位，其他职位完全通过内部提升的方法来补充。而对于内部人才供给不足的企业，在出现空缺职位时，也应优先考虑从内部渠道补充，但为了保证员工质量，对内外部求职者的评价标准应是基本一致的。企业可以使用多种方法向内部员工告知空缺职位信息，包括工作公告与投标、人才储备库等方法。

（一）工作公告与投标

工作公告是指企业向内部全体员工通报当前职位空缺的做法，而工作投标则是指企业允许那些认为自身具备所需资格的员工申请公告所列职位的自荐技术。表5—5显示了一家中等规模企业所采用的工作公告和投标程序。工作公告往往以公司局域网公告栏为载体，说明空缺职位的工作特性及人员要求的信息（见表5—6）。所有认为自己具备资格的员工都可以对该职位提交申请或“投标”。人力资源部或直线管理者将对这些内部求职者进行初步筛选，进而进入与外部求职者类似的甄选程序。

采用工作公告招聘内部员工时，需要回答下列问题：(1)是否所有的空缺职位（包括晋升、调动及长期空缺的职位），都应通过工作公告方式发布信息？(2)如果公司内部没有合格的求职者，如何开展下一步工作？如何安抚内部员工？(3)员工在申请内部职位时，是否有必要提前向直接上级说明这一情况？在美国，大约80%的公司针对蓝领职位进行内部公开招聘，大约50%的公司针对专业职位进行内部招聘。由于内部招聘在时间上优先于外部招聘，企业通常会在外部招聘前预留合理的内部求职者响应时间(工作公告在对外招聘前3～6周公布)。如果内部求职者的申请被拒，企业需要安排其直接主管或人力资源管理者与员工面谈，指出其在知识、技能和能力方面有待改进的方面，以提高员工下次申请的胜算。

表5—5　工作公告和投标程序

责任	需做的事项
人力资源助理	1. 在接到人员需求表并审核真实人员需求后，根据该空缺职位的职位说明书及员工素质模型起草一份工作公告，说明职位的性质和任职要求。工作公告中应包括职位名称、编号、报酬级别、工作范围、基本职责和人员要求。 2. 确保这份通知书张贴在公司的公告栏(包括局域网)上。
基层主管	3. 确保每一位胜任该职位的员工都清楚地了解职位空缺信息。
感兴趣的员工	4. 与人力资源部门联系。

表5—6　工作公告举例

编号：____________

工 作 公 告

公告日期：____________　结束日期：____________

在________部门中有一全日制职位________可供申请。此职位对/不对外部候选人开放。

薪资支付水平

最低	中间点	最高
$________	$________	$________

职责

参见所附工作说明书。

应具备的技术或能力

(候选人必须具备此职位所要求的所有技术和能力，否则不予考虑)

1. 在现在/过去的工作岗位上表现出良好的工作绩效，其中包括：

——有能力完整、准确地完成任务；

——能够及时地完成工作并能坚持到底；

——有同其他人合作共事的良好能力；

——能进行有效的沟通；

——可靠、良好的出勤率；

——较强的组织能力；

——解决问题的态度与方法；

——积极的工作态度：热心、自信、开放、乐于助人和献身精神。

2. 可优先考虑的技术和能力：

(这些技术和能力将使候选人更具有竞争力)

续表

员工申请程序如下： 1. 电话申请可拨打号码＿＿＿＿＿＿，拨打时间：工作日 9:00—17:00 2. 确保在公告有效期内将填好的申请表及个人简历寄至＿＿＿＿＿＿，或以电子邮件发送至＿＿＿＿＿＿
对于所有的申请人将首先根据上面的资格要求进行初步审查 筛选工作由＿＿＿＿＿＿负责 机会对每个人来说都是平等的

有效的工作公告和投标程序能最大限度地减少现有员工对职业发展机会的不满。比如，有些公司的员工仅能通过各种小道消息才能在事后了解到组织的内部流动机会，这当然有损员工士气。采用工作公告与投标程序可以避免这类问题，并体现管理过程中的程序性公平原则。研究发现，一个提供自由选择机会并鼓励个人职业成长的企业，对员工有更强的吸引力，并能增强员工的归属感和献身精神。研究还发现，要使内部招聘成为激励员工的有效手段，需要详细全面的员工甄选制度、绩效评估制度、职业发展计划、培训开发项目的全方位支持。例如，联邦捷运公司有一套被称为"JCATS(员工职位调整申请跟踪系统)"的工作公告和职业协调制度。公司每周五在该电子系统上发布空缺职位信息。针对所有内部申请者，企业根据其工作绩效和服务期限打分。这一评分可以帮助企业决定员工是否有资格成为候选人。

成功的内部招聘(内部职位公告及投资制度)需要企业关注执行的细节。以下有一些建议可供参考：升迁与调动的职位空缺都应公告。新职位应该先在内部公告一段时间，在没有合适内部人选时再开始外部招聘。形成明确的职位公告制度并向员工沟通。比如，公司可以规定，员工必须在现职工作满 6 个月，才能申请公告的职位。公告中应明确空缺职位的具体任职资格要求。要求职位的内部申请者列出他们的资格，以及请求升职或调动的理由。人力资源部门应将结果及时通知失败的申请者，并向他们说明未被接受的理由。

(二)人才储备库

与工作公告不同，人才储备库强调企业在内部人一岗匹配过程中的主动性。企业通过建立和维护人才储备信息库来系统监控内部人才的利用水平，并主动调整内部人才供给与组织需要之间的动态关系。企业的内部人才库、求职者追踪系统、人力资源管理信息系统，都为组织提供了可靠的记录，判断目前的员工是否具备填补管理、技术及专业职位空缺的资格。通过对相关数据库的审查，可以发现哪些员工目前从事的工作低于其教育水平或技能水平、哪些人有进一步发展的潜力以及哪些人已经满足空缺职位的资格要求。此外，在人力资源战略规划中谈及的组织安置计划和领导继任计划，也可以作为内部招聘的依据。企业还可以通过优化甄选、培训和员工保留政策，壮大企业的人才储备资源。

二、外部招聘

为了保证企业发展的需要，企业必须不断地从外部寻求员工。一般地，下列人员需求通常来自外部招聘：(1)补充初级岗位；(2)获取现有员工不具备的技术；(3)获得能够提供新思想的并具有不同背景的员工。如图 5—5 所示，即使是坚持执行内部晋升制度的企业，也必须从外部补充初级岗位。而处于快速成长期、需要大量专业技术人员的企业，或者业务出现重大调整的企业，都会面临无法完全依赖内部培养人才的问题。根据所需人员素质和工作特性的不同，企业可能使用多种不同的外部招聘渠道，包括媒体广告、职业中介机构、猎头公司、校园招聘、实习、员工引荐、特殊事件招聘、求职者自荐和临时雇用服务机构等。

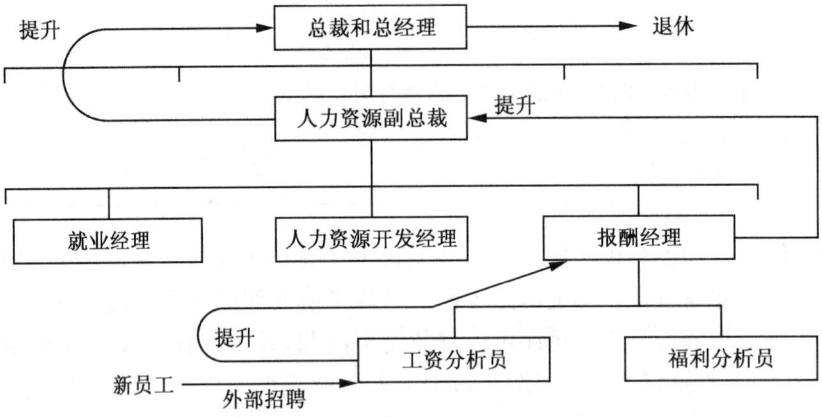

图 5—5　内部晋升和外部招聘

(一)媒体广告

借助媒体广告(包括网络招聘平台)向社会公开招聘人才，是最常见的外部招聘渠道。招聘广告的常见载体包括网络媒体(如各类招聘网站、企业网站、社交媒体)以及传统媒体(如报纸、杂志、广播电视、橱窗广告等)两大类。网络招聘相对于传统的招聘方式有几个优势。第一，成本低，因为网络广告的成本要低得多。第二，登广告比较便捷，并且反应速度较快、数量众多。第三，联系候选人和处理简历的过程可以电子化，因而缩短了招聘时间。第四，网络广告使公司可以在更大范围搜寻候选人。第五，从出现岗位空缺到填补空缺的招聘周期也被大大缩短。由于网络、微信等社交媒体的普及，传统媒体的招聘广告正迅速被网络广告取代。

企业在发布招聘广告前必须做出两项关键决策：(1)选择何种媒体刊登广告；(2)如何设计招聘广告的内容和形式。

1. *广告媒体的选择*

企业在选择广告媒体时，应考虑以下几个因素：

(1)媒体的定位与企业需要的匹配关系。组织在选择广告媒体时，首先应考虑到媒体的信息传播对象与潜在求职者(求职者总体)之间的匹配关系。

(2)媒体的招聘信息集中度。求职者在搜寻职位时，往往集中关注于传播职位招聘信息量较大、内容较为集中的媒体，便于选择比较。组织在选择广告媒体时，应选择业界影响较大、招聘信息相对集中的媒体。

(3)多种媒体并用。组织在进行大规模招聘时，应采用多种招聘渠道，以扩大求职者蓄水池的规模。同时，越来越多的年轻求职者依靠互联网获取招聘信息，要求企业更多借助网络传递招聘信息，包括专业招聘网站、公司主页和微信等。

2. *广告内容与形式的设计*

在确定了广告媒体后，还需关注招聘广告的内容和设计，这也是人力资源部门的重要职责。企业如果能把与空缺职位相关的细节充分传递给求职者，就能使求职者在信息充足的基础上，判断本人是否具备招聘广告中要求的资格条件，这有助于避免大量不合格求职者蜂拥而至，从而改善招聘效率、节约招聘成本。同时，好的招聘广告设计也可以吸引更多求职者的关注，有经验的广告制作人员通常使用“注意—兴趣—愿望—行动原则”(AIDA)来设计广告。它们分别是：

(1)引起求职者的注意(Attention)。利用人的选择性知觉的特点，在印刷、色彩、版面等方面，使本企业的招聘广告与其他广告有明显区别，以此引起人们的注意。

(2)激发求职者的兴趣(Interest)。这种兴趣可能源于工作性质本身，如“富于挑战性的工作”；也可能源于工作报酬，如丰厚的薪资福利，都应在招聘信息中予以展示。

(3)激发求职者申请工作的愿望(Desire)。企业可以通过重点强调工作的社会价值、个人成就、职业发展前途、组织的核心价值观等方面，激发求职者的组织认同感。

(4)鼓励求职者积极采取行动(Action)。招聘广告应提供企业联系方式(如 E-mail、微信公众号、通信地址等)，并规定合理的招聘截止日期，以敦促求职者尽快做出反应。

为满足上述要求，招聘广告通常应包括以下内容：(1)公司概况，说明公司名称、所在行业、经营范围、市场地位、核心价值观等；(2)职位名称；(3)职位概述，说明工作地点、工作目标、职责及任务等；(4)任职资格，说明求职者应具备的最低学历、工作经验和其他素质要求(3～5项)；(5)特定的职业资质要求(如果有必要)；(6)薪资及福利的一般说明(常见的做法是“薪资面议”)；(7)职业发展前景及培训机会；(8)求职者应提供的资料(个人简历、推荐信等)；(9)联系方式；(10)截止日期。此外，企业还可以选择性地提供以下信息：(1)希望开始工作的时间；(2)对求职信或个人简历的要求。

管理聚焦 5－3

社交招聘时代来临

招聘渠道的选择本质上是一个预测问题。人才究竟会从哪个渠道看到企业的招聘信息？海外企业更多利用官方网站和邮箱获取候选人。而在中国，企业候选人的第一选择为第三方招聘平台，第二选择是人才推荐、校园招聘和招聘外包服务。此外，微信、短视频、朋友圈等社交平台已经成为人力资源管理者和猎头们的“人才资源池”。菁客(ajinga. com)发布的《2018中国移动社交招聘趋势报告》指出，在社交招聘时代来临之际，企业人才获取渠道出现了以下明显趋势：

1. 社交媒体成为企业人才获取的重要渠道。2018 年，49% 的受访企业已拥有专门的企业招聘微信公众号，而在企业官方微信公众号中，81%拥有求职按钮与功能。72%的企业求职者能在微信上直接申请开放职位。求职者可以通过企业微信公众号快速方便地浏览，查询企业开放职位并完成移动端申请与简历投递过程。结合 LBS 定位功能，还可以帮助求职者迅速查找到离家更近的职位。除微信外，微博、QQ 也被用于吸引特定人群，Facebook、WhatsApp、LinkedIn 等国际社交平台则是众多海归人才的集中地。

2. 短视频成为双向沟通的热门工具。短视频的广泛运用已大大影响年轻求职者的沟通和信息获取模式，年轻人期望通过惯用的方式来了解企业与职位，因此，结合品牌和职位介绍的短视频，能获得更多的流量传播。此外，视频简历、视频面试也作为一种新的形式，在企业招聘中开始推广。2018 年，90%以上的受访企业认为视频简历、在线视频面试是有效的，41%的企业已经或即将把视频引入招聘流程。

3. 社交圈成为人才推荐的集中地。社交媒体在工作、生活中的广泛渗透，使招聘与求职网络扩大到社交媒体范畴。社交圈人才推荐解决了以往员工关注度低、奖励缺乏吸引力、推荐标准不明确、推荐流程烦琐耗时等痛点，在人才推荐质量和留存率方面具有明显的优势。移动支付更使员工推荐奖励变得极为灵活。2018 年，72%的受访企业使用微信平台进行人才推荐，企业通过微信钱包在人员获取的各个阶段对员工推荐予以奖励(包括推荐者给被推荐人提供信息、被推荐人进行职位申请、进入面试、入职、通过试用期、职缺信息多次转发分享)。

4. 人工智能(AI)消除人才不匹配偏见。AI 可以收集社交渠道的大数据，生成期望的求职者行为数据集，进行求职者简历分析，进而匹配最适合企业空缺职位的人才。这一听来颇具科幻色彩的管理行为，已经成为部分企业的真实实践。2018 年，16%的受访企业已将人工智能引入到招聘流程中，85%的企业相信 AI 能在未来 18 个月内，为企业招聘带来实际价值。随着企业数据质量和招聘预测算法的优化，AI 将能更好地补充乃至部分替代人力资源管理者在招聘和人员甄选时的主观决策。

(二)职业中介机构

职业中介机构也是常见的外部招聘渠道。职业中介在用人单位和潜在求职者之间架起联系的桥梁，将用人单位在发布招聘信息、吸引注意、建立求职者蓄水池等阶段的工作，都转交给职业中介机构来完成。职业中介机构还承担了初步筛选求职者的任务。目前，大量职业中介也提供网上中介服务。职业中介机构通常提供文秘、职员、中低层经理人员的中介服务。企业借助职业中介进行招聘，往往是由于以下几方面的原因：(1)企业中没有独立的人力资源部门，不能有效进行人员招聘和甄选工作；(2)企业过去的经验显示，通过其他渠道很难吸引到所需数量的合格求职者；(3)特定职位需要立即安排上岗人员；(4)当招聘对象是竞争对手的员工时，以职业中介机构为媒介可避免直接接触。

职业中介的优势很突出，他们会帮助企业进行求职者的搜寻和面谈，为企业节省筛选求职者的部分先期工作，但这也是借助中介招聘人才的不足之处。职业中介机构可能由于对企业人员需要的了解不充分，筛选工作的质量不高，也可能剔除高素质的求职者。为防止这类现象发生，专家建议：(1)向职业中介提供精确、完整的职位说明书；(2)限定职业中介在筛选潜在求职者时使用的程序和工具；(3)如果可能，定期审核被接受或被否决的求职者材料；(4)最好与 1～2 家职业中介建立长期合作关系。

(三)猎头公司

猎头公司又称高管搜寻公司(executive searching firm，ESF)，是职业中介机构的一种特殊形式。与前面谈及的招聘渠道不同，猎头公司的招聘对象是术业有专攻的专业技术人员和中高层管理人员，他们往往目前受雇于某家企业，但乐于为更好的薪资、职业前景而改变工作(被动求职者)。由于上述人员在企业经营中的关键作用，企业中通过猎头公司填补的职位虽然不多，但其工作质量却对企业长期发展产生重要影响。根据猎头公司收费模式的不同，可以分为两类：(1)在企业成功录用后，收取推荐人才第一年年薪(工资＋奖金)的 25%～40%；(2)无论企业是否成功录用，收取固定费用。大多数大型猎头公司采用的是收取固定费用的模式。

猎头公司掌握着大量有经验和特殊才能的人才的信息，了解企业对人才的特殊需要，这使其成为高级人才与企业间的有效沟通桥梁。但企业利用猎头公司搜寻人才,可能面对高昂的直接费用。除此之外,企业还应考虑利用猎头公司招聘的隐性成本。猎头公司可能与其主要客户签订竞业协议,承诺不以客户的高管人员为招聘对象,也不以近期接受过猎头服务的其他高管人员为招聘对象,这一限制将缩小猎头公司可以提供的求职者蓄水池的规模。雪上加霜的是,为保护招聘对象(高管人员)的隐私、避免引起其当前雇主的负面反应,猎头公司仅会提供为数极少的候选人供企业挑选。这实际上要求猎头公司在前期筛选时,能充分考虑到企业的特定需要、候选人的职业期望、个人专长和价值间的良好匹配,而这类决策的正确性要求用人单位与猎头公司间的紧密合作。

在实践中,也存在公司委托猎头公司挖竞争对手公司的"墙脚",通过许诺高薪、职位升迁机会等,将竞争对手的绩优员工、管理者纳入自己麾下的做法。在这种情况下,人才猎头公司仅仅充当客户公司的传声筒的角色。这一做法使公司有机会直接聘用市场认可的高绩效人员,但这会导致员工薪酬成本上升、内部员工对薪酬公平性评价下降等不利影响,采用这一做法时仍需慎重。

(四)校园招聘

各类学校是企业招聘初级职位的重要来源。职高、技校是获取文秘、蓝领工人的重要途径,中专、大专院校通常会为企业提供受到专业培训的技术工人及销售人员,而大学校园招聘可以为企业提供大量受过良好教育、工作热情高涨但缺乏实际工作经验的专业技术人员和管理人员。

一般来说,公司不同、公司面对的经济环境不同,都会使其校园招聘政策表现出很大差异。例如,宝洁(中国)公司只接收刚从大学毕业的学生,其90%的管理者是通过各大学校园招聘进入公司的,这与其强调年轻人发展、公平竞争的文化和内部晋升制度密切相关。而外部劳动力市场状况也是影响公司策略选择的主要因素。当经济发展迅速,对大学毕业生需求高时,公司会蜂拥进入校园,校园招聘将构成企业争夺人才的重要战略。但这一方法的有效运用要求公司具有培养新进员工、开发其潜能的丰富经验;另一方面,当经济不景气时,对大学生的需求会急剧下降。

为了有效开展校园招聘,实现人才吸引和企业宣传两方面的目标,校园招聘的时间和策略安排就显得十分重要。图5—6列出了校园招聘的常见过程和活动安排。

校园招聘有两个目的:一是搜寻并初筛出最优秀的候选人,二是激发他们来公司求职的意愿和行动。为达到上述目的,招聘者应判断哪些学生最符合资格要求,同时应激发他们对公司的兴趣。在决策过程中,双方应就公司及其产品、一般组织结构、政策、报酬和福利方案、需填补的职位要求等进行交流。此外,对学生的招聘通常还涉及表5—7的内容。

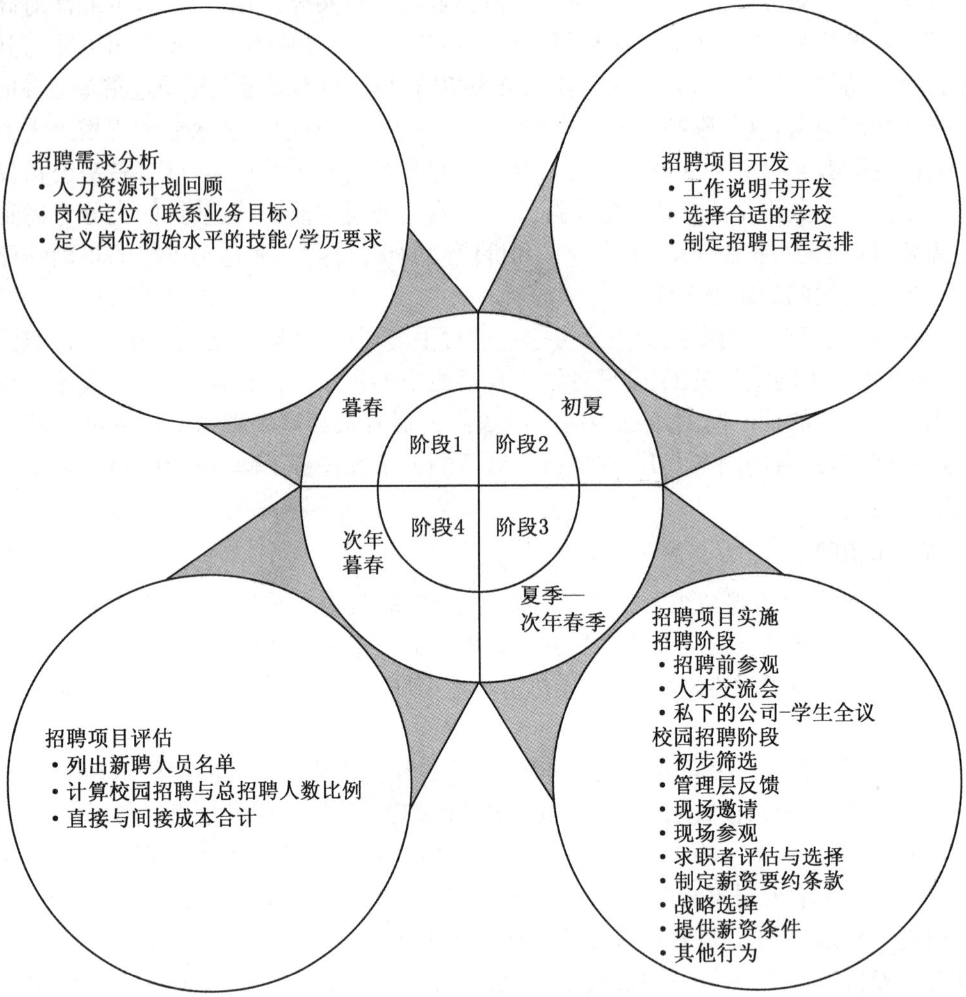

图 5—6　校园招聘过程模型

表 5—7　校园招聘中的学生信息收集和评价

评价项目	待收集的信息
智力和能力	年级
	到达某年级时所取得的成果数量
	大学成绩
动机	在学术工作上花费的努力
判断力和成熟度	对大学和主修专业选择的决策
分析力	自我偏好，自我认识，对外界的认识
领导能力和人际交往能力	参与课外活动

校园招聘也存在明显不足。校园招聘中的求职者往往“脚踏两只船”，从而降低企业招聘工作的产出率；与有工作经验的员工相比，新毕业生可能对工作有不切合实际的期望，从而增加企业未来的员工流失率。研究发现，通过校园招聘的员工在最初 5 年有较高的流失率，士气也较低。为提高校园招聘的效率，企业需要事先做出长期工作计划（在 9～11 个月前就必须确

定招聘需求,如图5—6所示)、选择合适的教育机构并进行具体工作准备,此外,也有必要培训代表企业形象的招聘者,提升其在毕业生甄别过程中的工作质量。

(五)实习

实习(internship)是一种特殊的招聘方式,它将学生安排在某一临时岗位上,在学生毕业后,公司与学生双方都没有义务与对方建立固定就业关系。实习一般是暑期几个月的临时性工作,或者在校期间的兼职工作。企业可以在提供一份工作邀约之前,试用其未来的员工。如果试用不成功,对双方都没有约束。很多公司利用实习来招揽人才、观察和发现人才。事实上,根据全国大学与雇主协会的研究,企业将实习视为吸引和雇用大学毕业生的最有效途径。巴黎欧莱雅每年向全球征收3 400名实习生,从而在每年一次的资优生争夺战中击败对手。这一做法在文化创意行业更为常见,实习生不仅是创意人才的来源,也可以参与脑力激荡。以美国3D动画龙头皮克斯(Pixar)为例,皮克斯很少举办大规模招人活动,而多通过实习取才用人,这样可以使企业降低求才失误成本,并通过有效的人岗匹配,延长人才的离任期限。

在实习期内,学生可以获得公司的第一手信息。同时,实习生也需要完成公司安排的工作任务。实习可以让学生建立理论与实际间的联系。通过实习,学生们可以明确该公司是否是自己的理想雇主。同样,通过一段时期的实习观察,公司也能比较客观地评估学生的资质。有实习或大学合作社工作经历的学生一般更容易找到工作,在职场上也会有更快的发展。

(六)员工引荐

员工引荐是指企业现有员工主动向自己的亲友、熟人介绍职位空缺的信息,并鼓励他们申请该职位的做法。研究发现,美国企业中通常有15%的员工是通过内部员工引荐招聘到的。有些企业通过改进职位发布方式(电子公告、在线校友网络等),鼓励员工引荐;也有些企业则引入正式的员工引荐计划,通过物质激励提高员工引荐的热情。例如,我国台湾讯连科技近年来销售快速成长,常态性的网络招聘和校园招聘都不足以应付明显的人力短缺。在面对短期内需要召到大量高质量人才的困境时,讯连科技的人力资源部决定以3个月为限推出"英雄识英雄"活动,从公司内部的优秀工程师入手,请他们推荐自己身边的合适人选,要求能满足"技术强、有创意、能解决问题、肯学习"的条件。这些推荐到人力资源部的求职者,会直接进入笔试和部门主管面试阶段,由于教育经历、能力和企业文化吻合度已经过推荐人初步鉴定,也省去了网络招聘时的初筛时间和成本。与多数企业被推荐者通过试用期后才给举荐人奖金的做法不同,讯连在推荐人选、被推荐者获得面试机会时都可获得奖品,新人通过试用期则举荐人可获得2万新台币。为了激发工程师的关注和推荐热情,人力资源部还在活动期间推送"每周战报",每周更新每个部门的"推荐总人数"。讯连人力资源部的努力非常成功:工程师们极力深挖个人社交网络,在活动结束时,工程师内部举荐的人员招聘达到了当年求才人数的20%。并且,由于举荐人会事先向对方说明公司的文化和技术发展前景等信息,被推荐者可以合理评估是否适合该职位,也成功降低了其进入公司后适应不良的可能性。

在劳动力市场短缺的情况下,员工引荐这种做法可以大大减少广告费和招聘代理费,并能使企业得到高质量的、相对稳定的雇员。研究发现,与其他外部招聘渠道相比,经引荐进入企业的员工在入职一年内的流动率水平是最低的。研究者提供了几种可能的解释:老员工向潜在求职者提供了较为全面的组织、职位信息;老员工倾向于寻找职业兴趣、工作动机等与自己相似的求职者,因而进行了必要的前期筛选;老员工已经成功适应了组织文化,这将有助于新员工实现有效调适。当然,员工引荐也存在负面影响:引荐会增加裙带关系、公司政治的可能性，为避免这一问题，有些企业拒绝接受现职员工引荐其亲属加入本企业。

（七）特殊事件招聘

事件招聘是让招聘人员来到潜在员工可能出席的事件现场，告知在场参与者本公司正在招人。公司可能通过赞助文化活动、体育赛事或专业会议等形式，来扩大影响力，以吸引高素质人才的注意。管理者也可能在团体会议或学校发表演讲，使与会者了解组织形象。思科公司最早尝试事件招聘法，并取得了成功。在招聘硅谷程序员时，选择的事件是马拉松比赛和自行车比赛。参与这些事件的公司，在一定程度上提升了公司知名度和目标。例如，公司可以赞助或联合赞助一项赛事，分发茶点、颁发奖品。参与者在这一过程中了解到，公司目前正在招人以及所需要的员工类型。

事件招聘使公司有机会树立其公司形象。例如，思科迅速建立了一种形象：招聘人员很"酷"，这一定是家很酷的公司。每个人都意识到了。即使事件参与者对此不感兴趣，他/她也可能知道谁会感兴趣。要记得，对那些希望拥有青春、兴奋、成长、允许试验和犯错的氛围的员工来说，公司酷不酷是非常重要的。也因此，对于员工有效供给不足的不知名小企业，特殊事件有助于改善潜在求职者的公司形象认知，进而吸引其前来求职。

（八）求职者自荐

一些市场声誉好的大型企业，常常会吸引一些求职者向公司主动提交个人简历，表达个人的求职意愿。研究发现，在互联网普及之前，直接申请往往适用于吸引生产工人、服务业一线人员和低级文职人员，管理、专业和技术类职位的求职者很少采用直接申请的方式。随着互联网的普及，求职者自荐在各类职位中都更加常见。采用自荐方式吸引来的求职者的质量和素质参差不齐，很难保证符合公司的要求。在其资历不适合空缺职位的情况下，其申请常常被保留在档案中，以备将来有合适的空缺时通知他们。应当注意的是，对所有的自荐求职都要礼貌、及时地回复，这不仅是尊重求职者，更有助于企业建立良好的劳动力市场声誉。

（九）临时雇佣服务机构

越来越多的企业使用各类弹性雇佣形式（临时工、季节工、兼职、劳务外派等）来满足人员需求，因此，临时雇佣服务机构也成为企业获得外部人员的重要渠道。在使用临时雇佣服务机构时，企业不再直接雇佣非正式员工，而是委托前者处理员工的招聘、甄选、薪酬支付等人事管理工作。由于零工经济的发展，非正式员工不再仅限于事务性员工或生产维护人员，而是扩大到工程、科学、管理等专业技术管理职位。

在选择外部招聘渠道时，应综合考虑空缺职位的类型、求职者的工作搜寻范围、招聘成本、招聘完成速度等多种因素，才能做出必要的取舍（见表5—8）。同时，企业不应过度依赖单一求才的渠道和方法，而应多种渠道相结合，以便平衡人才的来源。

表5—8　　外部招聘渠道的比较

招聘渠道	职位类型	速度	地理区域	成本	员工多样性
传统媒体广告	所有	适度	地区性/全国性	适度	好
网络招聘	所有	快	所有	适度	好
职业中介机构	一线生产销售人员；基层管理技术人员	适度	当地	适度	较好

续表

招聘渠道	职位类型	速度	地理区域	成本	员工多样性
猎头公司	管理者、资深专业人员	慢	地区性/全国性	高	较好
校园招聘	职场新人、基层专业技术人员	慢	地区性/全国性	适度/高	好
实习	职场新人	慢	当地	低	好
员工引荐	所有	快	所有	低	差
特殊事件招聘	所有	快	所有	适度/高	好
求职者自荐	所有	快	所有	低	差

第四节　招聘工作的效果评价与优化

招聘的有效性，并非完全取决于招聘主管是否以最快速度吸引到了尽可能多的应聘者。有经验的招聘主管会认识到，速度是重要的，但最终录用的新员工质量则是更重要的考量因素。有效的招聘不仅能成功录用合格员工，还能通过建立员工对组织、职位和报酬的合理预期，长期留住高绩效员工。

对招聘工作的效果评价，通常包括以下方面：

(1)吸引的求职者数量。招聘工作的目标就在于吸引尽可能多的求职者以备进一步甄选，求职者数量是首要的考虑因素。换句话说，吸引到的求职者数量是否足以填补职位空缺？

(2)吸引的求职者质量。除了数量，企业还需要考虑有多大比例的求职者具备特定职位所要求的能力、知识和其他素质要求。即吸引到的求职者能否胜任该项职位？

(3)雇用一名求职者所花费的平均成本。不同类型的职位所需花费的直接招聘成本存在很大差异，企业需要考虑选取的招聘渠道的成本效益。对这些信息的了解有助于企业优化招聘范围、渠道和程序有效性的决策。

(4)填补职位空缺所花费的时间。从提出招聘需求到找到合格的新员工需要花费多长时间，也是评价招聘效率的重要指标。高效的招聘活动，可以减少组织的生产率损失。

(5)招聘对象对招聘过程的反应。其中，影响招聘对象反应的最主要因素是招聘信息是否充分、招聘程序的个体差异化程度。如果招聘信息充足、程序设计考虑到招聘对象不同的个人需要和关注点，将有助于求职者建立起有效的自我甄选机制，从而提高企业招聘活动的有效性。

一、评价招聘的数量和质量

企业可以通过比较以往的工作成绩或其他企业的招聘效果，来评价本次招聘活动吸引到的求职者数量和质量是否达到预期。在评价中使用的部分指标，简述如下：

(一)录用率

录用率(selection rate)是指全体求职者中被录用者所占的比例。用公式表示为：

$$\text{录用率}=\frac{\text{被录用的求职者人数}}{\text{求职者的总人数}}\times 100\%$$

录用率的取值在1.00(全部录用)到0(无一录用)之间。例如,录用率为30%,表示10名求职者中有3名被企业录用。在短缺的劳动力市场中,录用率往往较低,此时备选的合格求职者数量有限。录用率也会受到招聘甄选过程中甄选工具的效度影响。缺乏经验的面试官可能从10名求职者中选出8名,这些员工在入职后的工作成绩显示其中仅有4名是合格员工。更有经验的面试官则可能认为10名求职者中仅有5名是达到企业任职标准的。由此可见,录用率并非越高越好,而需要结合本次招聘到的求职者的质量来综合评价。

(二)基率

基率(base rate)是指目前已雇用员工中实际绩效良好、录用成功的比率。比如,如果企业经招聘、甄选后录用了10名员工,在实际工作中有4名绩效达标,则此次招聘的基率为0.4(即企业录用合格员工的概率为0.4)。因此,成功招聘的中长期目标在于提高合格员工的录用比例。在实践中,企业不可能仅仅吸引到有成功潜力的这4名求职者,但高效的招聘要求企业尽可能提高合格求职者占求职者总数的比重。

(三)产出率

在招聘甄选金字塔的例子中,可以看出,产出率(yield ratio)是针对招聘甄选过程中每一步骤,计算进入本步骤的求职者人数与成功通过并进入下一步骤的求职者人数之比。产出率可以用于估计所需求职者蓄水池的规模,为招聘计划提供有价值的信息。此外,通过分析不同招聘渠道的产出率,也可以说明哪些渠道吸引到的合格求职者比例较高。结合招聘的平均成本、时间效率数据,企业可以对招聘渠道进行取舍和优化。

产出率还可用于调控招聘过程中的工作偏差。随着招聘工作的持续开展,企业可以大致确定不同招聘/甄选阶段(步骤)产出率的合理区间。例如,在校园招聘中,某企业的历史资料显示,大学毕业生参加面试的人数占提交个人简历的人数比率,其合理区间为10%~15%;企业发出录用通知的人数占受邀参观企业的人数比率为30%~40%;最终实际入职人数占发放录用通知人数的比率为50%~60%。如果该企业发现,某一步骤的产出率大大偏离了正常区间,则意味着招聘过程中可能存在问题,需要进一步分析以确认原因。

企业还可以使用其他长期指标来评价招聘过程的有效性。企业可以评价来自不同招聘渠道的员工在工作绩效、缺勤率、培训成本和流动水平上的差异,并据此调整其招聘策略。例如,企业可能发现,来自某些大学、学院的毕业生专业基础扎实、绩效表现较为稳定,而来自另一些院校的毕业生则流动较为频繁。根据这一信息,企业可以在未来的校园招聘中调整具体工作策略。

二、评价招聘的成本收益

招聘过程中的每一个步骤都会产生成本。企业需要确定与招聘相关的成本项目及相应的金额,以便准确进行成本收益评价。例如,为了向潜在求职者发布有效的招聘信息,招聘主管需要撰写招聘广告,并刊登于特定媒体上。相应地,向媒体支付的广告费、招聘主管花费的时间折算的工资及福利成本均应计入招聘的总成本。可以看出,招聘成本的估计中,直接成本(如广告费、差旅费、中介服务费、通信费等)是数额确定、易于计算的,而招聘过程中的间接成本(如行政管理成本、相关人员工资福利等)则需要引入评价者的主观分析和判断,将这些成本费用从企业总体管理费用中剥离出来。

除了上面谈及的显性成本,还应考虑招聘的隐性成本。招聘作为人才获取的第一站,其吸引到的求职者的数量和质量决定着企业员工配置能力。如果企业无法招聘到足够数量的合格人才,人力资源管理者的一个常见反应是,提高新员工的初始工资水平,以提高空缺职位的市场吸引力。这一做法在短期内可以改善招聘工作的效果,但从长期来看,可能导致企业现有员工的不满情绪、直接劳动力成本增加乃至市场竞争力下降的恶果。招聘的隐性成本较难估计,但它的存在提醒管理者不可以仅仅关注招聘工作的短期成果,而忽视了对其他人力资源管理活动的影响。

招聘工作的收益往往是一些难以用货币度量的成果指标,如:填补职位空缺所花费的时间;求职者蓄水池的规模;合格求职者在整个蓄水池中所占的比重;录用员工在企业的留任时间等。

企业在分析招聘工作的成本收益时,应当针对不同的招聘渠道进行。例如,可以比较来自不同招聘渠道的员工经录用后留在企业的时间(收益)及该渠道所花费的招聘总成本,从而为企业未来的招聘策略选择提供有益的参考。

三、吸引求职者的组织特征

招聘的目标是为每个特定的职位空缺吸引众多的合格求职者。为了提高招聘工作的有效性,招聘管理者还需要考虑企业有哪些特征或回报足以吸引求职者。常见的三个重要组织特征包括企业的奖酬制度、职业发展机会和企业的市场声誉。

(一)企业的奖酬制度

企业的初始薪资、调薪频率、奖金制度及福利,都能影响求职者的数量和质量。比如,起始薪资低的企业会发现,在吸引合格求职者时很难与起始薪资高的企业竞争。

(二)职业发展机会

企业如果有完善的内部员工培训制度,提供完善的职业发展机会,也能吸引大批高潜力求职者。员工职业规划及管理开发的机会能使企业现有的内部员工得到个人及专业成长的机会,外部求职者则会受到这一前景的吸引进入企业。

(三)企业的市场声誉

企业的整体名声或形象也是影响求职者选择的重要因素。企业在资本市场、产品市场和劳动力市场中的运作方式是否合法、合规,能否达到其他市场主体的认可,包括诚实守信、信息披露公开透明、公司产品或服务的品牌认可、员工的公平待遇,以及企业对社会活动的参与和承担的社会责任,都会影响其市场声誉,进而影响对求职者的吸引力。

本章小结

人员获取过程可分为招聘、甄选和录用三个阶段。招聘是使潜在的合格人员对企业的特定职位产生兴趣并前来应征的过程。招聘必须是着眼于未来的、系统的管理活动,是企业人力资源战略规划在人员获取过程的具体化。

为了确保招聘过程的科学高效和成本节约,招聘活动通常包括五个步骤:计划、策略开发、搜寻、初步筛选、评估与控制。

招聘策略开发要求确定招聘范围、招聘渠道、招聘时间安排及向潜在求职者"推销"本企业的方式。招聘策略开发对于外部招聘尤为重要。

企业在外部招聘时，应针对不同类型的员工确定相关的细分劳动力市场。并根据劳动力总体供给状况，选择合适的招聘渠道和方法，形成质量、规模上满足企业要求的求职者蓄水池。

企业的招聘渠道包括内部渠道和外部渠道两类，大多数企业会同时使用这两种招聘渠道。企业的内部招聘方式包括工作公告与投标、人才储备库等方法。企业因所需人员素质和工作特性，可能使用的外部招聘渠道包括媒体广告、职业中介机构、猎头公司、校园招聘、实习、员工引荐、特殊事件招聘、求职者自荐和临时雇佣服务机构等。

招聘的有效性，同时取决于吸引到的应聘者数量、质量和成本效率。有效的招聘不仅能成功录用合格员工，还能通过建立员工对组织、职位和报酬的合理预期，长期留住高绩效员工。

思考题

1. 为什么有些企业主要采用外部招聘的方式，而另一些企业则强调除入门级员工外，完全依赖内部晋升？这两种不同做法对企业的人力资源管理将会产生何种影响？

2. 请说明在招聘过程中，职位说明书与员工素质模型如何影响招聘活动的有效性。

3. 你是一名临近毕业的大学生，正在积极寻找工作。你认为目标企业的哪些招聘步骤、方法对你最有吸引力？为什么？

4. A 企业是一家大型电子企业，其经营战略是面向广大消费者提供低成本、标准化的电子消费品，B 企业是电子消费品行业中的新兴力量，目前规模较小，其经营战略是强调创新，向年轻消费者提供高端的、引领潮流的电子消费品。对 A 企业和 B 企业而言，有效的招聘策略是否存在差异？请具体说明。

5. 在中国，目前存在多个专业招聘网站（如智联招聘、51job、赶集网等）。假如你是一家企业的招聘主管，由于公司预算的约束，你只能选择其中一家网站刊登网络招聘广告。请选择 3 家不同的专业招聘网站，分析比较其各自的特点和优缺点，并在此基础上，做出最终的网络媒体选择决策。

6. 在以下工作中，可能使用的招聘来源及招聘方法是什么？

(1)刚获得博士学位的大学教师

(2)拥有 CPA 证书的高级会计师

(3)入门级的会计师

(4)技术熟练的汽车技师

(5)入门级的设备操作工

附录 外部招聘过程中的法律风险管理

招聘工作是企业人员获取的起点。在确定人力资源规划和招聘计划后，若企业缺乏合适且足量的内部人员，就可能根据空缺职位的任职资格要求确定录用条件，公开招聘信息，吸引外部的合格求职者。企业在招聘员工时，经常通过传统媒体、网站等渠道来发布招聘信息。为了避免招聘广告可能带来的法律风险，企业人力资源管理者应关注两个方面的问题

一、制定所招聘职位的录用条件

录用条件是指求职者符合某一职位的具体要求所包括的全部条件。大多数企业在招聘员工时，并没有制定明确的录用条件，而只确定了招聘条件，如学历、工作经历、职称、技术资格及其他个人特征。但招聘条件不同于录用条件，招聘条件是用人单位招收员工的基本条件，可以由用人单位单方面确定，被用于招聘阶段对不特定多数求职者的筛选。但录用条件的适用对象为企业拟聘用的特定求职者，适用于这些求职者签订劳动合同后能否通过试用期的决策。我国《劳动合同法》明确规定，劳动者在试用期间被证明不符合录用条件，单位可以立即解除合同。虽然录用条件也是由用人单位制定，但必须告知员工并由员工确认后，才对其生效。若公司未明确制定符合法律要求的录用条件(并经员工确认)，则公司招聘广告中写明的招聘条件即视同录用条件。在实践中，为了吸引更多的人才来应聘，招聘广告中刊登的招聘条件往往比较宽泛和简单，是该职位应当满足的最低条件。一旦发生劳动争议，企业不是拿不出明确的录用条件，就是录用条件内容过于宽泛，难以证明员工不符合录用条件。为了减少由于将招聘条件与录用条件混为一谈而产生的法律风险，人力资源管理者应做好以下工作：

1. 在招聘广告中根据所招聘职位的任职条件，明确招聘条件，并将此招聘广告存档备案。

2. 根据所招聘职位的要求逐条拟定明确具体的录用条件。录用条件应避免诸如“服从企业安排”等模糊表述，而应列出员工的资质条件、工作能力条件和职业道德条件 3 方面的内容。资质条件包括但不限于学历、工作经历、职称、职业资格、外语水平等硬指标；工作能力条件是指在试用期间完成工作任务的能力，包括质和量的界定；职业道德条件是指工作态度、遵守公司的规章制度等。

3. 各职位的录用条件应事先向劳动者公示，并保留相应的公示证据。公示方法包括：(1)通过招聘广告来公示，并予以保留和存档；(2)员工入职时，向其明示录用条件并要求员工签字确认；(3)劳动合同签订前，在录用通知书中向员工明示录用条件，要求其签字确认；(4)在劳动合同中明确约定录用条件或不符合录用条件的情况。

二、招聘广告的写作

招聘广告是企业向社会大众公开发布招聘信息的媒介，很多企业为了吸引求职者前来应聘，会说明“提供优厚的薪资福利”“提供住房补贴和通信补贴”，在网络平台的招聘广告中更会明确列出薪资的范围。在实践中，可能出现招聘广告与劳动合同的内容约定不一致的情况，因此也要有必要明确招聘广告的法律性质及用人单位的法律责任。招聘广告面向的是不特定多数的潜在求职者，在法律性质上属于要约邀请，其内容对用人单位一般没有法律约束力，招聘广告中列出的薪资福利内容不构成用人单位的义务。当招聘广告与劳动合同不一致时，由于劳动合同是用人单位与特定的劳动者通过要约和承诺形成的双方合意的意思表示，一旦劳动合同有效，即对双方当事人产生法律约束力。

在实践中，为了减少法律纠纷和树立良好的市场声誉，企业在制作招聘广告时，应满足以下 4 点：

1. 招聘广告应如实反映企业的真实信息。虽然招聘广告属于要约邀请，企业一般不承担法律责任，但为了提升企业的形象和公信力，仍应在招聘广告中提供真实信息。比如，某中型企业为了扩大知名度，打出“年薪百万招聘市场经理”的广告，当企业无法实际兑现时，将严重损害企业的形象。

2. 招聘广告的内容。根据相关法律规定，招聘广告至少应包括用人单位的基本情况、用人单位对工作岗

位的基本需求(招用人数、工作内容)、求职者应当具备的基本能力、劳动报酬福利和社会保险等,此外还应说明招聘办法。

3. 用人单位不能用诋毁其他企业信誉、商业贿赂等手段招聘员工。

4. 招聘广告中不能包含歧视性内容。用人单位可以根据具体的职位设定不同的招聘条件,并在招聘广告中体现,但这些条件的设定和限制应与拟聘职位的性质、要求密切相关,不能违反我国关于就业歧视的法律规定(下表是招聘广告中就业歧视的常见表现)。除了下表中罗列的歧视,我国明文禁止的就业歧视还有针对少数民族、种族、宗教信仰、残疾人、传染病病原携带者的歧视。

招聘广告中的部分就业歧视

招聘广告中的某些要求	可能涉及的歧视类型
限本市城镇户口	户籍歧视,城乡歧视
年龄小于 25 岁	年龄歧视
未婚	婚育歧视
限男性	性别歧视
身高 1.78 米以上	身高歧视

第六章　员工甄选

学习目标

在学习本章后，你将能够：

1. 了解员工甄选对高绩效人力资源管理的重要性。
2. 了解如何确定员工甄选标准。
3. 了解有效甄选程序的主要特征及影响因素。
4. 了解甄选决策中综合汇总求职者信息的三种方式。
5. 了解常用的员工甄选方法和技术。
6. 了解甄选方法的效度和信度概念及其构成。

招聘工作一旦结束，员工甄选就开始了。员工甄选是指组织通过多种手段获取候选人信息并据以区分、评估、最终决定录用人选的过程。甄选的目的并非总是从企业的求职者蓄水池中选出最优秀的人才，有时企业寻找的是与空缺职位高度匹配的求职者。有效的甄选决策涉及两个方面：(1)评价求职者的能力、技能和各项隐性素质，选择预期表现最佳、与职位和组织匹配度最好的求职者；(2)预测个人未来在组织中的绩效和发展潜力。基于预测的员工甄选与录用决策可能出现失误，由此导致的人员配置不佳会增加企业的劳动力成本。研究估计，员工甄选录用决策的错误成本(从录用到解雇的整个期间)，是该员工工资的3～5倍。除了成本方面的考虑，员工甄选的重要性还可以通过以下两句话充分体现出来：

(1)良好的培训安排无法弥补低劣的甄选决策造成的影响。如果企业未能甄选、录用拥有所需知识、技能和素质的合格人才，企业很难通过入职后的培训开发活动来提升其基本潜能，弥补其在工作行为、意愿或能力方面的欠缺。

(2)如果企业未能录用到合格的人才，竞争对手就会录用他们。企业甄选决策错误的机会成本，是未被录用的合格人才将会为竞争对手工作。

第一节　人员甄选录用程序及其主要决策

一、甄选录用活动的前期准备

图6—1显示了甄选录用活动的主要内容，以及甄选录用活动与其他人力资源管理活动的关系。甄选录用活动的前提是职位分析、员工素质模型构建。只有了解企业特定职位对员工知识、技能、能力和其他影响工作的因素的要求，才能提高人员甄选的目的性和准确性。例如，

如果某一职位要求大量进行团队合作，任职者的人格特质、人际能力将是保证实现绩效目标的必要素质，应当构成甄选决策的重要依据。为了优化人员－组织间的匹配水平，企业还应通过组织分析，充分评估组织结构、组织文化和战略目标等方面，分析组织因素对员工特性和素质要求的影响。但在实践中，职位分析更有可能是针对企业中的中低层职位及典型职位进行的。

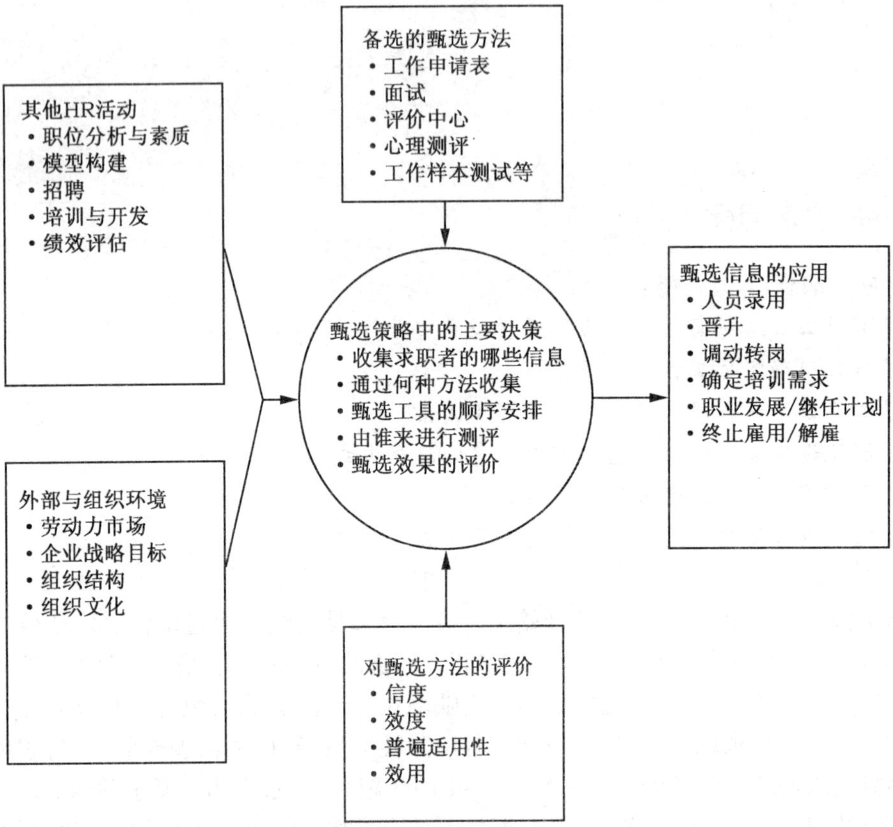

图 6－1　招聘录用活动的主要内容

很显然，有效甄选的另一个前提，是招聘吸引到了足够数量的合格求职者。企业的录用率（最终录用人数与求职者人数之比）越低，企业越有可能从求职者蓄水池中精心挑选出杰出人才；反之，如果企业吸引到的求职者数量极少，要想填补现有工作空缺就必须录用每一位对本企业有兴趣的求职者，则花费时间、资源开发和执行甄选策略将是毫无意义的。从这个意义上说，有效的人员甄选策略要求企业面对相对宽松的劳动力市场，并能有效开展招聘。

人员甄选决策还应当结合企业其他人力资源实践（如培训开发、关键绩效目标）共同加以考虑。例如，有些企业仅招聘录用入门级员工，更高层级的职位均通过内部晋升来填补，企业内部有针对各类职位的全面深入的技能培训，则甄选标准可能较少强调相关工作经验和知识，而更多地关注新员工的快速学习能力和其他关键成功素质。

二、甄选过程中的主要决策

（一）选择合适的甄选标准和预测指标

为了有效预测求职者的未来绩效、做出正确的甄选决策，需要了解特定职位的关键绩效目标以及员工的哪些特征会对工作绩效产生影响。在企业甄选实践中，员工在特定职位的任务绩效（产出的质量和数量）、员工在本企业任职期限的长短、员工的工作行为是否与组织文化保持一致等，均可作为员工的关键绩效要素。一旦界定了高绩效的评价依据，就可以将与高绩效相关的员工特征作为甄选标准。高绩效员工的甄选标准（特征）可能包括员工的工作动机、能力、智力水平、人格类型等，这一概念与素质模型（见本书第三章）中的鉴别性素质相似，可以将卓越绩效者与绩效平庸者加以区分。但是，由于很多甄选标准涉及员工的隐性素质（如工作动机、智力水平），企业需要通过测评、行为观察和对求职者过去经历等方面的了解来推断上述素质的存在（即预测指标）。图 6—2 说明了员工工作绩效要素、甄选标准与预测指标之间的关系。例如，企业期望录用的员工能长期服务于本企业（绩效要素），这类员工具有的人格特征是较高的责任心和情绪稳定性（甄选标准），而具体到甄选过程中的观测点（预测指标），则对应于人格特质的测评结果、以往工作的任期（或跳槽频率）和个人职业发展期望等。在很多企业中，预测指标可能被简化为几个大类：正式教育经历、相关工作经验及绩效、个人人格特征和个性类型，以替代更为精准有效的甄选标准。

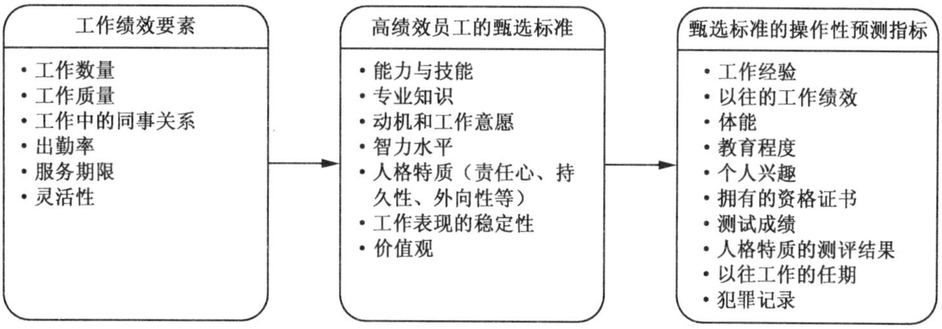

图 6—2　工作绩效要素、甄选标准和预测指标之间的关系

在甄选过程中，收集的求职者信息应当与工作表现高度相关，能有效预测其未来工作绩效（见表 6—1）。例如，企业针对研发岗位进行的甄选，以教育程度和相关研究经历为预测指标可以被视为高相关性指标，因为研发人员的高绩效以具备精深的专业知识和扎实的研究能力为前提。但同样以学历标准来甄选快速消费品企业的销售代表，可能就不太合适，因为决定销售代表工作绩效的关键因素是人际能力、个人影响力、渠道知识、对客户需求的把握等。如果以往的工作经历与当前工作绩效相关，则相关工作经验、工作成就、绩效记录或晋升经历可以作为未来工作成功的有效预测指标。

表 6—1　　与未来工作绩效相关的个人特质清单

维　度	具体指标（示例）
技术性的知识、技能、能力（KSA）或学习 KSA 的潜力	教育程度 相关工作经历、培训经历 个人经历的成长轨迹 专业资质与职业资格证书
非技术性的技能	沟通能力 人际技能 推理分析能力 压力管理能力

续表

维　度	具体指标(示例)
工作习惯	时间管理 工作动机 组织公民意识 工作主动性 自律性
没有功能失调行为	偷窃 暴力倾向 各类反生产行为
人岗匹配水平	适应组织文化(如承担风险、创新) 享受工作乐趣 个人职业规划与公司升迁机会吻合

管理聚焦 6－1

古代智慧:中国历史上的选人标准

早在春秋战国时期,道家的代表作《文子》与《庄子》中就提出了符合生活经验的选人之道。其中提出了10条识别领导者的法则:

1. 用人的智慧与胸襟:考察人在位时,栽培晋升怎样的人?
2. 创新思考能力:考察人在学习时,是否有自己独到的见解与体悟,而不是人云亦云。
3. 信用与廉洁:安排人管理财务,使其接受金钱诱惑的考验。
4. 自信心:观察人在低位时,能否保持不卑不亢。
5. 处理人际关系的能力:考察个人在与各类不同人员相处时的面部表情。
6. 忠诚度:把人调离权力中心,有意疏远、冷落他。
7. 恃宠而骄、得意忘形:把人调进权力中心,近距离接触并建立私交。
8. 任事能力:赋予困难、有挑战性的工作,看他能否游刃有余。
9. 机智反应的能力:抽考有争议或难解的问题,看他能否应付自如。
10. 危机决策果断力:将人置于危难中,看他能否临危不惧。

此后的选人学说,如《吕氏春秋》八观六验法、《淮南子》六观四知法、《大戴礼记》观诚二十法、魏徵的六观法等,往往与《文子》《庄子》的论述一脉相承。这些选人学说往往强调观察一个人任职之外的日常表现,强调非正式的观察及个人品质。虽然与现代西方的人员测评关注点存在明显差异(后者关注与工作相关的个人特质和能力),但二者同样强调人际关系处理、创新思考、任事能力、机智与弹性、决断力、组织忠诚度、晋升与培养下属、正直诚信等是领导者的重要能力。时至今日,古人的选人智慧在管理实践中早已淡去,西方的“舶来品”则通过各类心理测评、行为分析成为企业的选人标准程序。

资料来源:林文政:《经理人月刊》2012年7月,第28—30页。

(二)甄选方法和工具的选择

对于企业确定的每一项预测指标,都存在多种备选的信息收集渠道(甄选方法)。求职者的信息可能来自工作申请表、个人简历、标准化测试、面试、评价中心、体检、证明人核查等甄选方法。在确定应获取哪些信息作为甄选的预测指标后，企业需要进一步明确将通过何种甄选方法收集相关信息。企业在人员甄选中备选的方法很多，具体说明见本章第二节。

(三)甄选程序的设计

企业的甄选过程通常包含多个甄选步骤，使用多个甄选方法，以确保决策者获取全面、综合、可相互印证的预测指标信息。图 6—3 展示了典型的员工甄选程序所包含的步骤和方法。当然，各企业甄选程序的具体步骤和方法，视企业规模、空缺职位的性质、计划录用的人员数量和时间压力而有所差异。

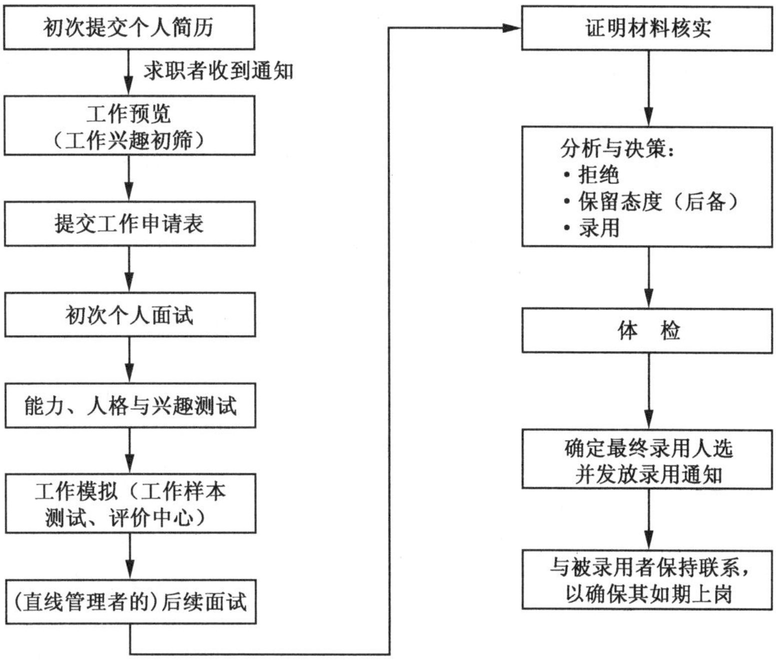

图 6—3 典型的员工甄选程序(示例)

(四)甄选程序应具备的特征

为了提高甄选决策的质量，有效的甄选程序应具备以下特征：

1. 甄选程序应是标准化的

每位通过甄选程序的求职者都应经历同样数量、类型的面谈和其他选择测试，使用同样的评判标准。

2. 甄选方法和工具的排列顺序，应满足成本效率的原则

甄选阶段前期收集的数据，是为了将明显不符合组织、职位要求的求职者剔除出去，加上前期的求职者人数较多，企业应使用甄选成本较低、标准化程度较高的方法，如工作申请表、人力资源主管主持的初次面试等。成本较高、个体差异度高的甄选方法，如评价中心、高级经理人员主持的面试、证明材料核实等则应排序靠后，仅针对最有可能被录用的少量求职者，以此节约甄选程序的总成本。

3. 甄选程序应能保证有充分信息判断求职者能否胜任特定职位

有效的甄选程序应能针对每位求职者，收集其与特定职位工作绩效相关的所有关键素质

的信息。对于特别重要的信息,可以进行重复收集和交叉核查。例如,对求职者的沟通能力,可以通过心理测试、面试和评价中心等多个环节来评价并相互印证。

4. 有效的甄选程序应确保每位参与甄选程序的管理者都清楚了解自己在收集信息方面的具体职责分工

除非为了核实、印证求职者提供的重要信息,管理者不应出现重复询问同样的问题,却忽略其他重要问题的情况。

(五)影响甄选程序设计的因素

在确定本企业适用的标准甄选程序时,需要考虑多种因素的影响。具体来看,企业需要考虑以下因素:

1. 决策速度的要求

企业在填补空缺职位时的时间紧迫性,对甄选程序设计有重要影响。由突发事件(如工伤)导致的岗位空缺需要在短时间内填补,这时速度就是十分关键的。几个电话、几次面试可能就构成了甄选的全过程。另一方面,甄选一家大企业的 CEO 可能需要超过 1 年的时间,大量精力花在寻找合适人选、检查证明材料及多次高层接触和面谈上。时间紧迫性将会影响人力资源管理者的压力感受,这会对甄选决策的有效性产生不利影响。

2. 组织层级

组织中不同层次的职位,通常采用不同的甄选方法。管理职位的甄选可能需要经过多次面谈、评价中心及证明材料核实等步骤,基层员工的职位则可能只是进行简短的求职面试和相关技能测试。

3. 备选求职者的数量

只有当多名合格求职者同时申请一个职位时,才能开始真正的甄选过程。如果合格求职者的数量有限,甄选过程中的选择余地大大缩小,甄选工具的有效性也将大打折扣。因此,劳动力市场的膨胀和收缩、人力资源的供给,对甄选过程产生着相当明显的影响。

4. 组织类型

各种组织(企业、政府机构或非营利性组织)的不同性质,也会影响甄选程序的设计。企业以利润最大化为导向,以能否帮助企业完成利润目标来定义求职者的关键能力素质,并据此做出录用决策。政府部门通常运用竞争性测试来确定符合条件的求职者。而非营利性组织,由于其薪资收入往往低于企业或政府机构,求职者不仅应符合能力、技能等方面的要求,还需在价值观、职业兴趣等方面与组织目标保持高度一致。

三、求职者信息的汇总与录用决策

(一)求职者信息的汇总

通过一系列的甄选步骤和方法,企业收集了内容广泛的求职者信息(包括定量和定性的信息)。接下来,企业需要整理、综合汇总、比较已获取的所有求职者信息,据以做出每位求职者与特定职位匹配度的判断,进而做出"录用""保留态度"或"拒绝"的决策。企业综合汇总求职者信息的常见方法有三种:多重障碍法、互补法和综合法。不同的信息汇总方法,将可能导致截然不同的最终决策。

1. 多重障碍法

在多重障碍法下,求职者要想获得录用,就必须在每一个预测指标上超出预先确定的标准。如果把甄选程序视为淘汰赛，则胜出者(被录用者)必须在每一个环节上都有杰出表现，否则就会直接出局。求职者在某一预测指标上的上佳表现，不能影响他在另一项预测指标不达标而遭淘汰的命运。例如，为了雇用一名研发主管，企业要求求职者必须达到一定的教育程度，在一般潜能测试、人格测试、结构性面试和专业能力测评中均达到某一特定分数。多重障碍法隐含着一种假设，即被测试的所有技能、素质都是完成工作必不可少的，在任一方面不达标将导致求职者无法胜任工作。通过多重障碍法选取的求职者，是在每一测评指标上均表现优异的求职者。

2. 互补法

由于大多数职位需要的是多种技能的组合，很多企业会使用互补法来汇总求职者信息。在互补法下，企业在求职者接受了所有甄选测评后，根据其各项得分的总和或加权得分来决定是否录用(企业的录用决策点推迟到整个甄选程序完成后)。求职者在某项预测指标上的良好表现，可以弥补其在另一项预测指标上的不足；甚至求职者在某些重要指标上的能力突出，使他在弥补低分后还能胜出。例如，企业在甄选销售代表时，可能认为一个推销技巧高超、很有亲和力但学历不高的求职者，优于一位新进入职场的大学毕业生。企业的甄选决策是基于全面综合求职者在所有预测指标上的表现而做出的。在企业只要求对录用者的各项资格作整体评定，且对各项能力没有最低要求时，可以使用互补法。

3. 综合法

综合法是对多重障碍法和互补法的结合运用，也是最常用的信息整合方法。使用综合法时，企业对有最低要求的资格、能力指标评定采用多重障碍法来分步淘汰。比如，某些职位要求求职者具备一些基本资格或技能，如学历、相关专业、等级证明、职业资格证书等。达到了这些基础要求的求职者，则需要参加多项甄选测试，此时各项预测指标上的分数可以采用互补法，评价员工与职位的整体匹配度，并做出甄选决策。

不同的求职者信息汇总方法，对于企业的求职者蓄水池的规模将产生很大影响。在多重障碍法下，只有满足企业所有预测指标最低表现的求职者，才构成合格求职者蓄水池的一部分，这将大大减少合格求职者的数量。在这种情况下，企业使用的预测指标(障碍)较多，且预测指标与工作绩效的相关度不高时，可能会对决策质量造成明显的负面影响。企业在使用多重障碍法时，需要精心选择预测指标和甄选方法。

(二)甄选录用决策的制定

对企业而言，最终的甄选录用决策的原则在于：应当选择条件与空缺职位要求最接近的人，并兼顾其个性、价值观、动机与企业整体文化的配合。但在录用决策的过程中，一味追求能完全符合任职要求的求职者也并非上策。多项研究表明，如果一个人能100%地完成他所应聘的职位，则他可能缺乏长期任职的意愿(该工作缺乏刺激)。因此，录用一名能完成80%工作任务的任职者将更为适宜，这类员工可能有更长的任职时间和更强的工作动机。

许多企业的最高决策者会深度参与甄选录用过程，他们仔细阅读内部申请人的档案和工作绩效的卷宗，或从外部渠道招聘高级管理人员时亲自面试求职者，并做出最终录用决策。也有一些企业，甄选录用过程的执行及决策权限被下放到不同的部门，由直线管理者自行决定甄选方法和最终录用人选。这种做法在中小型企业中尤其常见。

规模较大、管理较为规范的企业，则会由人力资源部完成求职者的前期甄选程序，而由相应的直线管理者做出最终录用决策。空缺职位的组织层级越高，录用决策权越有可能由人力资源经理转移到直线管理者。这样做的理由是：应让直线管理者录用他愿意为之负责的人。

表6—2说明了甄选录用过程中常见的职责安排。

表6—2　　甄选录用过程中的职责安排

人力资源部	直线管理者
· 初次接待求职者 · 安排并主持初次面试 · 组织进行各类甄选测试 · 获取求职者的背景资料和证明材料 · 将表现最佳的求职者名单提交直线管理者，由其决定最终录用人选 · 安排体检 · 评价招聘甄选程序的有效性	· 提出合格求职者应满足的最低资格要求 · 在适当的时候，参与甄选过程 · 在甄选程序后期，面试求职者 · 根据HR的建议，做出最终录用决策 · 关于录用人员的工作绩效，向HR提供后续信息

管理聚焦6-2

学术机构领导者：招聘与甄选的难题与解决建议

科学研究与知识传播是学术机构贡献社会的主要途径，而学术机构的领导者则是引领、推动这些机构发展和创新的重要力量。最近几十年来，学术界发生了很大的变化，同样的变化也发生在对学术机构领导者的能力要求上。如今，大众期待院长、系主任、科研机构主管等领导者不仅能做好支持研究、争取经费、管理投资的工作，还要能拉拢媒体、与政策制定者保持良好关系，同时还能培养出高质量的研究教学团队。

要找到可以同时满足上述要求的学术机构领导者非常困难，而用人失误所带来的对学生、学校和研究机构在学术声誉、发展机会、情感和经济上的损失则是巨大的。为了应对这一挑战，传统的招聘与甄选已经不再适用。学术机构领导者的传统招聘与甄选方法，往往无法找到最适合的候选人，有时招聘委员会选出的是学问一流但缺乏社交能力的学者，有时则选出了学术声誉有限的社交达人；同时，人员遴选过程也往往会被招聘委员会成员的偏好、个人利益及权力角逐所左右，经常在招聘甄选过程的初始阶段就将最合适的候选人排除在外。

为了找到一种能有效遴选学术机构领导者的办法（在本例中，是找到一位临床医学系的系主任），苏黎世大学与瑞士其他几所大学合作，召集了一支来自全球的专家团队（分为9个专家组）。专家组的成员包括世界各地重要学术中心的院长、行政总监或教授，还有心理学家、流行病学家、统计学家和经济学家等专业人士。这9个专家组（每组3～6名成员）在2天半的时间内提出如何吸引最优秀的候选人、如何应用科学计量学、如何评价个人和社交能力等问题的解决方案，并提出推荐名单。随后，来自学术界、商界等多个领域的专家组成一个独立、客观的12人评委会，采用一种被称为苏黎世—丹麦模式共识会议的方法，从上述推荐名单中确定最终人选。评委会的成员也同样高度多样化，在这12人中，有大型保险公司的CEO和诺贝尔化学奖得主，也有学生和病人代表。在会议完成后，评委会还通过了32条指导建议，用于制定具有普适性的标准化遴选机制（部分内容如下）。这些建议并非此次独创，但在领导职位的遴选时却经常被忽视。

用于高级学术职位的招聘遴选建议：

1. 统一各责任方的需求。参与人员遴选的各方（医院和大学），经常在预期上存在冲突。

比如，医院希望有一位务实、高执行力的管理者，而医学院则偏爱行事积极、独创性思维的候选人。在开始遴选程序前，各方应深入讨论，尽量对预期达成共识。

2. 审慎选择遴选委员会成员。存在利益冲突的委员会成员可能早早将最胜任该职位的候选人排除在外。为了保证委员会成员对自己的言行负责，任何关于候选人的负面评价都应留下正式文档，以备问责。

3. 在招聘广告中清晰详尽地描述任职需求。在考虑具体候选人之前，委员会应清晰描述应聘者在临床能力、研究、教学方面需要达到的标准。

4. 清晰详尽地描述工作条件。委员会还应评估本机构的资源和当地状况能否满足潜在候选人的职业追求和志向。

5. 不要致力于寻求完美的候选人。许多学术中心希望找到的候选人既有深厚的管理背景和经验，同时又是杰出的研究者、临床医生和教育家。这样的人并不存在。更实际的做法是，找一位具备临床、学术和实际能力的人担任领导职位，他们再将工作委派给具备互补能力的经理人。

6. 寻找富有激情、在性格和社交能力方面都很强的领导者。领导者应具备很强的沟通和培养人际关系的能力，才能支持和促进不同学术团队的跨学科交流。专业与技术能力不能弥补这方面的缺陷。

7. 对新晋领导者提供支持和反馈。为了吸引新晋领导者，需要提供学术自由、良好的基础设施和成长空间，并能提供定期反馈信息和培训指导，这些在吸引和留住能力很强的学术领导人才上，比薪资更重要。

资料来源：《环球科学》2015 年 6 月，总第 114 期，第 50—51 页。

第二节 甄选方法和技术

企业在获取求职者信息、评价其能力素质时，可以使用多种甄选方法和技术。具体来看，常见的甄选方法和技术包括：简历及工作申请表初筛、传记资料清单、面试、选择测试、工作样本测试、管理评价中心、背景调查与证明材料核实等。下面依照甄选程序中常见的顺序安排，对各种甄选技术加以说明。

一、简历及工作申请表初筛

初筛通常是对求职者简历、求职申请表或网申材料的初步审查，用于确定求职者是否满足组织空缺职位所需的最低资格要求。例如，一家公司在聘用保安和运钞车司机时，使用初筛剔除未达到最低职位要求的求职者。剔除的标准包括：是否拥有有效驾驶执照、在过去 5 年间是否有犯罪记录、身体是否健康。由于这些都是职位的最低标准，如果允许未达到上述标准的求职者进入后续的甄选程序，将纯粹是浪费时间。

工作申请表是一种能够迅速收集关于求职者的可证实信息的表格，它可以使雇主比较精确地了解到求职者的历史资料，通常包括教育、工作经历等。工作申请表提供的信息与个人简历相似，但简历中仅仅包含求职者期望提供的信息，而工作申请表要求所有求职者提供统一的个人信息。不同的企业、职位需要的具体信息可能存在差异，但工作申请表一般包括姓名、地址、电话、申请者的工作经历和教育经历等信息(见表 6—3)。此外，表格中还应预先说明，求职者承诺提供的信息都是准确、真实的，企业有权因求职者提供虚假信息而终止甄选程序；同时，求职者允许企业招聘人员进行背景调查以核实材料。

表 6—3　　　　　　　　　　工作申请表(示例)

申请职位				照片
姓名	(英文)姓名			
身份证号码	兵役状况/军种			
出生日期	身高	年龄	婚否	
籍贯	体重	性别		
现在地址			电话	
户籍住址			电话	

	学校名称	日期(开始)	日期(终止)	主修专业
小学				
初中				
高中				
大学				
其他				

其他特别专长	
有无受雇于本公司的亲友	姓名及关系
配偶或直系亲友是否受雇于其他食品公司？	姓名、公司及职称
是否曾被捕？(请详细说明)	

经　验

公司	在职日期	薪酬	职位	离职原因
	自　　至			
	自　　至			
	自　　至			

证明人

姓名	地址	电话	职业	关系

期望待遇	可入职日期

家庭状况

亲属关系	姓名	年龄	职业	住址

发生意外通知何人？	电话
本人证实所提供资料均属事实，如有不实，愿意接受解雇处分。 签名：	日期

续表

仅用于申请表的评估

____

____

录用信息：

工　　资：______________________

津　　贴：______________________

开始日期：______________________

试 用 期：______________________

面 试 者：______________________

面试日期：______________________

推 荐 人：____________　审核人：____________

一张填写完整的申请表使招聘主管可以：(1)对一些客观性问题加以判断，如“求职者是否具备该职位所需的教育及工作经验”。(2)评价求职者过去的成长与进步情况，这对于管理职位来说特别重要。(3)通过求职者过去的工作经历，了解其工作稳定性如何。(4)判断哪些求职者更适合在本企业、职位上工作(企业如何利用简历、申请表信息来推断员工能力和技能信息，见表6—4)。为了提高工作申请表筛选的有效性和效率，企业在初筛时的评分标准的高低应考虑求职者的数量和质量状况。当求职者人数众多且都符合基本任职资格要求时，可以通过理想的任职资格来减少需要面试的求职者人数。比如，想要招录能立刻接手工作的人，就用相关工作经验并取得较好工作绩效这一理想资格来进行初筛。对中小企业而言，为节约后期甄选费用，建议初筛后的求职者人数控制在每个职位有2～5名求职者。

此外，专家建议在评价申请表时，应考虑以下问题：他目前取得的成就说明什么？哪些信息说明他能胜任本职位？工作经历的记录是否体现了进步趋势？是否有很高的才智、过人的精力或进取精神？对哪些方面有兴趣——智力层面？实际操作？体能？社交？他的专业技能和知识是否满足职位要求？记录中有无明显或未说明的疑点？背景材料中有哪些可以核实——专业、学历、经验？

表6—4　　　　利用简历、申请表信息推断员工能力、技能水平(销售、会计岗位)

题项信息	求职者特征的推断					
	语言能力	数学能力	体力	人际技巧	领导力	激励水平
教育经历：						
1. GPA(平均成绩)						√
2. 主课成绩		√				√
3. 外语成绩	√					√
工作经历：						
4. 有基层管理经验				√	√	√
5. 个人工作成就						√
6. 实习经历						√

续表

题项信息	求职者特征的推断					
	语言能力	数学能力	体力	人际技巧	领导力	激励水平
7. 大学期间打工经历						√
8. 学校社团活动与服务				√	√	√
活动、荣誉和兴趣：						
9. 专业协会成员资格						√
10. 竞选担任某职位				√	√	√
11. 大学体育队队长				√	√	√
12. 参与体育活动			√			
13. 参与社团活动				√		√
14. 学生会成员				√		√
15. 获学术类奖学金						√

资料来源：Robert D. Gatewood，Hubert S. Feild(2011)，*Human Resource Selection*(*7th edition*)，p. 363。

初筛可以通过计算机系统来进行，这将大大提高初筛的工作效率，节约后续的精力和金钱支出。计算机处理求职者信息可以分为以下几个不同层次：

第一个层次的应用，是一些企业通过关键词对求职者提供的个人简历进行检索，剔除明显不合要求的求职者。例如，企业如果计划招录一名市场营销或销售人员，可能使用的检索关键词包括“商务沟通、客户服务、数据处理、渠道、预测库存、市场分析、费用控制、服务导向”等。对于需要某种专业证书的职位(比如教师资格证)，关键词筛选可以有效减少进入未来甄选程序的合格求职者人数。

第二个层次的计算机应用，是通过计算机网络进行电子化的初步筛选。有些企业通过互联网对年轻的、新媒体接受度较高的求职者(如大学生)进行初筛。例如，一家企业要求求职的大学生在招聘网页上回答 40 个问题，公司基于问卷得分决定是否给予下一轮面试机会。该公司估计，使用这一电子初筛的方法，可以将其 5 000 名求职者中明显不合格的 25%剔除出去。

第三个层次的计算机辅助应用，是运用视频工具(如特定情境的录像资料)，观察求职者对此的反应。例如，耐克将计算机辅助面试作为其高科技甄选程序的一部分。例如，耐克曾刊登招聘广告，针对公司的 150 项空缺职位招募合格求职者，由此吸引了 6 000 名求职者的热烈回应。面对数量巨大的求职者蓄水池，耐克采用了电话初筛的做法，通过询问 8 个问题，剔除了 3 500 名求职者。其余的求职者则被要求到耐克门店去参加一项计算机辅助面试和一次个人面试。在计算机辅助面试中，求职者观看一个录像，其中包含三个为个人消费者提供服务的不同场景，求职者需指出其中的最佳做法。通过计算机辅助面试，耐克得以初步评价求职者的情绪控制能力，并指出在未来甄选中应予以关注的特定信息。

企业在根据简历、工作申请表初筛时，需要特别关注一些危险信号(可能存在“简历欺诈”)，包括：夸大的教育程度和课程分数；不完整、不连续的就业经历和起止日期；自我雇用、独立咨询顾问的经历；在已停业企业的工作经历；工作经历表现出职责、薪资下降的趋势；特定的限定词，如“有机会接触……”“参与、协助……”等；过分夸大的个人技能、专长和经验；含糊的信息(以往受雇的企业地址不全)。人力资源管理者需要在未来的面试、背景调查中进一步核查求职者自我报告的信息。

二、传记资料清单

传记资料清单(biographical data)在形式上类似于工作申请表,也要求求职者提供个人资料以供甄选。但传记资料清单使用的题项除了关注求职者的以往教育、工作经历外,还会收集求职者以往的生活经验、行为倾向,如个人生活的经历(家乡、近年来的搬家次数、换工作原因)、高中大学生活(学生会中的任职、参加的体育活动、学习的课程及擅长等)、兴趣等信息,所以,传记资料清单远比申请表的题项更多、更详尽。传记资料清单的一个重要假设,是不同求职者(员工)在人格特征、历史行为倾向上的相似性,会使其子群体中的未来工作行为具有相似性和一致性,因而可以用基于传记信息的个人历史资料来预测员工的未来绩效,这减轻了直接测评人格特质、价值观、兴趣等的压力(比如,外向型的人既喜欢参与社团活动,也更有可能成为成功的销售人员)。这一观点在人力资源管理领域有相当长的历史,传记资料清单的使用可以追溯到20世纪40年代美军挑选第二次世界大战的军事人员。传记资料清单与申请表初筛的另一个明显不同,是企业以客观量化的方式使用和分析来自传记资料清单的信息。企业根据客观标准来评价每个题项并赋值,最后将各题项的得分加权合计为传记资料清单的总分。题项的权重取决于该题项与特定的工作绩效标准(如工作成果、任职期限、流动率以及某些不良工作行为)之间的统计关系,二者的相关性越强,题项的权重越大。

研究显示,传记资料清单的使用范围上至技术和管理职位,下至非熟练蓝领工人,但在预测科学家、中基层管理者、生产员工、职员和销售人员能否胜任工作上尤其有效。传记资料清单在用于预测求职者的未来工作绩效评级、生产率、晋升、任职期限、流动率、培训成功率时,有相当高的效度(效度相关系数在0.21~0.37)。传记资料清单的量表开发需要运用统计工具,开发成本稍高,但使用成本很低。以一项针对某大型保险公司员工流动问题的研究为例。在该项研究之初,公司基层员工的年流动率高达48%。研究者从公司人力资源部调来160份一般员工的个人信息,并将其分为两类:任职时间长的员工和短期内跳槽的员工。公司发现,部分个人传记信息与员工的工作稳定性高度相关。根据这一结论,管理者在未来可以根据求职申请表提供的个人信息,预测求职者的工作稳定性。

虽然有诸多优势,传统上传记资料清单在管理实践中的使用远少于面试和心理测量。导致这一现象的重要原因是企业担心将个人信息与工作绩效间建立直接联系的做法易被视为甄选中的歧视行为,不具有合法性;过多地触及私人问题,员工会感到隐私权受到侵害。但将大数据用于人员甄选的趋势,极大地扭转了这一局面。以互联网巨头谷歌公司为例。谷歌每年会收到数十万份简历,公司难以确定是否能根据GPA成绩进行初筛,找到最合适的求职者。因此,为了找到高绩效的最佳预测指标,谷歌开发了一个综合数据库,收集本企业员工的态度、行为、人格特征和其他人口数据,并与工作绩效建立联系。接下来,公司从求职者处收集同样的信息。这种分析工具帮助谷歌改善了人才质量,也被用于预测求职者在公司中成功的可能性。

三、面试

面试是最常用的人员甄选方法,它通过面试官与求职者的口头交流来获取求职者信息、澄清来自其他渠道的信息,并据以评价求职者的任职资格。甄选程序中可能多次使用面试,初步面试是一次简短的、试探性面试,通常由HR专业人员完成,用于剔除技能、能力及工作偏好与职位明显不符的求职者，并向求职者说明职位相关信息；后续的雇用面试则是要补充资料以确定求职者与职位间的匹配度，此时可能由人力资源专业人员、空缺职位的直接上级或高层管理者来进行。面试方便易行、信息直观，提供了个人化的交流机会，并可能是了解求职者"社交能力和人际技巧"的唯一机会，因而在各类职位的甄选中被广泛使用。但研究表明，如果缺乏有效的组织和设计，面试极有可能是低信度、低效度、高成本的甄选工具，很容易受到面试官个人偏见的影响。

(一)面试应取得的信息

面试是求职者与面试官之间的信息沟通和人际交往过程，双方对面试有不同的期待和目标。具体来看，成功的面试要求面试官达成以下目标：(1)创造一个和睦、相互信任的面试环境和氛围；(2)获得与个人行为、绩效有关的求职者信息，以补充其他甄选工具无法提供的资料或澄清某些疑点；(3)向求职者介绍有关职位和组织的真实信息；(4)做出候选人是否适合空缺职位的决策。

在面试阶段，求职者期望达成的目标包括：(1)有充分机会说明个人具备的资格条件；(2)在面试过程中受到公平对待和尊重；(3)获知有关职位和组织的全面真实信息；(4)根据所知的信息判断此项工作是否适合自己。

为了达成面试目标，企业需要制订预先的面试计划，包括面试的时间地点安排、对各位求职者面试的侧重点、相关费用预算等。一般来说，有效的面试计划应确保面试场所相对独立，没有干扰；职位说明书得到及时更新；面试官还应预先了解求职者的个人信息，明确在面试中应获取、核实的信息等。

面试官在面试过程中应关注的信息，通常包括但不限于以下四个方面：

1. 专业技术知识和能力

求职者的教育背景和工作经历可以揭示其专业技术能力水平，但企业可以通过面试进一步了解相关的深层信息。例如，从事过某些工作的求职者并不一定取得了很好的工作绩效；不同组织中相同名称的职位，可能从事的是不同的工作内容。此外，过去的绩效并不总能说明求职者现在从事某项工作的能力和意愿。这些都是面试中需要核实和深度发掘的信息。

2. 个人素质及特点

面试中可以观察到的个人素质包括仪表风度、谈吐表达、沟通能力、沉着冷静及是否自信。面谈中还可以了解求职者的自我评价，包括职业好恶、目标、态度及哲学。这类信息可以帮助企业决定求职者是否"符合"特定职位要求。

3. 人际技能及领导力

工作中的大量失败不是由于缺乏技术能力，而是由于缺乏人际交往能力造成的。为了解这类信息，面试官可能运用情境化、行为化的问题，了解求职者在工作情境下的行为反应和人际关系处理风格。这类信息可以帮助企业决定求职者能否融入组织，能否与其他员工、客户建立良好关系。应聘管理职位的求职者则需要展现出领导力。一家企业在面试管理职位的求职者时，以"是否了解下属"为标准来选人。具体做法是：(1)询问求职者最多管理过几名直接下属；(2)请对方列出他们的姓名；(3)从求职者列出的名单中随机挑选一位，请求职者聊聊关于这位下属的背景和生活琐事。如果求职者回答时吞吞吐吐，或讲得模棱两可，会被解读为缺乏了解员工的热忱和激励员工的能力，企业通常会拒绝这样的求职者。

4. 求职意向

了解求职者的职业目标有助于面试官确定其期望是否具有现实性，进而预测企业提供的机会能否长期留住求职者。

(二)面试的主要类型

1. 结构化面试、非结构化面试与模式化面试

根据面试的组织形式,可以将面试分为结构化面试、非结构化面试和模式化面试三种。

(1)结构化面试。结构化面试是指面试官提前准备好面试问题列表,严格按照事先设计好的程序对每位求职者进行相同内容和结构的面试,面试结果具有人际间的可比性。使用结构化面试可以减少面试过程中的不一致和主观性,也使面试官不易遗漏重要的问题。结构化面试特别适用于甄选过程的早期,从大量求职者中挑选合格人选。但由于结构化面试缺乏足够的灵活性,不适合后续雇用面试中对求职者个性化的信息需求。

(2)非结构化面试。在非结构化面试中,面试没有应遵循的特定问题清单和固定模式,面试官根据面试的实际进程即兴提问。面试官可能询问以下问题:"请谈谈你自己。""你的最大长项是什么?""你的最大弱点是什么?""如果你成为本公司员工,你会如何为公司做出贡献?"非结构化面试一般比结构化面试耗时更多,并且,从不同候选人处所了解的信息会有很大差异。非结构化面试的效果在很大程度上取决于面试官的经验和技能,并且提问很容易偏离到与工作无关的领域。研究表明,在人员甄选时,结构化面试比非结构化面试更为可靠和有效。

(3)模式化面试。为了克服结构化面试和非结构化面试在灵活性、信息了解深度上的缺陷,也可以采用模式化面试(又称半结构化面试)。在面试过程中,面试官遵循预定的程序组织面试,提出一系列预先准备好的问题,但也会即兴根据情况调整问题顺序和内容。

对面试官的提问方式,可以做进一步划分:

封闭式提问。只需求职者做出"是"或"否"的简单回答,这类问答是为了明确某些信息或充当过渡性提问。在面试中应尽量少用封闭式提问。

开放式提问。鼓励求职者自由发挥,基于求职者的回答,面试官可以对求职者的逻辑思维能力、沟通能力和表达能力进行评价。

引导性提问。当涉及工资福利、工作安排、工作期望等问题时,引导性提问被用于征询求职者的意向和需要。

压迫式提问。主要用于考察求职者在压力下的反应。提问多从求职者回答问题时的破绽中引出。

连串性提问。面试官向求职者提出一连串问题,给求职者造成一定的压力感。主要考察求职者的反应能力、思维的逻辑性及情绪稳定性。

假设性提问。采用虚拟的提问方式,主要考察求职者的应变能力、思维能力和解决问题的能力。

2. 行为描述面试与情景面试

当面试官提出"以经验为基础的"问题,求职者需要说明自己在过去工作中遇到此类情境时是如何处理应对时,就被称为行为描述面试。使用行为描述面试,是因为管理者相信过去行为是未来行为的良好预测因子,过去行为也能用于评价求职者是否具备工作所需的特定"知识技能、行为、动机"。行为化面试官期望收集的完整行为事例应满足 STAR 方法的要求:对一个挑战性情境的描述(S-situation)、说明待解决的问题/任务(T-Task)、求职者对此做了什么(A-action)以及可测量的结果(R-results)。行为描述面试在甄选有经验的员工时优点明显:(1)它在法律上是安全的,因为涉及的面试问题与工作高度相关。(2)由于问题和答案都与成功的工作绩效相关,它有助于更准确地预测求职者在目标职位上成功的可能性。(3)在了解求

职者的诚实、诚信等较为敏感的问题时，简单直接的询问无法得到有价值的信息，而行为描述面试有助于揭示求职者在面对道德困境时的实际行为选择。(4)行为描述面试还可以用于打破僵局。当存在多名拥有相似技能、经验和资质的求职者时，这一技术可以帮助甄选出最有可能表现卓越的求职者。

当然，面试官也可能提出“未来导向”的问题，询问求职者在遇到某种假设的工作问题时会如何应对，以此确定求职者是否具备相关的工作知识和技能，此时进行的是情景面试(见表 6—5)。研究表明，这两类行为化的问题都有较高的甄选效度，但行为描述面试问题更有效。

表 6—5　　行为描述面试及情景面试问题(示例)

测评维度	行为描述面试问题	情景面试问题
激励员工	请说明过去发生的事例：你必须鼓励一位员工完成一项他不喜欢做、但必须由他完成的任务。你当时是如何处理这种情况的？	假设你知道你的一名下属很不喜欢某类工作任务，但现在你需要有人完成该任务，不巧的是，他是你能找到的唯一人选。你将如何激励他去完成该项任务？
解决冲突	你与同事之间曾发生过的最严重的观点分歧是什么？你是如何解决的？	假定你和同事之间就工作任务和时间安排产生了分歧，你会怎样解决这一分歧？
克服变革阻力	你曾进行过的最困难的变革是什么？你是如何改变他人的想法和行为的？	如果你的创意可以优化工作流程、降低运营成本，但有些同事不愿改变他们习以为常的工作方式。在这种情况下，你会怎么办？

3. 正常面试与压力面试

正常面试的关注点在于当面试官与求职者沟通顺畅、融洽时的信息收集，面试官会努力减少求职者感受到的压力。与此不同，压力面试是将求职者置于压力之下，面试官与求职者之间处于一种带有敌意、对抗的关系，其目标是确定求职者将如何对工作上的压力做出反应。要使用压力面试，面试官应有控制局面的能力和丰富的经验。在典型的压力面试中，面试官提出一系列直率(通常是不礼貌)的问题，置求职者于防御地位，使其保持心理紧张的状态。面试官通常寻找被试者在回答问题时的破绽，并集中针对这一薄弱环节提问，希望借此使被试者失去镇定。比如，一位求职者在说明她过去两年间换了 4 次工作时，面试官可能表示，过分频繁的跳槽反映了不负责任和不成熟的行为。若求职者对为何频繁变换工作提供了合理解释，就可以开始其他话题；相反，如果求职者表现出不信任和对抗情绪，就可以看作是在压力环境下承受力弱的表现。压力面试可以有效剔除高度敏感、可能对正常批评做出过度反应的求职者，但同时应注意，仅在自控能力、处理压力的能力是完成工作必需的要素时，才应使用压力面试。

4. 一对一面试、小组面试与专家委员会面试

根据空缺职位的组织层次及吸引到的求职者数量不同，企业可能以不同的方式组织面试，包括一对一面试、小组面试及专家委员会面试。在一次典型的雇用面试中，求职者与面试官进行一对一的面谈。由于面试对求职者来说可能是一个情绪压力极大的场合，所以单独会见面试官通常压力感较小。这种方法提供的环境使双方可以有效交换信息。

在小组面试(group interview)中，若干位求职者与一名或多名公司面试官展开交流。在小组面试时，面试官可能安排求职者进行小组讨论、案例分析、公开演讲，帮助面试官深入了解求职者的人际技巧、沟通能力等。该技术的另一项优点是，它能节约工作繁忙的专业技术和管

理人员的时间。

专家委员会面试是指由多名面试官同时面试一位求职者。每位面试官从各自的角度观察求职者，提出不同的问题，并形成对求职者的独立评价意见。在面试后，每位面试官依据标准评价表对求职者做出评价，再由人力资源部对每位面试官的评定结果进行综合整理，最后做出录用决策。与一对一的面试相比，专家委员会面试能获得多角度的观点、形成更可靠有效的评价结果，但也会给求职者带来额外的压力。

(三)面试中的常见误区和错误

面试的有效性取决于实施面试的方式以及对面试收集信息的有效解读。此外，面试官首次接触求职者、求职者有很强的印象管理动机(过度自我包装)、面试官的个人偏见等，都会削弱面试的效果。下面是面试中的一些常见误区：

1. 不恰当的面试问题

面试问题应遵循的基本规则是"只问与工作有关的问题"。探查求职者的私人生活、个人观点的面试问题是不恰当的，而且收集无关、无益的信息，也是在浪费宝贵时间。对于更适合其他测评手段来评估的能力素质(如人格特质、智力等)，不应纳入面试问题清单。

2. 过早做出决策

研究表明，面试者常常在面试的最初几分钟，就会基于第一印象对求职者做出判断。很多面试官对自己快速判断求职者未来工作成功的能力高度自信，但实际上，面试官会在初次见面后的几分钟内，基于对方的外表、表情、态度、谈吐、声调等语言或非语言信息形成相对稳定的第一印象，并在掌握充分信息之前，过早做出求职者取舍的决策。面试官应不断提醒自己：求职者在面试期间的行为往往是非典型、不自然的行为，不应据此做出快速判断。

3. 过分强调负面信息

求职者的不利信息对面试官的影响，远大于有利信息的影响。例如，面试官从对求职者的好印象转变为坏印象，要比从坏印象转变为好印象可能性更大。有研究发现，如果在面谈前曾收到对求职者不利的外部评价，大多数面试官都会给出"不通过"的面试结果，而不考虑求职者在面试中的实际表现。

4. 对职位缺乏了解

如果面试官对空缺职位的工作内容缺乏了解，就难以确定任职者的资格和素质要求，此时所做的招聘往往是无效的。详尽准确的任职要求有助于建立统一的面试标准，减少面试官主观偏见的不利影响。

5. 对比效应及面试顺序错误

面试评价的结果源自人际间的比较，因此，求职者的面试顺序会影响面试官的决策。当一位面试官先面试了几位勉强合格的求职者，再面谈一位条件不错的候选人时，可能会发生判断错误。通过比较，最后一位求职者可能显得比其实际条件要好得多。相反的情况也可能会发生。假定一位条件非常突出的求职者后面是一位条件较好的求职者，若前一位求职者拒绝了这份工作邀约，企业也仍然不考虑第二位求职者。此时，企业的决策与员工的实际潜力不一致，而与面试顺序有关。

6. 非语言沟通

人们用各种身体动作(如动作、手势、面部表情等)来表达思想和情绪。面试官往往会受到求职者表现出的非语言行为的影响。研究表明，面谈中有较多目光交流、微笑及其他非语言行为的求职者，得到的评价较高。由于非语言行为的影响，一位面试经验丰富但条件一般的应聘者可能会获得高度评价。

7. 面试官的时间压力过大

招录员工的紧迫程度对面试的决策质量也存在重要影响。在一项研究中,一群管理者被告知尚未达到招聘计划定额;另一群管理者则被告知已超出招聘定额。结果发现,有招录压力的前一组管理者对求职者的评价明显较高。

导致面试无效的错误很多,但这些行为错误都是可以通过了解、认识加以修改的。企业可以通过必要的培训,进行系列面试,运用多种甄选工具来消除其不利影响。

管理聚焦 6－3

建议的面试程序

面试是甄选求职者时最常用的手段,面试的结果常常决定着雇用的最终决策。如何提高有效性,以下是研究者对实践调查后给出的建议:

1. 提高面试官的面试技能和观察评判能力。为了改善面试官的观察和评价准确度,应对面试官进行甄选和培训。面试官应选择性格外向、情绪稳定的人,还应接受完整的面试技能训练。

2. 在会面求职者之前,面试者应该浏览申请表格和简历,以及这份工作的职位说明书。并在此基础上,计划一个结构化面试,列出一个标准化的问题清单。也就是说,面试者应当向所有申请同一职位的人提出同样的问题。其中的问题应当是开放性的、非引导性的,并是与工作绩效相关的问题。

3. 在会见求职者时,要假定对方很紧张,所以要让对方放轻松。可以先做一个自我介绍,再以几个简单的问题来打破僵局,并说明你要谈的几个方面、面试将持续的时间,并鼓励对方提出问题。

4. 实际的面试是一个提出问题和交流的过程,事先准备的问题清单被用于引导这一过程。面试官应确保涵盖了所有准备的问题。从求职者对这些标准问题的回答可以产生下一轮问题,以便深入挖掘求职者的信息。如果求职者的回答过于肤浅、含糊,面试官可以追问或要求进一步的解释。在求职者回答问题后,不要急于回应,面试官的停顿会鼓励对方谈下去。

5. 问题和讨论结束后,面试官应简要地总结面试,让求职者了解面试结束了。比如,"好了,我的问题就是这些。你对这份工作或我们的企业还有没有其他问题?"然后告知求职者下一步的工作,比如何时可以得到进一步消息,以何种方式通知面试结果,是否会有下一轮面试。无论企业是否最终录用一名求职者,面试经历都应当给求职者留下正面印象,使他感到自己受到了重视和尊重。

6. 在面试结束之前,面试官应趁印象最清楚时把对求职者的评价写下来。求职者离开后,面试官还应花时间检查记录及评价求职者的回答。

在移动办公大潮下,企业面试也因为移动技术的引入而不断优化流程、提升效率。以滴滴为例,滴滴打车的快速扩展需要大量招聘司机。在 2015 年上线微信招聘号后,面试官可以拿着手机就去面试。滴滴的招聘系统会直接把面试安排和求职者简历推送到微信号里,点开就能直接看到简历,并直接在页面上评星和做批注。同时,系统也会发一条含有链接的短信和邮件给面试官。这一招聘系统上线使滴滴能分析不同渠道的招聘效果，企业可以按系统结果来调整投放预算，还能积累人才资料库，未来招聘时就可以从已有的数据库中搜寻，而无须重复购买简历。

四、选择测试

选择测试是企业为了获得关于求职者的人格特质、兴趣、知识、能力或者行为类型的信息而设计的客观、标准化测量方法的统称。选择测试的种类很多，如能力测试、人格测试、知识测验、管理技能测试、机械技能测试、敏捷测试及诚实性测试等，不一而足。这些选择测试都有一个共同点，即关注与特定职位、绩效表现相关的能力、技能和行为倾向。在测试的形式上，有些采用传统的纸笔测试，有些会使用机器或工具，但更多的测试会通过计算机、网络平台进行。下面将介绍企业常用的三类选择测试工具，包括能力测试、知识测验和心理/人格测评。

（一）能力测试

员工为完成工作所需具备的能力（及能力倾向）视职位性质的差异而不同，但大致上可以分为三类：认知能力、精神运动能力和身体能力。

1. 认知能力测试

认知能力测试（cognitive aptitude tests）是确定一个人加工、储存和处理信息的能力，进而测量其学习和实际完成工作的能力（或潜力）的测试。用于人员甄选的认知能力测试，主要评价三项通用能力：语言能力、数学能力及推理能力。语言能力是指个人理解、使用书面/口头语言的能力；数学能力是指个人分析解决与数量有关的问题的速度与准确性；推理能力是指个人在面对多种问题时，找出有效解决问题方法的能力。

认知能力测试被用于甄选那些需要广泛知识基础的求职者，特别是工作内容宽泛、弹性较大、面临快速的技术发展和复杂思考情境的工作。但不同的职位对员工的认知能力有不同要求。语言能力是激励、领导、沟通和传播信息的基本手段，对于任何需要人际交流的职位都是至关重要的。此外，语言能力越强，则记忆力也越强。对需要处理大量复杂信息的职位，任职者需具有较高的总体智力水平和语言能力。具有较强数学逻辑能力的人，善于将个别事件普遍化，擅长捕捉问题的实质和内在联系，在处理抽象符号和数字时思想较为活跃，这类人员特别受到管理咨询公司的欢迎。典型的认知能力测试见表6—6。

表6—6　认知能力的测试项目举例

语言能力：能准确理解并使用书面或口头语言的能力。

例：以下成语中哪两项意思最相似？

A. 皮之不存，毛将焉附　B. 兔死狐悲　C. 覆巢之下，安有完卵　D. 强扭的瓜不甜

E. 欲速则不达

数学运算能力：能迅速准确地完成简单的算术运算。

例：从0，1，3，6，8五个数字中任选四个不重复的数字，组成的最大四位数和最小四位数之差是（　　）。

A. 7 251　B. 6 951　C. 7 271　D. 7 263

推理能力：能发现总结事物的规律、原则并用于解决具体问题。

例：在下面一组数字之后，应填上哪个数字？

1　5　2　4　3　____

A. 7　B. 1　C. 2　D. 4　E. 3

此外，机械测试也被视为认知能力测试的一种，但它主要用于机械工种和工程师的甄选。机械测试评价个人对机械构造、相互联系、工具的识别与使用、机械原理的了解和运用等方面的知识。此外，机械测试还应评价个人的空间能力和感知能力等。

2. 精神运动能力测试

精神运动能力包括精细动作控制能力、四肢协调性、身体（如手指）灵活性和反应时间等。由于员工在精神运动能力方面具有较大的个体差异，且这类能力与认知能力相关性很低，对于身体控制能力要求高的职位（如装配线的操作工），进行精神运动能力测试是很有必要的。斯特隆伯格敏捷性测试可以综合测量简单判断的速度和准确性，以及手指、手和手臂的运动速度。其他测试还有克劳福德小零件灵巧性测试、明尼苏达操作速度测试和普度拼板测试（Purdue peg board）。

3. 身体能力测试

自动化及其他科技进步已经大大减少了许多工作中的体力要求，但仍有些工作需要任职者具备特定的身体能力。在这些情况下，身体能力测试不仅有利于预测求职者的未来工作绩效，也有利于预测出现工伤事故的概率。身体能力测试中常见的测试内容，包括肌肉张力、肌肉力量、肌肉耐力、心肌耐力和平衡能力。

（二）知识测验

知识测验评估的是个人在测验发生时已掌握的知识、信息和技能。知识测验的优点在于花费时间少、效率高、成本低，对求职者的知识、技术的考查较为有效，成绩评价比较客观。知识测验常用于对专业技术知识要求较高的职位，如医生、律师、会计师和公务员等。但知识测验无法评价求职者的未来学习潜力。

关于能力测试和知识测验，需要注意的是：合理、有效的测试工具虽然可以较准确地评价求职者的能力、知识和技能，但管理实践中，能力最强的人并不总是最出色的员工。员工的绩效表现还受到组织条件、员工个性、个人激励水平（动机）和努力程度的影响。因此，能力和知识不应成为决定企业取舍的唯一考虑因素。

（三）心理/人格测评

人格是指个人对环境刺激的反应方式及与他人交往的方式，它决定着个人的心理行为（思想、情感、行为）的共同性和差异性。多年来，研究者识别、命名和考察了上千种人格特质，但多项近期研究表明，使用五项基本人格维度（即外倾性、随和性、责任心、情绪稳定性和经验开放性）就可以把握人格结构的主要方面（五大人格特质的具体描述，见表 6－7）。研究发现，个人的人格类型与其工作行为、绩效有着密切关系。例如，责任心描述了自我约束、自我激励的人格特征，可以很好地预测各类职位的员工绩效；外倾性可以预测社会交往较多的职位（如销售和管理类职位）的绩效；经验开放性则可以预测员工的学习能力和培训效果。由于人格具有稳定性和延续性，企业在甄选时往往会要求员工人格特质与职位要求的适度匹配。人格测评在企业甄选中的普遍应用，还与企业日益重视团队工作有关。团队工作组织方式下，员工之间的工作任务依存性、合作性提高，因而员工间的个性冲突会比个人独立工作时更普遍，也更具破坏性。团队工作环境下要求员工能创建和维护工作角色和关系，随和性、责任心、外倾性等人格特征有利于员工的角色承担和人际互动。基于这一考量，一些企业会尽量选择有相似价值观、人格特征的人组成团队，通过创建强团队文化来提高团队的和谐与凝聚力。另一些企业则希望团队成员具有不同的价值观和个性，以促进多元化的观点和内部冲突，从而激励创造力。

表 6—7　　五大人格特质及对应的形容词

五大人格特质	对应的形容词
外倾性	友善的、好社交的、健谈的、表情丰富的
随和性	谦恭的、信任他人的、和善的、宽容的、合作的、仁慈的
责任心	可靠的、有组织的、坚持不懈的、细心周到的、成就导向的
情绪稳定性	不沮丧的、安全的、满足的、平和的
经验开放性	好奇的、富有想象力的、有艺术敏感性的、活泼有趣的、思维活跃的

市场中充斥着多种人格测评，其有效性和普遍适用性存在很大差异，但根据其测评技术大致可分为两类：自陈量表法（又称问卷测验法）和投射法。自陈量表法给予被测者由多个具体情境或描述组成的标准化问卷，要求被测评者回答这些情况是否适用于对他们的描写，并据此衡量评价个性特征的水平，这一做法在人员甄选中极为常见。投射法则是使用多种意义不明确的图形、墨迹、数字、文字，要求被测评者在不受限制的情况下自然做出反应，由对反应结果的分析来推断受测评者的人格。研究表明，自陈量表虽然在人格测评中普遍使用，但在员工甄选时的有效性不高，这是由于有几方面原因：人们可能对自己的真实个性特征缺乏深刻认识，提供的信息不精确、不可信；人们可能在不同的情境下表现出不同的个性和行为；人们也可能因为个性测评被用于员工甄选而提供"伪装"后的信息（作伪问题），即求职者基于个人对组织文化、职位要求的理解，对其人格类型进行粉饰和包装。为了减少自陈量表的作伪问题，企业可以采取多种措施，比如直接警告求职者提供真实信息，否则企业会使用其他方法来探查人格测评中是否作伪并给予相应处罚；或者使用强制选择法、社会赞许性题项来优化量表设计。此外，企业也可以将自陈量表获得的人格特征与其他甄选技术中获得的人格信息进行交叉检验。由于存在作伪的可能性，在仅使用自陈量表测评人格特征时，建议是仅运用这些信息来剔除低得分者，而不一定要雇用所有的高分者。

此外，员工是否诚实、正直、可靠日益受到企业关注，因此，诚实性测试也可视为对传统人格测评的一个补充。国外研究显示，员工偷窃（现金、商品、工具及原料等）是导致中小型企业经营失败的主要原因之一，而有意拖延工作、无故旷工、散布流言等行为也会对工作绩效和组织氛围产生不利影响。国内企业也越来越重视诚实性测试及类似工具，期望借此招录到流动意愿较低、工作更可靠的员工。国内的诚实性测试可能使用测谎仪，也可能使用纸笔测试（或电子版）。书面的诚实性测试采取自陈量表法，直接询问求职者对特定行为的看法（见表 6—8），这就不可避免地存在求职者作伪的动机和可能。另外需要注意的是，即使诚实性测试能有效剔除高风险的求职者，企业仍不宜将其视为预测求职者/员工个人做出风险行为（如偷窃）的风向标。

表 6—8　　诚实性测试中的题项（示例）

1. 从一家利润很高的大公司里拿点东西，没什么大不了的。
2. 当一家商店多收了顾客的钱时，只要换一下商品的价格标签就行了。
3. 如果你可以溜进电影院又不被发现，你会怎么办？
4. 你是否曾说过假话？

选择测试被很多组织视为可靠、准确、不受个人偏见影响的甄选手段，在员工甄选、内部人员发展、晋升选拔中广泛使用。中国企业也在越来越多地引入心理测试、认知能力测试来评价求职者的成功潜力和动机，但也有一些完全缺乏科学依据的测试手段（如笔迹分析、血型/星相预测人格）进入了部分企业的甄选程序。这一状况显示了部分中国企业越来越重视人才甄选却缺乏有效测评人才和手段的困境，相信随着人力资源管理专业化水平的提升，这一情况会有所改善。

管理聚焦 6－4

VUCA 时代的选才标准：潜力比能力更重要

VUCA（多变、充满不确定性、复杂和模糊）时代，商业环境如战场。企业发现沿用原来的"发现职位空缺→确定职位描述/素质模型→定义能力、技能、特质→搜寻和评估合格候选人"的过程，不能确保达标的候选人最终成为高绩效的员工。为什么看似合适的求职者在实战中屡屡败北？在 VCUA 时代，企业选人需要做出何种改变？

在企业填补管理职位空缺时，智力、经验、能力一直被视为重要的选人依据。即使技术革命和产业融合使工作内容越来越复杂，以往经验和业绩与新职位的相关度降低，企业仍可以通过界定员工素质模型（分解能力要素）来发现具有合适能力组合的内外部候选人。但这一做法在 VUCA 时代需要做出调整，以能力素质来评估和任免人才无法确保其在新职务上的成功，问题不在于员工是否具备正确能力，而在于他们是否具有学习新能力的潜力，即成长为复合型人才和适应复杂多变环境的能力。

在实践中，评估员工的潜力远比评估智能、绩效表现和各类能力困难。亿康先达国际咨询公司（Egon Zehnder）提出了选拔培养高潜力人才的几点建议：

1. 高潜力人才的第一个要项是正确的动机，以强烈责任感和极高投入度去追寻一个大公无私的目标。高潜力者不仅有上进心，希望个人能有所建树，也心存高远集体目标，他们往往十分谦逊，努力做到更好。

2. 高潜力人才往往具备四种特质/能力：好奇心，渴望获得新体验、新知识以及别人反馈，以开放心态学习和改进；洞见，收集并准确理解新信息的能力；参与，善于运用感情和逻辑进行沟通，能够说服他人并与他人建立联系；决心，面临挑战或在逆境中受挫时，依旧能为目标不懈努力。企业可以通过深入的行为化情境面试，讨论其职业经历，做详尽的背景调查，挖掘出候选人的很多故事，进而判断求职者是否具有或缺乏这些特质。为了获得有效信息，企业还应与求职者的经理、同事和直接领导进行面谈。

3. 高潜力人才需要不断突破舒适地带，在开发性任务安排中实现成长。高潜力人才的履历不应仅是持续地垂直晋升到更高的职位、控制更大笔的预算和管理更大的团队，这确实有助其职业发展，但横向轮岗多元化、复杂、具有挑战性的职位经历才能使他们迅速成长。企业在选拔和培养高潜力人才时，需要关注为其提供多个业务线的内部调动机会、国际化工作经历，通过拓展性任务来实现学习和进步。

地缘政治、产业和技术变化如此之快，企业难以预测短短几年后什么样的能力才能成功。因此，识别和培养高潜力人才至关重要。企业需要寻找的人才应该是这样的：成就动机强烈；在追求有挑战性目标时敢为人先；为人谦虚，把集体利益放在个人利益之上；充满好奇，永不满足地探索新思想和新途径，能看到别人看不到的种种关联；积极参与工作并与他人互动；具有克服挫折和障碍的决心。这并不意味着忽略智力、经验、表现以及特定能力等传统成功因素，但企业有必要以未来视角来发掘和任用人才。

资料来源：哈佛商业评论官网，https://www.hbrchina.org/2018－05－03/5988.html。

五、工作样本测试

工作样本测试是一种工作模拟方法，它直接测量求职者在执行部分实际工作任务时的表现。比如，要求程序员进行编程测试，要求出租车司机进行驾驶测试等。工作样本测试评价的是求职者"会做"什么（技能），而不是"知道什么"（知识）。工作样本测试可以用来评估专业技能（如操作各类设备）、人际技能和管理技能。企业也可能使用工作样本测试来评价管理者的团队管理和人际技能。下面介绍的评价中心技术，可以被视为针对管理者的工作样本测试。

研究显示，工作样本测试的有效性很高。由于测评涉及具体职位的关键工作行为，求职者很难在测试过程中作假，企业可以准确判断求职者的相关工作经验；测试内容直接与实际工作内容相关，企业能较准确地预测求职者的未来工作绩效。然而，在实践中工作样本测试的使用远不如面试、知识测验、能力测试普遍。这是因为，工作样本测试是针对具体职位开发的，测试的普遍适用程度低而开发成本较高，只有待测评的求职者数量众多或招录关键岗位员工时，才有较高的经济合理性。出于成本节约的考虑，工作样本测试往往被安排在甄选后期、求职者人数较少的阶段。目前，由于信息技术的发展，越来越多的企业采用计算机模拟或网络测试的方式进行工作样本测试，特别是当工作具有危险性或求职者地理分布广泛时，这种测试方式尤其有效、可靠且降低了测试成本。

六、管理评价中心

管理评价中心是由多项评价技术组成的一套综合、标准化的程序，用于评估与组织效能相关的个人能力、技能、素质和管理经验。管理评价中心使用情境测验观察测评对象的特定行为，一个评价中心往往包含几种不同的测评技术手段：体现目标岗位要素的一个以上的情境演练；对与管理才能有关的复杂行为的观察；多个测评师（通常包括上级主管）的观察和评价；评分结果的系统程序等。评价中心的结果是对若干管理才能的评价，在许多情况下，也是对对象在目标岗位上成功可能性的总体评价。管理评价中心的实施往往需要2～3天，涉及6～12位管理职位的候选人，由专家小组观察候选人在各测试中的表现，并评估其能力、素质和管理潜力。管理评价中心不仅被用于企业的内外部人员甄选，还被用于管理开发、领导力开发、工作技能诊断、人力资源规划等领域。具体来看，评价中心通常包括无领导小组讨论、公文处理模拟、管理竞赛、个人演讲、案例分析等项测试。

（一）无领导小组讨论

无领导小组讨论是指由一组求职者（6～12人）组成一个临时工作小组（不指定组长和工作规则），要求小组在规定时间内，针对给定议题进行内部协商和充分交流，并提出解决方案。给定议题通常与目标岗位的工作内容高度相关，议题包含多个备选方案，讨论的目的不在于找出标准答案或争出对错高下，而是充分展示候选人的行为风格。专家小组在小组讨论期间观察并评价每位小组成员的特性。测评专家通常考察以下几个方面：

1. 人际和领导能力

候选人的社会角色（已充当或将充当的），对他人的敏感度，应对否定和批评等不同意见的方式(敌对、友好、退让),如何挽回面子或改变主张,如何影响他人和赢得尊重,小组成员倾听、忽视、反驳他的程度(群体接受度)。

2. 个人能力

智力,思维清晰与否,逻辑表达能力,说服力的强弱,信息收集能力,分析归纳能力,在讨论中应用知识和实践经验的能力,思维的灵活性及在讨论中发挥的作用。

3. 个人风格与个格

求职者的个人主动性、自信心、决断性和独立性等个人特质。

(二)公文处理模拟

公文处理模拟是评价中心技术中最常用的工具之一,它被用于评价管理职位候选人的日常行政管理能力、资料掌握和处理能力及有无相关工作经验。公文处理模拟提供一个假想的情景,该情景模拟组织发生过的实际业务、管理环境,提供给候选人的信息包括涉及财务、人事、市场、政府法令公文及客户关系的数十份报告、备忘录、电话记录、信函及其他材料。公文处理模拟要求候选人充当模拟情境中的管理者,根据测试要求对各类公文进行分析、处理并做出适当的反应、行动。测评专家根据候选人在公文处理过程中表现的行为和决策质量,评估其掌握和分析资料的能力、日常信息处理能力、风险承担能力、表达能力、决策能力及工作方法合理性等项指标。

(三)管理竞赛

评价中心常用的工具还包括管理竞赛(角色扮演),即由多个候选人共同参与一个整体性管理活动,每位候选人承担一定的管理角色,以完成测评者要求的管理目标。例如,要求多个候选人组成一家企业,进行某项新产品的开发、生产和销售工作。这一活动要求候选人就如何做确定客户需求、如何进行广告宣传和促销、如何生产以及保持多少存货等问题做出决策。有时,企业可能安排几个小组(企业)对类似产品展开行业竞争,以提高评价的有效性。

为了提高测评的效度,评价中心技术往往还结合前述的选择测试(如心理/人格测试、能力测试)及结构化面试共同进行。多数研究表明,管理评价中心对预测管理工作绩效是有用的。只要评价中心的取样来自实际的、真实的工作行为,就是有效的、无偏见的选拔工具。但评价中心的应用也存在制约因素,如设计和实施成本较高,评价易受到评价者的经验、能力和公正的影响。典型的评价中心程序如表6—9所示。

表6—9　　一个为期2天的评价中心活动日程表

第一天: 上岗引导(简单介绍组织状况) 背景面谈:由评估者主持一个半小时的面谈(请被测评者描述其职业目标、工作动机和职业规划)。 小组讨论:由候选人组成4人小组,讨论4个不同的短案例。小组必须在1小时内解决问题,并提交书面建议(评价其自信、说服能力、决策的灵活性)。 个人调查和决策练习:候选人被任命为部门经理,此时,交给新任部门经理的是一份关于其前任拒绝为某研究项目继续提供资金的简短说明。研究项目负责人要求重新讨论这一决策。候选人有15分钟时间通过提问寻找事实信息。在调查研究之后,候选人口头说明其决策结果及决策理由(评价其发现事实的技能、问题解决过程的理解能力和风险偏好)。 管理竞赛:由候选人组成4人小组,竞赛目标是组成不同类型的联合大企业。候选人必须通过公司交易来达成目标。各小组确定自己的兼并目标,并通过计划和组织来实现目标(评价其领导能力、团队合作能力、冲突处理能力)。

续表

第二天： 公文处理练习：候选人临时担任部门经理，并获得多个公文。测评者要求候选人仔细审阅公文内容，解决问题，进行授权、组织、安排进度和计划。测评者检查候选人的公文处理结果后，与候选人面谈 1 小时以获取补充信息（评价压力下的决策能力、组织能力、记忆力和授权能力）。 指定角色无领导小组讨论："薪酬委员会"。薪酬委员会（候选人）召开会议，讨论在六名管理者之间分配 100 000 元的加薪额度的问题。委员会对加薪有建议和决策权，委员会的每位成员代表公司的一个部门，要尽最大努力为本部门员工争取加薪（评价其沟通技能、说服能力、人际谈判技巧、冲突处理能力）。 分析、演讲和小组讨论：普瑞泽公司下属分厂的财务决策问题。作为管理顾问，候选人拥有公司的各种经营数据。候选人应就以下两个问题提出建议：对该持续亏损的分厂应采取什么行动？公司是否应当扩张？每位候选人需做 7 分钟的演讲说明其个人建议，其后组成一个小组，提出共同的一套建议（评价其信息处理能力、解决问题能力、沟通技能、决策的灵活性）。
第三、四天： 评价者开会，分享对每位候选人的观察信息，并对候选人的每个方面和总体潜力做出总结评价。

评价中心的有效使用，优化了企业管理人才甄选的决策，也被证明是优化员工一组织匹配关系、降低员工流动率的工具。例如，汇丰银行（中国台湾）就通过精准定义组织所需的人才特质，运用管理评价中心按图索骥甄选中层后备管理人才，实现了管理人才入职 5 年后留任率高达 80%的成绩。具体来看人力资源部首先定义出管理人员需要具备的六大能力，如商业判断力、团队合作等，并设计出长达 8 小时的情景模拟测试，由求职者扮演初级主管，在处理信件、向上级提建议、与客户开会、团队会议讨论等情景中，观察和评价求职者的行为特质是否符合组织期望的六大能力标准。汇丰银行使用管理评价中心的一个成功关键，是高度重视主考官的资质和人才洞察力。主考官由在职两年以上、本部门有管理职位空缺需求的高级副总裁担任，负责扮演听取建议的上级、来谈生意的客户等角色，亲自与求职者互动并观察他们的行为。并且，为了确保管理评价中心设计方案的有效执行，主考官需要接受培训，通过角色扮演来熟悉评价中心的具体流程，在实际测试前还要熟记厚达百页的"评价手册"，其中详细说明了六大能力的定义及其具体行为指标；评价手册中还列出了 5～12 种求职者可能的反应，主考官必须事先"背熟台词"，根据不同的回应抛出不同的问题，以进一步观察求职者的反应。规范化的管理评价中心流程设计和有效执行，使汇丰银行的求职者能顺利融入模拟情境，并通过多个行为评价关卡完整呈现其行为特质。

七、背景调查与证明材料核实

在对求职者的知识、能力和素质有一个较为全面的了解之后，有必要对其提供的个人资料进行深入了解，并检验其是否准确。对企业而言，背景调查的强度取决于招聘职位本身的职责水平，核实对于管理人员、重要职能及岗位人员的聘用时尤为重要。在中国，随着全国性劳动力市场的形成和劳动者流动速度、流动范围的扩大，求职者夸大技能、伪造学历及工作经历的问题日益严重。假文凭、假资格证明、假荣誉证书、虚构的工作经历和个人专长等都可能影响选择决策，并造成了未来工作场所的欺诈等行为的隐患。

实践中，企业常常要求求职者提供若干证明人名单以供核实。由于获取证明材料需要时间，合理的做法是组织只针对那些有望被录用的求职者索取证明人信息。此外，企业还应保留在员工受雇后因发现其个人资料造假而终止劳动合同的权利。

企业可以通过多种渠道核实员工的背景信息。但不同的信息渠道提供的情况，对于员工甄选的价值存在很大差异。从员工的亲朋好友处得到的个人信息，通常是毫无价值的；常见的推荐信的核实意义也很有限，因为员工的推荐人不太可能是提供负面信息的人；最有价值的证明人应当是曾与员工共事的上级或同事。企业向证明人了解的信息，既可能是事实性的（如就职时间和离职时间、薪资及调整、工作职责的类型、出勤率等），也可能是涉及主观判断的（如离职原因、与上级或同事合作的方式等）。

第三节　甄选工具的信度与效度

企业甄选求职者时，面临多种备选的甄选方法和技术（见本章第二节）。在时间和成本预算有限的情况下，企业必须确定甄选获得的员工信息既是可靠的，同时也能为甄选决策提供有价值的预测。因此，在选用甄选工具时，需要关注甄选工具的信度和效度。

一、甄选工具的信度

信度是指一项测试工具（技术）在不同测试条件下具有的稳定性或可重复性。高信度的测评结果不因评价者和评价时间的变化而变化。如果甄选结果在不同条件下存在明显差异，甄选结果就是没有意义的。比如，企业可能对求职者的专业技能有要求，但两次笔试的结果存在明显差异（第 1 次 60 分，第 2 次 80 分），则难以评判求职者的实际水平如何。在实际运用时，如果一项甄选工具的可信度低，则其效度也低，不宜作为甄选依据；反之则不然，信度高的预测指标并不能作为有效的甄选标准，因其可能与高工作绩效不相关（如体重是高信度指标，但不能预测未来绩效）。

估算测试工具信度的方法很多。可以在两个不同的时间点对同一求职者实施同一测试，比较时点 1 和时点 2 的测试分数的相关系数，这称为再测信度。也可以在实施测试后，再实施专家认为与前一个测试等值的测试，这称为复本信度。当测试工具依赖于个人判断时（如面试），信度通常利用不同评价者间的一致性来评判，即两个或多个面试者的评价结果是否有明显差异。

测试工具的信度受到多项因素的影响，这些因素大致有两类：行政性因素和技术性因素。行政性因素主要包括：候选人的情绪和身体状况不同（如身体不适、紧张等），甄选过程的信度会受到损害；求职者与主试者未建立和谐的关系，信度也会受到不利影响；有时求职者被问及一些模糊或易混淆的问题，信度也会降低。技术性因素对信度的影响因素包括：(1)求职者团体的异质性和团体的平均水平。若测量该属性所得分数的范围和差异较大，则测试的信度较大。(2)测试问题的难度。一般地，中等难度的问题测量信度最高，这是因为，若问题太简单，大部分求职者都会给出正确的答案，个人差异很小，难以分辨，但难度过高的问题会难倒大部分求职者，个人差异同样很小。(3)测量的时间长度。测量的时间长度和测量项目增加，信度也随之提高。

二、甄选工具的效度

甄选工具的使用是为了获得有价值的测试结果以提高甄选决策的质量。显然，测试结果不仅应是可靠的、稳定的，还应包含关于员工未来工作效能的信息。效度是指测评的准确性，它回答的问题是“这项测试衡量了它想要测试的东西吗”。效度通常被称为相关系数（取值在 −1.0～+1.0），它表明了两个变量间的联系，如甄选测试分数与员工绩效评级间的联系。高效度表明求职者在测试中的得分是对此人未来工作绩效的有效预测指标。因此，效度是企业选择测试工具的重要依据。以往研究显示，甄选工具的相关系数一般为 0.3～0.6。企业在选择测试工具时，常用的效度包括效标关联效度和内容效度两种。

(一)效标关联效度

效标关联效度反映了甄选工具的测试结果(如分数)与实际工作成果(效标)的相关程度。如果测试分数与工作成果高度相关，说明依据测评工具的结果得出的(甄选)结论有效。常见的工作成果包括工作的数量和质量、工作调动和缺勤情况、工作满意度、服务期长短等。根据效标资料获取的不同时点，效标关联效度可进一步划分为同时效度和预测效度两类。

1. 同时效度

在同时效度的分析中，甄选工具的测试分数与工作成果(效标)的信息，基本上是同时取得的(见图 6—4)。企业根据计算出的特定甄选工具的同时效度，确定相关预测指标能否对求职者的未来绩效进行成功预测。例如，A 公司拥有当前员工的工作绩效信息。公司期望在甄选过程中引入一项新的销售技能测试，但无法确定该测试的效度。为计算同时效度，公司对所有在职销售人员使用该技能测试，如果销售技能测试的成绩与员工实际销售绩效之间高度相关，则说明该技能测试的同时效度较高，可用于未来的销售人员甄选程序。同时效度的使用有明显的优点：同时效度的测量方便易行；可以很快地确定测评工具的效度，并用于员工甄选实践。但同时效度的测量和应用也有一些重大缺陷：(1)效度分析的客体是在职员工，在职员工缺乏提高测试成绩或作伪的动机、意愿；(2)在职员工与求职者之间可能存在行为、人口特征(教育背景、年龄等)方面的差异；(3)在职员工的工作绩效除了受到个人能力及潜力的影响外，还受到经验、技能熟练程度的影响。这三个方面都指向同一个问题：同时效度的评价结果能否适用于评价求职者的甄选程序？

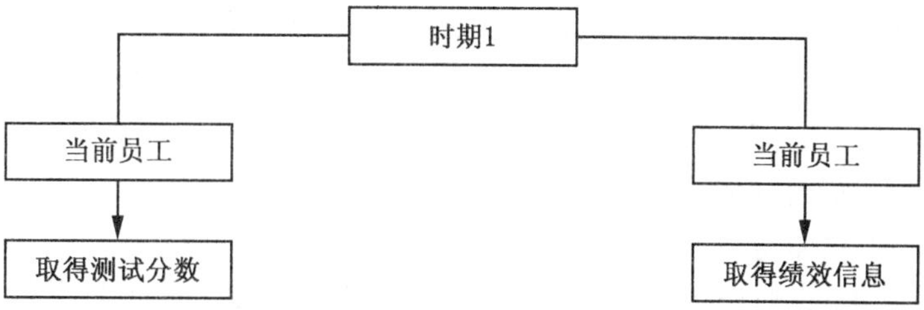

图 6—4　同时效度的设计

2. 预测效度

与同时效度不同，预测效度是以求职者为样本来获取测试分值和效标信息，进而计算效标关联效度的方法。企业为了评价一种新测试工具(如心理测试)的效度，可以使用新工具对求职者进行测试并记录测试分数。但由于新方法的效度未知，甄选决策仍以原有甄选工具(如面试)的结果为依据。经过一段时间的工作，企业收集上述求职者的实际工作绩效资料，并将其工作绩效(效标)与心理测试结果相比较，如果二者之间存在较强的相关性，则可以在未来的甄选程序中应用心理测试方法(见图 6—5)。由于直接以求职者为考察对象，预测效度克服了同时效度的一些缺陷，但这一测评过程在时间耗费和复杂性方面远超过同时效度，且仅适用于短期内招录人员较多的大型企业。

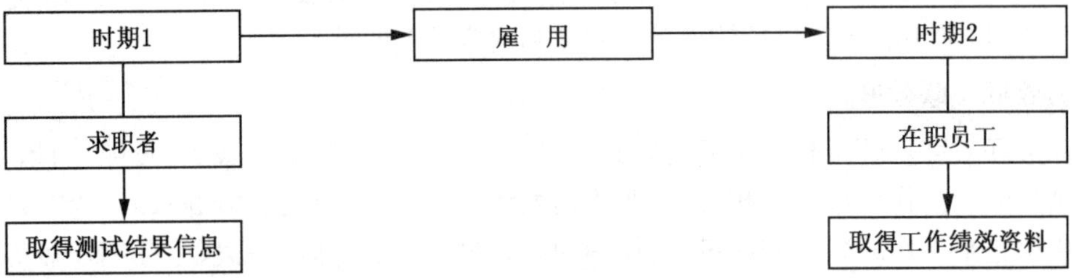

图 6—5 预测效度设计

(二)内容效度

内容效度，是要证明在测试中所设计的题项、所提出的问题，能很好地代表实际工作情境或在实际工作中存在的典型问题。在实际的操作过程中，设计的测试不可能包含所要测量的行为领域的全部可能性，所以只能选择一个有代表性的样本，通过观察被试者对个别题目的反应，来推测其总体行为表现。例如，针对秘书文员类的工作，采用打字测试，就是内容效度较高的做法；但同一测试用于甄选销售代表，则可能缺乏内容效度。由此可见，针对具体职位设计的工作样本测试，往往具有较高的内容效度。

内容效度适用于能力、成就和知识类的测试，评价求职者目前是否有足够的知识、技术或能力应对将来工作中可能面临的问题，但内容效度不适用于对抽象的个人特征（如领导力、诚实、智力等）的评价。内容效度主要通过专家判断来测定，它所提供的效度信息虽然不如通过实证手段测定的效标关联效度那么可靠，但在样本数较小、无法取得效标关联效度时，内容效度就成为评价甄选工具效度的唯一方案了。

很长时间以来，人们并不太关注测试工具的效度问题。人们假定，测试工具是普通使用的，因而就是有效的，这种思想的长期存在使不少试验工具在没有充分证明其效度之前就被广泛运用。对企业而言，选择测试工具的一个准则应当是：只有当测试被证明是有效的时候，才应被用于甄选过程。最有效的测试，是企业为了特殊的情景而特别设计的测试。但在大多数情况下，企业因费用、技术等方面的原因，无法根据自身的特殊目的设计专门测试。此时，企业只能从其他途径去获取测试的效度信息，如使用过去已用过的、证明有效的标准化测试。表 6—10 给出了各种员工甄选工具的信度和效度的研究成果。

表 6—10 员工甄选工具的信度和效度

甄选方法	信 度	效 度
个人简历与工作申请表	再测信度高，尤其当信息证据确凿时	效标关联效度较高，但内容效度较低
面试	非结构面试信度较低；评价不可观察的个人特征时，信度较低	非结构面试效度较低；评价不可观察的个人特征时，效度较低
认知能力测试	高	效标关联效度中等；不适用于内容效度
人格测试	高	对大多数人格特征而言，效标关联效度较低；不适用于内容效度
诚实性测试	缺乏具有独立性的证据	缺乏具有独立性的证据
工作样本测试	高	效标关联效度和内容效度都很高

续表

甄选方法	信　度	效　度
身体能力测试	高	效标关联效度中等;对某些职位的内容效度较高
证明材料核实	低,尤其是采用推荐信核实时	低,缺乏评价的范围限定

本章小结

员工甄选,是指组织通过多种手段获取候选人信息并据以进行区分、评估,最终决定录用人选的过程。有效的甄选决策涉及两个方面:选择与职位和组织匹配度最好的求职者,预测个人未来在组织中的绩效和发展潜力。

有效甄选录用系统的核心,就是了解特定职位的关键绩效目标,以及员工的哪些特征会对工作绩效产生影响。因此,企业需要明确甄选过程中应关注的预测指标,作为判断员工是否达到甄选标准的依据。

经过了一系列的甄选步骤和方法,企业拥有了求职者的大量信息。为了综合汇总上述信息以形成甄选决策,企业可以使用三种方法:多重障碍法、互补法和综合法。

常见的甄选方法和技术包括:简历及工作申请表初筛、传记资料清单、面试、选择测试、工作样本测试、管理评价中心、背景调查与证明材料核实等。

面试是最常用的人员甄选方法,它通过面试官与求职者的口头交流来获取求职者信息、澄清来自其他渠道的信息,并据以评价求职者的任职资格。但一些常见错误的存在,会使面试的效果受到很大影响,管理者需要通过优化设计、过程管理来提高面试的效度。

在甄选工具的选择中,最重要的两项标准是信度和效度。企业应在考虑甄选成本的基础上,尽量选取可以提高预测有效性的甄选方法和工具。

思考题

1. 员工甄选程序中包括哪些重要的决策?

2. 你是否同意下面的论断:“一份设计合理的工作申请表是有效甄选程序的基础。”请说明理由。

3. 请定义下列术语:非结构化面试、结构化面试、小组面试、压力面试、情境面试。

4. 甄选程序中可能包括多次面试。假设你是一家制造业企业的人事经理,公司现在需要招录一名销售经理,请分别设计初期面试和后续面试的问题清单。

5. 针对企业高层管理者(如财务总监、技术副总裁)的甄选体系与一个入门级员工(如管理培训生)的甄选体系,二者可能存在哪些差别?

6. 如果你是一位人事经理,你将如何审查一位新毕业大学生的背景资料?为什么这一信息对于做出甄选决策是有益的?

附录　甄选过程中的法律风险管理

在企业吸引到众多求职者来应聘后，就需要对求职者进行甄选，并录用合格的求职者。随着我国劳动法律法规的历次修订和完善，提高了企业与劳动者解除劳动合同的门槛和成本，劳动者退出机制的门槛和难度也不断增高。如果企业再沿用传统思维，仅仅关注人员招聘、培训、薪酬等工作，忽视人员获取中的有效甄选，则通过解雇不合格员工来纠正前期工作失误的成本将大大提高，更有甚者，由于部分劳动者在应聘时提供虚假信息以欺诈方式与企业订立劳动合同，也会给企业带来不必要的损失。因此，企业需要在甄选阶段加强法律风险管理。

一、甄选中的面试环节：法律风险管理

面试是企业最常用的人员甄选工具，企业通过与应聘者的面谈交流，收集与其工作能力相关的个人有效信息，并据此做出是否聘用的决定。在面试阶段，需要特别关注的问题是企业的告知义务和知情权。

（一）企业的告知义务

我国《劳动合同法》规定："用人单位招用劳动者时，应当如实告知劳动者工作内容、工作条件、工作地点、职业危害、安全生产状况、劳动报酬，以及劳动者要求了解的其他情况。"

（二）企业的知情权

与企业的告知义务相对应，我国《劳动合同法》也规定了企业的知情权："用人单位有权了解劳动者与劳动合同直接相关的基本情况，劳动者应当如实说明。"根据这一规定，用人单位在行使知情权时，需要注意以下3点：

1. 劳动者没有主动告知的义务，如果用人单位没有主动了解，劳动者无须主动说明。因此，用人单位应在面试、甄选过程中主动提出。

2. 了解的信息应当是劳动者与劳动合同直接相关的信息，用人单位不能借了解情况而侵犯劳动者的隐私权。

3. 基于证据保留和自身权益保障的考虑，用人单位应当要求应聘者提交包含其个人基本信息的履历表或信息登记表，并书面签字承诺信息的真实性和准确性，并注明对提供虚假信息的行为承担法律后果（即因虚假信息而订立的合同，用人单位可以即时解除合同并不给予经济补偿）。

关于哪些信息是与劳动合同直接相关的信息，我国《劳动合同法》没有做出明确规定，但各地地方法规对此有所涉及（见下表）。

用人单位知情权的内容和评价重点

知情权涉及的个人信息	地方法规	评价重点
身份信息（身份证）	北京、江苏、湖南、安徽	年龄审查：应聘者应符合法定就业年龄，不得低于16周岁
学历	北京、江苏、湖南	
就业状况	北京、江苏、吉林	审查劳动者与前任职单位是否解除或终止了劳动合同，防止招用双重劳动关系的劳动者
工作经历	北京、上海、浙江、江苏、安徽、辽宁、吉林、湖南、湖北、内蒙古	了解求职者的工作表现、离职原因
职业技能	北京、江苏、湖南	对专业资格、技术职称级别的审查（对专业技术人员尤其重要）
知识技能	上海、浙江、辽宁、吉林、安徽、内蒙古	

续表

知情权涉及的个人信息	地方法规	评价重点
劳动技能，文化素质	湖北	
健康状况	上海、浙江、辽宁、江苏、吉林、安徽、湖北	了解是否有潜在疾病、职业病等
竞业限制约定	江苏	针对部分知识技术型岗位、管理岗位或涉密岗位，用人单位雇用与原企业有竞业限制约定的劳动者，并使用其带来的商业秘密获益，则需要承担侵权责任

在用人单位行使其知情权时，劳动者有如实告知的义务。如果劳动者故意提供虚假信息、隐瞒足以影响劳动合同订立的重要情况，就构成欺诈，用人单位可以主张劳动合同无效来维护自身权益。

二、甄选中的体检环节：法律风险管理

体检的目的是检查应聘者是否有潜在疾病、职业病等，以确定其健康状况。在实践中，一些企业为降低成本而忽视入职前的体检环节，导致在劳动合同签订后才发现员工的健康状况不佳，此时想要解除劳动合同就会面临重重限制。

一方面，《劳动法》对用人单位解除与患病劳动者的劳动合同有严格限制：用人单位在患病劳动者的医疗期内不能解除劳动合同；医疗期满后劳动者不能从事原工作，用人单位应另行安排工作；医疗期满后劳动者不能从事由用人单位另行安排的工作的，用人单位应提前 30 天书面通知解除劳动合同。

另一方面，《劳动法》对职业病的规定也会大大增加企业用人风险。《劳动法》规定，用人单位对从事接触职业病危害作业的劳动者，应在上岗前进行职业健康检查，否则不得安排其从事相关作业。如果用人单位未对应聘者进行入职前体检，不能提供劳动者在招用时已存在职业病的证明，则要承担相应的法律责任（员工的医疗和生活保障）。

为了避免体检阶段的法律风险，企业应重视体检结果，结合其他甄选测试的结果，综合做出是否录用的决策。

第七章　人力资源开发

学习目标

在学习本章后，你将能够：

1. 了解人力资源开发的关键概念。
2. 了解人力资源开发的战略意义。
3. 了解人力资源开发程序的四个阶段及主要工作内容。
4. 了解入职培训、非管理职位培训及管理开发中的常见方法。
5. 了解团队培训的常见做法。
6. 了解企业培训开发项目评估的主要方法。

人力资源开发是指企业改进员工能力水平和业绩的一种有计划、连续性的努力。人力资源开发可以进一步区分为培训与开发两类，二者既有联系，又存在区别。培训是企业向员工提供特定职位所需的知识与技能的过程，培训的目的是帮助员工将习得的知识、技能用于当前的工作活动中，从而产生短期的工作业绩改善；开发是指企业依据员工需求与组织发展要求，系统地优化员工的能力素质结构，意在使员工未来承担更重要的工作职责。在实践中，往往将培训与开发统称为人力资源开发。

人力资源开发对企业经营战略和目标达成有直接的影响。可以说，组织面临的每一次环境变化、每一项挑战与冲击，都对人力资源开发提出了新的需求。全球化、信息技术的快速更新、行业知识与技术创新的不断推进，都要求员工不断充实和完善其知识、技能和能力，以适应组织战略和经营方式的调整。由于企业经营方式的改变，越来越多重复性、要求初等技能的工作逐渐为机器、人工智能所取代，而要求较高技术、人际技巧和解决问题能力的工作则占有越来越大的比重，加上管理模式上更多引入员工参与、团队作业等因素，无论对管理者还是一般员工，发展新技能、接受新观念都是构建高绩效组织所必需的。并且，给员工提供学习和发展的机会，能创造出积极的工作环境，这种工作环境将有助于吸引有才能的新员工，并激励和留住现有员工，从而为企业达成经营战略目标提供有力支持。

本章将着重探讨以下几个问题：(1)人力资源开发如何帮助公司获得竞争优势；(2)企业应如何设计和构建其培训开发系统；(3)在面向不同类型、职业阶段的员工时，企业可以使用哪些常用的培训开发方法。最后，我们还将说明如何评价企业用于人力资源开发的资源运用效率和效果。

第一节　人力资源培训与开发概述

一、人力资源开发的战略意义

客户不断要求更好的质量、更低的成本、更短的运作周期。因此，企业必须努力持续改善其总体绩效。在这一过程中，技术创新和流程优化为企业提升绩效提供了帮助，但最重要的战略因素仍是企业员工队伍素质的持续优化和提升。研究显示，企业的人力资源开发对经营效率存在积极正面的影响。美国国家员工教育质量中心对 1 000 家企业的研究发现，增加 10%的员工开发投入可以使劳动生产率提高 8.6%，而购买同样价值的工具或建筑物，仅能使劳动生产率提高 3.4%。卡肖(Cascio)的研究则指出，对现有员工进行再培训以填补职位空缺，比直接招录新员工更经济，并能对员工士气产生积极影响。上述研究解释了为什么越来越多的企业强调增强组织学习，将学习内化为企业文化的重要部分。但是，企业的现实并不总是令人乐观:企业的人力资源开发投入往往与经济周期和经营状况密切相关——企业经营成功时，乐于为员工开发投入巨资，但一旦存在利润缩减、面对节约成本的压力，则员工开发投入极有可能首当其冲遭到削减。为了防止人员开发投入的短期化、技能化，企业应关注人力资源开发在两个方面的战略作用:对企业核心能力的支撑作用和新型心理契约的构建。

1. 人力资源开发对企业核心能力的支撑作用

要为企业核心能力和竞争优势提供有效支撑，人力资源开发项目必须具有全面性、系统性、连续性和长期视角。企业需要鼓励员工通过正式培训项目、非正式的在职训练及自我学习，不断改善技能;企业同时需要鼓励人员与知识在企业内部的流动，以及整个企业内部所有员工的知识创造和共享。换言之，要通过人员开发来构建企业核心能力，企业必须从投资和积累企业人力资本的高度来认识人力资源开发，并致力于创建学习型组织，营造鼓励持续学习的工作环境。

具体来看，企业人力资源开发的对象应当同时包括新入职员工和在职员工。企业通过有效的招聘、甄选系统招录到适合企业文化与职位要求的人才，但这仍不能保证员工与组织间的高度匹配。事实上，即使是最优秀的新员工也需要经历一定的组织社会化过程才能顺利适应组织成员的角色，并优质高效地完成工作目标。对于在职员工，组织结构与战略调整、工作职责改变、技术更新等方面的影响，都要求员工通过培训开发来提升个人技能和知识结构，并在团队层次上实现知识的创造和共享，以确保人力资源对组织成功的长期贡献。为了切实保障员工能力提升对组织绩效的影响，企业的人力资源开发系统不能仅关注正式的培训开发环节，还应在组织经营的各个部门与环节中强调学习、改善和信息共享，构建在学习能力、适应能力及变革能力方面都不断强化的学习型组织，使员工总是处于不断学习、提升个人能力和工作绩效的过程中。

为了实现人力资源开发对企业核心能力的支撑作用，很多企业引入了高阶培训(high-leverage training)，即将开发项目与企业的战略性经营目标联系在一起，并通过一种指导性的设计程序来确保培训的有效性。以普华永道为例，该公司设立了一个由首席学习官领导的学习与教育团队，以确保人力资源开发项目与公司经营目标和人员培训需求的匹配。首席学习官作为公司高管团队的成员，有机会就培训方法、培训技术和培训内容的优化与高管团队开展及时交流。学习与教育团队也通过对新兴技术的评估和小规模试点，公司的学习与教育团队确保在培训提供方式和教学方法上的持续创新。学习与教育团队每年向内部员工和用户提供15万人次以上的培训，涉及6 000多门课程。普华永道的内部评估认为，高阶培训在新业务销售方面达到了1 000%以上的投资回报率，通过学习和知识的整合加速了员工提升工作胜任力，并为企业赢得了市场声誉。

2. 构建企业一员工间的新型心理契约

由于组织面对巨大的竞争压力，组织精简、劳务外包、弹性雇佣等做法极为常见，企业不再向员工做出职业发展机会和工作保障的承诺，为了替代以员工忠诚与长期雇佣为核心的传统心理契约，组织的解决方案是弱化传统的组织内部职业生涯、晋升和保障的观念，转而强调终身可就业能力的提升，即“在员工一企业关系中，员工有机会进行自我开发，并通过提高自身技能和工作产出增进其未来就业的价值”。

企业可以通过鼓励个人成长、提升个人终身可就业能力来促进新型心理契约的形成。具体来看，在组织经营日益强调组织扁平化、客户导向、团队合作和员工参与的情况下，企业人力资源开发的重点由提升员工的具体技能水平，转而强调为达成组织成功所需的新“商务技能”，包括员工个人发展、人际关系技能（沟通、问题解决、建设性地提供意见反馈等）和积极态度养成（如团队合作、客户服务等）的培训，以确保员工在不稳定的经营环境下保持较高的个人激励和组织承诺水平。组织提供个人开发培训的另一个动因，还在于增进人际技能和态度养成有助于传递积极正面的公司经营价值，引导员工的信念、行为和反应；同时，这类技能在外部劳动力市场中是相对隐性的、难以市场化的技能，这类培训不会导致竞争者挖角并迅速提高组织的员工离职率。

管理聚焦7-1

家政服务：做家务需要培训吗？

在一间培训教室中，四五十个中年女性盯着讲师的演示文稿，奋力抄笔记，还仔细绘制家庭的空间流程示意图，前面的黑板上写着“家事是四分脑力，六分体力”。这是台湾一家家政服务公司的职前培训课程。在这里，做家政服务员，必须先接受126个小时的职前培训、4个实习家庭的实际操作，通过甄选、家庭访问后，才能正式上岗。

该公司在2003年开始实施的家政服务员培训制度，产生了非常明显的收益：家政服务员的平均工资持续增长，更重要的是，员工持续工作一年的留任率达到了93%，公司也在这一过程中成长为台湾最大的家政服务公司。

促使公司关注家政服务员的培训事宜，源于公司发现员工的技能非标准化，清洁技能不足，清洁度不够，这使得客户回绝率居高不下。同时，公司的培训师资来自外聘，他们并不直接面对一线客户，且讲师来源复杂，每位讲师的教法、标准、使用的工具不同，缺乏核心的标准课程，也无法制定流程和质量标准。

针对这一问题，公司花大力气自行设计标准化课程，培训内部讲师。先将住家空间分割为四大工作区，分别列出工作重点，制定出家务的标准工作流程，还研发各种家务技巧，做好流程与质量的控制。比如，浴室的打扫分为9个清洁工作流程，每个流程又进一步细分出打扫重点、方法和工具。公司的操作规程中明确规定叠衬衫要在30秒内完成的9个标准步骤、拖地时的动作程序。标准化的培训使员工的工作效率大大提高，同时也提升了清洁度。

家务看似是每个人都会做的事，但组织推行的工作程序、规范、规划的培训同样能大大提高效率，减少时间和能量的浪费。引导每一位家政服务员将家务当作一个专业来做，通过培训提升员工提供标准化服务的能力，并保持服务过程中的弹性以提升不同客户的满意度，就是这家家政公司提升竞争力的诀窍。

资料来源：《商业周刊》（台湾版），2009 年第 10 期。

二、战略性人力资源开发应遵循的主要原则

战略性人力资源开发要求在考虑组织战略目标的基础上，积累人力资本和提升组织核心能力。但是，很多企业的开发实践忽视了这一要求，流行一时的观念、培训项目及竞争对手的最新实践都可能成为组织投入培训经费的理由。很多企业的培训开发效率低下、项目设计缺乏针对性、对开发成果缺乏评估，人员开发与组织绩效改善缺乏有机联系，培训因此被视为针对员工的福利性费用支出。为了有效提升企业人力资源开发对个人和组织绩效的积极影响，企业人员培训与开发系统应遵循以下原则：

1. 人力资源开发系统的设计应以组织战略目标为起点

人力资源开发是企业提高组织效率、开发员工潜力的管理活动，因此，开发过程也必须服从于组织总体目标的实现。为尽可能避免目标不明的培训与开发项目，管理者应考虑以下三个问题：(1)当组织内部能明确回答“为什么我们要提供这种人力资源开发项目，项目的具体目标是什么，培训开发项目与组织目标的关系是什么”等问题时，才应考虑开展相关人力资源开发活动。(2)应从成本收益视角比较人员开发与实现组织目标的其他途径间的关系。例如，企业为提高某一工序的效率，存在多种备选的替代方案：对员工进行技能培训；对工作任务进行再设计，使之易于操作；进行设备投资，使该生产任务自动化，取代劳动者的个人操作。上述做法都能达到提高生产率的目的，但企业花费的投资和管理成本存在较大差异，只有在比较不同方案成本收益的基础上，才能确定应选取的最优方案。(3)不同的开发项目和项目组织方式对组织目标实现的帮助程度存在差异。企业在启动开发项目后，有必要进行开发项目评价，从人力资本投资的视角来提高开发项目的管理效益。

2. 人力资源开发的目的是为了获得期望的员工行为改变

人力资源开发对组织战略目标的积极作用，是通过调整和改善员工的能力、态度及其行为来实现的。人力资源开发作为一种管理工具的有效性，依赖于对下列问题的回答：“人力资源开发活动结束后，受训者的工作行为和态度会发生何种变化？这种变化对工作成果有何种影响？”因此，企业需要从行为角度来确定人力资源开发目标，进行项目评价。但这并不是一件容易的事，大多数管理者习惯于考虑企业在培训项目上的投入与运作，而较少考虑开发导致的工作行为规范与优化。所以，确立人力资源开发的行为目标，确保员工的行为改变是组织所期望的、会产生推动组织目标实现的理想行为结果，特别需要培训专家的指导和帮助。

3. 人力资源开发应为员工的自我开发和职业发展服务

在很多组织中，培训与开发是员工获得晋升机会、增加工作职责以及保持个人职业稳定的前提。传统的职业发展模式是由一系列不同组织层级的职位晋升（往往在相关专业领域内）组成的，这类职业发展与专业领域内的职权、责任增加和薪酬提升相联系。但目前的趋势表明，涉及跨专业、跨部门、跨地区（甚至跨国）的内部流动模式将更为常见。这类新的职业模式意味着，员工与职位、组织的长期匹配要求企业为员工提供以下两个方面的机会：一是明确员工的兴趣及个人能力的优劣势；二是基于上述信息制定并实施适合其长期职业发展需要的个人能

力、技能和素质开发计划。

三、人力资源开发的责任者

在一个有效的人力资源开发系统中，高层管理者及其他直线管理者、人力资源管理者、员工都各自扮演着重要的角色(见表7—1)。首先，人力资源开发项目必须获得高层管理者的全力支持。这种支持必须体现在实际行动、资源和组织的支持，并应使整个组织都了解高层管理者的态度。若企业的领导者能亲自参与培训开发工作，这种支持的力度就得到进一步昭示。

企业中的各级直线管理者也是人力资源开发系统的重要参与者。人力资源开发项目往往涉及大量的时间和金钱花费，其中很大一部分成本是由员工脱产参与开发项目而导致的。直线管理者的重要作用之一，就体现在认同员工培训开发活动的价值，并在员工培训需求的确定、受训者工作时间安排、培训有效性的评价与反馈等方面给予必要的支持。另外，直线管理者也可能作为技术/管理专家，为技能类培训提供技术信息，或承担培训、辅导或指导员工的具体工作。

由于人力资源开发涉及大量的管理工作，大中型企业的人力资源管理部门中往往设置专门的培训与开发主管，负责培训开发系统的设计和实施。人力资源管理者应从相对全局性、长期视角来看待人力资源开发活动和员工职业发展机会，从众多备选的培训开发方案中做出选择，并需确保培训开发项目的运作效率和实施效果。在这一过程中，需要人力资源管理者与直线管理者的紧密配合，其中，人力资源管理者应当为整个组织的人力资源开发活动提供专家支持和协调服务，并能有效整合外部市场中的培训产品(服务)。

有效的人力资源开发系统，既要求管理者的支持和努力，也要求来自全体员工(受训者)的支持与合作。研究发现，除了正规培训之外，员工之间的信息传播、主动学习和反馈也构成了重要的学习渠道。美国的研究估计，员工在工作场所中学到的知识、技能，约有70%来自同事间的非正式交流、共同的问题解决。因此，尽管大多数员工没有积极参与人力资源开发系统的设计，但企业培训开发项目的成功在很大程度上依赖于员工积极主动寻找培训机会，实现企业主导的能力提升与个人职业发展计划之间的有机结合。

表7—1　　人力资源开发中的责任与角色

直线管理者	人力资源管理者	员　工
· 与人力资源管理者一起，分析企业战略目标对培训开发系统的影响作用 · 提供技术信息 · 监控员工的培训开发需求 · 主持实施在职培训项目 · 支持员工参与培训，并鼓励员工将学到的行为应用于工作实践 · 不断地与员工讨论个人成长与未来职业发展机会 · 参与评价培训开发项目的有效性	· 与直线管理者一起，分析企业战略目标对培训开发系统的影响作用 · 提供培训开发材料 · 帮助员工识别培训开发需求 · 向员工告知培训开发机会，及其可能产生的积极影响 · 协调企业主导的职业规划与个人发展计划 · 设计和管理脱产培训项目 · 向直线管理者和资深员工提供培训，使其成为企业中的非正式培训者 · 主持评价培训开发项目的有效性	· 在直线管理者和人力资源管理者的帮助下，识别个人的培训与开发需求 · 主动寻求个人培训与开发的机会 · 主动寻求能带来个人学习和发展机会的职位调动 · 积极参与培训开发 · 在团队中，协调培训与开发新同事 · 参与评估培训开发项目的有效性

第二节　企业人力资源开发系统的设计

为了确保企业人力资源开发系统有助于强化企业核心竞争力、支持组织战略目标的实现，需要根据一个指导性程序来设计这一系统。具体来看，人力资源开发系统的程序设计，应包括四个阶段：(1)需求评估阶段；(2)项目设计与培训准备阶段；(3)项目实施阶段；(4)项目评估阶段。下面将围绕图 7－1 提供的模型来说明人力资源开发的程序。

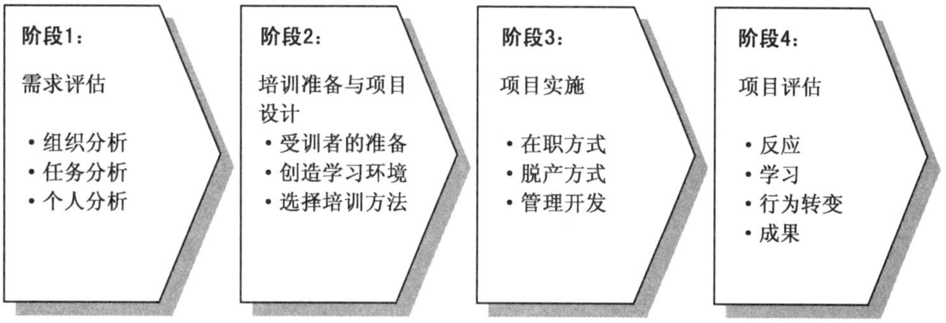

图 7－1　人力资源开发的系统模型

一、阶段 1：需求评估

企业在一定时间内能用于人力资源开发的资源必定是有限的，“资源的投向与组合”就成为管理者必须做出的重要决策。而这一决策过程有赖于培训专家的参与和帮助，对企业培训需求进行系统、准确的分析。直线管理者与人力资源管理人员都应随时留意企业需要何种培训、谁需要接受培训、何种方法最能有效满足这一需求。为了确保培训开发项目及时、有效，人员开发需求分析可以细分为三类：组织需求分析、任务需求分析和个人需求分析。

(一)组织需求分析

需求评估的第一步是发现影响人员开发需求的内外部因素。组织需求分析是考察企业环境、战略及所拥有的资源，来决定培训开发系统应达成的目标和工作重点。组织分析包括企业的战略方向和目标调整分析、主管与同事的支持及学习氛围评估，以及训练资源充足性的评估。

组织企业战略及经营目标的调整会影响所需人员的质量和结构，进而体现为人员开发需求的调整。研究表明，不同的公司层战略对管理者技能和素质的要求会存在较大差异。例如，强调内生发展、稳定成长的公司需要熟知内部商业模式的管理者，往往更关注内部人才培养，而通过并购实现外部扩张的公司则更有可能以外部聘用方式招录人才。此外，技术进步、全球化、流程再造、结构重组、员工参与、团队作业等，都会要求进一步培训员工。员工积极追求自我开发和个人成长的氛围，也会产生企业对学习与培训的需要。此外，对组织绩效和人力资源成果指标(如流动率、低生产率)的分析，也可以作为提出未来培训开发项目的依据。

组织需要分析还应当包括对组织当前学习氛围的评估。支持性的学习氛围有助于员工将培训开发过程中的学习成功地转化为个人工作行为。企业中支持性的学习氛围可能有如下特征：企业有正式的奖励制度，鼓励员工参与培训开发活动；管理者支持直接下属参与培训开发项目，并乐于在工作安排上做出相应调整；员工互相鼓励，将新学到的技能应用于工作实践；成功应用新技能的员工获得企业认可和奖励（通过特殊的任务安排和晋升）；对于员工参与培训开发项目，不存在隐性的惩罚（如培训开发项目的时间安排与其他重要工作安排相冲突；员工必须用私人时间参加培训）；承担培训工作的管理者和其他员工受到企业的认可和奖励。

最后，组织需求分析还应当考虑培训开发项目设计中的可用内部资源和限制条件。员工是否可以脱产参加培训？如果可以，可以脱产多长时间？不同地区子公司的培训需求是否存在差异？如果采用计算机辅助的培训开发项目，员工是否具备必要的计算机技能？通过分析上述问题，组织需要分析将确保培训开发项目在实施层面的可行性。

（二）任务需求分析

任务需求分析主要是确定为完成特定工作所需具备的技能、知识、能力及相应的工作行为。任务需求分析需要确定两个主要因素：任务的重要性和难度。重要性与某项工作的具体任务、行为及行为发生频率有关。难度是指员工完成这些任务的能力要求。通过对职位说明书和员工素质模型的分析，企业可以了解需要员工完成的各项工作任务及成功完成这些工作任务所需具备的知识、技能和能力，并据此确定培训开发项目的具体内容（如课程规划、应达到的课程目标等）。任务需求分析特别适用于确定新员工的培训需求。

以一家公用事业公司的电力维护事业部的任务分析为例。该公司计划开发出一套新的培训系统，为此需要通过任务分析厘清电力培训员工的工作任务及所需知识、技能、能力，并据此确定培训计划的目标和课程体系规划。任务分析的第一步，是确定各职位的潜在工作任务，公司基于工作流程、设备清单及主题专家参与等方式，设计出了一份工作任务分析问卷，由在职的电力维护技术人员填写，问卷要求受访者说明每项任务的重要性、难度及执行频率。对问卷调查结果的分析将明确各职位所需承担的工作任务模块，以及各项工作任务的重要性等级。重要性等级高的任务应被纳入培训体系中，此时任务的执行频率、执行难度不是考量的重点。因此，重要性不高、难度不大且很少执行的任务可以被排除在培训项目之外。

（三）个人需求分析

在收集了工作任务信息之后，培训需求分析应转向员工个人。个人需求分析是评估特定员工目前具备的能力素质与职位标准（或理想）要求之间的差距，进而确定员工的培训开发需求。个人需求分析可能是针对员工的工作绩效目标与实际工作绩效间的差距展开的，也可能仅仅分析员工在特定技能维度上理想与现实的差距。但无论关注的是个人整体绩效还是特定技能，个人需求分析常用的方法主要有以下几种：

1. 工作绩效分析

绩效数据（生产率、销售量、客户抱怨次数等）以及绩效评估等级都可以说明员工的绩效问题。但是，绩效数据只能显示哪些员工没有达到工作目标，却无法解释绩效不佳到底是员工能力（知识、技能）达不到期待，还是员工激励水平低、不愿付出努力的结果。为了区分员工不能做和不愿做这两种情况，企业管理者可以从几个方面做出分析和判断（见表7－2）。如果主要原因在于员工能力、知识和技能方面存在欠缺，培训开发可以缓解绩效问题；但如果是员工工作激励水平不高，则需要优化企业的相关管理制度。这一方法的不足之处在于，由于关注以往绩效的改善，往往无法有效预见未来的开发需求。

表 7—2　　影响员工绩效的原因分析

当员工绩效不佳，造成生产率低下或客户流失时，请判断是否存在以下情况	解决方案
1. 员工不清楚企业对其工作的绩效期待； 员工不理解需要完成什么工作、何时完成、如何完成； 员工对工作任务的信息过时，未能及时适应企业的战略、经营目标调整。	培训
2. 员工不具备正确的工作知识，或不能采取正确的工作行为； 员工未受到培训或培训不足； 员工培训效果不理想，未能将培训内容转化到实际工作中。	培训
3. 企业对员工达成绩效的支持不足； 员工缺乏完成任务的必要资源（设备、原材料等）。	组织支持与投入优化
4. 员工完成绩效的动机和激励不足； 企业缺乏合理的绩效评估体系和奖惩制度； 员工无法及时获得建设性的、与其工作相关的具体的绩效反馈信息。	优化组织管理制度

2. 培训需求的自我评估

员工对个人培训需求的自我评价，在企业实践中越来越普遍。一些企业允许管理者和员工自行决定是否参加公司资助的短期培训或教育项目。自我评估可以是非正式的，如 HR 部门在网上列出公司资助的开发项目清单，员工可以自行报名参加；也可能是正式的，如定期发放问卷来了解员工的培训需求。员工的自我评估可以确保培训开发项目充分体现了个性化需求，但成功的前提是员工拥有个人能力素质的真实信息，并有意愿学习和改进工作行为。

3. 职业发展规划分析

为了帮助员工识别个人的强项和弱项，有些企业要求管理者与下属充分讨论后者的职业发展规划。在掌握组织和个人信息的基础上，双方的讨论将有助于培训开发项目的设计与安排，使其在一定程度上兼顾组织发展要求与个人职业兴趣。

4. 态度调查

由管理者的直接下属、内部客户（其他部门的同事）或外部客户填写的态度调查，可以提供关于管理者的培训开发需求信息。例如，如果态度调查的结果显示，某位管理者的下属对其领导方式的评价明显较低，则这一信息可能揭示了该管理者的开发需求。

二、阶段 2：培训准备与项目设计

在确定培训开发需求后，企业就应着手评估员工是否做好了参加学习的准备，并有针对性地设计培训开发项目。具体来看，为了提升培训开发对组织目标的支持度，这一阶段的培训应集中关注以下四个方面：（1）受训者的意愿和准备；（2）确定培训开发目标；（3）学习原理的应用；（4）迁移原理的应用。

（一）受训者的意愿和准备

受训者的意愿和准备对培训开发项目的实施效果影响很大。受训者的意愿和准备是指受训者以往的教育、工作背景因素能否满足培训开发项目的要求，以及受训者对培训开发项目是否有积极正面的心理认知和期望，是否愿意将培训开发项目中学到的内容应用到工作中。为了使培训开发效果最优化，理想的做法是将关注重点放在受训者身上，围绕受训者需要的新知识和技能来开展培训。此外，由于受训者的培训开发需求存在个体差异，将培训开发与个人职业发展、职业计划相联系，也能大大改善培训开发的效果。了解员工参加培训的原因和期望达到的目标,也可以提高项目设计的针对性。

专家建议,为了增进受训者的参与意愿和心理准备,企业可以加强以下几方面的工作:

1. 建立明确的自我认知

员工需要知道自己的知识、技能存在何种不足,个人需求分析和绩效反馈可以提供这类信息。同时,企业应当使员工了解到培训开发计划将如何改善员工个人能力和技能。如果可能,还应赋予员工选择培训开发项目的自主权,这将有助于使员工的学习动机最大化。

2. 评估已有的知识与技能,提高员工的自我效能感

员工已有知识与技能会影响到他们对企业培训开发内容的学习和掌握程度。为此,企业需要开展一些基本的资格评价和能力测试,以判定员工是否具备成功完成培训开发计划所需的基本要求。同时,企业还应当通过以往成功学员的角色示范和其他组织支持手段,帮助员工提升自我效能感(即员工对成功完成培训开发项目的自信程度)。

3. 了解员工对培训开发项目的看法,确定项目设计和受训者人选

如果多数员工将培训开发项目视为对优秀绩效的奖励,则平均分配培训资源会引发员工不满,此时应着重设计具有激励作用的培训开发项目(如在高级酒店举行针对绩优员工的高端培训)。如果多数员工将培训开发项目视为福利,每个人都有权接受培训,则企业应在确定大多数员工的共同培训需求基础上,提供覆盖面广泛的培训课程。如果多数员工将培训开发视为一种解决问题的工具,则基于企业绩效评估结果分析绩效问题,并指派绩效不佳的员工接受培训将是合适的做法。

4. 提升员工的学习意愿

员工在受训过程中,需要具备较高的主动学习意愿并投入相应的努力。对于某些员工而言,培训项目可能被视为一种潜在威胁,这些员工可能教育经历不足,或者在培训项目重点强调的特定领域缺乏相关经验。为此,企业管理者应致力于提高员工的自我效能感,使员工相信自己能成功掌握培训开发的内容,同时,管理者也应强调培训的目的在于改善员工绩效,而非找出员工能力的不足。

5. 提升员工行为改变的意愿

管理者应向员工强调,员工需要承担起改变个人工作行为,将学习内容应用于工作过程中的责任。

(二)确定培训开发目标

基于企业需求分析的信息,企业应能建立较为正式的、具体的、可度量的培训开发目标。培训开发目标应明确指出受训者将获得的知识和技能或者态度的改变。培训中涉及的知识主要包括公司政策与实践、基本知识和专业知识,以及组织运作的整体图景。技能培训则强调对受训者的未来行为期望,常见的技能包括沟通、团队构建、领导、谈判等管理技能以及专业技能。此外,培训开发的目标也可能是个人工作动机、态度或价值观的改变,包括培养团队精神、员工社会化、企业文化培训等。在表 7—3 中,我们可以看到,单个培训开发项目往往也是多重目标的,培训者需要考虑培训开发项目的短期和长期影响、影响方式和影响强度。确定培训开发目标,为受训者和培训者提供了共同的努力方向,也为评价培训开发计划是否有效提供了基准。

表 7—3　　入职培训应达成的目标

目标的类型	示　例
知识	受训者应能在入职培训之后，清楚地了解本企业的主要发展历程、组织结构，初步了解企业的财务报销、休假、晋升、业绩评估等各项制度，并能准确地了解各部门间的工作与沟通关系。
态度	所有的受训者应明确：有效的入职培训可以减少新员工的麻烦，提高其对组织的归属感，并能从全局认识工作的重要性。
技能	受训者应能准确使用工作手册和员工手册，在遇到生病、出差等情况时，了解如何按规定行事。
工作行为	受训者能将其所了解的组织使命、员工基本行为规范、工作安全等知识，运用到其处理同事、客户关系的工作行为上去。
组织成果	通过入职培训，使试用期的员工流动率降低 5%。

(三)学习原理的应用

当培训开发项目的设计由需求评估和目标确定，转向关注受训者的心理和智力准备时，关注重点实际上从组织层面转向了员工个人层面。研究发现，培训开发项目的成败、学习效果的好坏，都在很大程度上取决于项目设计者对学习原理的有效运用。学习原理在组织培训开发项目中的应用包括以下几个方面：

1. 目标设定

明确的培训开发目标可以使受训者清楚地了解项目结束后应达到的技能、行为标准，并使受训者集中精力，表现出更高的学习意愿和努力程度。此外，良好的培训目标说明还可以作为企业评价培训项目有效性的依据。

2. 有意义的学习内容

学习材料的组织应当尽可能照顾受训者的接受能力。通常来说，当培训过程中的新信息/知识与其原有的知识体系相匹配时，学习效果最佳。此外，如果培训开发的内容与受训者的当前工作经验及工作任务紧密相关，或者培训环境与员工的真实工作环境相似程度较高，也会强化学习效果。因此，培训开发过程中应有效运用案例传递知识，学习材料的组织也要考虑循序渐进，使受训者能将新的学习体验不断叠加，并加以合理组织。

3. 模型化

西谚有“一幅画胜过千言万语”的说法，在培训开发设计中也是值得借鉴的。模型化在行为培训中的作用尤为突出。在很多时候，行为改变是通过模仿范例、角色扮演来实现的。模型化的培训开发手段多种多样，挂图、多媒体、现场参观都能使受训者获得直观的信息。

4. 个体差异的存在

每个人的学习能力和表现都会存在差异。有些人过目不忘，有些人则需要大量重复记忆。这些个体差异在很大程度上反映了其行为习惯、行为方式和学习能力的差异。培训设计应能包容各种不同的个体差异，实现有效学习。此外，每个人的自我效能感(对自己的学习能力的信念)也存在差异。研究发现，低自我效能感的员工在一对一的、体验式的培训开发项目中受益较多，而高自我效能感的员工则在传统培训开发方式中表现更好。

5. 练习和重复

练习和重复是员工掌握和实践期望行为的基本途径。学了要用，要常用，才能学好。企业中生产、服务、管理等职位所需的专业技能，无法通过培训者讲解行为要点的方式来精准掌握，而必须要求受训者反复学、反复使用才能掌握。

6. 整体学习与部分学习

研究发现，在培训开发项目之初使员工了解各培训内容间的联系、形成整体观念，将比直接进行具体工作技能的学习效果要好。在建立整体框架之后，学习内容的组织方式也会影响学习效果。一般认为，当工作任务可以被细分、学员需要时间逐步消化和实践其所学技能、知识时，应考虑部分学习(分解演练)。而在独立演练过每项技能或任务后，还应当整合前述的技能和任务，再次回到整体学习。

7. 集中学习与分散学习

培训时间的安排也会影响学习效果。新提升的班组长应集中接受 3 天 8 小时的连续培训，还是每周 2 小时、持续 3 个月的培训？在实践中，相对来说不太复杂的行为学习，如简单的手工操作技艺，可采用集中、强化的培训；但如果学习的行为较复杂，如领导能力的培养，则适合采用“细水长流”式的时间安排。

8. 反馈与学习努力

随着学习过程的进展，及时向员工提供学习进展的具体反馈信息，有助于提高其学习意愿。这种学习进步的过程，用学习成绩可表示为一条“学习曲线”。图 7—2 是技能培训中常见的学习曲线形状。可以看出，在学习的全过程中，有一段时间学员感觉不到学习的进步。这一停滞期会在一段时间的坚持学习后实现突破，而及时反馈有助于强化学员的学习努力。

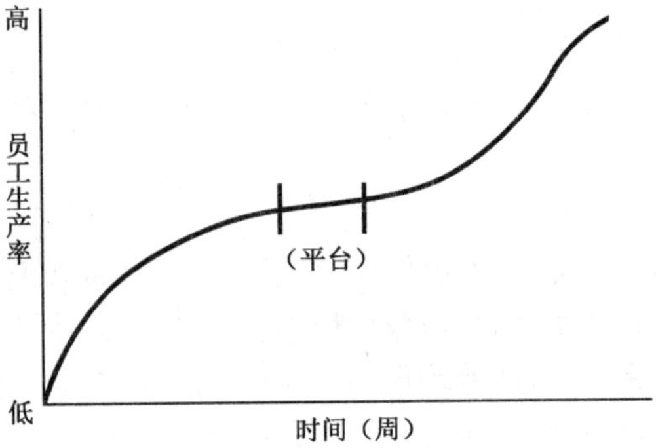

图 7—2　典型的学习曲线

(四)迁移原理的应用

人力资源管理者在设计培训开发课程时，不仅要运用学习原理，也需要运用迁移原理，使学员能顺利地将培训开发习得的知识技能运用到实际工作中。具体来看，迁移原理的应用包括以下四项：

1. 与工作环境相似的培训情境

当培训开发课程的特性与工作环境高度相似时，学员回归工作后的知识技能迁移程度较高。针对具体工作技能的培训最适用于这一原则，如电脑技能的训练、机器的操作和维修等。

2. 提供知识技能的原理、通则

有时，培训课程的特性虽然与工作环境有差异，学员仍能通过了解知识技能的原理(是什么、为什么)，将培训所学运用于工作中。针对知识技能、态度行为的训练，适用于这一原则。

3. 通过练习操作、提供口诀，帮助员工提取知识

讲师可以通过作业的安排、练习方式，或者提供有助于记忆的口诀，帮助学员将学到的知

识技能由短时记忆转化为长期记忆。这有助于员工在工作遇到困难时，快速提取记忆并使用新的知识技能。这一原则适用于所有知识技能的培训。

4. 加入防止衰退的策略

学员在培训结束后回到工作上，可能会因缺乏主管支持、没有改变行为的动因而不使用新习得的知识技能。为了协助学员使用从培训开发课程中学到的新技能，讲师可以在课程中增加防止衰退的部分内容，包括让学生列出工作中可能妨碍其使用新技能的因素、讨论排除障碍因素的方法，并引导学员使用自我管理技巧(如目标设置、自我观察、自我激励等)来促进行为改变。

除了关注授课过程中迁移原则的应用，人力资源管理者还应主动创造机会，帮助学员表现出所学技能。有些课程，比如消防演练、紧急逃生训练等，学员在训练后很少有机会使用所学技能，则应安排定期复习。

(五)培训者的选择

企业培训开发项目中的培训者，既可能是受训者的上级或其他管理者、同事、外部专家，也可能就是员工主导的自我开发。具体培训开发项目中培训者的选择，取决于开发项目的性质、举办场所、拟传授的内容。组织中的入职培训往往是由人力资源专业人员来主持的，而专业技能培训往往由内外部专家来教授，对于管理者的人际、概念及构想技能开发，则常由外部专家、学者或管理顾问来传授。

1. 上级主管及其他管理者

在很多企业中，在职培训是唯一的培训形式，上级主管几乎承担了员工的全部培训责任。在企业的脱产培训中，上级主管或其他管理者是内部培训师的最佳人选。此外，在管理开发中、上级主管也发挥着重要作用，他们随时可以掌握员工的工作状况、评估员工的职业素质，并能通过有效分配工作任务来提高员工绩效。

2. 同事

同事对工作职责和技能的了解可能远胜于他人。在迪士尼公司，新员工在参加入职培训之后，会与有经验的老员工一起进行16～38小时的“配对培训”(即一对一的员工指导)。事实证明，同事是有效的培训者。在公司强调内部晋升和选拔时，同事间的交叉培训尤其必要，这能使员工很快接替或协助他人的工作，大大提高企业人员配置的弹性。同事也能在管理开发项目中充当重要角色。在大型跨国公司中，常见的做法是召集来自不同部门的员工参与为期数天的开发项目。在这类项目中，最有价值的学习往往发生在与同事的交流过程中。

3. 主题专家

主题专家经常作为公司脱产培训的培训师。外部专家拥有丰富的行业经验或专业诀窍，但他们可能不了解特定公司的文化、工作流程或培训开发目标，这会削弱培训开发项目的针对性。但是，如果企业内部没有合适的培训人选，或者有大量员工需要在短期内完成培训，则外部专家将是唯一的选择。

4. 员工本人

当电子化学习的学习进度更多地掌握在员工手中时，员工本人就承担了双重角色：既是受训者，也是培训师。员工可以根据自己的能力、时间安排决定学习速度和练习次数，但企业仍有必要对培训完成时间进行总体安排。

三、阶段3：项目实施

培训开发项目实施最主要的考虑是选择与受训者、培训内容相匹配的方法。培训的方式方法很多，本章第三节将分别介绍新员工的入职培训与社会化、非管理职位常用的培训开发方法、管理开发，以及团队培训方法。

四、阶段 4：项目评估

在实践中，尽管大量企业会在年度预算中考虑培训开发项目的支出，却很少关注培训开发项目对企业经营绩效的短期及长期影响。但是，如果我们将培训开发活动视为重要的人力资本投资活动，相关资源和时间投入的目的在于提高组织长期目标实现的能力，就极有必要对这一投资活动的成本收益状况进行评估和控制。

为了证明培训开发的必要性和重要性，一些企业使用多种方法来评定具体培训开发项目的价值，如成本收益方法、员工汇报分析法、调查问卷评估法和记录评估法等。在进行培训开发项目评价时应确定两个基本问题：一是关于评价研究的设计，明确是否应采用控制实验；二是明确培训效果的评价标准。关于企业单个人力资本投资项目实施效果的评价以及企业总体人力开发投入的效果评价，将在本章第四节中论述。

第三节　培训开发技术与方法

员工接受培训和开发大多出现在三种情况下：(1)刚进入组织的新员工；(2)准备接受新工作任务的老员工；(3)工作中出现的问题可以通过培训缓解或解决时。实际上，有效的培训开发项目往往会和个人职业轨迹相结合。当一个人成为某个组织的新成员时，一般要参加该组织举办的新员工入职培训；随着职业生涯的推进，为了完成特定工作任务，专业培训、操作技能培训等随之而来；为了顺利实现员工在组织层次和职责重要性上的提升，需要组织技能培训和思维训练来改善员工能力；员工因工作努力获得晋升，管理技能开发、领导能力开发也是必要的。

一、新员工的入职培训与社会化

入职培训，又称定位(orientation)，是对新员工进行的针对企业、职位和工作小组的情况说明和指导。入职培训会影响新员工对公司整体、工作效率和组织文化的第一印象，而且这种印象会持续相当长的时间，并影响他在新职位上的适应状况。具体来看，入职培训涉及的内容包括公司的运作规划、各种政策及工作程序，员工即将加入的部门信息，以及新员工顺利进行工作角色应了解的其他信息(见表 7—4)。

表 7—4　入职培训计划中涉及的主要内容

Ⅰ. 公司信息 公司概况(如价值观、历史、使命等)；经营方式；关键政策和工作程序；部门和员工结构；薪酬制度；员工福利与服务；安全与事故预防；员工关系；各种设施；财务制度；客户关系。
Ⅱ. 部门信息 部门职能与理念；工作任务与职责；职能领域内的政策、程序、规则和规定；绩效期望；部门参观；向部门员工介绍新人。
Ⅲ. 杂项 新员工为适应新工作环境，需要做的生活调整(如住宿、家庭调整)及相关事项。

入职培训是新员工进入企业后所接受的最初培训，也是新员工与企业的首次真正意义上

的工作接触，对于新员工尽快适应工作环境有着重要意义。具体来看，第一，入职培训有助于新员工尽快达到工作要求，并有助于减少新员工上岗初期的紧张不安及可能感受到的现实冲击；第二，入职培训在员工的社会化过程中也扮演着非常重要的角色。

所谓社会化，是指将一名新员工转化为企业有效成员的过程。有效的组织社会化，包括为有效完成工作做好准备、熟悉组织和建立工作关系三个方面的内容。组织社会化可以分为三个阶段：期望社会化阶段、遭遇阶段和融入组织阶段。期望社会化始于求职者在招聘、聘选过程中与企业招聘人员、管理者的互动过程，此时求职者形成了对公司、职位、工作条件及管理氛围的期望。遭遇阶段发生在员工实际入职后，在参与培训和实际工作过程中经历的冲击。融入组织阶段则是员工开始适应工作和各类社会关系，解决各类工作与人际冲突的过程。员工只有在充分完成了三个社会化阶段后，才能全心投入工作目标的达成（如产品生产、服务顾客）。以迪士尼公司为例，组织社会化在甄选面试过程就开始了：他们向求职者说明组织的真实工作情况，重点是让求职者了解到迪士尼的工作不仅很吸引人，也十分辛苦。在新员工入职后，他们进入迪士尼大学参加为期两天的关于公司传统和价值观的研讨班，并掌握完成工作所必需的基本技能和顾客关系方面的注意事项。迪士尼的入职培训方法获得了极大的成功，并成为其他企业的效仿对象。

完整的入职培训过程通常包括三个步骤。首先，由人力资源管理者提供有关企业的一般性信息，包括公司历史、组织结构、行业地位、主要产品与服务以及人员管理制度等。接下来，直接主管通常负责向新员工介绍部门概况、工作职责和要求、安全问题、部门参观、向其他同事介绍新员工，并使员工清楚地了解工作期望和具体工作规则。有时主管可能将此任务委派给一位本部门的资深员工。最后的步骤是评价和补充完善阶段，由人力资源部门和新员工的直接主管共同完成。新员工通常不会仔细检查有哪些必要的信息被忽略了，所以在工作的第一周，主管应与新员工一起梳理重要信息，并确保新员工与同事的工作融洽。需要指出的是，有效的入职培训应当强调向新员工介绍公司的企业价值观，以及新员工最初阶段适应工作环境所需的信息（如基本工作设施和工作要求等），而不宜过分关注具体信息的提供（比如公司福利制度的具体细节），新员工在短暂的培训期间显然无法消化大量的组织制度、规章信息，这些内容可以在员工入职后逐步领会吸收。

在网络时代，新员工的入职培训可能采用混合式学习（blended learning）的方式。混合式学习包括三个方面：社群、小组与伙伴。比如，一位新的销售人员加入公司，人力资源部门安排他加入一个新人学习网上社群，其成员是来自公司各部门的新人，他们一起熟悉、交流组织的结构分布与规章制度，也因此认识了同期加入的同事。接着他加入销售部的学习小组，成员是销售部的其他同事，帮助他了解部门文化，学习日常工作的流程和诀窍。最后，直接主管担任他的学习伙伴（导师），和他一起设定个人发展目标，并给予意见和指导，以个人化的方式实现新人的职场角色转型。

虽然入职培训项目一般是针对新员工的，但是有时也需要为那些长期在企业工作的老员工设计相应的方案，特别是当公司经历了重大改组、购并或业务转型后。否则，老员工可能发现自己处在一个完全陌生的企业中，难以适应新环境。

二、非管理职位常用的培训开发方法

培训非管理类职位的员工，有大量方法可供选择。培训方法是培训内容得以交流的载体，不同的培训方法适用于不同的培训目标，在下文介绍的方法中有些历史悠久，另一些则来自关于人类行为的新研究成果(如学习、激励、人际关系等)的应用。而技术的发展,包括计算机技术和网络的普遍应用,则使培训本身变得更为有效、经济和高度弹性。

(一)在职培训

在职培训(on the job training,OJT)是一种非正式的培训开发方法,是指让员工通过实际从事某项工作来掌握工作中所需的技术、技能。这一方法适用于企业中的所有职位,而对非管理类工作而言,这一方法尤为重要。在职培训常用于以下几种情况:新员工培训;引进新技术时,提高老员工的技能水平;对同一部门或单位内的员工进行跨职能工作培训;使新近调动或晋升的员工适应新的职位要求。

在职培训的关键是通过示范、观察和模仿等途径,实现知识技能从经验丰富的高技能员工向经验不足的新员工的转移。在职培训的主导者通常是直接主管,此外,同事间的沟通也是一种非常有效的培训方法。在职培训的优点很明显:在培训材料、师资或培训项目设计上花费的成本较低,受训者边干边学,不需要教室及其他专用教学手段。此外,这种方法也能促进学习,受训者在实践中学习,能迅速得到有关工作行为正确与否的反馈。但在实践中,在职培训往往达不到预期目标,这往往有三方面原因:(1)缺乏良好组织的培训环境;(2)管理者缺乏培训经验;(3)缺乏明确界定的工作行为标准,资深员工传授的技能可能因人而异。为了提高培训效果,人力资源专家建议,在职培训应具备以下特征:

(1)清楚说明公司关于在职培训制度及其目的的政策,以强调公司对在职培训的支持;

(2)清楚说明谁有资格对其他员工进行在职培训,在此基础上,应将该项职责写入职位说明书,并纳入绩效评估体系;

(3)对本行业中竞争对手公司的在职培训实践(如培训内容、职位类型、培训时间长度及效果)进行全面审查;

(4)实施在职培训之前,对受训者的基本技能水平(如阅读、运算、书写等)进行评价;

(5)由有资格的管理者或同事针对模块化、标准化的学习内容开展培训。

除了企业中随处可见的自发性在职培训,企业也可能通过计划或正式制度规范其在职培训计划。下面简要说明几种典型的正规在职培训方法。

1. 学徒制

学徒制是一种边干边学的培训方法,它结合了在职培训和课堂培训两种方法。学徒制尤其适用于高技能工人的大规模培养。欧洲国家(如德国)的学徒培训应用得相当广泛,学徒培训与青年就业、教育和培训系统联系得相当紧密,成为提供高技能工人的有效途径。美国在部分技术性行业(如管道工、木工、电工等)也有学徒培训的法定要求。在某些情况下,学徒制还被用于培养新的管理人员。加拿大黄金公司是一家矿业公司,该公司给高校 MBA 学生提供一项为期 9 个月的学徒计划。学徒们在 9 个月间会给公司首席执行官做贴身助理,观察董事会会议、谈判过程及收购矿山的流程,还要陪同首席执行官出差,学习采矿业中各方面的重要问题。公司希望通过实施学徒计划吸引更多的优秀 MBA 从事被视为危险、落伍的采矿业工作。台湾房产经纪公司永庆房产,则利用学徒制来提升公司留人的能力。房产经纪每天工作时间动辄超过 10 小时,销售指标压力大,新入职的挫折和压力使大量新员工快速离职。在永庆房产成立初期,其新员工流动率曾高达 80%。为了解决这一问题,永庆房产一方面优化了人员甄选流程,选择适应组织文化、乐于团队合作的员工,同时以学徒制来辅导新员工,帮助新员工尽快适应工作,降低工作失败的概率。在新人报到的第一天,各门店就会安排资深员工(储备店长)与新员工交流,建立“生活关怀、工作协助、文化传承”的关系。总部同时任命 6 位资深员工，在新人训练时随堂上课，观察新人适应情况，给予心理上的安抚和鼓励。储备店长会向员工传授销售技巧，并协助新员工尽快完成第一笔成交，以建立职业信心。公司在晋升店长时，则会考核储备店长所带领的3～5名新人的季度平均绩效、在新人中的口碑和人缘，来作为评判其是否具备“带动个人能力成长”的领导力的依据。学徒制在永庆房产的推行带来了明显的成效，新人流动率在近年下降为40%以下，新人的第一次成交时间则缩短了33%。

管理聚焦7－2

瑞士工作人：从学徒开始的梦想工作

专心把一件事做到最好，打造高品质的产品，这样的“工匠精神”在瑞士钟表、精密机械、化学制药等行业构成了其核心竞争力的关键所在。与此同时，瑞士年轻人也并未牺牲自己的梦想，“将个人兴趣与工作相结合”对于大多数瑞士年轻人来说，并非只是口号，而是真切的人生现状。而这一理想的状态，与瑞士的学徒制度是密不可分的。

在瑞士，学校每周为7年级学生(12、13岁)安排1小时的“职业指导”课程，引导他们探索自己的未来。8年级开始，学生必须亲自拜访想去的企业(如医院、中小企业)，了解实际的企业运作。在学生明确自己的职业兴趣所在后，就会选择一个领域去做学徒。也因此，学徒是很多人职业生涯的起点，约有2/3的人会在9年义务教育结束后走向技术职业教育体系，每周有3～4天到企业当学徒，其他时间在学校上课。完整的学徒制与职业证书制度相配合，协助瑞士的年轻人找到适任的工作领域并掌握足以胜任的工作技能。

以教育训练机构Libs为例。Libs是一家专门协助瑞士机电制造厂商训练学徒的机构，与其合作的企业约有80家，包括全球最大的电力和自动化技术大厂ABB。企业与Libs的合作，始于企业向Libs提供招募信息。有兴趣的十四五岁青少年需要提交个人简历、在校成绩和申请动机，并到Libs接受面试、笔试和操作测试。这一阶段的层层过滤，是希望找到合适的候选人，其严谨程度不下于企业雇用正式员工。学生获聘成为Libs的学徒后，双方签订合同，学徒可以领到固定工资。在3～4年时间里，学徒每周有3天在Libs的工作坊受训，另外2天在邻近的职业技术学校上课。基本上，瑞士学徒制都属于“先找公司、再找学校”的模式，学生必须先搞清楚自己想进怎样的公司，再规划到哪里学习何种专业技能。

Libs为了将学徒培训成企业可用的人才，其设计的实作环境高度贴近真实的商业世界。学徒不仅要学习实际操作技能，还需要在仅了解产品要求的情况下自己找方法，讨论用什么材料和设备来完成制作。由于Libs并非完全实验性质的教学环境，也接企业订单，学徒会参与从研发样品到快速量产的全过程。为了激励学生努力掌握职场技能，每个阶段都有操作考试，测验能力进度，最后一年也有证书考试，通过考试可以获得国家颁发的技术训练证书(Federal VET Diploma)。技术训练证书证明了特定领域的完整培训经历，提升了年轻人在劳动力市场中的就业能力。

学徒制的存在，使瑞士年轻人能做自己喜欢的工作，更有兴趣把工作做好，为此而专注、深耕，持续挑战自己而不以为苦，并为地区经济的支柱产业提供了充满热情的专业人才，实在是双赢的人力资源实践。

资料来源：《商业周刊》，2014年3月。

2. 职位轮换与开发性工作任务安排

企业可能将员工安排在不同的职位上，或者承担不同的工作任务，以实现员工的学习和能力发展。职位轮换是一个以工作经历为基础的开发项目，员工在相对较短的时间(每个职位2～3个月)内，在多个不同职位和决策情境之间调动和积累经验。通常，员工所轮换的不同职位，其难度水平基本保持一致。职位轮换适用于高度依赖的工作团队，其主要目的在于帮助员工了解不同职位的工作任务及其相互联系，以此促进团队内部成员形成共同的心智模型。但职位轮换也存在不足，即员工在单个职位上的时间较短，学到的内容相对有限，并且，由于了解自己处于不断改变职位的过程中，员工在特定职位上的工作动机和意愿可能受到抑制，并因缺乏归属感而产生较高的离职意愿。为了减少离职，企业可以以小组(2人及以上)为单位安排职位轮换，保证员工在轮换过程中能赢得同事的友谊和建立稳定的支持系统。

与职位轮换相类似，企业也可能采取开发性工作任务安排的方式，促进员工在工作过程中学习。开发性任务安排往往涉及：(1)相对生疏的任务职责；(2)推动变革的责任；(3)更大的决策权和责任；(4)跨组织边界的工作任务。

管理聚焦 7－3

IBM：网络时代的开发性任务安排

IBM是全球最大的信息技术和业务解决方案公司，拥有全球雇员30多万人，业务遍及160多个国家和地区。作为一家全球性跨国企业，庞大的员工规模既是企业的宝贵资产，也为人员管理和开发带来了问题，及时优化员工技能、确保项目与人员的有效匹配成为企业发展中的难题。为此，IBM运用内部员工调配中心来负责管理各类项目及人员配置，并建立了开放人才市场来实现员工的开发性任务安排。

为了优化员工与项目间的匹配，IBM建立了员工调配中心这一特别部门。员工调配中心负责管理各类项目，其目标是整合项目与人才管理的整体生态系统，为项目寻找合适的人才，并为员工提供技能开发和职业发展的机会。为了实现这一目标，员工调配中心开发出多种类型的工作管理方式来寻找合适的人才，开放人才市场就是这类尝试的产物。

开放人才市场是IBM的一个内部人才平台，其特征是充分结合员工的个人技能、工作兴趣方向，鼓励员工独立承接从软件开发项目中分解出来的模块。自2011年该平台正式投入使用以来，IBM每年通过此平台投入的工作量高达1.2万～1.5万件。如表7－5所示，该平台的工作模式是，项目经理首先把软件开发项目分解成多个短期任务(通常耗时0.5～7天)，然后再投入到开发人才市场中。项目经理会在市场网站中发帖说明工作要求，感兴趣的员工可以报名参加。工作方式可分为海选和人才竞争方式，前者要求所有参与者提交工作结果，其中表现最佳者胜出；后者要求参与者说明任务完成方式，项目经理从中选择一人完成工作。为了提高开发项目的连续性，项目经理有时也会向合作过的工作者进行任务推销，通知他们后续的开发计划。值得注意的是，所有的员工参与都是自愿的。

表 7—5　　IBM 平台工作模式

阶段	准备开发活动	调用开放人才市场	交付开发成果	奖励回报工作者
关注点	项目团队	平台	参与者	成果
活动	(1)利用模块分析法把开发工作分解成多个短期任务 (2)确定需要利用开放人才市场完成的模块 (3)设计结果定位型任务包,启动开发工作 (4)根据任务难度设定奖励方式	(1)在开放人才市场网站启动竞赛活动 (2)利用分析工具向平台成员做活动推广 (3)鼓励平台成员对活动的参与投入 (4)对活动的报名参与情况进行跟踪	(1)在规定时间内(0.5～7 天)提交符合要求的解决方案 (2)参与论坛活动,加强集体沟通 (3)视活动要求自行判断是否需要利用内外部资源	(1)项目团队对提交的方案评分,选出优胜者 (2)方案采纳后对工作者做出奖励(可能需要做最后的修改完善) (3)优胜者获得积分和电子信用值

在推出开发人才市场之前,IBM 通常用指定团队的方式进行开发,管理者需要制订全面的项目开发计划,根据进度不断调整,以确保为每一个岗位分配足够的全职员工。而在新的工作模式下,项目经理不再需要了解公司数以万计的员工中谁有能力和时间完成工作,只要推出工作就会自动吸引优秀员工的参与。为了减少这一安排对员工本职工作的冲击,在员工报名参与平台任务时,其部门经理会在第一时间得到通知。开放人才市场的工作任务时间都很短,以方便员工精确预测自己的自由时间,决定能否在不影响本职工作的前提下参与开发活动。

虽然开发人才市场强调员工在完成本职工作之外自愿参与,但大量员工仍乐于承担额外的工作,这是因为这些高度多样化的项目开发活动有机会让他们学习(和公开展示)新技能。由于信息技术行业中专业技能高低是决定员工价值的关键,不断更新技术足以保证员工价值的提升。此外,开发人才市场向项目参与者(及其经理)提供电子信用的实时信息,其中记录着每个员工在该平台上完成的工作任务量、拥有的技能、积分情况及其等级,这些信息可以作为人员管理与职业发展的参考意见。表现突出的参与者还可以根据积分高低定期获得任务回报及额外现金。

当然,在开发人才市场这一安排下,并非所有有志于参与的员工都能得到心仪的项目,也并非每一项工作任务都能得到圆满完成。毕竟,适用于这类平台处理的任务仍有一定的局限,通常那些可以分解为有形成果的工作、能形成明确具体的工作成果、工作任务成果的质量很容易观察和评价的项目,最有可能实现企业与员工双赢的结果。

资料来源:约翰·布德罗等:《未来的工作:传统雇用时代的终结》,机械工业出版社 2016 年版,第 112—135 页。

(二)演示法

演示法是一种让受训者处于被动的信息接受地位的培训方式。演示法包括课堂讲授、远程学习、程序化教学、模拟培训、行为塑造、自我指导学习等方法。这些方法对于向员工展示新事物、传递新信息、宣传不同的理念、传授不同的问题解决方式是非常理想的。信息技术的发展使视听技术、互动视频被大量用于商业演示,新技术使演示法得以提升信息传递效率和对受训者个体需要的关注。

1. 课堂讲授

课堂讲授一般是指培训讲师对一群受训者进行课堂讲解,讲解过程中往往辅以问答、讨论或案例分析等讲授形式。课堂讲授目前仍是最常用的正规培训方式。课堂讲授的好处很明显:它是一种迅速、便捷的同时向许多受训人传授知识、提供专题信息的方式。例如,当销售人员必须了解某种新产品的特点时,就可采用讲座的方式。但是,由于传统课堂讲授的信息交流主要是单向的,受训者只能被动接受,讲授法可能是学习迁移效率最低的培训方法。为了改善讲授的效果,培训讲师应尽量引用与工作相关的例证,穿插鼓励受训者参与的练习,运用多种方法调动受训者的学习愿望,并向受训者明确讲授目的和讲授重点。

2. 远程学习

远程学习是一种可以让分布于不同地域的多名受训者同时参与学习的培训方法。常见的远程学习包括电视会议、电话会议,以及其他基于计算机或互联网的培训。企业经常使用远程学习向员工提供关于新产品、公司政策或工作流程等方面的信息,或进行技能培训和专家讲座。远程学习可以为企业节约差旅费,并使分散于不同地点的员工都有机会获得高质量的专家培训。但远程学习也有明显缺点:如果仅是通过现代通信技术单向传播课堂讲授的内容,则很可能导致培训者与受训者之间缺乏互动。

(三)程序化教学

程序化教学是在没有教师介入的情况下传授工作技能的系统方法,它包括提出疑问或事实要求受训者回答,并对回答的准确与否及时给予反馈。在程序化教学中,培训资料被分解成若干小的框架,学习者按顺序学习每一部分并回答问题,对于回答正确与否能马上得到反馈。如果正确,学习者可以进入下一部分;如果不正确,学习者需重新学习这一部分。大量基于计算机的培训项目,包括网络化培训,都是遵循程序化教学的模式而设计的。计算机及网络的应用,使得学生可以通过练习、解决问题、模拟、游戏等方式完成个人化的学习。

程序化教学的优点是可以同时培训大量员工,而每位员工都可以自行决定学习进度。此外,程序化教学使受训者可以获得即时的、个人化的反馈。但程序化教学的缺陷是开发成本很高,因而程序化教学仅适用于需要大规模培训及多次重复培训的项目。当程序化教学以互联网为载体时,在保留原有优点的基础上,也有一个问题需要注意:企业对受训者的管理和控制的难度大大增加,且受训者之间交流互动的机会也会受到负面影响。

(四)模拟培训

模拟培训是以脱产方式让受训者用工作中即将使用的设备或模拟设备学习。真实工作模拟,能够提供几近真实的工作条件,同时实现对培训过程的有效控制,从而为受训者提供了一种最佳的学习条件。受训者在真实模拟条件下产生的结果,再现了受训者在实际工作中做出同类决策时可能的后果,既能提高学员的学习动机,也能改善培训的学习迁移效果。

模拟培训适用于需要在实干中学习技能、积累经验,但让员工在实际工作岗位上接受培训太危险或成本太高的情况,如培训飞行员、操作人员等。因为直接将员工安排在工作中培训要么太危险,要么会大大降低生产率。模拟培训可能直接采用未来工作中将使用的设备,也可能使用模拟设备。在飞行员培训中,模拟飞行器就被大量使用,这是因为以下几个原因:

(1)安全。机组人员可以在安全、有把握的环境中演习危险的飞行动作。

(2)学习效率。没有实际飞机环境中存在的空中交通冲突和无线电干扰,可以使受训者高度集中注意力学习如何驾驶飞机。

(3)经费。操纵一个模拟飞行器的成本只相当于驾驶一架真飞机的成本的很小部分。前者节约了维修费、飞行教练费、燃料费,以及如果用真飞机培训而带来的营运收入的损失。

当然，模拟培训也有其局限性。一般来说，模拟培训环境与真实工作环境越接近，培训项目的花费也就越大，对培训硬件设施的要求也就越高。模拟培训的另一个局限是：投入模拟培训项目中的资源会形成沉淀，不易挪作他用，这是由模拟培训的特点所决定的。由于技术的进展，企业还可能通过虚拟化身（计算机化的虚拟人物与情境）、虚拟现实（三维空间的虚拟环境）等方式，来替代传统的模拟培训。

（五）行为塑造

研究发现，行为塑造是传授人际关系技能的最有效方法之一。在行为塑造方法的使用过程中，每次的行为塑造培训通常集中传授一种人际关系技能（如与他人进行管理沟通），时间大约持续 4 个小时。每次培训会包含以下内容：(1)建立示范模型。说明隐含在每一种关键行为背后的理由，再向受训者播放视频，展示典范人物有效处理问题的样板行为，使受训者了解特定情景下的行为期望。(2)角色扮演。给受训者分配角色，在模拟情景中练习使用正确的行为方式处理问题。(3)社会强化。培训者对视频中的标准行为进行评价，并帮助受训者理解这些关键行为在工作中的应用，同时，根据受训者在角色扮演活动中的表现，用表扬和建议的方式给予行为强化。受训者所扮演的角色和标准行为的规范，都是根据真实就业环境中可能发生的各种事件设计出来的。

行为塑造法常被用于培训基层主管和中层管理者，使他们更有效地处理工作关系和所在环境中的人际关系，如给予表扬、训导、改进不良绩效等；同时，行为塑造也被用于培训员工，使他们掌握客户关系处理的技巧、建立团队成员间的信任和尊重，以及其他工作相关的行为技能。

（六）自我指导学习

自我指导学习（self-directed learning）要求员工作为培训的管理者，主动承担起学习过程的管理责任——何时学习、学习进度和投入精力的多少，培训者只是作为辅助者负责评估受训者的学习进展情况，并回答受训者提出的问题。例如，在康宁玻璃，每一位新入职的工程专业毕业生都必须参加一项名为 SMART（即自我管理、认知、责任和技术能力）的培训计划。受训者通过参观工厂、访问研究机构并与工程技术专家、管理者交谈，找到一组问题的答案（如“何时需要在工程试验设计中用到统计分析方法”）。当这些受训者找出答案后，由已参加过 SMART 项目的老员工组成的委员会，对答案进行评价。研究发现，该培训项目使新员工胜任职位所需的时间由 6 周减少到 3 周，此外，这一计划还使员工得以建立起公司内部的人际联系，并更好地了解公司。

自我指导学习有明显的优点：从个人视角来看，受训者可以按自己的节奏进行学习，并能得到关于学习绩效的反馈；从公司的视角来看，自我指导学习减少了对培训者的需求，并使培训更为便利，培训场合更为灵活多样。但自我指导学习也有明显缺陷，即自我指导学习的效果取决于员工的主动学习意愿，它更适合有意愿学习并擅长自主学习的受训者；同时，公司在自我指导学习时需要承担更多的前期开发成本。随着公司越来越强调培训的灵活性和员工自主学习能力，以及互联网技术的广泛应用，基于远程教学、网络课程或可读光盘进行的自我指导学习在将来可能变得更为普遍。

除了传统的实体课程和线上学习模式外，手机 App 和网上社群的普及也使得人们在知识、技能学习中越来越依赖“社群学习”，使每位学习社群的参与者除了被动学习，也能主动贡献所知，既能提升成员间的交流互动，也强化了即时的知识流动。

三、管理开发

由于组织扁平化而带来的人员精简,企业中管理者的数量和层次越来越少,管理能力就变得越发重要。为了保持和提高管理者的工作效能,管理者应能及时把握新理念、新知识,进行管理变革和组织创新,这都需要管理者不断学习和发展。此外,针对新任管理者的研究也发现,导致新任管理者失败的原因相对集中于特定的能力、行为领域,这些问题领域可以通过管理开发活动得以改善,从而也构成了管理开发的重要目标。具体来看,常用的管理开发项目主要包括教练和指导、会议与专题研讨、案例教学与商业游戏、评价中心和角色扮演、初级董事会等。

(一)教练和指导

教练(coaching)是一种由直接主管主导的一对一的在职管理人员开发方法。教练的目的不在于传授管理知识,而在于构建有利于受训者学习的环境,使受训者学习掌握管理技能,具备分析、调整和处理问题的能力,并能在复杂的现实环境中灵活运用。为了这一目的,很多企业设立了助理管理者一职,被安排在这一职位上的人有机会成为其直接上级的接班人。下属们除了有机会观察并模仿上级行为之外,还会被安排一些需要运用决策技能的重要任务。研究表明,员工的首位直接主管对于员工的职业生涯有着关键影响。这是因为,首位主管将帮助员工形成基本工作价值观、绩效标准、个人能力的自我评价,并学习必要的工作技能。因此,身为教练的合格管理者应对有关工作与组织目标间的关系有全面了解,他们还应当愿意与下属分享信息,花时间引导、指点下属,并建立相互信赖和尊重的关系。

指导(mentoring)又称辅导,也是一种一对一的在职管理人才开发方法。但与教练法不同的是,指导者通常不是受训者的直接上级,而是组织中年资较长、有经验的管理者,他以导师、朋友、知己和行为典范的身份对新进员工或新晋升管理者进行引导。指导过程的目的是以集中、有效的方式提高被指导者的领导、沟通和管理技能,从而减少在学习过程中因不断试错而造成的浪费。对被指导者而言,指导有三个方面的作用:(1)产生支持性、高度信任的环境,被指导者可以在其中学习处理困难的问题,绕过组织政治的雷区;(2)提供个人学习和发展的平台,被指导者可以通过反馈、指导来调整并改善其工作绩效;(3)提升职业发展机会,指导者将给予被指导者更具挑战性的工作任务,并增加后者与高管人员接触的机会。研究表明,指导有助于加快新管理者的社会化过程,提高被指导者的工作绩效和工作满意度,发现和培养领导人才。此外,指导关系同样给指导者带来极大的满足,特别是处于职业生涯中后期的、缺乏晋升机会的中高层管理者,引导者的身份对其具有重大的心理意义。为了提高指导关系的质量,应建立导师与学生的良好关系,指导者和被指导者双方的兴趣必须相近,必须在心理上较为亲近和彼此认同。在宝洁、GE等企业,会为新人专门设置一个导师库,其中包括公司的高级经理和资深员工(都是自愿加入),新人可以根据自己的需要自由选择导师,确定后在一定周期内不能更换。

管理聚焦 7-4

来自云端的指导:Everwise

一对一指导是领导者能力开发的重要方式。学员与导师的指导关系可能是以非正式、渐进方式形成的,也有一些企业以正规系统的方式管理这种关系,鼓励员工提出指导申请,并为其物色适当的导师人选，通常导师和学员都是同一企业的全职员工。这种指导关系可以充分利用内部导师的知识和技能，且师生间的讨论内容不会泄密，受到公司和工作协议的保护。但是，在企业规模小、员工数量少的情况下，要建立一对一的内部指导关系会很困难。很多企业发现，从现有管理层很难找到合适的导师人选。企业中有限的管理者可能不具备指导能力，或者不一定有时间，更难以满足所有学员的需求。

如果将这种指导机制转移到云端会怎样？一家名为 Everwise 的公司将这一奇思妙想付诸了实践。Everwise 是一个网络平台，为希望寻找导师的工作者在其公司之外物色合适的目标人选。迄今为止，Everwise 平台的数据库已经积累了六万多条信息，可以有效帮助学员寻找经验丰富的导师。作为大数据时代的应用，这一平台不但使用多种参数和算法以保证导师—学员的匹配质量，还提供了多种在线工具使一对一指导关系最大限度地发挥作用。对于平台上的师生互动情况，系统会实时提供反馈，对匹配算法和应用工具不断进行调整更新。这些工具显然也可以应用在企业，协助内部员工之间指导关系的匹配，使传统的员工开发活动也能充分利用云端人力资源平台的移动便利与高渗透性。

资料来源：约翰·布德罗等：《未来的工作：传统雇用时代的终结》，机械工业出版社 2016 年版，第 239—241 页。

（二）会议与专题研讨

会议与专题研讨的方法，是将兴趣相同的人聚集在一起讨论并解决问题的一种广泛使用的教学方法。通常，讨论小组的负责人是管理人员。小组负责人的作用是使讨论正常进行并避免某些人的观点偏离主题。讨论问题时，负责人倾听并允许小组成员解决他们自己的问题。参与会议的人虽然身处培训中，但是可以解决日常工作中面临的实际问题。

由于互联网与公司局域网在工作场所中的广泛应用，使会议与专题研讨会可以采用学习社区、内部知识共享系统等方式来实现。例如，从事建筑及采矿设备、发动机制造的卡特彼勒公司建立了内部的知识共享系统（知识网络），该系统以互联网为基础，包括 3 000 多个不同领域的学习社区。这些学习社区由专业、兴趣相近的员工组成，规模从小型团队到来自世界各地的数百名员工不等。公司鼓励员工通过学习社区来发布信息、张贴问题，并为相关的参考资料提供网络存储空间。为了促进员工参与学习社区的网络讨论，公司还会使用网络讨论次数和登录知识共享系统的人数等指标，来追踪和管理员工参与学习社区的情况。参与学习社区使员工有机会向同事咨询问题，并加强了协作和团队合作。

（三）案例教学与商业游戏

案例教学与商业游戏是管理技能开发中常用的方法，受训者需要在游戏或案例描述的特定管理情境下收集信息、分析信息并做出决策。

案例教学能使受训者尽快熟悉业务环境和管理实践，开发解决问题和做出决策的能力，并展现受训者的价值取向和偏好。案例教学特别适用于开发高层次的能力，如分析能力、综合能力及评估能力，这些技能通常是管理人员、专业人员所必须具备的。

在案例教学中，高质量的案例材料应具有以下特征：案例内容应是真实的，一定要能抓住受训者的注意力；案例中给出的条件应是可信的、易懂的。案例中给出问题的方式可以是直接的，也可以是间接的，目的是引导受训者分析问题、解决问题。编写案例是劳神费力而又有较强专业性的工作，大多数企业的人力资源管理部门很难胜任该项工作。美国企业培训中高级管理人员所使用的案例，大多来自大专院校和科研机构（如哈佛商学院案例库）。

商业游戏与案例教学的共同点，在于参加者需要依据一个公司及其环境的背景资料，就公司经营中可能遇到的各类问题做出决策。由于参与者往往被分为几个小组，充当行业中的竞争对手，商业游戏能模拟现实的竞争气氛，并为参与者提供决策结果的反馈。在一个典型的商业游戏中，15～25 名管理人员参与到一个游戏中去扮演某家虚构公司（以所在公司为蓝本）的高层管理者。管理人员以 5 人为一个小组，努力达成公司的销售额及营业利润目标，同时还要应对各种挑战，如在短期经营业绩和长期投资之间保持平衡。管理人员拥有的信息包括行业资料、市场数据、本公司及竞争对手的经营和财务数据等。管理团队必须选择一项战略并且对人员和资金进行合理配置。他们还需要对某些突发问题（如大客户紧急增加订货）做出反应，判断不同解决方案的成本和收益并做出决策。各个管理团队会直接看到其决策所产生的各种后果。在商业游戏结束后，参与模拟游戏的管理人员将共同讨论各个管理团队的销售额和利润情况，以及各自的战略及行为选择对利润产生的影响。

研究显示，商业游戏方式会产生明显的学习效果。商业游戏有助于团队成员迅速构建信息和分析体系，培育高凝聚力的群队。并且，对于某些员工群体（如高层管理者），商业游戏比其他培训方法（如课堂演示）更有意义，有助于管理技能在未来工作中的应用。

（四）评价中心

评价中心方法既被用于人员甄选，也常用于管理人才的培训开发，特别是分析评价管理人才的领导有效性及相关的知识技能水平，为未来的职业发展提供依据。评价中心使用的具体方法可能包括纸笔测验（如人格和能力测验）、角色扮演、管理案例分析、管理竞赛、公文处理模拟和无领导小组讨论等，整个评价过程耗时 2～3 天。

评价中心在管理开发过程中的应用，受到了普遍的认可，原因有几个方面：(1)这一做法克服了传统的管理潜力评价方法中个人偏见的影响，所获得的信息度较高；(2)评价中心将会指出管理者的开发需求，如沟通能力、组织和计划能力、创新意识等，从而为未来的行为发展提供方向；(3)有效的评价中心在开发过程中，评价者还能基于开发需求指出具体行动步骤，以便管理者可以在工作过程中改进其行为。

（五）角色扮演

角色扮演是要求参加者在一个真实的管理场景中，扮演其中人物的一种培训技术。角色扮演可以有效地用于面试、申诉处理、工作绩效评估、会议领导、工作小组问题的解决、有效沟通和领导模式分析等诸方面的教学中。

表 7—6 是一个名为“新卡车的困境”的角色扮演活动，这类角色扮演活动往往会引发参与者之间的热烈讨论。该项活动的目的是解决日常管理问题，开发受训者在领导、授权等方面的技能。

表 7—6　　一次角色扮演活动中的典型角色

你是一个电话维修小组的主管，小组中的每位工人各自驾驶一辆卡车提供流动服务。你的上级不时分派给小组一辆新车用于替换旧车，你需要决定把新车分派给组内的哪位员工。这类问题通常很难办，因为每个人都认为自己有权得到新车，要使他们相信你的决策公正是不容易的。一般来说，你的任何决定都会被某些人认为是不公正的。现在，这个问题又出现了，因为你的小组刚分到一辆新卡车。 为了处理这个问题，你决定向小组全体成员说明新卡车分派的事，并说明本次分派将尽可能地公正。

角色扮演是一种有趣、花费不多且能有效开发新管理技能的方式。例如，通过新卡车的困境训练，参加者了解到在说服他人接受资源分配决策时公正的重要性。同时，角色扮演者有机

会尝试采取新的行动方式。例如，一个主管可以尝试交易型领导方式，也可以尝试采取变革型领导方式。而在实际工作中，主管没有这种随心所欲改变工作行为但对工作绩效无损的实验机会。此外，研究表明，角色扮演还可以训练人们体察他人情绪的敏感性。

(六)初级董事会

初级董事会将公司现任的中层管理者(培训对象)组织起来，让他们讨论和分析公司的经营政策、策略、措施并提出建议，分享和积累公司正式董事会讨论制定决策问题的经验。参与初级董事会有助于中层管理者学习、积累处理全公司范围问题的管理经验，并能增强管理者的交流沟通机会。日本三井物产从2009年开始，建立了内部的训练道场"CFO人才养成专案"。该项目的学员都是35岁以下的储备干部，有朝一日将被派往关系企业担任财务总监(CFO)。在这个为期2年的专案课程当中，学员们需要学习企业分析、财务分析、营销和人力资源管理的课程，在此基础上找出实际运行的企业中具体的经营问题，并向资深的管理者提出建议。比如，有一个"企业价值提升案"的模拟活动，就是针对旗下的关系企业或子公司，以CFO的立场提出能提升企业价值的方案。学员们需要搜寻资料来分析企业状况、开会讨论，并在三井物产的CFO等总部高管和子公司高管面前报告方案的结论。

管理聚焦7-5

通用电气的企业大学

美国通用电气公司(GE)成立于1892年，在1956年创办了全球第一所企业大学——克劳顿管理学院(Crotonville)。多年来，在财富500强企业中，从克劳顿培育出的CEO超过了170位；每30家道琼斯指数企业中，就有4位CEO来自通用电气。克劳顿管理学院也因此被称为"美国企业界的哈佛"。如今，克劳顿管理学院不仅是一家企业大学，更是一个全球"领导力品牌"；不仅为通用电气内部提供领导力和企业文化的养分，更是培养企业界"明日之星"的摇篮。

GE企业大学的发展转型大致经历了三个阶段，如表7—7所示。

表7—7

	第一阶段 1956～1979年	第二阶段 1981～2001年	第三阶段 2001年～至今
时任CEO	雷金纳德·琼斯等	杰克·韦尔奇	杰夫·伊梅尔特、约翰·弗兰纳
课程设计方向	以产品、流程和职能理论等课程为主	以全球高级领导力培训、传达公司变革使命为主。CEO一年至少"授课"40小时，为韦尔奇时代的变革提供了有力支持	客户导向型的后MBA领导者培训项目
课程设计对象	新员工参与1～2个星期；职能培训通过选拔，最长4个月	一般员工之外，有3%的GE高管会参加全球高级领导力培训；2%的年轻精英会被选拔参与全球领导力发展项目	客户导向型的后MBA领导者
目的	以领导力为出发点，但仍偏向公司介绍及职能课程训练	培养领导人才与发现"明日之星"	迈向国际化，从内部向全球辐射，成为管理殿堂

克劳顿管理学院在前韦尔奇时代，着重于新员工培训和业务培训，但伴随着韦尔奇上任后的大规模裁员（将原本 44 万员工的组织，裁员到只剩 30 万人）和组织变革，克劳顿管理学院转型为一个发现人力、储备人才的基地，强调中高层的领导力培训。韦尔奇本人更是以身作则，全力帮助克劳顿管理学院发展，一年固定授课 40 小时。这迥异于以往 CEO 只是每年花费 2 小时做一次主题讲座的做法。在当时，所有新进员工都需要在入职后的前三个月接受新员工培训，每个人都有机会见到韦尔奇。韦尔奇对内部培训的重视，带动了各下属公司的 CEO 和高管群起效法，坚持每年授课 40 小时，与后辈交流自己的职业生涯发展。这一风潮的影响，使克劳顿管理学院的领导力课程形成了“由领导者传授领导”的特色，在为期 1～2 周的高阶领导者培训课程中，一定会有一个课程是与领导者对话，时间是半天或一天。这种对话不仅对学员有价值，也有助于高管人员通过课堂表现发现和选拔人才。韦尔奇在与学员的对话过程中，会发现一些勇于发言、提出观点的年轻人，并提示 HR 评判这些人能否进入培训快车道，通过轮岗等方式帮助他们快速成长，进入接班人梯队。

对于无法参与到企业大学领导力培训的大多数员工，GE 的员工领导力开发方程式提供了另一种机会：领导力的开发有 80%是从工作实践中学习，只有 20%的时间在课堂学习。每个人在每天的工作中，都必须做出决策和判断，通过日常工作表现出的勇气和管理，员工每天都有机会训练和证明自己的领导力。表现出领导力的员工将获得更大的职责和机会，实现“领导者的复制”。

伴随着 GE 的全球化步伐，克劳顿管理学院从 2000 年起陆续将触角从美国纽约延伸到印度、中国、德国、巴西，成立培训分部。GE 的中国克劳顿学院的员工数仅次于美国克劳顿学院，有全职讲师 5 位、课程支持 7～8 位，负责大中华地区所有业务集团近 25 000 名员工的学习发展活动，并有针对合作伙伴和政府官员的收费课程。中国克莱顿学院每年能提供 1 万小时的培训课程量，其中 50%来自内部，30%来自外部，20%来自外部大学。克劳顿学院通过为 GE 输送源源不断的高潜力领导人才，为 GE 的持续经营成功提供了强大动力。

资料来源：《经理人月刊》2016 年第 140 期，第 110—113 页。

四、团队培训与开发

越来越多的企业正通过协作来提高组织效率，它们将“团队精神”作为一种基本价值观，围绕紧密结合的工作团队来组织工作任务，并赋予这些团队必要的权力以完成其工作目标。然而，在由个人工作方式转向团队工作方式的过程中，特别需要管理者关注的问题是，有效的团队工作行为和技能与传统的个体行为技巧存在很大差异。研究发现，对有效的团队行为和技能的培训能使团队成员更有效地达成目标，并且，团队培训和开发还应领先于团队构建与实际运作。

团队培训与开发项目的设计，基本上可以归结为 3 项主要目标：提高团队凝聚力，开发有效的团队意识和技能，以及开发团队领导者。

（一）提高团队凝聚力

为了提高团队凝聚力，很多组织使用基于团队经历的探险学习法，即运用结构性的户外活动开发受训者的协作能力及领导力的培训方法。探险学习法在增进团队凝聚力的同时，还有助于开发团队成员的自我知觉能力、问题解决能力、冲突管理能力和风险承担能力。最典型的探险学习做法是野外拓展训练。野外拓展训练通常组织企业员工到崎岖山区或艰苦的野外进行。在这种条件下，通过共同克服物质困难，使他们理解团队精神和协作，以及相互信任、相互依赖的必要性。例如，在野外探险时，受训者被要求在负重情况下攀爬一个陡坡，在爬到一半时受训者已经感到筋疲力尽，但同伴的鼓励、建议和帮助使受训者最终成功攀上了坡顶。在问及受训者从中学到了什么时，她表示自己了解了要实现个人工作任务的成功需要依靠他人的投入和协作，大家必须相互支持才能达成高难度的目标。在每项活动之后，企业还应组织受训者讨论该项活动带来的启示和个人体验，包括活动过程中发生了什么、受训者学到了什么、拓展活动中发生的事件与工作场景有何联系、如何将学到的内容应用到实际工作中等。

那么，这类体验式的团队培训是否有效呢？一些调查和个人访谈显示，受训者（员工）的反应往往是积极的，探险学习使员工在工作中更乐于帮助他人、寻求他人的意见，并得以结识了解更多的同事。也有研究认为，探险学习适合于开发与群体效能有关的技能，如自我知觉能力、问题解决能力、冲突管理能力和风险承担能力等。但也并非所有人都相信这种活动在培养团队精神上的作用。有人认为这种活动不自然，不能对工作行为产生什么实际作用。但无论如何，这种培训的广泛存在说明了企业对团队凝聚力建设的迫切要求。

（二）开发有效的团队意识和技能

体验式的培训对于团队凝聚力可能有作用，但团队效力的提升还要求工作团队接受必要的正式培训。团队工作方式意味着决策权限下移，这将有助于降低成本、缩短生产服务周期并鼓励创新。然而，工作方式由个人转向团队作业，要求对员工进行系统化的培训以减少变革阻力，顺利实现转型。

英国石油公司挪威分部在引入自我管理团队的过程中，就开展了系统化的团队培训。在培训的第一阶段，公司的培训重点在于转变员工的思维模式，并帮助员工了解公司经营战略与自我管理团队之间的联系。培训的第二个阶段，是一个为期 2 天的讨论会，由来自不同层次和职能的专业人员参加。讨论会中，受训者观看录像，了解自我管理团队的概念、特性、团队发展的各个阶段，以及这类团队在其他组织中的应用。此后，受训者还通过多个体验式活动，如角色扮演、敏感性培训等来实践学到的团队工作行为。这些行为包括勇于承担风险，与他人交流各自的感受，指导他人及接受他人的指导。在行为学习之外，常见的正式培训也可能包括学习公司的特定程序，如争取资源、成本核算、进展报告和团队评估等。

此外，入职培训也是培养团队成员意识、提升团队技能的重要工具。丰田公司的入职培训过程就非常强调对新员工的团队培训：公司花费数小时训练新员工相互倾听和合作的技能。在整个入职培训过程中，培训者强调丰田公司的团队精神，并通过简短的练习学习协同工作的范例、使新员工建立起良好的团队意识。

（三）开发团队领导者

新的团队领导者往往会误解自己的角色。好的团队领导者会鼓励成员做出贡献，不会因为个人观点不同而对他人的想法横加指责。好的团队领导者注意广泛收集信息、鼓励讨论、激发成员对问题的关注，并努力集思广益，寻求一致认可的解决方案。对于新任命的团队领导者，有两项培训往往是特别有益的：支持团队成员的不同意见，以及会议管理。

1. 支持团队成员的不同意见

研究证明，好的团队领导者能够表达自己的感觉和想法，从他人那里积极吸收新观点，能有效地阐述自己的论证，说明自己的立场并说服他人。在这一过程中，有效的团队领导者会鼓励员工提出不同意见，激发创新思维，并减少人际间的情绪冲突。为此，团队管理者需要学习如何使用头脑风暴、恶魔式辩护(devil's advocacy)等创新性的思维方法,以优化决策,获得整个团队的认可。

2. 会议管理

会议是团队工作中的一种现实存在。抵制团队的人往往强调文山会海对时间和绩效的不利影响。但我们也很难想象一位团队领导者能避免会议,特别是如果团队内部的任务存在高度的相互依赖时。良好计划和良好领导的会议是交换信息和保持工作团队内部和团队间的公开沟通渠道的重要方式,团队领导者必须具备有效的会议管理技巧。为了提高会议效能,管理者需要完成大量工作,如确定会议目标、安排会议日程、事先准备以提高会议进程的效率,并鼓励参加者充分讨论,这些都依赖于团队领导者的高超管理技能。

五、培训方法的选择

一旦确定了培训需求和目标,管理者就需要从多种备选的培训开发方法中做出选择。通常来说,培训开发方法的选择依据往往包括培训开发和管理的成本、受训者的人数、培训的种类(个人培训或团队培训)、所需的培训时间、培训主题的性质、培训者(自我指导或外部引导)以及企业内部可用的培训资源等。其中,企业相对容易忽视但却是极为重要的原则,就是培训方法选择应充分考虑到培训目的和学习类型的要求。培训目的(培训内容)大致可以分为知识培训、技能培训、思维培训和观念培训,而学习类型可以分为记忆类("是什么")、理解类("为什么",即现象背后的规律和原因)以及行为类("怎么做",即实际动手能力)。各种主要培训方式的培训内容与培训目的,见表7—8。

表7—8　　不同培训方式的特性

培训方法	培训内容				培训目的		
	知识	技能	思维	观念	记忆	理解	行为
在职培训		★					★
演示法	★				★	★	
程序化教学	★	★			★	★	
模拟		★					★
行为塑造		★					★
教练与指导		★	★	★			★
会议与专题讨论	★	★			★	★	
案例分析与商业游戏		★	★			★	★
评价中心		★	★			★	★
角色扮演		★					★
野外拓展		★					★

第四节　培训效果评估

培训开发效果的评估是人力资源开发程序的最后一个重要步骤。随着理论界对人力资本、学习理论等的研究更为深入，越来越多的人相信在员工开发和创新、员工留置、工作满意度乃至销售收入、利润之间存在着重要联系。然而，现实往往是，员工在培训开发过程中学到的技能、知识往往未能有效地运用于生产中。大量的培训开发投资被浪费，有几个重要的因素：

(1)企业关注的往往是培训开发过程中的投入、培训课程的数量、培训人次等投入及数量指标，而对培训效果(对企业运营效果的影响)等质量指标的评估重视不足。美国培训与开发协会的研究显示，最常见的培训评价方法仍是对受训者的反应评价。但是，很显然，员工喜欢某种形式的培训并不能确保有效的学习迁移作用。

(2)培训组织者及培训师倾向于将培训内容限制在一定的专业领域内，如销售人员培训、领导技能培训、时间管理培训等。但是，组织内大量的问题十分复杂，不可能用简单的、基于内容的解决方案来加以处理。企业需要整合培训内容，实现面向问题解决的、系统化的知识、技能与能力培养。

(3)培训项目通常是孤立的，与企业核心使命与战略未能建立有机联系。培训部门作为人事部门的一个重要组成，其职能往往被限制在按图索骥地提供单个培训课程。

当然，不能否认，越来越多的企业已经认识到改进培训方法和培训组织方式的必要性，培训开发的关注重点也由培养技能转向培养能力。但面对消耗大量资源的企业培训开发活动，如何从根本上克服这一不尽如人意的现实，改善培训开发效果，并得到高层经理在资源分配上的支持，要求实实在在的项目评价结果作为依据。对培训开发活动的评估可以分为两个层次：对单个培训开发项目的有效性评价，对人力资源开发系统的实际效果评价。

一、对单个培训开发项目的有效性评价

对单个培训开发项目的有效性评价，最常见的做法是了解受训者的反应，而更为全面的效果评价则应包括：(1)在培训后，受训者在知识、态度、技能、工作行为及对组织的业绩贡献上发生了哪些转变？(2)这种转变是由本次培训带来的吗？这些问题的正确解答，有助于培训者对未来培训项目的开发。

(一)培训结果的评估维度

1. 受训者的反应

在培训过程中或培训刚刚结束时，询问受训者对培训开发项目(包括培训设施、培训者及培训内容等)的看法和感知，是极为常见的评价方法。这类信息的取得可以通过面谈或问卷方式获得。受训者的反应信息，可以给培训者提供直接的反馈和建议，有助于未来在培训活动的组织、课程内容、培训师选择等方面的改进。但研究表明，受训者的看法与实际学习、培训成果转化之间的联系相当薄弱，不宜过度关注。

2. 受训者的知识掌握

培训结果评价的第二个层次，是判断受训者对培训开发项目所强调的原则、事实、技术、程序或流程的熟悉程度。这一层次的评价信息可以通过培训后的书面测试或实际操作测试来考察。

3. 受训者的行为变化

培训结果评价的第三个层次，是评价受训者的技术能力、运动能力或行为的学习及其中工作环境下的应用。对受训者行为变化的评价应在培训完成后数月再进行，通过观察员工的实际工作行为或绩效评估来做出判断。评价者可以是受训者的同事、上级主管、客户或其他熟悉其工作绩效的人。

4. 培训的效能

培训结果评价的第四个层次，是评价受训者的行为变化是否积极地影响了组织绩效，有多少与成本有效的积极后果(如生产率提升、质量改进、离职率下降等)是由培训引起的，受训者在经过培训之后是否对组织或他们的工作产生了更加积极的态度。当然，对培训项目最直接的成效评价是对比培训前后的销售收入(利润)增加与培训的花费，计算每 1 元培训费用所产生的效用。研究发现，销售/技术培训的投资回报率明显高于管理培训项目，这与以往研究认为专业技能培训的经济效应较高的结论相一致。当然，也可能是因为管理开发的短期经济效应不明显，需要从更长的时间维度来分析这类培训开发项目。

表 7—9 总结了用于评估培训项目效果的各个维度在衡量内容、衡量方式方面的差异。

表 7—9　培训项目的四个层次评价维度

评价维度的层次	衡量内容	衡量方式	具体示例
受训者的反应 (情绪性)	学习动机 对培训项目的反应 态度	访谈 课后问卷 态度调查	培训的满意度
受训者的知识 技能掌握 (认知性)	知识技能的获得情况	书面测试 实操测试	安全规章测试 专业知识测试 机器维护技能测试
受训者的行为变化 (技能性)	行为 技能	观察工作行为 工作样本 行为评价	管理技能的改变 销售技能评价 行为导向的绩效评估
培训效能 (最终成果)	个人绩效的改善	观察成果导向的个人绩效评估数据	事故率 生产率
	确定培训对组织的贡献	投资回报率	成本节约 收益增加

在上述四个评价维度中，对受训者的反应和知识技能掌握的评价主要是主观感受，又被称为内部标准；而对受训者的行为变化和培训效能的评价主要是客观结果，又被称为外部标准。那么，应当用上述何种维度来评价培训开发项目呢？答案取决于培训目标。例如，如果培训目标强调的是对经营成果的影响，则评价维度中应当包含培训成效指标。同样，如果培训目标在于培训成果的应用，则关于反应和知识掌握方面的信息，由于通常是在培训结束时收集的，无法反映受训者实际的培训成果转化水平，而对行为、成效的评价往往是在实际工作过程中进行的，其信息会更有价值。

(二)评估设计

为了有效评价培训开发项目的实际成果，必须关注培训开发项目评估方案的设计，以便将单次培训开发项目的影响效应分离出来。具体来看，获取不同评价维度在培训前后的有效数据是保证评价质量的关键。一般来说，对知识、态度、技能改变信息的收集应在培训完成前后较短时间内进行；对工作成果信息的收集应在培训前后数周(月)的典型时段进行。同样，对组织绩效影响的信息收集也应在培训前后数周(月)的典型时段进行，但由于行为改变到影响组织绩效需要花费较长时间，应当相对地延长评价期。

各种不同的评估方案设计如图 7—3 所示。第一种方法是培训前后对同一组人进行评价，第二种方法是时间序列法。二者的区别在于，前者在培训前后各测试一次，而后者则在培训前后均多次测试获取评价尺度的信息。时间序列法的优点在于，评估者可以据此发现在培训前是否存在评价尺度的某一上升(或下降)的趋势，并在项目评价时加以剔除。但是，这一方法也存在明显的问题：对于知识、态度、技能等指标，应当测试多少次才是合理的？如何平衡评价成本与收益的关系？图7—3中的方法1和2可以显示培训前后的员工转变，但很难说清这种转变是否源于本次培训项目。转变可以来源于其他因素，比如说，激励方式发生变化(提高奖金比例)，就会对员工的工作意愿产生正面影响，但显然，这种行为转变与培训没有关系。

名称	方法编号	过程									
1. 培训前后评估	1			M_B			Ⓣ		M_A		
2. 时间序列	1		M_{B1}	M_{B2}	M_{B3}	M_{Bn}	Ⓣ	M_{A1}	M_{A2}	M_{A3}	M_{An}
3. 有控制组的培训前后比较	1	Ⓡ		M_B			Ⓣ		M_A		
	2	Ⓡ		M_B					M_A		
4. 有控制组的时间序列分析	1	Ⓡ	M_{B1}	M_{B2}	M_{Bn}	M_{Bn}	Ⓣ	M_{A1}	M_{A2}	M_{A3}	M_{An}
	2	Ⓡ	M_{B1}	M_{B2}	M_{B3}	M_{Bn}		M_{A1}	M_{A2}	M_{A3}	M_{An}
5. 有控制组的培训后评估	1	Ⓡ					Ⓣ		M_A		
	2	Ⓡ							M_A		
6. 所罗门四组评估	1	Ⓡ		M_B			Ⓣ		M_A		
	2	Ⓡ		M_B					M_A		
	3	Ⓡ					Ⓣ		M_A		
	4	Ⓡ							M_A		

Ⓣ＝培训
M_B＝培训前的指标测量
M_A＝培训后的指标测量
Ⓡ＝将员工随机分配到培训组和控制组

图7—3 培训开发项目的评估方案设计

为了确定员工转变与培训项目之间的有机联系，通常的做法是采用实验控制方法。在实验控制法下，需选取两个组：培训组和控制组(不接受培训)。评价者应在培训前、后分别收集培训组和控制组的关键数据(如生产数量、质量和事故率等)。这种方法可以确定培训组员工的工作绩效改善是由培训引发的，而不是因企业的某些变革(如激励方案调整)造成的，因为强化激励的管理措施会影响到整个企业，它对培训组和控制组的员工都会产生积极影响。

在图7—3中，方法3和4是实验控制法的典型应用。这两种方法与方法1和2的不同，只是加入了一个控制组。在这一设计中，各组成员接受同一评价尺度，并比较其测试结果。如果培训组成员的改变大于控制组成员，则培训项目就是有效果的。图7—4就反映了两种时间序列法(单纯的时间序列分析和有控制组的时间序列分析)的不同情况。在没有控制组的情况下，员工在培训后所取得的成果表现为一种递增趋势，这既可能是培训开发项目的影响效应，也可能是员工工作经验积累的结果，在后一种情况下，培训是无效的。在有控制组的情况下，培训组与控制组在培训后出现了绩效的巨大反差，证明了培训的有效性。

除此之外，评估方案的进一步改进仍是可能的。例如，当培训的目的涉及知识、态度、技巧

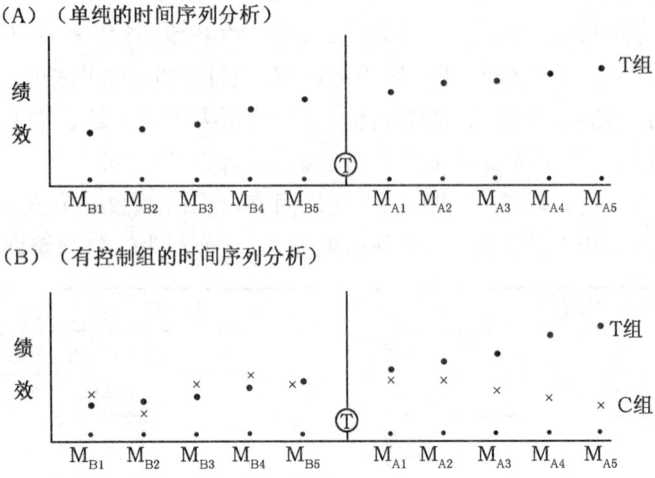

图 7—4 对假想的培训项目的有效性评价

时，评价者可能面对一个问题，即培训前的测试指明了培训的内容和方式，从而影响培训组的学习效果并干扰了比较的结果。图 7—3 中的方法 5 可以避免这一问题。这一方法只进行培训后的指标量度，但包括一个控制组。培训者随机地选取员工，将其分配到培训组和控制组中。这一方法是不进行培训前测度的唯一方法，但其弱点被员工随机分组所抵消，从而确保员工在受训前不存在系统差异。另一个处理干扰的办法是用图 7—3 中的方法 6，即所谓“所罗门四组设计”，它是方法 3 和 5 的组合。这一方案期望证实：第 1 组在受训后比受训前表现得好，并且这种进步比第 2 组更明显；第 3 组比第 4 组表现更好，而第 1 组（在受训后）与第 3 组、第 2 组（受训后）与第 4 组的表现一致，以此表明培训前的测试未带来干扰。

二、对人力资源开发系统的实际效果评价

除了评价单个培训项目的有效性，企业往往还需要从效益和效率两个方面来评价人力资源开发系统的整体效用。这种评价有助于企业改进在培训开发计划、培训设计和培训预算方面的决策。

（一）效益

评估效益的起点显然是通过培训项目评估取得的数据。如果某些项目未能达到其预期的指导目标，其结果很可能是未能满足企业员工的培训需要。但是，也可能每个个别项目都达到了它的预期指导目标，但员工整体的开发需要仍未得到满足。后一种情况的出现，说明企业的培训步骤中的需求评估和项目设计出现了问题。比如，重要的员工开发需要遭到忽视，或者员工开发需要未能在培训计划和具体项目中得到体现。从长期来看，对人力资源开发系统整体效益的评价，可以从几个方面来判断：组织业务发展的人员需要能否及时获得满足，能否从组织内部获得满意的晋升人选，以及是否形成了基于人力资本的竞争优势。

（二）效率

在短期内，关于人力资源开发系统运行效率的问题可通过审视在一定资源条件下，员工开发需要是否得到满足来加以评价。然而，在长期，更重要的是考虑员工开发需要是否能以更低的成本花费得到满足。这就要求企业应在培训项目实施前进行评估。通常的做法是应用不同

的培训方法来完成两个或更多的预研项目，而这些方法都是用于满足同一种员工开发需要的，此后比较各种不同方法的成本收益关系。只要可能，这种策略的实施就能为未来的培训项目选择提供很有价值的信息。

本章小结

人力资源开发是指企业改进员工能力水平和业绩的一种有计划、连续性的努力。人力资源开发可以进一步区分为培训与开发两类。为了防止人员开发投入的短期化、技能化，企业应关注人力资源开发在两个方面的战略作用：对企业核心能力的支撑作用和新型心理契约的构建。

为确保人力资源开发支持组织战略目标的实现，需要设计系统性的培训开发程序，这一程序具体包括四个阶段：需求评估阶段、项目设计与培训准备阶段、项目实施阶段和项目评估阶段。

企业的培训需求分析可以细分为三类：组织需求分析、任务需求分析和个人需求分析。培训开发项目设计应集中关注四个方面：(1)受训者的意愿和准备；(2)确定培训开发目标；(3)学习原理的应用；(4)迁移原理的应用。

员工培训与开发的常见方法包括针对新员工的入职培训、针对非管理职位的在职培训与脱产培训，以及管理者的在职开发与脱产开发。随着团队作业方式的普及，团队培训在企业广为应用。

为了改善培训开发效果，要求企业进行开发项目评价。对培训开发项目的评估可以分为两个层次：对单个培训开发项目的有效性评价，对人力资源开发系统的实际效果评价。

思考题

1. 假定有一位管理者要求你确定公司目前的培训开发系统是否支持公司的经营战略。你将如何着手进行这一类型的分析？你需要搜集哪些方面的信息？

2. 为什么企业越来越多地将培训开发项目外包？在这一业务外包过程中，人力资源部门的职责发生了何种变化？

3. 当企业发现员工业绩表现达不到期望的标准时，是否必须对其进行培训？企业还有哪些备选方案？

4. 入职培训的主要目标是什么？入职培训中容易出现的误区是什么？

5. 假设你是一名快速消费品企业的培训经理，你需要设计针对销售代表的培训项目。你将如何在项目设计过程中应用本章学到的学习原理？

6. 假设你是一家数据分析公司的培训经理，你需要评估数据分析师的培训效果：

(1)请举例说明，你将如何从态度、知识、行为和绩效4个层次来评价培训效果。

(2)根据本章的介绍，你应当如何设计评估方案以获得有效的信息，为什么？

7. 目前大多数组织都会认同人力资源开发对组织成败的重要价值。但同时，我们也观察到，当企业经营状况不佳时，人力资源开发预算也往往是首先被削减的领域。请说明企业做出这一决策的理由，并思考这一做法可能产生的短期和长期影响。

第八章 职业规划与职业管理

学习目标

在学习本章后，你将能够：

1. 区分以组织为中心的职业发展与以员工个人为中心的职业规划。
2. 掌握职业、职业分层、职业生涯与职业轨迹等关键概念。
3. 了解员工职业生涯的三个发展维度。
4. 了解影响个人职业规划的主要因素和相关的理论。
5. 了解员工主导的职业规划与职业发展系统的四个工作步骤。
6. 了解企业职业管理系统的主要实践与管理决策。

甄选、开发及绩效评估等活动在企业人力资源管理系统中扮演着双重角色。首先，从管理视角来看，这些活动的重要性在于为企业找到合适的员工，即确保员工兴趣、能力和技术专长等各项素质与特定职位的要求相匹配，从而提升员工对组织绩效的短期贡献。然而，随着人力资源管理越来越关注个人成长和动态管理，这些活动同时扮演着另一个重要角色，即确保员工的长期兴趣受到企业的保护和鼓励，其作用尤其表现在促进员工与组织共同成长，使他们能够在组织环境下发挥自己的全部潜力并获得长期的职业成功(见图 8-1)。当企业有意识、系统化地将员工留任、能力培养、绩效优化与长期职业成功联系起来，建立一种能够确认和满足员工职业开发需要的系统时，就形成了职业发展管理系统。从这个意义上说，职业发展系统并不是针对员工的一次性培训或职业规划，而是一种承认人是组织最重要资源的前提下进行的有组织的正规化努力。有效的职业发展管理系统可以使企业和个人共同获益：一方面，企业将拥有具有献身精神、工作动机更高的员工，从而将从长期的绩效改善中获益；另一方面，员工则从工作内容更为丰富、更有挑战性和发展前景的职业生活中获益。

职业发展系统在企业人力资源管理系统中相对年轻，但近年来因为职业机会、雇佣关系和模式的快速变化，职业保障下降、员工流动性提高使得这一系统的条理性、可预测性大大下降。由于经营环境的不确定性提升，员工与企业间的心理契约发生了改变，进而影响着员工对职业的期待。心理契约是指企业的员工双方对彼此的期望。传统的心理契约强调组织对员工的长期雇佣承诺以及员工对企业的忠诚，但这正在被新型心理契约所取代：无论员工绩效与能力如何，企业无法再提供就业保障，相应地，员工更关心其工作技能的市场适应能力。员工需要不断地发展新的技能，通过工作获得未来成功所需的各种知识、技能和社会资本。企业的职业发展系统也需要体现出组织内部职业机会与员工期待的匹配。

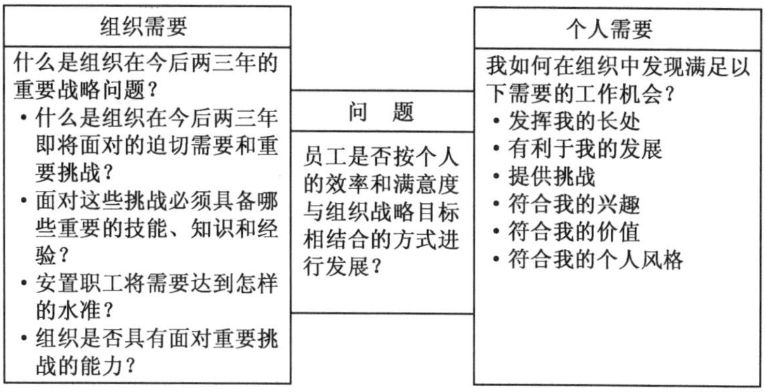

图 8—1 职业发展系统:组织需要与个人需要的联结

第一节 基本概念与模型

一、基本概念

(一)职业与职业分层

职业的概念是职业管理和职业规划的起点,然而,人们对这一概念的理解往往存在相当大的差异。有些人将职业视为一类职位的集合(如大学教师的职业就是由助教、副教授、教授等职位组成的),也有些人将职业视为个人在整个工作生涯中的职位调整和晋升过程(即职业生涯)。本书沿用社会学家的观点,认为职业是“在存在社会分工的社会中,个人为了作为独立的社会单位存在而谋求生计维持,同时实现社会联系和自我实现而进行的持续人类活动的方式”。这一定义凸显了职业的重要社会意义:职业体现了个人的社会地位,人通过职业与特定的人群建立联系,并且职业总是与个人的权力和经济利益相一致。从这个意义上来说,员工个人的职业选择、调整与发展机会对于其社会和经济需要的满足意义重大,从而构成了人力资源管理与开发系统的重要组成部分。

在员工流动日益频繁的情况下,员工的职业往往涉及多个不同的工作、职位及企业。现实的情况是,员工不再仅仅面临一种直线上升的职业通道,也不局限于为一个组织工作。但在管理其职业、进行职业选择时,人们仍然会关注一个概念,即职业分层。所谓职业分层,即按照职业的社会地位和社会对职业的价值取向所做的职业等级排位。职业分层是纵向的社会职业等级层次排位,它是以职业角色、职业声望为依据,确定劳动者的社会经济地位的方式。任何一种职业都有其社会功能和相应的社会地位,即职业地位。职业地位取决于该职业所具有的权力、升迁机会、薪资、发展前途和工作条件等。理查德·塞特提出的一个常见职业分层模型按职业社会地位将全部职业分为七个层级(由低至高):

(1)非熟练体力劳动者,指在技术和责任方面要求最低的体力劳动者,如清洁工、搬运工和擦鞋工等;

(2)半熟练体力劳动者,指以体力劳动为主、技术要求不高的劳动者,如售货员、服务员、汽车司机、机器操作工等;

(3)熟练体力劳动者,指具有一定技能的体力劳动者,如印刷工、火车司机,以及服务业的熟练劳动者，如厨师、理发师等；

(4)白领工人，包括各类职员和技术工人，如图书管理员、打字员、推销员、制图员以及其他从事管理工作和非体力劳动的劳动者；

(5)小企业所有者和经营者：修理业主、服务业主、小零售商、小承包商及其他一切非农产所有者；

(6)专业人员，包括工程师、教授、作家、艺术家、编辑、医生、教师等；

(7)工商业者，指大产业者、大工商业企业家等。

很显然，职业分层是由社会根据当前的价值取向进行的排序，职业间存在高低等级差异，并被社会公众广泛地认可和接受。一时一地的职业分层，能在很大程度上影响从业者的职业选择和对未来的职业发展期望。劳动者期望从事社会地位高、声望好的职业，他会根据个人的学历、技能及其他条件，在现有职业地位的基础上，追求适合自己的、可胜任的最高社会地位的职业。企业的职业规划与职业发展正是在确认这种职业追求的合理性的基础上，为确保个人追求与组织战略需要相吻合而进行的规划及管理过程。

(二)职业生涯和职业轨迹

员工个人的职业生涯应被视为一个包含有时间维度的概念，它包含了员工个人在整个就业过程中曾占据的各种职位按顺序形成的集合。传统上，职业生涯隐含着一种单向的线性发展，即随着职业生涯的推进，员工的职业往往表现为更高的薪资、更大的责任和更高的权力地位。目前，由于组织精简、晋升机会减少、工作保障下降、零工经济盛行等原因，虽然一个人仍然可能在一个企业度过整个职业生涯并持续获得提拔，但这已经不再是常规。员工需要在整个职业生涯中不断地改变职业及受雇的组织，这必然意味着员工视角的职业生涯规划极有可能是跨组织边界的，员工有意愿在个人职业管理上承担更多的责任。有一种观点提出了所谓“无边界的职业”，即人们因为个人及家庭需要、雇佣关系的变化而不断重新安排或改变自己的角色和职责，因而职业生涯包括在多个不同企业甚至多个不同职业间的转换。这一职业生涯的变化有着重要的管理意义：员工的企业忠诚度不再是有意义的绩效指标，员工视角的职业发展目标不在于单个企业中的晋升和职业成功，而在于提高个人在劳动力市场的吸引力和可就业能力，以及对个人有意义的目标达成。在这一过程中，企业与个人建立起一种积极的伙伴关系：员工对组织有较高的承诺，并对自己的职业生涯管理有更大的控制权和管理责任。

员工在单个企业内的职业变换形成的柔性路线，被称为职业轨迹。职业轨迹是企业职业规划和职业发展的重要手段，其目的在于通过设计合理、现实的职业轨迹，留住和激励核心员工，确保沿着一条既定的职业轨迹，有潜力的员工可以在企业的帮助支持下实现职业发展。传统上，职业轨迹集中表现为特定职类内部的晋升(纵向)，但目前的情况发生了很大变化，各种网状的、横向技术的以及双重职业轨迹都为员工提供了更多的可能。

员工职业生涯与职业轨迹的概念，分别代表了员工个人和企业的不同视角。虽然二者之间存在明显的联系，但两种不同视角下的职业发展也存在显著区别(见表8—1)。企业视角的职业发展侧重于强调企业人员需要的满足，员工开发及内部职业轨迹安排则是满足这一目标的手段；而员工视角下的职业发展则关注个人职业兴趣、技能与能力的发挥，其规划的范围不仅限于企业内部。虽然战略性人力资源管理的目标要求管理者强调企业主导下的职业发展，但如果个人的职业规划无法在组织内实现，员工就可能选择离开企业以寻找新的发展机会；即使员工因劳动力市场中缺乏合适的机会而无法在短期内离职，他在本企业也可能表现出较低的工作意愿、生产率，并对整个企业的士气产生不良影响。因此，企业需要整合两种不同视角的职业发展活动，建立有效的职业管理系统，实现个人职业期望与组织发展要求的匹配，这也构成了企业战略性人力资源管理框架的有机部分。

表 8－1　企业和员工视角下的职业发展

企业视角下的职业发展	员工视角下的职业发展
· 确认企业未来的人员需要 · 安排职业阶梯 · 评估每位员工的潜能及培训开发需要 · 使个人能力与企业需要相匹配 · 审核并开发针对企业需要的职业发展系统	· 确认个人的能力与兴趣 · 规划生活和工作目标 · 评估企业内、外可供选择的职业机会 · 关注个人兴趣及目标在不同职业/生命阶段的变化

（三）个人职业发展的三个维度

在成长、发展和历经的生命周期中，每个人都经历着三个生命空间周期：生物社会生命周期、家庭生命周期和职业生命周期。其中，职业生命周期（职业生涯）与职业发展直接相关，它体现了由个人心理、社会、教育、体能、经济与机会等因素共同作用而形成的个人职业变化轨迹。职业生命周期始于早期的职业意向、教育培训所确定的工作预备期，历经寻找工作、熟悉工作、建立职业锚、发展职业工作，直至最终退休。通常，员工的职业生涯是沿着三个维度发展的：

1. 在组织中工作的多数员工在其职业道路上沿着一个等级维度移动

这是通过职位晋升而完成的。员工获得若干次晋升，达到他所属职业或组织中的一定等级层面。这种按等级向上的运动，是一种“纵向垂直”的职业成长。这种纵向的职业成长，往往与发展的机会和状态有关。

2. 组织中的个体沿着一种职能或技术维度移动

例如，有些人本来是工科专业的大学毕业生，被分配在技术部门工作，而因为自己工作方式灵活、善于与人沟通，自己又很喜欢做销售工作，于是调到销售部门。这种工作类型的转变，是一种“水平的”或“横向的”职业成长。

3. 员工沿着一种成员资格维度向组织核心移动

这是涉及进入内圈，或者说进入职业核心的运动。员工经过较长时间工作，个人情况越为他人所了解，并逐渐受到职业或组织中老成员的信任，得以承担重任、接近组织核心，可以获得有关组织机密的特殊种类的信息，作为组织的核心骨干发挥作用。需要注意的是，这里的“内圈”或组织“核心”，是各等级层面上的，不一定是最高层面的组织核心。沿成员资格维度接近内圈或核心的运动，是另一种水平或横向的职业成长。当然，向核心的运动与按等级向上运动还是有一定关系的。例如，由一般员工成为组织的核心骨干成员，最后很可能成为组织的核心领导。不过，一个人也完全有可能停留在一个给定的等级层面上，只是实现向核心运动的职业成长。对于许多没有可能沿垂直维度成长的员工，这种成长仍有可能，也有意义，这使员工获得满足感、荣誉感和心理上的平衡。

在实际的管理中，职业管理更关注前两种维度的职业发展与成长，并且主要的发展规划活动是针对年轻人在其职业早期进行的。但由于组织精简、组织柔性化等方面的实践，使得前两种维度的职业发展机会受到了限制。成功的企业实践表明，职业发展不应再仅仅关注晋升和专业发展机会，而应更强调员工心理上的成功。心理成功是指一个人通过个人生活目标的达成(而非局限于工作成就)而获得的自豪感与成就感。传统的以晋升和工作成就为主的职业发展目标,很大程度上取决于公司内部是否存在相应职业空缺,而心理成功却完全取决于个人的价值评判,其中就包含了有意义的工作、和谐的工作氛围、成为组织的核心成员并获得组织信任等方面。

二、职业规划与管理系统的基本模型

职业规划是指员工在不同的职业生涯阶段,对职业、组织、职位进行选择的连续过程。职业管理则是组织对员工职业进行计划、管理、调整和有效配置的专门活动,常见的生涯管理活动包括管理继任计划、岗位轮换制度、晋升管理等。组织进行职业管理的目的,是为了确保员工个人职业抱负与组织发展规划的有效匹配(见图 8—2)。企业内部职业规划与管理系统的缺失,可能使企业在人员配置时仅考虑组织需求,其长期影响可能是无法留住适才适任的高潜力人才;而员工也需要花更多时间精力适应工作、发现职业方向,并提高离职意愿。

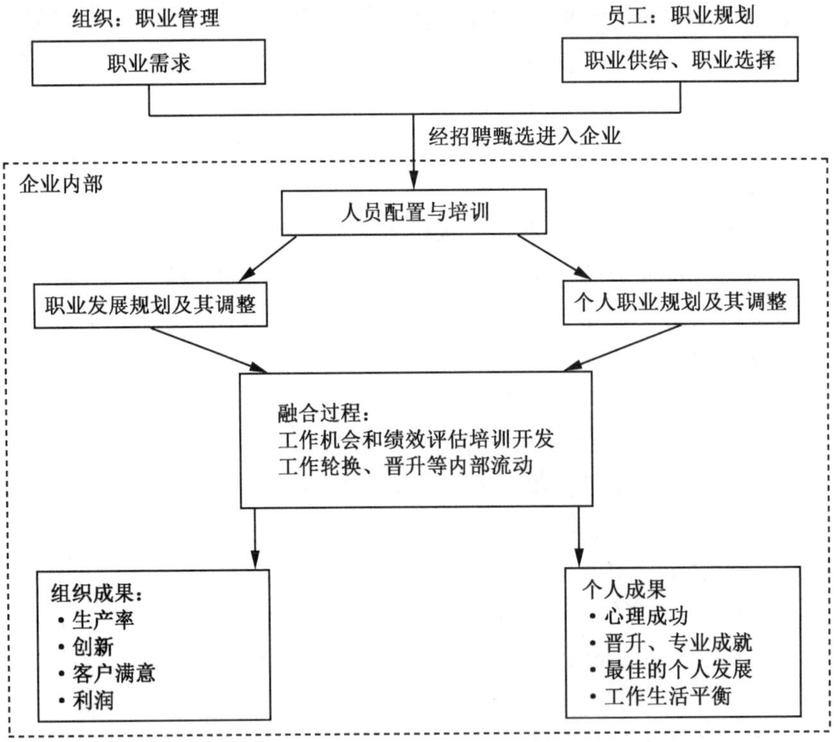

图 8—2 职业规划与管理系统的基本模型

由图 8—2 可以看出,员工、管理者和企业共同参与职业管理的全过程,并通过有效的职业规划实现各自的目标。在越来越多的企业中,职业发展的责任正在向员工本人转移。员工是个人职业规划的主导者,在充分了解和评价个人的知识、技术、能力、兴趣、价值观的基础上,明确个人的职业取向和职业选择,并在企业提供的工作和培训机会框架下提出体现个人需要的职业期望。管理者应当认识到,为员工的职业发展提供支持和协助是其管理职责的重要部分,这表现为及时向员工沟通企业经营和职位设置的动态信息,分析和设计组织内部可实现的职业发展道路,引导和协助员工形成个性化的、与组织需求相匹配的职业发展规划。企业作为员工职业发展的载体，通过人员优化配置、绩效评估、培训开发、内部流动等人力资源管理活动为员工指导、支持以及职业发展的空间，促进和创造有利于员工个人职业规划实现的环境。如果缺失了组织层面的支持，个人职业发展计划制订得再完美，也注定失败。有些企业为了确保组织对职业发展计划的支持，将高管薪酬和奖励方案与其在支持员工职业发展方面的表现挂钩。例如，IBM公司要求，管理者除非帮助某些下属做好了升职准备，否则管理者本人将不会得到提拔。

第二节　职业规划与管理的个人影响因素

有效的职业规划与管理应当是充分体现员工个体差异的规划方案。影响职业规划的个人影响因素有很多，这里主要介绍有关个人职业发展阶段、职业性向与职业选择、个人的职业价值观(职业锚)、与职业选择相关的个人特征等方面的主流理论模型及研究结论。

一、个人职业发展阶段

每个人的职业生涯都可以被理解为一个职业生命周期，在职业生命周期的不同阶段，员工的个人需要、能力、职业偏好和期望都会不断地发生变化。虽然每个阶段的长短因人而异，但大部分人都在其职业生涯中经历了所有阶段。具体来看，个人的主要职业阶段可大致做如下划分①：

(一)成长阶段

成长阶段(Growth Stage)大体上可以界定在一个人从出生到十四五岁这一年龄段上。在这一阶段，个人通过对家庭成员、朋友和老师的认同与交互作用，逐渐建立起自我概念，并且经历从对职业的好奇、幻想、兴趣，到有意识培养职业能力的逐步成长过程。在这一阶段的早期，角色扮演是极为重要的，儿童会通过尝试各种不同的行为方式，形成人们如何对不同行为做出反应的印象，这将帮助他们建立起一个独特的自我概念或个性。到这一阶段结束时，进入青春期的青少年(他们已经形成了对个人兴趣和能力的某些基本看法)，就开始考虑各种可选择的职业是否与个人能力相符，并开始了有意识的能力培养活动。

(二)探索阶段

探索阶段(Exploration Stage)大致发生在一个人15～24岁的年龄段。在这一时期，个人将认真探索各种可能的职业选择。他们试图基于个人对职业的了解、个人兴趣和能力来做出职业选择。在这一阶段的早期，他们往往会进行试验性的择业尝试；随着对所选择职业及自我了解的深入，这种最初选择往往会被重新界定。这一阶段结束时，人们基本选定了适合自己的职业，并做好了开始工作的准备。

人们在探索阶段及以后的职业阶段上需要完成的最重要任务，也许就是对个人能力和天赋的现实评价。此外，处于探索阶段的人还应根据可靠的职业信息来做出相应的教育投资决策。

(三)确立阶段

确立阶段(Establishment Stage)发生在24～44岁的年龄段，这是大多数人工作/职业生

---

① Donald Super and others, *Vocational Development: A Framework for Research*, New York: Teachers College Press, 1957.

命周期的核心。有时,个人在确立阶段的早期能确定适合自己的职业,并在此后全力以赴地投入到提升个人能力、发展职业空间的各种活动中。人们通常愿意(尤其在专业领域内)将自己早早锁定在某一特定职业上。然而,在大多数情况下,这一阶段人们仍然在不断尝试与自己最初的职业选择不同的各种能力和择业可能性。

确立阶段由三个子阶段组成:尝试子阶段(Trail Substage)、稳定子阶段(Stabilization Stage)和职业中期危机阶段(Midcareer Crisis Substage)。在尝试子阶段(25~30岁),个人确定当前的职业选择是否适合自己。如果不适合,他会准备做出改变。比如,刘静在进入证券公司投资银行部工作后发现,连续数月的工作出差与她此前的期望不同,她希望从事行业研究工作,以减少出差对个人生活的影响。到了30~40岁,人们通常会进入稳定子阶段。此时,个人往往已经明确了职业目标,并制定了较为具体的职业规划来确定自己的晋升潜力、调换工作的必要性以及为实现这些目标需要进行的教育投资等。最后,在三四十岁的某个时间段,很多人可能会经历职业中期危机阶段。在这一阶段,人们往往会根据最初的理想、目标对自己的职业现状做一次重新评价。结果可能发现,个人离职业目标越来越远,或者在达到了预定的职业目标后才发现,自己并未在心理上获得真正的满足。在这一时期,人们也会思考职业与个人生活的关系。处于这一阶段的人往往会审视个人已取得的成就和未来的职业方向,即自己到底需要什么、什么目标是可以达到的,以及为了达到这一目标自己需要做出多大的牺牲。

(四)维持阶段

从45岁到退休前,许多人进入了维持阶段(Maintenance Stage)。由于进入了职业生涯的后期,人们通常已经在各自的工作领域中争取到了一席之地,他们的大多数精力将放在维系和保持既定的成就和社会地位,而不再考虑变换职业或创造新的成果。

(五)下降阶段

当退休的日子临近时,人们就不得不面对职业生涯中的下降阶段(Decline Stage)。在这一阶段,个人的健康状况和工作能力都处于逐渐下降的通道中,他们必须接受权力和责任减少的现实,学会承担一种新的角色——成为年轻人(或继任者)的良师益友。之后,个人将退出工作岗位,结束其职业生涯。

上面引用的萨柏(Donald E. Super)的职业发展阶段理论,被用于说明人们在不同年龄阶段所面临的职业生涯角色转变的共性。企业的职业发展和职业管理,需要更具体、更有针对性的职业生命周期的信息。在企业中,专业型管理人员(或称"知识型"员工)对于组织绩效有着重要影响,有必要特别关注对这类员工的职业发展阶段的评判和引导。下面是针对专业技术人员职业发展阶段的简要说明。

1. 起步阶段(工作的头5年)

拥有技术知识的年轻专业人员进入企业,但是他们通常不理解企业的要求和期望,需要与有经验的老员工一起密切合作。年轻的专业人员与指导者之间形成"指导关系",学习和接受权威人士的引导。一个人想要成功有效地通过起步阶段,必须接受一种依赖他人的心理状态。有些专业人员在心理上很难接受这种安排,他们希望第一份工作能够提供更多的工作自由空间。

2. 进步阶段(30~45岁)

一旦通过了起步阶段,专业人员将会步入独立工作的进步阶段。要想进入这一阶段,必须证明自己可以胜任特定的专业领域,能在专业领域内提供专家意见。处于进步阶段的专业人员，其首要任务是在所从事的专业领域内成为“独立的意见贡献者”，企业希望这一阶段的专业人员更少地依靠他人的指导，保持独立的心理状态。进步阶段对于专业人员未来的发展极端重要，一般来说，在这一阶段失败的人将来无法很好地发展，因为他们不具有足够的自信。

3. 团队领导阶段

企业期望进入本阶段的专业人员成为起步阶段人员的指导者，而且，他们注意拓展兴趣，注意与企业外的利害关系人开展合作。因此，专业人员在本阶段的中心任务就是对他人的“培训和互动”。在团队领导阶段，专业人员对他人的工作承担起责任，这会带给员工相当大的心理压力。在此前的阶段，专业人员只需对自己的工作负责，但是现在他人的工作成为应获得首要关注的事。无法达到新要求的人可能决定转回第二阶段，而那些能通过指导他人获得满足的专业人员将从事更重要、更有价值的工作，这些工作内容可能一直持续到专业人员退休前。

4. 战略思考阶段

一些专业人员将停留在第三阶段直到退休，而另一些专业人员则会进入到下一阶段，即战略思考阶段。并非所有员工都能进入这一阶段，因为该阶段的基本特征包括“确立企业的发展方向”。虽然在一个企业中只有最高决策层才能做出上述决策，但是这项工作任务也涉及其他人，如产品开发、加工制造或技术研发的关键人员就可以进入战略思考阶段。由于他们在维持阶段的杰出表现而赢得的重要地位，进入本阶段后，他们将把注意力放在长远的战略规划上，此时，他们扮演的是管理者、企业家和创新构思的发起者。他们的主要工作关系是去发掘和帮助继承者的事业，与企业外部的关键人物打交道。处于本阶段的专业管理人员必须学习和增进个人影响力，即将个人领导能力运用在观念培养、员工选择和组织设计中。这种工作重心的转变对于过去曾依赖上级指导的个人来说将是困难的。

二、职业性向与职业选择

职业心理学家约翰·霍兰德(John Holland)提出的职业选择理论认为，人格(包括价值观、动机和需要等)是决定一个人选择何种职业的重要因素，同时，一个人能在多大程度上取得职业成功、获得职业满足感，取决于个人的性格类型与职业特性之间的匹配程度。

霍兰德根据职业性向测试的研究指出，每个人在一定程度上都属于以下六种性格类型中的一种：现实型、研究型、艺术型、社交型、企业型和常规型，同时，他将职业也分为相应的六种类型。霍兰德提出，个人的性格类型应与职业特性之间实现相互适应，只有在同一类型的劳动者与职业互相结合、相互匹配时，个人的才能与积极性才得以最有效的发挥(见表8—2)。

表8—2　　个人性格类型与职业特性的对照表

类型	个人性格类型	职业特性
现实型	①愿意使用工具从事操作性工作； ②动手能力强，做事手脚灵活，动作协调； ③不善言辞，不善交际。	主要指各类工程技术工作、农业工作。通常需要一定体力、需要运用工具或操作机器。 主要职业：工程师、技术员；机械操作、维修、安装工人；矿工、木工、电工等；测绘员；农民、牧民、渔民等。
研究型	①抽象思维能力强，求知欲强，肯动脑，善思考，不愿动手； ②喜欢独立的、富有创造性的工作； ③知识渊博，有学识才能，不善于领导他人。	主要指科学研究和科学实验工作，包括含较多认知活动(思考、组织、理解等)的职位。 主要职业：自然科学和社会科学研究者；化工、冶金、电子、航空等领域的专业技术人员、工程师；研发人员；飞行员、电脑专家；医生；心理学家。

续表

类型	个人性格类型	职业特性
艺术型	①喜欢以各种艺术形式的创作来展现个人才能，实现个人价值； ②具有特殊艺术才能和个性； ③乐于创造新颖的、与众不同的艺术成果，渴望表现自己的个性。	主要指各类艺术创作工作，包含大量自我表现、艺术创造、情感表达以及个性化活动。 主要职业：音乐、舞蹈、戏剧等领域的表演者，编导、老师；文学、艺术评论员；艺术相关的节目主持人、编辑、作者；绘画、书法、摄影师；艺术、服饰、家具、家装等领域的设计师；广告、公关领域的管理和创意人员。
社交型	①喜欢从事为他人服务和教育他人的工作； ②喜欢参与解决人们共同关心的社会问题，渴望发挥自己的社会作用； ③比较看重社会义务和道德。	主要指各种直接为他人服务，包含大量人际交往内容的职业。 职业：教师；行政人员；医护人员；服务业的经理、管理人员和服务人员；销售人员；客服人员。
企业型	①精力充沛、自信、善交际，具有领导才能； ②喜欢竞争、敢冒风险； ③喜爱权力、地位和物质财富。	主要指那些组织与影响他人共同完成组织目标的工作，包含大量以影响他人为目的的语言活动。 职业：企业家、政府官员、各类企业的领导者和管理者；投资经理；律师。
常规型	①喜欢按计划办事，习惯接受他人指挥和领导，自己不谋求领导职务； ②不喜欢冒险和竞争； ③工作踏实，忠诚可靠，遵守纪律。	主要指各类与文件档案、图书资料、统计报表之类相关的各类科室工作，包含大量结构性的且规则较为固定的活动。 职业：会计、出纳、统计人员；文秘和办公室职员；图书管理员；基层企业工作人员；银行从业者。

然而，大多数人并不仅有一种性格倾向（比如，一个人的性格中可能同时包含社交型、现实型和研究型三种类型，但可以有主次之分）。无论一个人的性格由哪种类型主导，他都可以通过一系列的策略来处理和周围环境的关系，并且很多策略适用于两个或更多性格类型。霍兰德直观地用一个六角形来说明六种性格类型间的联系和差别（见图 8－3），其中每一个角分别代表一种个人性格类型（职业特征）。在图 8－3 中，两种性格类型在六角形中的排列越邻近，其性格特征越具有相似性（如，现实型－研究型），而不邻近的性格类型（如艺术型－常规型），其特征的相似程度较低。霍兰德认为，个人的多重性格倾向之间相似性或相容性越强，在选择职业时所面临的内在冲突和犹豫就越少；反之，如果个人同时具备两种对立的性格倾向（如实

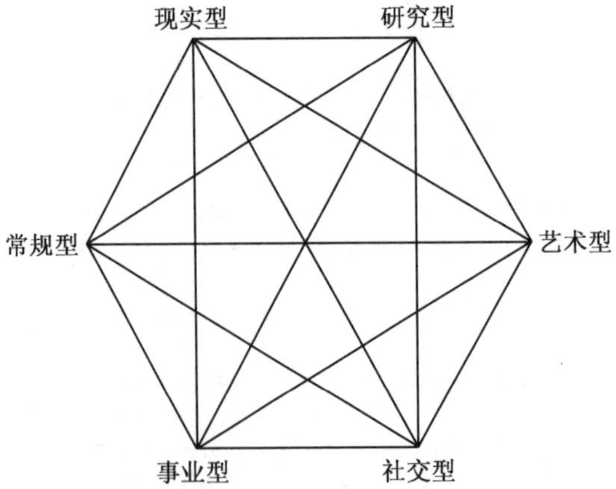

图 8－3　职业选择的倾向

际型和社会型），则他将在职业选择上遇到麻烦。

三、个人的职业价值观（职业锚）

个人不同的志向、背景和经历也会影响职业的选择。埃德加·施恩（E. H. Sehein）等人对麻省理工学院（MIT）斯隆管理学院的 44 位男性毕业生进行了长达 10 年的纵向跟踪研究，通过对同一批人在大学毕业前（20 世纪 60 年代早期）及工作 10～12 年之后（1973 年）分别进行访谈和态度调查，对他们的职业选择进行了详尽研究。研究发现，这些人在毕业前谈到的职业动机和价值观，并不完全符合其后的职业发展情况。甚至有不少人直到在特定职位上工作多年以后，才意识到自己的某些需要、价值观和才能，他们中的另一些人则是在经历了多种不同职位、组织或多种不同职业后，才建立起一个清晰的自我认识。

根据这一研究发现，施恩提出，职业计划实际上是一个持续不断的探索过程。在这一过程中，每个人都在根据自己的天资、能力、动机、需要、态度和价值观等逐步形成与职业相关的自我概念。随着个人自我概念的不断明晰，他就会形成一个占主导地位的职业锚（career anchor）。所谓职业锚，就是当一个人不得不做出职业选择时，他不会放弃的首要价值观或职业模式。提前预测、明确个人职业锚的难度很高，因为一个人的职业锚是职业环境与个人因素在较长时间内相互作用的产物，是一个经历探索、选择、自省与调整的动态过程的结果。只有在必须做出重大职业抉择时（接受晋升还是辞职创业），个人以往的所有工作经历、兴趣、资质、性格类型等才会综合形成一个有意义的模式（职业锚），为其职业选择指明方向。施恩结合 MIT 毕业生的研究及其他调查研究的结论，提出五种主要的职业锚，在 20 世纪 90 年代以后，又更新为八种职业锚。

（一）技术职能型职业锚

具有技术职能型职业锚的员工往往强调实际技术或专业职能工作，关注个人专业能力发展，而不愿承担一般管理类的职位（虽然他们并不排斥职能管理工作）。这类员工的职业价值观是追求个人专业技术能力的不断提高，获得本领域专家的肯定与认可，并通过承担不断增长的富有挑战性的工作来实现职业目标。当然，对这类员工而言，组织层级的提升同样是重要的，但他们较少追求专业领域外的职业发展，而是坚持在专业范围内的提升。他们在职业选择上多从事工程技术、营销、财务分析、系统分析、研究发展等职能领域的工作，在职级上包括从专业技术人员到职能部门领导的各类工作。

（二）管理型职业锚

具有管理型职业锚的员工有很强的管理动机，他们期望承担单纯的管理责任、掌握更大的权力，并相信自己具备担任管理职位所需的各种能力素质。这类人具有强有力的升迁动机和价值观，其职业目标就是沿某一组织的权力阶梯逐级攀升，直到承担全面管理责任的高级管理职位，责任、等级地位和收入是其衡量职业成功的标准。当被问及为什么相信自己具备管理职位所需的技能时，许多人表示，自己具备以下三方面的能力：（1）分析能力，即在信息不完全、不确定的情况下发现问题、分析问题和解决问题的能力；（2）人际沟通能力，即在各种层次上影响、监督、领导、操纵和控制他人的能力；（3）情感能力，即在面对情感和人际危机时，有较强的调适和承受能力，并能在较高的责任压力下保持目标、化解危机的能力。这三种能力并非管理型员工所独有，但优秀的管理者要求三种能力的综合，其中情感能力可能是识别何种人在高水平管理工作中获得成功的最重要能力。

(三)创造型职业锚

MIT 的一些学生在毕业后成为成功的企业家。在施恩看来，这些人都有一种需要："建立或创设某种完全属于自己的东西——一件署有自己名字的产品、一家自己的公司或一笔反映个人成就的财富等。"对这一类型的员工而言，高专业能力、管理能力是必要的，但并非其主要价值观，发明创造、奠基立业才是他们工作的强大驱动力，为达到这一职业理想，他们一般都做好了冒险的准备。

(四)自主型职业锚

MIT 的某些毕业生具有自主型职业锚，他们在选择职业时，被一种自主决定命运的需要所驱使，希望最大限度地摆脱组织约束和对他人的依赖。企业中的个人，在提升、工作调动、薪资等诸多方面都取决于企业提供的机会和他人的决策行为。但自主型职业锚的员工追求自由自在、不加束缚、能施展个人职业能力的工作和生活环境。为了满足这一职业价值观，具有强大技术能力的个人，不是到某一企业中去追求技术或专业的成功，而是从事独立自主的工作，比如成为独立咨询顾问、自由职业者或小企业的合伙人。

(五)安全型职业锚

具有安全型职业锚的员工极为重视长期的职业稳定和工作保障。他们愿意从事能提供长期就业保障、收入稳定及工作环境变动较小的工作。员工的安全取向主要分为两类：职业安全及情感的安全稳定(如团队成员稳定、家庭稳定)。这类员工的职业成功标准是，维持一种稳定、安全、整合良好的家庭和工作情境。因此，安全型员工愿意在大企业或政府机构工作，这类组织的稳定系数较高；同时，他们倾向于长期留在任职的组织中，根据上级的要求行事，相信组织会识别他们的需要和能力，并相应做出最佳的安排。由此看来，安全型职业锚的员工往往缺乏强驱动力和主动性，较少做出自我职业发展规划。

除了原有的五种职业锚，施恩在 20 世纪 90 年代又增加了三种职业锚：服务型、挑战型和生活型职业锚。

(六)服务型职业锚

具有服务型职业锚的人员工一直追求他们认可的核心价值，如帮助他人、改善人们的安全与健康、改善环境、通过新的产品消除疾病等。为了实现个人的核心价值观，他们不惜更换工作、企业，或者放弃无法实现核心价值观的工作调动或晋升机会。对这类员工的最好激励方式，就是认可他们的贡献。

(七)挑战型职业锚

具有挑战型职业锚的人喜欢解决看上去无法解决的问题，战胜强硬的对手，克服无法克服的困难或障碍等。对他们而言，参加工作或职业的原因是工作允许他们去战胜各种不可能。有些员工追求的挑战是智力层面的挑战，如仅对极端困难的工程设计感兴趣的工程师；也有些人追求的是复杂、多变情境下的挑战，如仅对服务于濒临破产、资源全无的企业感兴趣的战略顾问。新奇、变化和困难是他们的终极目标。如果工作内容非常容易，就会使这类人感到厌烦。

(八)生活型职业锚

具有生活型职业锚的人喜欢一种可以使他们平衡个人需要、家庭需要和职业需要的工作环境。他们希望将生活的各个主要方面整合为一个整体。他们重视能够实现这类整合的有弹性的职业环境。他们眼中的个人成就不仅是职业成功，还包括如何生活、如何处理家庭关系，以及如何实现个人成长。也因此，他们愿意牺牲职业的某些方面来追求个人重视的生活目标。比如，职位晋升需要员工搬动到另一地区，这会影响他目前的生活状态，因而需要有所取舍。

将职业锚理论应用于职业选择的意义在于，职业锚中所包含的价值观、动机是个人职业早期阶段动态过程的结果，反映了每个人对明确的自我概念和职业定位的追求，个人追求的这种职业定位有可能是持续终身的。因此，个人可以通过在工作的磨炼中逐步明确自我的能力、动机、兴趣和职业定位，识别个人职业抱负模式和职业成功标准，从而为其职业中后期的职业计划提供指导。

管理聚焦 8－1

海尔转型：员工不创业就离职

全球最大的白色家电巨头海尔，在其发展壮大的短短 30 多年间，曾经历过几次发展战略的调整。从“名牌战略”(1984 年)，到“多元化战略”(1991 年)，到国际化战略(1998 年)，再到“全球化战略”(2005 年)，海尔实现了快速发展，并有惊无险地渡过了 2008 年开始的金融危机。而近年来的“互联网＋”再次对企业的经营方式带来了巨大冲击，海尔的应对则是“网络化战略”。海尔为此进行了组织结构调整，由封闭的传统企业向开放的分布式组织转型，并成立了“巨商汇”，利用互联网实现减人、减产品、减流程和加服务的“三减一加”效果。现在的海尔不单是一家企业，更是一个互联网化的平台。2013～2015 年间，海尔诞生了 200 多家被称为“小微企业”的创业公司或团队，其中 100 多家小微企业年销售收入超过 1 亿元，24 个小微企业引入风险投资(创投)，12 个小微企业市值超过 1 亿元，另有 3 800 多家小微、微店正在等待孵化。

在这一新的组织变革之下，管理阶层和科层制被取消，海尔员工只剩三种身份：平台主、小微主与创客。其中，平台主是为小微主、创客服务的人员，小微主是小微企业的负责人，创客则是创业者(可能是原海尔员工或外部创业者)。管理者只有两条路：一是创业，二是离职。高峰时期海尔有员工 11 万人，现在只剩 6 万多人。海尔在精简 5 万名员工的同时，为社会创造了约 130 万个工作机会。在打造开放式创业平台时，海尔的期望是从制造产品转向经营平台，通过分享品牌和运营资源聚天下人才，“把所有创业者变成海尔的员工”，欢迎外部人员利用海尔的资源一圆创业梦；同时，打破管理层级与薪酬制度，推行用户付酬，让创客和小微企业通过满足客户需要来获得收入。而创客和小微企业为了满足客户，积极运用“互联网＋”的思路，运用微信、微博、QQ 群讨论和分享使用感受，使产品创新与市场脉动贴得更紧，创业的成功率大大提高。

这一变革的思路来自海尔领导者张瑞敏确立的以创新为核心价值观的企业文化。他认为，没有成功的企业，只有时代的企业，所谓成功只不过是踏准了时代的节拍。在互联网时代，张瑞敏提出并在海尔实践互联网时代的商业模式——人单合一双赢模式，让员工在为用户创造价值的过程中实现自身价值；通过搭建机会公平、结果公平的机制平台，推进员工自主经营，让每个人成为自己的 CEO。与此同时，海尔这一白色家电制造业巨头也实现了向“互联网＋”平稳转型的“不可能的任务”。

资料来源：《天下》2016 年第 598 期。

四、与职业选择相关的个人特征

职业发展是个人发展的一个重要组成部分，每个人的发展行为都有其自身的个体特征，如年龄和性别、婚姻状况、能力与人格特质、任职情况等，个体特征和后天形成的职业经验能在很大程度上决定个人的职业选择范围。

(一)年龄和性别

员工的职业规划与其年龄关系密切，这在萨柏的职业生命周期理论中得到了充分体现。另一方面，员工职业发展要求也存在性别差异。应当说，在与个体发展相关的能力和素质层面上，男性与女性并无明显差异。有充分的研究证据表明，男性和女性在解决问题能力、分析能力、动机、社会交往能力、竞争驱动力以及学习能力等方面也未表现出明显区别。但研究表明，男女之间在职业期望和价值观方面存在差异。美国对大学生的一项调查显示，不同性别的“个人人生目标”存在一定差异：受调查的大学生们都希望与他人建立良好的关系，积极努力地生活，但男性青睐的是经济方面的成就，而女生则更追求社会满足感。对人生目标的不同定位，必定会影响不同性别员工的职业选择和未来的发展轨迹。

(二)婚姻状况

这里仅考虑已婚和未婚两种情况。已婚意味着家庭责任增加，个体的职业发展压力和动机都会较为强烈。相对而言，未婚的员工责任轻、易满足，有可能个人发展的动力和愿望不及已婚者。家庭对员工职业发展的影响，主要是指家庭抚养人数。家庭抚养人数对员工个体发展存在双重影响：一方面，被抚养及赡养的家庭成员越多，个人承担的责任越重，员工就有更强烈的发展愿望和要求；另一方面，在员工家庭负担过重时，抚养人数从精力、体力、时间、财力等方面牵制员工的学习训练和自由的全面发展，并影响其工作效率，造成缺勤率上升。抚养人数对所有员工都有影响，但通常来讲，在男性员工中，作为动力的作用往往更显著，而对女性员工则负面限制作用更明显。

(三)能力与人格特质

员工的能力包括体力、智力、知识和技能等多个方面，它是员工职业发展的基本条件和基础。一般而言，员工能力越强，对自我价值实现、声望、威信、尊重的要求越高，发展的欲望越强，能极大地促进个体发展；同时，由于能力较强者往往能得到劳动力市场的认同，获得较高的收入，使高能力者的人力资本投资能力更强，从而为个体发展提供了可能。此外，员工的人格特质也会制约和影响员工职业发展。与员工职业发展相关的人格特质主要包括控制点、马基雅维利主义、自我调控、冒险精神、自尊和 A/B 型人格。这些不同的人格特质对于员工的职业选择、适应性和未来发展的可能存在重大影响。

(四)任职情况

任职情况包括任职时间、具体职务和责任、工作绩效等。员工在企业的任职时间将影响到员工的职业发展动机。一般而言，员工任职的早期，往往有强烈的发挥个人能力和实现工作目标的愿望，充满干劲和激情，期望得到外部的认可和回报。而在员工任职多年、已到达职业生命周期的后期时，个人发展已基本定型，个人的内在要求(稳定、富足等)将取代外部评价而成为首要的职业目标。不同组织层级的员工也存在职业发展机会和意愿的差异。企业的中高层经理人与专业技术人员，职业声望高于一般员工，其个人发展的要求也更为迫切。任职情况与个人发展存在一种良性反馈的关系，即所任职务组织层次越高、所需专业技能越深入、工作绩效越好，则个人发展要求越强烈，上进和发展的动力越强。

第三节　职业规划与职业发展程序

不同企业的职业规划与管理系统在复杂程度、侧重点上各有不同，但其主要管理步骤和责任分担大致上可以用图 8—4 来概括。由图 8—4 可以看出，职业管理虽然是企业主导的活动，但只有员工个人才清楚自己在职业生涯中的真正目标和愿望，因此，个人职业规划的主要责任者是员工。人力资源管理者需要从组织发展的角度，整合组织需求与员工个人职业规划，将员工职业目标、兴趣有效嵌入在组织的职业管理系统中。本节将重点关注个人视角的职业发展规划过程，但其中也需要考虑组织的资源和制度层面的支持。

	自我评价 →	现实审查 →	目标设定 →	行动规划
员工的责任	确定改善机会和改善需要	确定哪些需要具有开发的现实性	确定目标及判断目标进展状况的方法	制定达成目标的步骤及时间表
公司的责任	提供评价信息来判断员工的优势、劣势、兴趣和价值观	就绩效评价结果以及员工与公司的长期发展规划相匹配之处与员工沟通	确保目标是具体的、富有挑战性的、可实现的；承诺帮助员工达成目标	确定员工在达成目标时所需要的资源，基中包括培训课程、工作经验以及关系等

图 8—4　职业管理程序的步骤及企业—员工间的责任分担

一、自我评价

准确的自我认识和自我评价是个人职业规划的前提。自我评价通常需要使用一些心理测验和辅助评价工具，以帮助员工清楚地回答以下问题：(1)个人的价值取向、自我确定的人生道路和生活方式；(2)本人知识、技能水平及工作适应性；(3)个人特质，主要是个人素质、性格、爱好、兴趣和专长等；(4)自己事业中最渴望的是什么？最有价值的追求是什么？下面具体谈谈自我评价阶段的部分重要工作。

(一)界定职业成功

员工制订个人职业计划，旨在获得职业的成功。那么，什么是职业成功？在现代社会观念中，对职业成功的理解往往仅限于地位、收入的提高和经济上的富足，如果达不到这一标准、或在短期内难以达到这一标准，就会被认为是失败者。但是，职业成功的定义不应只有一种标准，个人的职业需求不同、职业目标各异，成功的内涵就会存在差别。个人职业成功应强调员工的心理成功，具体体现为以下几个方面：

(1)个人的价值取向、能力、性格特征与从事的职业高度匹配，且个人在工作中得心应手，工作成绩获得了普遍认可。

(2)个人有明确的职业目标，无论是整个职业生涯一直从事某种职业，还是历经多次职业变动，最终个人职业目标得以实现，也是一种职业成功。这种职业目标因个人能力、个性、职业经历而有所不同，有人以成为领袖、教授、专家为荣，也有人以做好本职的普通工作为荣。

(3)在所从事的职位上,充分发挥个人潜力并取得了突出成绩,本人从工作中获得了自我满足感和成就感,或者得到了组织及同事的认同,也是一种职业成功。

(4)勇于创新、另辟蹊径,在新的领域或以新的方法有所建树的人,也是个人职业成功的实现方式。

(二)增进自我认识

员工要想取得职业成功,个人必须具备一些重要的能力和素质。符合实际的自我评价,可以提高员工的特殊能力及目标与工作的匹配水平,并帮助员工在整个职业发展周期保持正确的方向。员工经常使用的自我评价工具,除心理测试外,常见的还有技能评估练习、优/缺点平衡表和好恶调查表。

1. 技能评估练习

技能评估练习的目的是确定员工的技能水平,并对未来的学习发展和职业选择提供指导。表 8—3 提供了从两个维度(运用技能的熟练水平、喜欢使用这种技能的程度)对员工技能评分的清单。员工对每一技能评分后,进行加权计算,得到各项技能的得分。得分低于 6,则表明该项技能低下,或者员工缺乏兴趣;得分大于等于 6,则表明该项技能是员工的强项或兴趣所在。各项技能的得分情况可以用于指导员工选择未来适合自己的职业类型。

表 8—3　　技能评估练习(样本)

技能领域	熟练程度 ×	喜好程度 =	分数
1. 解决问题	______	______	______
2. 团队陈述	______	______	______
3. 领导能力	______	______	______
4. 兴趣盘点	______	______	______
5. 谈判能力	______	______	______
6. 冲突管理	______	______	______
7. 时间安排	______	______	______
8. 授权能力	______	______	______
9. 参与管理	______	______	______
10. 反馈	______	______	______
11. 规划	______	______	______
12. 电脑	______	______	______
熟练程度	1 仍然需要学习	2 可以胜任	3 熟练
喜好程度	1 不喜欢使用这种技能	2 不特别喜欢或不喜欢这种技能	3 真的喜欢使用这种技能

说明:(1)熟练程度:仍然需要学习,1;可以胜任,2;熟练,3。

(2)喜好程度:不喜欢使用这种技能,1;不特别喜欢或不喜欢这种技能,2;真的喜欢使用这种技能,3。

2. 优/缺点平衡表

这是一种帮助个人认识自身优缺点的自我评价方法。通过认识自己的优点,员工能最大限度地利用它;而认识自己的缺点,则可以使其注意减少或消除其负面影响。编制平衡表的技巧很简单。首先,员工在一张纸的左边标明“优点”,在右边标明“缺点”。接下来记录下个人意识到的所有优缺点。表8—4是员工编制的个人优/缺点平衡表的示例。有效编制和使用平衡表的关键在于诚实和真诚的反省。一般来讲,编制的过程是一个多次自我反省的过程,员工通过不断地确认和更新自我评价来深化自我认识。

表8—4　　优/缺点平衡表(示例)

优　点	缺　点
善于与人共事。	与少数人非常亲密。
乐于接受任务并按自己的方式去完成。	不喜欢受到持续不断的监视。
受人称赞的好管理者。	不容易跟上级交朋友。
工作努力,有旺盛的精力。	经常说一些不计后果的话。
公正无私。	不能坚持一直坐在办公桌旁。
在目前的环境中很好地发挥作用。	个性保守,个人情感会影响工作的选择。
思想开放。	许多人认为我情绪不稳定。
与重要客户打交道时感到很自在。	不擅长制订短期计划,长期计划则好些。
喜欢玩弄政治手腕(可能是缺点)。	缺少耐心。
一旦明确了工作目标,就立刻着手完成。	不喜欢处理琐事。
善于组织别人的时间,通过他人干好工作。	在只有自己参与的环境中,工作效果不好。
性格开朗。	
关心那些关心我的人(可能是缺点)。	
对同事和下属有大量的感情投入。	

3. 好恶调查表

对个人好恶的调查和了解也应构成自我评价的重要部分。好恶调查帮助个人认识到自己的兴趣所在及职业选择面临的约束。某些人不愿住在边远地区,也有些人不喜欢频繁的商务旅行,这都会限制他们的职业选择。因此,认识到这种限制条件的存在,可以减少将来的职业问题。在好恶调查表中,应包括所有可能影响个人工作绩效和职业发展的因素。表8—5是好恶调查表的一个示例。那些了解自己的人,更容易做出成功的职业计划所必需的决策。许多人不断地跳槽,就是因为他们未能了解自己的需要和职业偏好,而是以偶然的机会、计划和他人的希望作为自己职业选择的基础。

表8—5　　好恶调查表

喜 好	厌 恶
喜欢旅行。	不想在大公司工作。
喜欢住在东部。	不愿在大城市工作。
喜欢做自己的老板。	不喜欢整天待在办公桌旁工作。
喜欢住在中等城市。	不喜欢一直穿套装。
喜爱体育运动。	不喜欢整天加班,没有业余时间。
爱在闲暇时看书、听音乐。	

根据霍兰德对职业选择的研究，仅有个人对特定职业的兴趣和偏好仍然是不够的，现实的职业选择要求个人必须具备完成工作所需的技能。而通过自我评价，员工可以在明确自己的兴趣和动机的基础上，确定待发展的技能和专业领域。这种发展需要来自员工当前的技能、兴趣与员工期望获得的工作或者职位类型之间的差距。

企业在员工自我评价阶段，可以通过组织职业开发中心和职业发展研讨会来提供协助。职业发展中心可能包括线上或线下的职业发展图书馆、职业发展研讨会以及涉及相关主题(如精力管理、职业成长)的其他研讨会，以及能提供职业发展指导的个人职业教练。职业发展中心还可能为员工提供线上或线下的各类职业生涯发展工具，包括职业评价工具和职业发展规划工具等。

职业生涯规划研讨会也是一种常见做法。它是指“一项有计划的学习活动，参与者需要积极参与，完成职业生涯规划练习及各种技能测试，并且参加职业技能实战训练环节”。一次典型的研讨会通常包括自我评价、环境评价、目标设定和制订行动计划等多个环节。职业生涯规划研讨会可能由公司的人力资源部主导，也可能由外部咨询公司、当地大学等外部机构组织。参与研讨会通常是自愿的，但企业通过组织研讨会表明了它们对员工职业发展所承担的责任。

二、现实审查(组织评估)

个人的职业规划必须切实可行。个人的职业目标或职业需求，需要与自己的能力、特质相符合，这样的职业规划才有在组织内部实现的可能；同时，个人职业目标的确定，也要考虑到周围的客观环境和条件的允许。职业发展规划程序的现实审查，就是进行组织对员工的技能、知识和绩效的评估，使员工了解公司评价结果，帮助员工确定个人条件是否与公司的规划(比如潜在的晋升机会、横向流动等)相符合。

通常情况下，企业向员工提供的信息，可能来自上级管理人员所做的绩效评估及其后续的职业发展讨论。此外，组织在员工甄选中的一些测评工具也可用于职业发展评估，如管理评价中心、心理测评。企业在组织评估时，还可能使用晋升前景预测、管理继任计划等工具。

(一)绩效评估

绩效评估是最常见的职业发展信息来源。在管理实践中，绩效评估通常被用于对过去绩效的回顾与评价，而非面向未来的绩效改进和指导。面向未来的绩效评估可以向员工提供重要的信息，说明其长处和不足，并为其提供未来职业道路的引导。未来导向的绩效评估不应只是简单的评估，还应把学习和发展建议包含在内，并通过绩效评估强化员工的绩效改进行为和学习意愿。在可口可乐公司的职业管理系统中，员工和管理者在年度绩效评估之后，会进行单独的会谈以讨论员工的职业兴趣、优势及可能参与的开发活动等。

(二)管理评价中心

评价中心作为多种情景练习(如公文筐处理、无领导小组讨论、管理竞赛、个人演讲等)的组合，通常被用于甄选管理人员。但企业也可以将评价中心用于员工发展用途(有些企业将这类评价中心称为“发展中心”)，则强调向员工提供反馈和指导。与面向甄选的评价中心不同，面向发展的评价中心具有以下特点：(1)更强调开发，评估者被称为“观察者/辅导者”，候选人被称为“参与者”；(2)在评估过程中，向参与者提供反馈、尝试新行为；(3)在评估过程结束后，向参与者提供详尽的反馈信息，鼓励参与者了解开发中心的成果(评价数据)；(4)评价中心关注识别参与者的强项、潜在的开发需求，并形成个人“发展计划”；(5)最终的书面报告具体详尽，有复杂的评价效标，关注每位参与者的独特需求，因而需要引入多样化的练习和任务。由于以上特征，以发展为导向的评价中心所花费的时间往往比以甄选为导向的评价中心更长，成本更高。

(三)心理测评

心理测评也被很多组织用于帮助员工更好地理解自己的技能、兴趣和职业偏好。衡量个性、态度、兴趣的心理测试，都属于这个范围。

(四)晋升前景预测

晋升前景预测是管理者针对下属的发展潜力做出的判断和决策。这种预测使组织可以识别出具有高发展潜力的个人。高潜力人才随后可以得到更多的发展机会(如参加高管研讨班)，帮助他们将发展潜力转化为现实的职业成长。

(五)管理继任计划

管理继任计划关注的重点是为出现空缺的高管职位准备继任人选。企业的管理继任计划通过考察企业的战略规划、组织未来走向和挑战，提出高端人才需要具备的能力，进而确定组织内外部的目标候选人。在提出“高潜力人才”清单后，企业需要对这些候选人进行研究和跟踪，定期评价其能力、素质和晋升潜力，并佐以持续的管理开发机会，帮助他们为进入高管队伍做准备。

三、目标设定

目标设定是指员工与企业共同确定员工希望从事的职业类型，以及实现其短期、长期职业目标所需采取的步骤。目标设定的成果，通常表达为理想的职位(如在3年之内成为销售经理)、技能应用水平(如运用个人技术专长优化制造工艺)、工作设定(如在2年内转入公司的营销部门)或技能获得(如3年内熟悉和掌握公司各人力资源专业领域的工作内容和方法)等。这些目标的设定需要考虑到企业其他领域的努力，包括人员配备、绩效评估、培训与开发等。在与上级管理人员进行讨论后确定的职业目标，可能明确写入员工的发展规划中。表8—6提供了一位产品经理及组织共同制定的个人发展规划的范例。在发展规划中，通常包括对员工的优劣势、职业发展目标以及为此需要完成的开发活动。

表8—6　职业发展规划

姓名：	职位名称：产品经理	直接上级：
能力 请分别列举出你最具有优势和最需要改善的三种能力。 **优势** · 战略思考和执行(自信、指挥命令能力、行动力) · 结果导向(能力、激励他人、坚定不移) · 商业意识(培养团队精神、以客户为中心、尊重同事) **需要改善的方面** · 耐心(对人或过程的容忍度不够，对工作进度过于敏感) · 表达能力(缺乏清晰、简洁地进行书面表达的能力) · 人际技巧(过于关注项目的成功完成，忽略与参与项目的人建立良好的关系)		

续表

职业目标 请描述你自己的总体职业目标。 · 长期目标：做到总经理或总经理以上的职位，承担更多的责任。特别感兴趣的领域包括但不限于：产品和品牌管理、技术和开发、战略规划及市场营销。 · 短期目标：在充分发挥本人在产品管理、战略规划和全球关系等方面能力的同时，继续改善在市场营销及品牌管理方面的能力。
接下来的开发任务 找出有助于你实现自己的职业目标的下一项潜在开发任务（包括时间安排）。 · 使自己的计划、开发、生产或品牌管理方面的能力达到管理层或总监层的水平。时间估计在20××年秋季。
培训和开发需要 列出能够帮助你完成当前工作任务或是对你的总体职业发展有益的各种培训和开发活动。 · 我当前所从事职位的动态属性、团队合作及对其他成员的依赖，使我有机会锻炼自己的耐心，同时促使我在关心项目成功的同时，也关心我所在的团队成员的需要。

在目标设定阶段，企业通常会使用个别职业咨询及多种信息服务来确保员工的职业目标、发展需求与企业发展保持一致。

(一)个别职业咨询

个别职业咨询是指以帮助员工为目的进行的一对一面谈话，以考察和了解员工的职业理想。讨论的话题可以包括员工当前的工作职责、兴趣和职业目标。职业咨询可以由管理者或人力资源专业人员来进行，也可以由外部专业咨询师来进行。如果由直线管理者提供职业咨询，则人力资源管理部门通常会监控面谈的结果，并向直线管理者提供相关的培训、建议。由直线管理者提供职业咨询有明显的好处：管理者在工作互动中对员工的优势和劣势有最充分、及时的了解；管理者了解员工的职业发展目标，有助于促进双方的信任和承诺。

(二)多种信息服务

企业在目标设定阶段的另一个重要工作，是向员工提供职业发展的信息，包括组织内部的职位空缺、可选择的职业发展路径以及其他的职业发展资料。决定如何使用这些信息则主要是员工的责任。由于目前企业中员工兴趣、期望的多元化，这样做充分尊重了员工在职业规划与管理中的自主权。企业通常提供的信息服务包括职位空缺公告、员工技能记录、职业轨迹和职业资料中心。

四、行动规划

在这一阶段，员工将和企业一起确定达成自己长短期职业目标的行动路线。职业发展的行动规划中应与企业的培训开发系统、员工配置及内部职位流动的机会相结合。在职业发展的行动规划中，应特别关注员工职业生涯阶段的影响，以及运用职业轨迹引导员工主动开展职业管理。

(一)不同职业生涯阶段的规划

在职业生涯的各个阶段，职业规划都是很有必要的，但典型的职业有三个时点尤其重要。新员工的第一个职位、第一项任务对于他们未来职业的塑造有着重要意义。处于职业生涯中期的员工面临的压力和责任不同于新员工，但是他们也有一个转折点：备受关注的职业发展停滞期。面临退休的老员工则面临一个经济、社会和人际关系方面的不确定的未来。企业需要在职业发展规划中有针对性地分析和应对不同员工的不同需要。

1. 新员工的职业发展行动规划

新员工根据个人期望选择职位，对于接受了高等教育的新毕业生而言，这种期望包括发挥个人能力和承担工作责任的机会，他们希望能利用既有的知识在企业中获得赏识和升迁。但是，新员工往往会在最初的职业阶段感到失望，从而在未来的职业发展中遇到困难，甚至选择离职。导致新员工在最初职业中感到失望的主要原因有：(1)新员工在第一份工作中面临的挑战往往低于其能力，员工认为自己无法在工作中充分展示个人能力；(2)员工的高自我评价和对职业机会的高度预期，使员工面临巨大的"现实冲击"，员工在工作中感到的个人成长及自我需要的满意程度较低；(3)管理者对新员工的工作绩效缺乏有效的评估、反馈和指导。

大量的研究和实践表明，许多不同的管理培训有助于留住和发展年轻的、有才华的员工。其中，真实工作预览(RJP)可以向新员工提供关于企业、工作职位的真实信息，帮助新员工了解工作中的机会和可能的障碍。在新员工入职后，企业为促进新员工的职业发展，应当鼓励新员工的上级主管进行恰当的工作任务安排。成功实施这项政策需要管理者承担一定的风险，因为管理者对下属的工作表现负有责任。如果分配的任务超过下属员工的能力范围，管理者和下级将共同承担失败的损失。因此，通常只有在下级证明其能力之后，管理者才会愿意通过日益增加任务难度和挑战性来培养下属。然而研究表明，最初经历的工作挑战有助于提高新员工在未来的工作效率。如果企业分派的工作本身缺乏挑战性，新员工的上级可以通过任务强化，激励那些有着强烈成长和成功愿望的新员工。通常强化任务的方法包括赋予新员工更多的权力和责任、允许新员工直接与顾客沟通，以及允许新员工实践自己的想法(而非单纯向上级提出个人建议)。上级的管理风格也会影响到员工在职业早期的发展。对员工保持积极期望的上级，会从最开始就为员工设定可以实现的、有挑战性的工作目标，通过指导和咨询的方式帮助新员工，并认可和奖励新员工的工作绩效。这种早期经历不仅有助于留住员工，同时还将使员工为职业中后期的发展做好准备。

2. 职业中期的职业发展行动规划

达到发展中期阶段的管理者和其他员工是企业中的关键人物。他们占据着企业的重要职位，经济收入较高，但职业成功的同时也隐含着严重的职业危机，如面对获得更大成功的压力、中年危机和未来将步入职业下降通道的担忧。也有很多管理者在职业中期可能遇到发展停滞期，由于企业高层职位较少，或个人能力、素质的欠缺，很难获得进一步的职位晋升机会。如果缺乏对职业中期管理者和员工的职业咨询与引导，他们将可能出现职业倦怠、沮丧、健康问题乃至最终离职。因此，这一阶段的有效职业生涯发展规划，将能使企业和员工共同受益。

在职业中期，培训开发是管理者职业发展的一个重要手段。这一做法的重要性不仅在于提高技能、增进知识和提升职业发展的潜力，更在于培训向管理者传递了一个信息：公司对管理者的职业发展感兴趣，管理者仍然是公司需要的、有价值的人才。这一信号传递对于管理者的心理意义重大。除了提供培训开发机会，企业还可以就职业中期的问题向管理者提出现实可行的备选方案。例如，企业可以在缺乏晋升机会的时候，为管理者提供组织内部流动和改变工作职责、工作地点的机会(调整职业轨迹)，增加管理者的职业选择机会。

员工在面对"职业中期危机"时，可能主动重新设计职业方向或改变其职业抱负。员工可能减少工作参与，追求工作之外的自我发展，更多地关注家庭与个人生活质量；也可能减少对工作本身的关注，将注意力放在组织的外在报酬上(如薪资、安全、工作条件等)。员工如何应对这一职业中期的转变，会因其职业锚而有所不同。管理型和安全型职业锚的员工，其成功主要取决于组织的奖酬和来自组织的机会，一般不会轻易减少工作参与或重新设计职业方向、改变职业抱负，他们被工作锁定，无法放弃既有的职业成就模式。而创造型、自主型职业锚的员工，在面对职业停滞期时会倾向于重新定义职业目标，更快地实现职业转型。技术职能型职业锚的员工则有较大的适应性，可以继续争取组织内的职业成长，也可以从事咨询、培训等工作，能更好地做出职业中期的调适。

3. 退休前的行动规划

从组织的视角来看，退休是使员工在职业后期有序退出企业的方式。然而，退休对很多人而言，都意味着人生阶段的重大调整和改变。退休对员工的影响具体表现在：(1)退休后员工将完全依赖自我管理安排生活，不再有外在的管理者来安排工作目标和工作时间；(2)员工退休后不再归属于某一工作团体，而这一工作团体多年来构成了员工的主要社会结构和心理寄托；(3)工作绩效是员工成就感和自尊的源泉，离开工作职位的退休员工无法再从工作中获得满足与自尊，同时丧失了相应的职业地位。针对个人面对的诸多问题，很多企业都尝试进行退休管理，从而使员工从工作到退休的转换更为平稳顺利。企业中常见的退休前职业发展行动规划，通常包括减少即将退休员工承担的工作责任和任务量，安排一些由人力资源部门发起的专题研讨、会议和咨询活动等，帮助员工接受一个逐渐下降的角色，并鼓励他们将经验、工作技巧传授给未来的继任者。

(二)职业轨迹的引导

设置职业轨迹，是组织职业发展规划的核心内容。职业轨迹是指员工在单个企业内的职业变换形成的柔性路线。大多数企业中的职业轨迹都表现为非正式的形式，但如果企业能正式定义和记录职业道路，将能更好地引导员工自主进行职业管理。职业轨迹通常分为以下几种：

1. 传统职业轨迹

传统职业轨迹是员工在组织里，从一个特定的职位层级到下一个职位层级的纵向发展途径。假定每一个当前职位是下一个较高层职位的必要准备，员工就必须逐级变换职位，以获得他所需要的经验和资历。传统职业轨迹的优势是它一直向前延伸，清晰地展示于员工面前，使员工清楚地了解自己必须向前发展的特定职位序列。传统职业轨迹也存在缺陷，即企业因合并、紧缩、停滞及重组，管理职位的数量大量缩减，从而使传统职业轨迹的可能性大大减少。人力资源管理者的传统职业轨迹见图 8－5。

					副总裁HR		
				公司HR总监			
			公司HR经理	事业部HR总监			
			事业部HR经理				
		区域HR经理	工厂HR经理				
		工厂HR经理助理					
	区域HR助理	HR主管					
	HR助理						

图 8－5　人力资源管理者的传统职业轨迹(示例)

2. 网状职业轨迹

网状职业轨迹，是纵向发展的职位序列与横向发展机会的综合交叉。这一轨迹承认某些层次的工作经验之间具有可替换性，使员工在纵向晋升到较高层职位之前拓宽和丰富本层次的工作经验。与传统职业轨迹相比，网状职业轨迹结合了纵向和横向的职业选择，减少了职业轨迹堵塞的可能性。但对员工而言，它不及传统职业轨迹那样方向清楚明确，在个人职业目标与组织意愿之间保持一致的难度也会更高。

3. 横向职业轨迹

传统职业轨迹，是向组织中较高管理层的升迁之路。网状职业轨迹，基本上也是管理层职位上的升迁和为升迁做的准备。这两条职业轨迹都存在适用面小的问题。对相当数量的员工来讲，采用横向工作职位调动使员工焕发新的活力，迎接新的挑战，更具有现实性。尽管这条道路可能没有职位晋升和相应的地位改变，但员工可以学到新的技能知识，提升自己对组织的价值，使自己获得新的发展机会。尤其对处于职业中期的管理者，这是一条行之有效的职业轨迹。

4. 双重职业轨迹

双重职业轨迹，最初被用于解决受过技术培训、只想当技术专家却不想成为管理者的员工的职业发展问题(见图 8—6)。后来，这一轨迹又扩展到其他专业人员，如工程、销售、财务、市场、人力资源等专业领域。技术人员与专业人员往往希望在专业领域内有所建树，而不愿从事一般管理工作，但传统职业轨迹为优秀专业技术人员提供只能是晋升到管理部门、增加管理责任的机会，这很难使具有技术职能型职业锚的人才感到满足。通过设计双重职业轨迹，专业技术领域的员工可以通过增进自己的专业知识为企业做出贡献并得到相应的回报，也可以寻求晋升到管理层。不论是管理轨迹还是技术轨迹，企业都会提供有吸引力的职位头衔和报酬机会。双重职业轨迹在高科技行业(如电子、信息、化学及生物医药等)中最为常见。双重职业轨迹不是将合格的技术专家培养为拙劣的管理者，而是允许组织既可以选拔高水平的管理者，也培养高素质的专业人员。

组织在了解员工个人职业需求、判明其需求合理性和现实可行性的基础上，根据组织自身发展的需要及资源条件，具体策划员工职业目标实现的途径，内容包括：(1)沿着各条不同职业轨迹转移或流动的人数、具体的工种和职位；(2)发生职业流动或转移的原因；(3)员工职业转移或流动预计发生的时间；(4)安置去向；(5)具体实施方案与政策、措施。

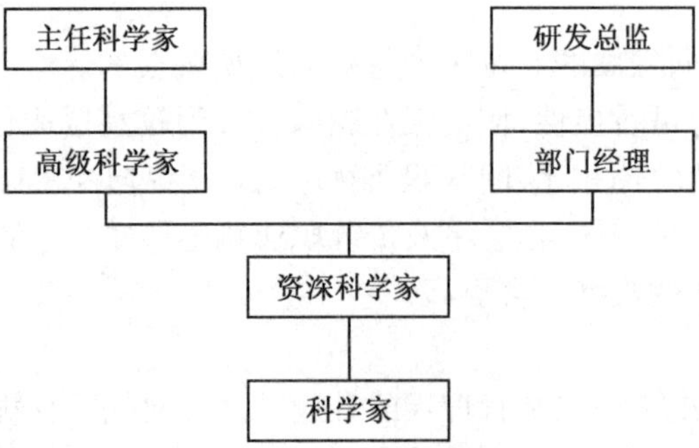

科学家(RS 1/2)
计划和承担实验室研究工作，以达到预定的项目目标，在工作中接受来自同事、专业学会、文献和供应商的信息。

资深科学家(RS 3/4)
计划和承担实验计划及实验室研究工作，以达到预定的项目和科学研究目标，在工作中接受来自同事、学会和供应商的信息，也向同事、学会和供应商提供相关信息。

高级科学家(RS 5/6)
通过对科学研究领域的深入了解，为各项目和计划提供技术诀窍和方向指导；领导或作为科学团队的成员，提供专家意见和技术诀窍。

主任科学家(RS 7/8)
从最高层次把握公司研究规划，以确保科学领导地位和方向指导的正确；在个人成就上，取得世界所认可的、受到高度尊敬的专业地位，并运用这一地位达到公司在研发领域的战略目标。

部门经理(SM 5/6)
从日常运营角度领导和管理科学家；在科研团队管理和部门管理中发挥重要作用。

研发总监(SM 7/8)
领导和管理科学家组成的部门，为公司提供管理良好的、有较高工作意愿的科研人才资源；在公司和事业部管理中发挥重要作用。

图 8—6　科研人员的双重职业轨迹(示例)

管理聚焦 8－2

如何策略性地规划你的事业

为了实现你的职场抱负，仅仅努力工作是不够的，你还需要花时间设定清晰的目标、改善工作技能、寻找支持者、建立并运用影响力。琳达·希尔(Linda Hill)和肯特·莱恩巴克(Kent Lineback)在《做老板：成为伟大领导者必须做的三件事》一书中谈到，组织天生就是政治实体，所有忽视政治动态的人最终都将变得力不从心。只有当你确定自己想要达到的目标，并且制订出实现目标的计划之后，成功才会到来。具体来看，雄心勃勃的职场人士们应该做到以下 4 点：

1. 确定职场里程碑

进行职业规划的第一步是确定目标，哪怕只是暂定的目标。你可以周期性地更新自己的计划，或者创建新的计划，预先写好简历，使之与改变后的新目标相匹配。然后，选择一个目标并开始准备。你需要写下职业生涯的关键日期，然后，倒计时开始执行你的工作计划。一种有意义的计划方法是提前写下5年或者10年后的个人简历，列出需要接受什么样的教育，加入什么委员会或者团体，以及需要获得何种工作经历等。把这些都写下来，可以让自己有前进的目标。

2. 建立职场日志

你为职业生涯所设定的日程，是职业规划的核心内容。但是，应该如何确定具体步骤？记得要保持灵活度。你应该为你想要获得的技能做准备，最大限度地利用日程表上的空闲时间。在写下未来的个人简历后，你需要详细研究你的职场楷模拥有什么技巧和社会关系，同时找出自己的差距。你可以运用下面3步来找到自己前进的方向：(1)了解那些已经实现了你的目标的人，确定他们所拥有的技能；(2)确认哪些是你可以自学的技能，而对于不能自学达到的，要确认正式学习需要的时间；(3)在“职场日志”中，绘制出你的技能发展规划。

3. 瞄准职场贵人

职业生涯中的一个最关键因素是你所认识的人。确认对你的未来职业成功有影响的人，标出其中的盟友、熟识的人以及完全不认识的人。设法扩大自己的人际关系圈。以下方法，可以帮助你精确找到“职场贵人”：(1)画一个权力地图，利用圈子来显示谁对你的职业有最大的影响力，相应地，什么人对这些人最有影响力；(2)确定你能为这些人做什么，比如贡献专业知识、提供项目协助、帮忙建立关系网络等，你要在这个过程中找到方法，学习有价值的特殊知识和技能；(3)判断哪些团体可以帮助你与想要认识的人建立联系，列一个想加入的团队清单。

4. 扩大职场影响力

为了有效实现职业抱负，你必须让人们知道你是谁。在职场中，你需要制定策略，通过“回音室”，让权力地图上的所有人都认识你，确保他们能经常听到你的名字。在确认了有影响力的目标和策略之后，你就应该做出预先安排和计划。计划中应当包含所有关键因素，从由外部确定的标志性大事件(你的年度评审)，到长远目标(获取一个博士学位)，到短期策略(志愿到一个委员会担任领导工作)。所有这些事情都有助于开创出一条清晰的路径图，从而帮助你达到目标。

设定清晰的目标，学习新的技能，与职业生涯中的重要人士建立联系，确保你每天都有持续、重要的进步，这会让你在职场中更好地定位自己，迎接制胜的未来。

资料来源：《哈佛商业评论》官网，https://www.hbrchina.org/2016-11-10/4721.html。

第四节　企业职业管理系统

一、企业职业管理：实践与创新

企业在职业发展方面投入的努力，可以很简单，也可能内容众多、极为复杂。简单的做法是公布职位空缺和推进学费报销计划，在员工职业发展过程中提供必要的资源和机会。复杂的职业发展系统则会安排正式的职业发展中心，并为员工提供多个领域的职业发展机会(见表8-7)。

表 8—7 企业可能的职业生涯规划与开发实践

职位空缺公告
正规教育或学费报销
职业生涯规划导向的绩效评估
管理人员提供的咨询辅导
横向调动/职位轮换
由人力资源专业人员提供的咨询辅导
退休前计划
管理继任计划
正式的导师指导
常见的职业发展通道
双重轨道职业发展道路
职业发展手册/小册子
书面个人职业发展规划
职业发展研讨会
评价中心
自下而上的反馈
评价委员会
针对管理人员的培训方案
新员工入职培训/引导方案
员工队伍多元化管理
外派/归国人员服务

传统企业为了增进职业管理系统，实现组织的人力需求、配置与员工个人职业规划之间的整合，需要对人力资源管理的各项子职能进行调整和再设计。具体来看，这种调整可能包括：

1. 整合人力资源计划

优化人力资源计划过程的现状评估、未来人力预测、人力调整计划等项目，通过管理继任计划、内部晋升和调动安排，帮助员工从事更具挑战性、与个人兴趣目标更契合的工作，有助于其未来的职业发展。

2. 设计职业生涯轨迹

整合相关工作族，建立企业内部的素质模型库，明确各职位需要的素质与技能，以备员工查询。根据职能或组织单元设计并建立明确可行的职业轨迹。

3. 及时提供内部流动、职位空缺的相关信息

利用内部刊物、内部网络公告、社群，传播职位空缺信息。

4. 为员工提供职业测评工具

为员工提供系统化、全面的职业测评工具，帮助员工了解个人在组织架构下的职业发展潜能，供其在职业生涯规划时参考。针对被评估员工的优势、劣势，协助其构建个人职业生涯发展方案。

5. 进行职业生涯辅导

根据员工的个人需求，组织提供适当的咨询人员与员工就职业生涯的相关话题进行咨询和建议。咨询人员可以由直属上级、人力资源专业人员担任，也可以外包给专业的职业咨询机构。

6. 教育与培训的安排

通过职位轮换、指导制、研讨会、拓展性项目、教育协助及学费补助计划等，使企业的培训

发展项目成为帮助个人在组织内部实现职业发展的重要资源。在事先拟定个人职业生涯规划的基础上，通过职业轮换学习不同领域的专业知识与技术，增加管理能力的广度，并获得不同的观察视角。

7. 采用合适的激励措施

在绩效评估中，增加个人发展计划的目标设定。在薪酬和福利的分配中，增加与员工成长、领导力培育相关的项目，如自助餐式福利中的学费补助、针对个人发展的特别奖金、社会认可、晋升等。

8. 配合其他例行人员管理措施

如休长假、弹性工时等，调动不适任员工，将员工个人发展、生活工作平衡纳入考量。员工在企业内部的流动，如晋升、工作调动等，也都可以作为职业管理的有效手段来使用。

管理聚焦 8－3

麦肯锡的内部人才成长轨迹

麦肯锡企业顾问公司(Mckinsey & Company)是一家拥有90多年历史的管理咨询公司，在全球50多个国家拥有27 000名员工，其中包括14 000名顾问，并为全球100强中90%的公司提供咨询。作为生产和输出知识服务的企业，咨询顾问的能力和创意是麦肯锡成功的关键所在，为此公司形成了一套有效的人才发展轨迹来发掘和保留优秀人才。

麦肯锡通过校园招聘来广泛吸引有潜力的新人。甄选通常分为一次笔试和两次口试。在笔试中，求职者需要在1小时内回答大量选择题，题目本身不算艰深，但题目表述的篇幅很长，以此来选出能在短时间吸收大量资料并快速提炼出答案的人。笔试过关后的2次面试，大多是提出一些没有标准答案的待解决问题，用来评判求职者的思考方式和推导出答案的过程。为了避免求职者因考试技巧不佳而错失机会，麦肯锡还会在考前到各大学传授笔试和口试的技巧。

在正式进入麦肯锡后，新员工需要接受1个月的培训。对于非商科背景的新员工，麦肯锡还会安排为期1周的超浓缩商学课程。此外，新员工会学习麦肯锡逻辑法、问题分析法、问题解决法，以及战略、营销、管理等领域的分析方法。与传统的学院派教育不同，麦肯锡直接将公司以往的咨询案例略做修改，作为培训教材，使受训者能以此为蓝本，在最短的时间进行模仿和学习，从而大大缩短了学习曲线。在1个月的培训后，新人就要正式上场了。麦肯锡建立了“内部市场”，其中为每个顾问确立了标价，比如商务分析师日薪为100美元，专员为300美元，经理为500美元(数字仅用于说明，非实际数)。麦肯锡将每一个项目视为一个利润中心，在合伙人及以上等级的人员取得咨询项目后，会根据每个项目的经费多少，扣除必要的成本与利润后，自行寻找、确定团队成员。如果项目经费充裕，就可以找资深员工组队；如果经费有限，就只能多找年轻员工。如果成员不在同一地点，还需要考虑差旅成本。这种项目管理方式要求每个顾问都对上级(合伙人)的项目进展保持高度关注和敏感，而顾问得到的绩效评估结果，也构成了项目成员选择的依据。要想加入项目团队，就得有高度的环境敏感性和不断改善个人绩效的上进心。

在麦肯锡，从商务分析师到合伙人，分为四级。每级升职时间约为3年(具体见表8—8)。晋升决策与员工绩效评估高度相关。麦肯锡将员工绩效评定为杰出(Distinctive)、超强(Very strong)、合格(Tracking)、有问题(Issue)和建议离开(Counseled to leave)五级,其中,“杰出”表示此人鹤立鸡群、值得大力栽培的人才,“超强”是指此人某些领域有超过标准甚多的表现。同时,麦肯锡内部执行不成文的“up or out”(“非升即走”)政策,如果在麦肯锡无法如期晋升成为合伙人,则需要另谋他就。

表 8—8　　麦肯锡人才升值阶梯

职位	实习生	商务分析师	专员	经理	合伙人
所需的核心工作能力	资料汇集	· 资料汇集 · 资料整合、归纳 · 资料分析	· 资料整合 · 企业访谈 · 问题分析 · 提出报告 · 制作简报	· 团队领导 · 工作进度管理与掌控 · 客户关系维护 · 向上级或客户做简报	· 团队组织与领导 · 成本控制 · 业务拓展 · 公关
晋升到下一级的时间		3 年	3 年	3 年	

资料来源:《今周刊》第 984 期,2015 年 11 月,第 104—122 页整理。

二、企业的内部晋升决策

晋升是指一种向上流动,即向一个更具有挑战性、需要承担更大责任及享有更多职权的新职位流动的过程。晋升往往与员工心理上的满足和物质报酬(如自我价值感增强、薪资及职业地位提升等)联系在一起,因此,员工很容易将晋升与职业发展联系在一起。也正因如此,企业的晋升决策是员工最关心的敏感话题,企业做出晋升决策的方式也将极大地影响到员工的工作动力、工作绩效以及献身精神的强弱。企业晋升决策主要有以下三项:

1. 决策一:晋升的依据——资历? 能力?

晋升决策中首先要考虑的问题,就是以资历为依据还是以能力为依据,或者是二者兼顾。以资历为依据晋升的好处在于,员工在组织中工作年限长短和资历深浅是决策的主要依据,标准明确,简单易行,有助于培养员工对组织的归属感和安全感,但这种晋升标准容易造成员工不求有功、但求无过的消极心理,会阻碍人才的合理流动和对杰出人才的开发留用,因此,从员工激励的效果来看,以能力为依据晋升是最好的。

然而,能否将能力作为唯一的晋升依据取决于多种因素,包括企业中是否有明确的能力和绩效评估制度。在实践中,更常见的做法是兼顾能力和资历,如“在需要提拔员工时,若员工的工作能力、绩效及素质相同时,应优先考虑资历较高的员工”。这就意味着,通常只有在两位员工的能力有显著差异时,企业才会优先提拔资历较浅者。

在做出晋升决策时,还应考虑不同职位的任职资格要求与个人能力、素质的匹配关系。最有效的晋升,是根据员工的才能、特质和潜在素质,将其放在需要这类才能特质的职位上,实现人与职位间的最佳匹配。表 8—9 说明了企业不同层级管理职位的能力结构。企业的晋升决策,应考虑对个人各类能力的具体评价,以便做出最恰当的晋升决策。

表 8—9　　企业不同层级管理者的能力结构

高层管理者	技术	人际	管理
中层管理者	能	关系	能
基层管理者	力	能力	力

2. 决策二:对能力的衡量

当晋升是以能力为主要依据时,企业必须决定如何界定和度量员工能力。对员工已取得的工作绩效进行界定和度量是相对容易的:工作职责的界定是清楚的,工作目标也已确定,企业可以据此分析记录员工的工作绩效。但是,在进行晋升决策时,还要求对员工的未来工作潜力做出评价,企业需要制定一些有效的程序来预测候选人的未来工作绩效。为简化起见,许多企业以过去的工作绩效为标准,来推断或假定员工在新的岗位上的工作表现。也有一些企业运用测试工具来评价员工胜任新职位的可能性,判断这些员工在管理方面的发展潜力。评价中心技术也常被用于评价员工的管理潜力和晋升可能性。

3. 决策三:晋升过程——正规化? 非正规化?

在晋升问题上,企业还需做出一项决策:晋升是否应遵循一个正规的决策程序。许多企业依靠非正式渠道来提升员工。在这些企业中,是否存在空缺职位以及空缺职位的任职要求等信息往往是保密的。企业的管理者从自己认识的员工中,根据对员工的个人印象做出晋升决策。但这种做法有很多弊端,其中最大的问题是:当企业不让员工了解企业中的职位空缺、晋升标准以及晋升的决策依据时,工作绩效和晋升的正相关关系无法建立起来,晋升作为激励工具的效用就大大降低了。因此,许多企业制定并发布了正规的晋升政策和晋升程序。在这种情况下,企业向每一位员工提供正式的晋升政策解释,详细说明员工获得晋升的资格要求。此外,一些企业利用 HRIS 系统汇编合格员工的详细信息来进行晋升决策,另一些企业则运用组织更替图来帮助决策。设计正式的晋升程序可以确保在出现空缺职位时,所有合格的员工都能被考虑到;从员工的角度来看,晋升成了一种与工作绩效紧密相关的奖励。

管理聚焦 8-4

谁是真正的"高潜力人才"?

在人才管理中,有效地定义和甄别高潜力人才,使他们能带领企业走向持续成功,是组织战略层次的重要问题。高潜力员工通常是企业中前 5%的顶尖人才。人们一般认为,这些员工在企业里最有能力、工作最积极,也有可能在组织中走得更远,成功实现从个人贡献者到团队领导者,从单一团队领导者到多团队领导者,最终在战略层面上领导企业和影响企业成败。为了发掘和培养这些员工,企业通常会实行正式的"高潜力人才计划"。传统上,鉴别高潜力人才的方法是先定义适应组织未来战略需要的素质模型,再依据这个模型进行员工测评,通过发现与该模型最契合的人,找到所谓的高潜力员工。当然,也有大量组织使用非系统化的方式来定义和选拔高潜力人才。但这两种做法都存在重大缺陷。使用静态的素质模型来选拔人才,难以应对动态商业环境变化的挑战。当企业面对的竞争环境、战略和商业模式发生变化时,企业所需的高潜力人才可能完全不同于以往。而使用非系统化的方式来选拔人才,则可能将"高潜力"等同于"高绩效""高情商""高技术专长"等特质,但这无法有效预测员工在未来管理岗位上的成就。

杰克·曾格(Jack Zenger)等人(2017)的研究显示,参与"高潜力人才计划"的员工中有超过 40%其实并不适合。他们从三家公司收集了 1 964 名高潜力员工的资料,并对其领导能力进行了 360 度全面评价,评价来自被访者的直接上司、同事、直接下属,以及大部分被访者的部分前同事或下属的下属。每位高潜力员工平均接受13位评价者的反馈。在与这些公司合作的过程中，曾格等人发现这种评价方式得出的评价与公司的表现（如员工参与度、生产力、离职率等）有密切联系。高潜力员工的得分越高，企业的表现就越好。

不过，曾格也发现，在“高潜力人才计划”的参与者中，12%的人的领导力位列公司倒数1/4。总体来说，42%的所谓“高潜力人才”的领导力低于公司平均值，这与名列前5%的定位相去甚远。

曾格等人发现，在这三家公司中，表现不佳的所谓“高潜力员工”具有以下四种共同特质：

1. 技术与专业技能过硬。最有可能升职的人，通常首先是优秀的专业技术人员，如拥有扎实的专业知识与技能的工程师、化学家、程序员或会计师。然而，扎实的专业知识与技能虽然有助于晋升，但它并不足以确保员工在未来管理岗位上的高绩效和职业成功。拥有专精的技术技能但却缺乏优秀领导能力的人，无法成为好的管理者。

2. 积极主动，结果导向。当一个人工作积极高效时，即使他的领导力差，企业高层也会愿意予以提拔。这并不令人意外。曾格等人询问了8.5万名管理者，“直接下属取得成功的关键是什么”，结果他们的首选答案是“结果导向”。结果固然重要，但是有时候一名优秀的员工也许更适合始终做一名优秀的员工，而不是成为老板。

3. 一贯履行承诺。这类员工说到做到。“说到做到”本身没有问题，但这类员工一旦获得升职，他承诺完成的工作就会多得让他喘不过气。曾格等人发现，缺乏领导力的人往往对直接下属不够信任，因此不能够有效授权，造成自己的工作量多到难以负荷。

4. 适应企业文化。曾格等人还发现，“高潜力人才计划”中表现不佳的人往往鲜明地体现了企业强调的特质。比如，一家公司提倡团队合作、客户服务，有时那些懂得体贴、关心他人的员工，即使欠缺领导才能，也会被选入“高潜力人才计划”。另外，也有公司重视积极主动、自愿参与新项目的员工。具备这种态度的员工即使在工作中的其他方面表现不佳，也会被公司列入“高潜力人才计划”，以作为奖励。所以，真正的问题在于，受到重视的员工往往只是那些具备企业所看重特质的人。

曾格等人的研究显示，“高潜力人才计划”中表现不佳的人尤其欠缺两种技能：战略视野和激励他人的能力。这两个技能对于升职的员工十分重要。公司在选拔高潜力人才时，应该寻找表现出这两种能力的人，而不是过分重视员工是否能够融入企业文化、个人绩效如何等因素。如果企业选择不具备领导力潜能的人加入“高潜力人才计划”，将会面临晋升决策失误的风险。更糟糕的是，公司可能会因为一些员工不符合高潜力领导者的刻板印象，而错过了真正优秀的人才。

对于那些被列入“高潜力人才计划”却在管理职位上表现不佳的人来说，同样需要面对许多问题。他们可能以为升职指日可待，但这一职业路径并不适合。被误选的人缺乏高层职位所需的能力，但他们是高效的员工，也是公司想要留住的人才。一旦公司把这些优秀的员工推到管理层，他们无法真正有所作为，这样做使公司既失去了一位顶尖员工，还会打击向其汇报的下属，因为他们有一个不胜任的上司。

但情况可以通过领导力开发加以改善。领导力不足的高潜力员工是可以提升并发展出优秀领导能力的，但问题在于大部分人并没有意识到自己缺乏领导能力。加入“高潜力人才计划”反而误导了他们的自我评价。所以，员工需要不断反省，看看自己还需要学习什么。而运作“高潜力人才计划”、负责甄选人才的管理者，则需要更慎重地确定人选。

资料来源：《哈佛商业评论》官网，http://www.hbrchina.org/2017—04—10/5143.html。

三、企业的内部调动管理

调动是指一种企业内部的水平流动，是指员工接受一项在公司内部不同领域的新工作安排，其中可能不涉及工作职责的增加或薪资水平的上调。这种横向的职位调整对员工职业发展的有利影响，往往容易受到企业和员工本人的忽视，但在晋升机会有限的情况下，工作调动应被作为重要的员工开发手段。如果员工能经常面临新的工作挑战、承担新的工作职责，从工作过程中获得的经验和技能将远远超过从正式发展活动中学得到的。研究表明，具有以下特征的员工更容易接受调动安排，较高的职业抱负，对自己在公司中的未来充满信心；认为接受工作调动是个人在公司中取得职业成功的必要条件。这类员工将工作调动视为开发工作技能、获得长期职业成功的机会。

研究发现，员工还可以通过工作调动实现心理满足。卡茨(Katz)等学者研究发现，工作满足感与一个人从事特定职位的时间长短密切相关。在从事特定职位的最初半年里，员工充满了新鲜感，有检验自身知识和能力的愿望，以及达到工作成效的激情。在接下来的5年间，个人关注于尽快了解、熟悉工作和适应工作要求，此时，工作丰富化、工作再设计等方案会对员工的工作兴趣和动机产生很大的正面作用。但是，当一个人从事特定职位超过5年时，其工作满足感的影响因素转向了工作的外部因素，如管理监督水平、工作场所的人际关系、工作环境与条件、薪酬福利等，同时出现工作进取心不足的潜在风险。企业对此类问题的预防措施就是制定出明确的工作轮换/调动方案。为此，组织需要做好三个方面的工作：(1)复查每一位连续在同一职位上干了5年以上、正处于职业中期的员工或管理者的人事档案；(2)评价上述员工的工作，了解其工作专长、能力素质；(3)了解员工的价值取向、需求及未来打算等。在此基础上，组织制定和实施具体的工作调动方案。员工经过工作调动得到了发展新技能的机会，会重新激起职业新鲜感和兴趣，增强工作活力和努力水平。

本章小结

当企业有意识、系统化地将员工留任、能力培养、绩效优化与长期职业成功联系起来时，就形成了职业规划与职业发展管理系统。

职业体现了个人的社会位置，个人通过职业与特定的人群建立联系，并且职业总是与个人的权力和经济利益相一致。员工职业生涯是指员工在整个就业过程中曾占据的各种职位按顺序形成的集合。员工在单个企业内的职业变换形成的柔性路线，被称为职业轨迹。员工职业生涯与职业轨迹的概念，分别代表了员工个人和企业的不同视角。

员工的职业生命是沿着纵向、横向和向核心层移动这3个维度发展的。职业发展不应再仅仅关注晋升和专业发展机会，而应更强调员工心理上的成功。

影响职业规划的个人影响因素有很多，本章主要介绍个人职业发展阶段、职业性向与职业选择、个人的职业价值观(职业锚)等领域的主流理论模型及研究结论。

职业发展规划虽然是企业主导的管理活动，但只有员工本人才清楚自己在职业生涯中的真正目标和愿望，因此，个人职业规划的主要责任者是员工。人力资源管理者需要从组织发展的角度，整合组织需求与员工个人职业规划，将员工职业目标、兴趣有效嵌入在组织的职业管理系统中。

企业在职业发展方面投入的努力，可以很简单，也可能极为复杂。企业的职业管理系统整合了从人力资源获取、使用、开发和评价等多个领域的管理活动，传统企业因此需要对人力资源管理的各项子职能进行调整和再设计，才能适应职业管理系统的需要。企业也应在进行晋升、内部调动决策时，将组织需要和员工满足同时纳入考量。

思考题

1. 请定义以下术语：

职业；职业分类；职业分层；职业规划；职业发展；职业轨迹。

2. 请说明针对核心人才的职业发展规划对于企业经营成功的重要意义。

3. 请简要分析职业性向对职业选择的影响。

4. 你是一家大型制造企业的人力资源管理者。请说明为什么设计双重职业轨迹，对于未来的专业技术人员职业管理是极其重要的。

5. 在管理实践中，人们观察到培训会导致员工流失，但企业的职业发展则可以延长员工平均任期，减少员工流失。请解释为何会存在这种差异。

6. 请写一篇短文，说明“10 年后我希望取得的职业成就”。请思考你的职业规划中是否考虑到了你的个性、个人能力、兴趣及快速变化的外部环境因素。

第九章　绩效评估与管理

学习目标

在学习本章后，你将能够：

1. 掌握绩效的概念，了解绩效的结果观、行为观和素质观。
2. 掌握绩效评估和绩效管理的概念及二者的区别。
3. 了解绩效评估与管理系统模型及绩效评估与管理的战略意义。
4. 了解企业绩效评估与反馈系统有效性评价的五项指标。
5. 了解绩效评估体系中常见的绩效评估指标类型。
6. 学习掌握常见的绩效评估方法。
7. 了解常见的绩效信息来源及360度反馈的优缺点。
8. 了解常见的绩效评估误差及控制误差的方法。
9. 了解绩效评估信息的反馈与应用。
10. 了解企业团队绩效评估的指标设定与问题诊断。

通过职位分析、人力资源规划、招募、甄选、安置和培训等一系列人力资源活动，组织力图形成一支高素质、人岗高度匹配的员工队伍。但高质量的员工队伍并不必然导致令人满意的组织绩效，为了通过员工来赢得竞争优势，企业还需要构建良好的绩效评估和管理系统，以指导和强化员工的工作努力。在本章中，我们将探讨绩效评估与管理系统的目标与设计，介绍多种常用的绩效评估方法，说明绩效指标的选择，以及如何将整个绩效评估与管理过程发展成为企业不断激励员工改善工作绩效的工具。

第一节　绩效评估与管理系统概述

在人们听到"绩效评估"一词时，想到的往往是年终的目标考核、需要填写的一大堆表格，以及伴随着高绩效的奖金、表彰或因低绩效而带来的处罚及不安。管理者将绩效评估视为周期性的管理负担，员工则经常抱怨绩效评估过程及结果应用中的不公。显然，企业花费了大量时间精力和成本进行定期的绩效评估与管理，但这一管理措施在很多企业中并未成为保持和改善员工绩效的有效工具，事实上，衡量和管理绩效被视为企业面临的最大管理难题。为了改善企业的绩效评估和管理系统，有必要回到基本问题上来，即绩效到底是什么，企业应如何有效衡量和管理绩效。

一、绩效与绩效管理

(一)绩效的含义

工作绩效是指一个员工基于其能力与角色(任务)认知,通过努力而实现的工作成效。为了达到特定的绩效,员工需要付出努力,运用其知识、技能和其他个人特质,并将能力和努力导向组织期望的正确方向(角色认知)。

在绩效管理的研究和实践中,有三种不同的观点来解读工作绩效:(1)绩效是结果;(2)绩效是行为;(3)绩效是基于素质的,绩效评估和管理不是对历史的反应,而是强调员工潜能与成果的关系,关注员工素质和未来发展。

1. 绩效是结果

最早也是最常见的绩效观点认为,绩效就是指员工的工作成果、产出结果。支持这一观点的学者贝纳尔德(Bernardin,1984)认为,绩效是“在特定时间范围、在特定工作职能或活动上产生出的结果记录”。绩效结果可以表述为职责(accountability)、结果(results)、关键成果领域(key result areas)、目标(goals or targets)等。工作结果的好坏与组织战略目标、顾客满意度及所投资金的关系密切,有助于使个人努力与组织目标保持一致。

但仅将绩效视为工作结果,有明显的局限。结果观适用于内、外部环境相对稳定的组织和有明确阶段性工作成果的工作,对于今天越来越多的知识工作者,“工作任务是什么”“任务应完成到什么程度”则变得模糊不清和难以界定,他们在工作中必须要在传统的工作任务以外去判断、创造和决策,不可能用完成工作任务的情况来解释他们的绩效。此外,不能把绩效与结果完全等同起来,还有其他原因:(1)许多工作的结果并非完全是员工的工作造成的,可能是由个体所不能控制的因素决定的,也可能是与个体所做工作无关的因素导致的;(2)员工完成工作的机会也不完全平等,不是完成工作的过程中所做的每一件事都与工作目标有关;(3)过度关注结果,会使员工过度关注易衡量、易完成的目标,而忽视一些重要的过程管理和人际关系因素,使员工误解组织的真正要求;(4)过度关注结果也使得上级无法获取反映下级活动情况的行为/过程信息,不能对其进行有效的指导与帮助,并误导员工行为。

2. 绩效是行为

绩效应该与结果及产出等同起来的观点,在行为科学的研究中受到了质疑。这一视角的研究认为,绩效是指与组织目标、结果/产出相关的可衡量的行为。并非所有的员工行为都是绩效。支持这一观点的学者坎贝尔(Campbell,1993)指出:“绩效是行为的同义语,它是人们的实际行为,并且这种行为能被观察得到。绩效只包括与组织目标有关的,并且可以按照个体能力(即贡献程度)进行测量的行动或行为。绩效是组织雇用员工来做,并且要做好的事情。绩效不是行为的后果或结果,而是行为本身……绩效由个体控制之下的与目标相关的行为组成,不论这些行为是认知的、生理的、心智活动的或人际的。”当然,绩效的行为观与结果观并非完全对立。行为通常被认为是工作结果产生的原因之一,而工作结果或产出又是评估员工行为有效性的一种重要方法,即根据员工所取得的结果,来判定他们行为的有效性。因此,绩效既包括行为(如何做),也应包括结果(做到了什么),见表 9—1。

表 9—1　　绩效概念的不同适用

绩效含义	适用对象	适用的企业文化或生命周期阶段
完成交付的具体工作任务	体力劳动者 一线生产员工 事务性或例行性工作的人员	
结果或工作目标	高层管理者 销售、售后服务等可量化工作性质的人员	高速发展的成长型企业； 强调快速反应，注重灵活、创新的企业
行为	基层员工 服务人员	发展相对缓慢的成熟企业； 强调流程、规范，注重规则的企业
结果＋过程(行为)	普遍适用于各类人员，特别是中基层管理者、团队领导者	
结果＋过程＋素质 (做了什么＋能做什么)	知识工作者，如研发人员	

绩效是行为的观点日益被人们重视和接受，但对行为的界定是一个难题。卡茨和卡恩(Katz & Kahn)提出，一个高绩效组织的员工必须具备的行为包括：进入并留在组织体系中的行为，以可靠的方式实现特定角色要求的行为(即任务绩效)，超越角色规范之外的创新与自发的行为。其中，前两种行为是角色内行为(in-role behavior)，是属于正式工作描述或要求的行为。第三种行为是角色外行为(extra-role behavior)，即组织公民行为，虽然未被预先以工作描述或要求形式来规定，但对组织运行极为重要。毕竟，正式规定的任务行为永远赶不上组织的变化。在绩效评估中引入超角色行为有利于使人们在工作中增强自主性、服务意识，努力与同事建立良好的工作关系，注重沟通和协调，这些都符合组织的长远利益。

除了前述的积极行为外，近年来反生产行为也同样受到行为绩效研究者的关注。反生产行为是指不利于组织效力的负面个人行为。对反生产行为的常见划分，可以按两个维度进行：(1)针对组织(organizational deviance)，还是针对个人(interpersonal deviance)；(2)危害程度是严重，还是轻微。由此，形成了 2×2 的矩阵(见图 9—1)。

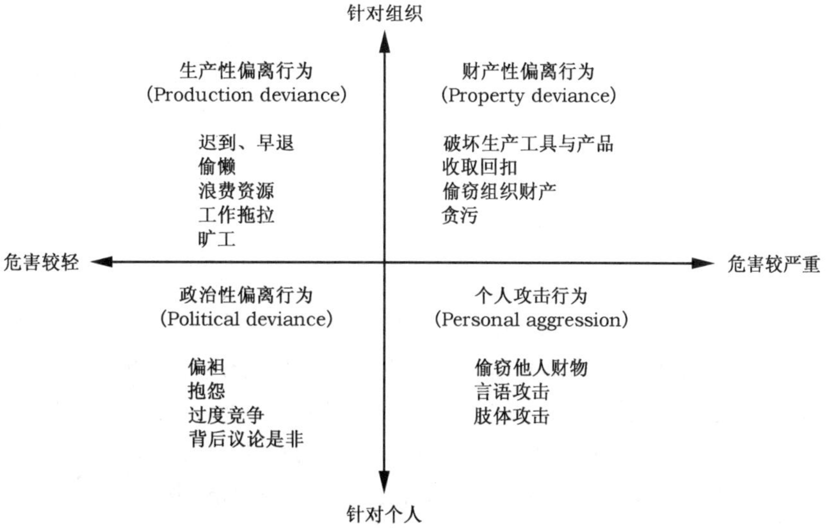

图 9—1　反生产行为的分类模型(Robinson & Bennett, 1995)

3. 基于素质的绩效

在员工绩效中强调素质的基础作用，是因为素质是影响人们绩效的决定性因素。企业可以根据在职者的素质来判断可能获得的绩效。以素质为基础来解释绩效的观点，强调的不是员工过去做了什么、已经取得了何种成绩，而是关注未来员工能做什么、能为组织做出何种贡献（个人潜力、个人能力）。这种想法适应当今知识社会的工作环境，也更符合绩效管理的真正目的。

根据对绩效概念的分析，可以将个体绩效划分为胜任特征、工作行为和工作结果三个维度，其中，胜任特征又由经验、知识、技能等方面构成。企业在确定采用何种绩效维度来评估时，应视评估对象、企业文化或企业生命周期阶段来进行调整。

(二)绩效评估与绩效管理

美国管理大师彼得·德鲁克曾说过一句名言：你不能评价，也就不能管理。追求组织绩效卓越的企业，要想改善和优化企业整体绩效，必然需要对组织内部各层级的绩效进行量化管理和评测（绩效评估）。具体来看，绩效评估是一套正式的、结构化制度，用于衡量、评价与影响员工的工作特性、行为和结果，并据此评判员工的有效工作程度。绩效评估是企业内部控制制度的重要组成部分，有效的评估系统有助于通过监督、奖罚员工努力来引导员工行为与组织目标保持一致，绩效评估结果也可以用于分析、优化企业人力资源决策。但仅仅强调量化管理、评价的绩效评估不足以确保员工绩效的改善。这是因为，绩效的好坏不仅取决于员工的个人能力和努力，其他员工无法控制的环境因素也会影响或抑制工作绩效，这就是绩效的多因性特征。常见的负面环境因素包括员工的工作排程过紧、工作安排目标冲突、缺乏必要的设备或资料、缺乏来自他人的合作与支持、工作环境不利于工作完成等，甚至单纯的运气因素都可能影响绩效达成。虽然环境因素通常不被视为影响员工绩效的直接决定因素，但它会影响员工努力、能力的效果。管理者需要在整个绩效管理过程中发挥作用，向员工提供适当的工作条件、支持性的工作环境和及时的指导反馈，尽量消除或降低来自外部的绩效障碍。也因此，虽然绩效评估与绩效管理经常被混用，但绩效管理是一个指涉范围更广的管理过程。

绩效管理是指管理者用于使员工绩效与企业目标保持一致的内部控制系统，建立绩效目标的共识、使用有效的员工管理方法以提升目标达成的可能性，其最终目的是提升整个组织的效能。绩效管理强调连续的内部控制过程，显然，如果管理者填写年终绩效考核表格是因为人力资源管理部门的要求，则这样的绩效管理过程很难说是连续的内部控制过程。同样，如果企业在评价员工绩效时没有考虑员工个体对业务单元或组织绩效的贡献，也不考虑未来绩效的改善，则同样不是有效的绩效管理过程。

二、绩效评估与管理系统模型

绩效评估与管理系统是企业中用于度量、评估和影响员工态度、行为与工作成果的一套正式程序。完整的绩效评估与管理系统包括两大部分：(1)个人、团队的绩效评估和反馈制度（见本章）；(2)基于绩效成果的企业报酬制度（见第十章）。一个设计良好的绩效评估和反馈程序有助于使员工关注企业最重要的任务和战略目标，使员工了解到自己的行为、成果是否达到了上级、同事及客户的期待。有效的绩效评估和反馈还有助于企业在个人、团队绩效与员工激励之间建立有机联系。绩效评估与管理系统的构成及其与组织战略和其他人力资源管理活动的关系，如图 9－2 所示。

在图 9－2 所示的绩效评估与管理系统模型中，绩效目标是根据企业的战略目标、结构与文化特征，结合其他企业人力资源管理活动提供的基础信息而确定的，其主要目的在于激励员工，提升员工生产率，并推动实施企业战略规划与组织变革。为了实现这一绩效管理目标，企业需要构建两类绩效相关制度：绩效评估与反馈制度、绩效工资与奖励制度。在绩效评估与反馈制度的设计基础上，企业将对个人及团队绩效进行特性、行为或结果角度的评估，并对绩效评估结果进行反馈和后续管理。通过一系列人力资源开发、引导和激励活动，奖励先进员工、警告或培训后进员工，并对绩效长期不见起色的员工，进行必要的管理干预，以确保企业总体战略目标的实现。

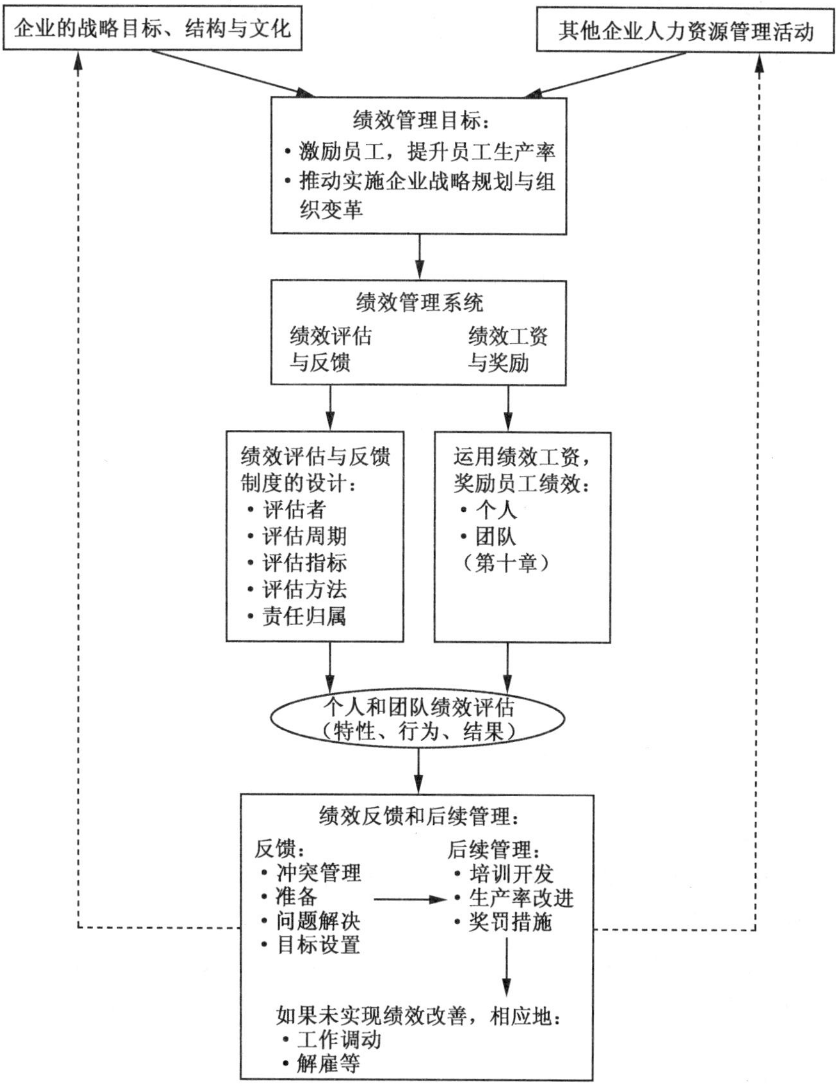

图 9—2　绩效评估与管理系统模型

三、绩效评估与反馈系统的战略目标

企业的绩效评估与反馈系统需要达成以下几项目标：激励员工，提升员工生产率，以及推动实施企业战略规划与组织变革。在实现上述目标的过程中，企业绩效评估与反馈系统对组织竞争战略的实现和核心竞争力的形成起到支撑作用。

(一)激励员工,提升员工生产率

员工激励水平,影响着员工的行动方向、强度和持久性。具体来看,激励水平决定着:(1)员工在面临多种可能的目标时,会如何对目标进行重要性排序(行动方向);(2)员工为实现自己选定的目标,打算付出多大的努力(行动强度);(3)员工在实现目标时,特别是在遇到困难时,可以坚持多长时间(行动耐力)。正如本章一开始所强调的,高质量的员工未必是高绩效的员工,其他条件不变的情况下,二者的联系纽带就在于员工激励水平。企业的绩效评估与反馈系统,通过将个人努力、绩效与各种内外激励手段(如晋升、加薪、奖金分配、降薪降职等)相结合,有助于激励员工充分发挥其能力、按企业期望的方向投入个人努力,使个人对组织的贡献最大化。

员工激励是一个复杂的、多因素问题,有效的企业绩效评估与反馈系统对员工激励、员工生产率的影响,如图 9—3 所示。

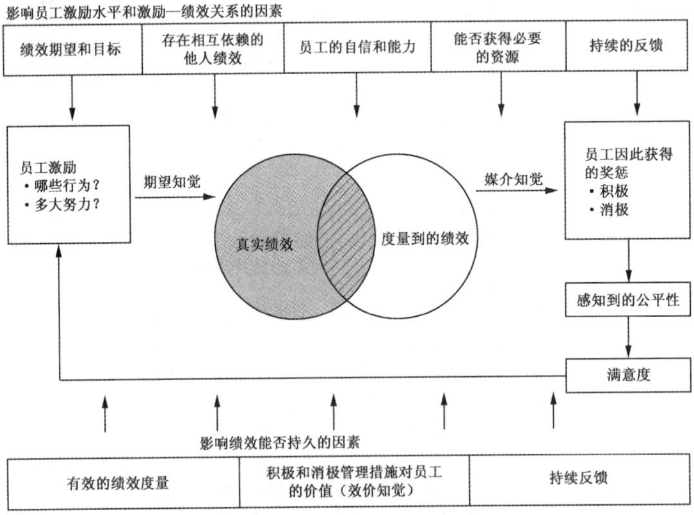

图 9—3 员工激励、绩效评估与反馈系统的模型

图 9—3 中使用了激励理论中最有影响力的期望理论,来说明绩效评估与反馈系统对员工激励的影响。期望理论假定,员工激励水平(行动方向和努力强度)取决于他所处的特定企业环境,企业管理制度、实践与他们的需要和期望越相容,他们越会受到激励。具体来看,员工的行为及努力程度选择,是由期望知觉、媒介知觉和效价知觉共同决定的。期望知觉是指员工对个人行为及努力是否会导致预期工作成果的判断。比如,努力工作是否能使我达到组织设定的绩效目标?从图 9—3 中可看出,除了个人努力水平,员工能力、个人绩效目标及他人的绩效都会影响到这一判断。从动态视角来看,企业的绩效反馈制度、合理有效的绩效指标(实际绩效与度量到的绩效重叠程度较高),有助于员工及时调整行为,并形成正确的自我判断。媒介知觉是指员工对特定工作成果在企业制度环境下可能得到的奖惩后果的判断。比如,完成绩效目标能否让我获得年末加薪、表彰?如果企业强调结果导向的文化,根据绩效决定晋升、加薪、培训开发机会,则员工将会形成较高的媒介知觉。效价知觉是指员工对企业针对绩效做出的奖惩后果的价值评判。比如,企业会晋升高绩效员工,但有些员工不愿因为得到升迁而承受较大的责任和工作压力,则此时的效价知觉就会很低。如果企业的绩效管理制度和实践使员工的上述三项知觉

均保持较高水平，员工将会增加投入工作的努力，进而导致个人、团队生产率的提升。

（二）推动实施企业战略规划与组织变革

除了激励员工发挥个人最大潜能、完成最佳绩效成果，企业绩效评估与反馈系统也能为企业的战略规划和组织变革提供有价值的信息。在组织高层，高管人员及其管理团队的绩效几乎可以等同于其所领导的部门绩效。因此，如果使用适当的绩效评估系统来评价管理者，将有助于及时发现需要关注的组织问题，推动战略规划的实施及组织变革。

绩效评估是联结企业总体使命和具体管理活动的桥梁。高管团队在确定企业的总体使命后，相应确定企业战略规划与经营计划，并在一定的组织结构基础上组织人力、物力、财力和信息等资源来达成组织目标。为了有效实施战略规划和经营计划，必须将组织目标转化为每个员工的个人奋斗目标，而这一过程是通过以下活动来完成的：(1)将组织战略目标细化到部门、团队或个人；(2)为各项任务确定合理的绩效指标和标准；(3)定期检查和评价任务完成情况；(4)向员工提供工作指导和定期信息反馈；(5)在上述评价结果基础上改进工作目标和工作方案。可以看出，绩效评估在整个组织目标的达成和控制过程中扮演了重要的角色。当组织战略调整和变革时，灵活高效的企业绩效评估与反馈系统还应能相应调整，以确保在制度和实践中体现新的绩效目标、员工行为期望及员工素质要求，并帮助实现企业与员工间的组织文化、价值观沟通。

很显然，创立有效的绩效评估与反馈系统应当成为人力资源管理过程中优先考虑的问题。但需要注意的是，管理者不应对单个评估系统的作用期望过高。不同的评估者、评估期和评估方法所组成的体系往往只能满足某一特定的管理需要。针对这一问题，一些企业对于绩效评估系统的应用进行了一些调整。以伊斯特曼化学公司为例，它在开发一个适应企业文化调整的新评估系统的过程中，发现需要同时引入三种用途各异的评价系统：一个用于开发和指导，一个用于报酬支付，还有一个用于员工的选择和研究。对这一问题的进一步讨论，详见本章第二节。

四、绩效评估与反馈系统的有效性评价

传统上，人力资源管理领域的研究者将绩效评估视为一种测量技术，其目标就在于对单个员工工作绩效的信度和效度加以衡量。根据这一观点，组织绩效系统的优化，就是对测量技术本身的优化（具体来看，即提高其准确性和精度）。但是，从提升企业竞争优势的视角来看，绩效评估仅仅是绩效管理制度的一部分，其有效性分析还应当考虑对组织战略和文化的支持、绩效管理系统对员工的行为引导，以及评估过程参与者对此的个人感受等。具体来看，企业绩效评估与反馈系统的有效性评价应当考虑以下五项指标：

（一）战略一致性

战略一致性是指企业绩效评估与反馈系统中所包含的绩效目标、行为期望等，在多大程度上与企业的战略目标、文化和组织变革方向保持一致。如果一家公司强调客户服务，则它的绩效系统中应当包括关于员工的客户服务质量和水平的评价项目。在3M公司，其战略目标之一就是公司每年销售收入的25％～30％应来自过去5年中开发的新产品的销售，而这些销售目标都被转化为对其员工的绩效评估指标。战略一致性意味着，企业绩效管理系统应当根据公司战略重点的调整和企业文化的变革，引导员工相应调整个人行为和关注目标，为组织的整体成功做出个人贡献。例如，惠普、可口可乐等企业将关键成功要素及其相关行为指标加入了企业的绩效评估与反馈系统，并将评估结果与员工报酬挂钩。所谓关键成功要素，是指在一个

公司的经营战略中所包含的、能为公司带来竞争优势的要素。这一做法有助于引导员工做出有利于企业竞争力形成的工作行为。

大多数公司的绩效评估系统往往在相当长的一段时间内保持不变，尽管公司的战略重心已经发生了多次转变，然而，当一家公司的战略改变的时候，其对员工行为的要求也会发生变化。由于企业绩效评估系统过于僵化，绩效评估作为一种管理手段的有效性往往被大大降低了。

（二）效度

效度是绩效评估系统有效性的重要评价指标。在绩效管理中，效度主要是指“内容效度”，即一项绩效评估系统在多大程度上评价了员工与工作相关的绩效内容。高效度的绩效评估系统，其评估指标应当是既没有缺失，也不存在污染的（如图 9－4 所示）。在图 9－4 中，右边的圆代表员工的“真实绩效”，即与成功履行工作职责相关的绩效的各个方面；左边的圆代表公司通过某种绩效评估指标体系对员工绩效做出的评价结果（如上级对员工工作目标完成情况的评价）。效度关注的是使员工的真实绩效与绩效评估结果之间的重叠部分最大化（图 9－4 中两个圆的重叠部分）。

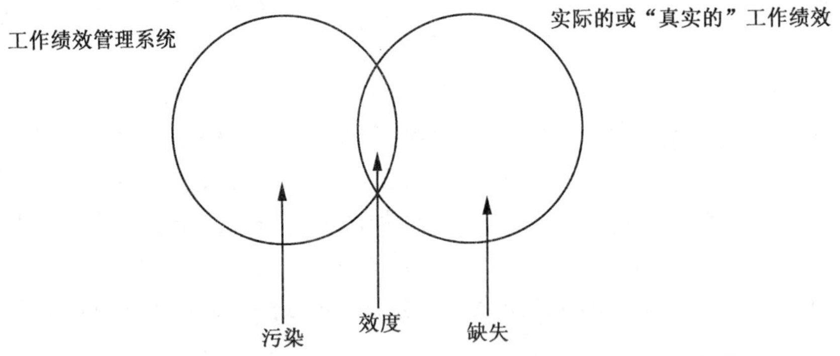

图 9—4　工作绩效评估体系的缺失与污染

如果企业的绩效评估体系无法全面衡量员工做出的、与工作绩效有关的所有方面，则这一系统是存在缺失的。例如，对销售人员用销售量、对总经理用当年利润增长率等单一指标来评价绩效，都是评价尺度缺失的典型例子。如果绩效评估指标过于单一，则极有可能将其他极为重要但难以量化的指标排除在管理者的视野之外，从而降低绩效评估的指导作用。为了避免这一问题对员工行为的错误引导，企业往往需要根据对员工的工作职责和要求建立一整套能覆盖员工工作各个层面的指标体系。

受污染的绩效评估体系是指将与绩效或员工本职工作无关的内容纳入评估指标体系。在工作中常遇到的问题是：某些因素的变化会影响员工的工作成果，但这些因素的变化不是员工的主观意愿可以加以影响的。这时将这些与员工工作努力无关的因素纳入评价体系，不利于引导和激发员工的行为。例如，完全依据实际的销售数字来评定不同地区销售人员的绩效，忽视了地区间差异（如地区经济收入、潜在客户数量、品牌影响力等）对销售额的影响，从而使这一评价指标受到外部影响因素的污染。一位工作努力、素质合格的销售人员未能做到高销售额，可能仅仅是因为他所在的地区根本没有很大的销售潜力。将无法被员工个人控制的因素排除在绩效评估体系之外，有助于提高员工对努力—工作绩效—报酬的认知。

(三)信度

信度是指绩效评估结果的一致性。具体来看,绩效评估系统关注的信度主要是两个方面:评价者信度和再测信度。评价者信度是指在多人同时对员工绩效进行评价时,多个评价者之间评价结果的一致性程度。高评价者信度意味着多个评价者对同一名员工的评价结果是相同或相近的。有证据表明,大多数由直接上级对所属员工的绩效所做出的主观评价,都具有较低的评价者信度。为了提高评价者信度,评价尺度的选择和标准的确定应尽量使用客观、可量化的指标。应当尽可能避免"有强烈的为客户提供良好服务的意愿"这类主观性很强的措辞,而应当明确"所有的客户订单应在下单 4 小时内得到答复,服务的准确率在 98%以上"。当评价尺度以清晰、具体、量化的形式得到确认以后,不同的管理者在比较员工绩效期望与实际工作表现的差距时就容易达成一致。

再测信度是指不同时间所获得的绩效评估结果之间的一致性程度。在不同时间使用绩效评估系统进行评价,同一被评价者的评估结果存在很大差异,则表明再测信度低。例如,由于存在产品需求的季节性,同一百货公司中不同部门的销售绩效排名,将会因评价时间的不同而存在很大波动。在这种情况下,再测信度要求评价者在较长的一段时间内一致性地对绩效进行评价。

(四)接受度

接受度是指使用绩效评估系统的人能否接受并乐于使用它。许多经过精心设计的绩效评估系统具有相当高的信度和效度,但由于这些系统在使用时的种种问题(如耗时过多、收集数据的成本过高等),遭到管理者的抵制。另外,接受度也应当考虑接受绩效评估的员工的态度。员工对绩效评估系统的接受程度,往往与他们认为绩效评估系统是否公平有很大关系。员工感知到的公平可以分为三种类型:程序公平、人际公平和结果公平(见表 9—2)。研究表明,那些被员工认为不公平的绩效评估系统,容易在使用过程中出现偏差,并极有可能削弱员工改善绩效的动机。

表 9—2　　员工感知的公平类型及其对绩效评估系统的启示

公平的类型	对绩效评估系统的重要性	管理启示
程序公平	系统开发	· 为管理者和员工参与绩效管理设计,提供机会; · 对不同的员工进行绩效评估时,确保标准的一致性。
人际公平	系统使用	· 将评价者误差和偏见降低到最小限度; · 提供及时、全面的绩效反馈; · 允许员工对绩效评估的结果提出质疑; · 在一种尊重和友好的气氛中向被评价者提供反馈。
结果公平	评价结果	· 就未来的绩效评估及其标准问题,与员工交换意见; · 就未来的报酬问题,与员工交换意见。

(五)明确度

明确度是指绩效评估系统在多大程度上使员工了解到公司对自己的期望,以及如何才能达到这些期望的要求。为了实现绩效管理在战略支持及员工行为引导方面的作用,明确度是非常重要的。如果一个绩效评估系统未能明确告知员工,他们如何才能帮助公司实现战略目标,这一绩效系统就无法构成战略执行的有效工具;如果一个绩效评估系统未能及时指出员工存在的具体绩效问题及其解决办法,则期望员工主动纠正其绩效问题同样是不现实的。

管理聚焦 9－1

绩效管理的演变

多年来，绩效管理的重心经历了不断的演变，其中历史和经济背景发挥了重要作用。当人力资本充足时，绩效管理的重点是让谁走、让谁留、奖励谁。此时，强调个人职责的传统绩效评估模式很有效。但当人才短缺时，比如现在，培养人才变得更重要，组织必须找到新方法来适应这种需求。

现代企业的绩效评估可以追溯到美军的考绩评分制度(merit rating)。这项制度创立于第一次世界大战期间，目的是发现表现不佳的士兵，并将其开除或调岗。第二次世界大战后，约60%美国企业采用这项制度，至20世纪60年代，这一比例接近90%。虽然对于隶属于工会的员工，加薪升职由资历决定，但对于管理者，较高的考核评分意味着较好的发展前景。至少在开始时，在传统评估体系中，绩效提升只是一项附带考虑。

随后出现的管理人才严重短缺，改变了组织的管理侧重：企业开始利用业绩评估来培养员工成为管理者，尤其是将管理者培养为高管。在1957年发表于《哈佛商业评论》的一篇著名文章中，社会心理学家道格拉斯·麦克格雷格(Douglas M. McGregor)主张，员工应借助上级反馈制定绩效目标并进行自我评估，这将提升他们的能力和潜力(即人员管理的“Y理论”)。麦克格雷格同时指出，他主张的方法有一项很难实现的要求：要想达到理想效果，管理者每年在每名下属身上都必须花上好几天的时间。

20世纪60年代初期，组织已相当关注培养未来人才，这使很多观察者认为，跟踪员工过往表现的做法已被抛弃。问题部分在于，区分优秀员工和表现较差的员工让管理者感到为难。例如，一项研究发现，98%联邦政府雇员得到的评级是“合格”，得到“优秀”和“不合格”的总共只占2%。1964年，通用电气完成了一项后来广为人知的实验，并得出结论：考虑到员工职责和发展之间存在的矛盾，评估流程最好将不同目的的绩效评估区分开。很多企业随后采用了这种方法。

到20世纪70年代，由于通胀率飙升，绩效薪酬在评估体系中再次占据了中心位置。在这一阶段，年薪增长对员工非常重要，没有涨薪则意味着显著降薪。由于事关员工的重大利益，且薪酬制定需要客观依据，在很多组织中，对员工职责的强调超过了发展。此后，企业实践的3个变化推动了绩效管理的转变：首先，杰克·韦尔奇在1981年成为通用电气CEO后，为解决管理者无法明确区分优劣这一问题，推行了强制排名与末位淘汰。其次，1993年美国法律规定企业高管的可减税薪酬上限为100万美元，但不包括绩效薪酬。这提高了公司领导者的绩效奖金，并随后扩大到一线管理者甚至时薪员工，企业因此更加依赖绩效评估。第三，20世纪90年代后期，麦肯锡的“人才战争”研究项目指出，有些员工本质上就是能力更强，由于这类人才必然短缺，组织需要有效评估其表现并给予奖励。

直到21世纪初，组织主要利用绩效评估来让员工对结果负责，并分配奖励。据估计，多达1/3的美国企业，包括60%的《财富》杂志500强企业，采用了强制排名制度。由于这一阶段企业的扁平化程度显著提高，外部招聘比例增加、内部培养需求下降，管理者的直接下属人数增加，绩效评估系统同时完成提升个人绩效、发展未来技能目标的难度大增，对人员发展目标的关注相对弱化。

近年来，组织快速创新对人才发展的需求提升，以及工作更加复杂且内容迅速变化，制定1年后仍有效的绩效目标变得很困难，且无助于增加员工的学习热情。团队工作的增加，也常常与个人评估和奖励相冲突。而低通胀率和涨薪预算受限，使得以评估为基础的绩效薪酬失灵，更不用说员工和管理者都很反感整个绩效评估流程。随着对传统评估方式的不满持续高涨，科技公司开启了绩效管理的新思路。例如，2011 年 Adobe 明确将即时评估反馈的理念引入绩效管理，用频繁沟通取代正式年度评估。随后跟进的公司包括戴尔、微软、IBM、德勤、埃森哲、普华永道等知名企业。据估计，目前有超过 1/3 的美国企业完全取消了年度评估。结合技术手段的绩效管理方式变得更灵活多变、实时和个性化，重点则放在通过频繁、非正式的反馈沟通提升未来绩效，而非评估过去上。风水轮流转，企业的绩效管理又开始将绩效的过程管理及未来绩效发展视为重中之重了。

资料来源：《绩效管理新方向》(*The Performance Management Revolution*)，《哈佛商业评论》中文版，2016 年 10 月。

第二节 绩效评估指标与评估方法

企业绩效评估系统的两项核心工作，就是绩效评估指标体系的设计确定，以及绩效评估方法的选择。绩效评估指标是指组织根据哪些维度来评判个人、团队或工作单元的绩效。绩效评估方法的选择则取决于绩效评估目标与绩效信息的精确性要求。这两项工作之间存在紧密联系，下面将分别对这两项内容进行说明。

一、绩效评估指标

绩效是构成员工职位的任务被完成的程度，它反映了员工能在多大程度上实现职位的要求。特定情况下的绩效可以视为员工个人努力、能力及角色理解力相互作用的结果。具体来看，每一职位都包括一系列的活动或任务。有些活动对于实现职位要求至关重要，其他一些活动则相对不那么重要。良好的绩效评估指标体系必须是多层面、多角度的，能用于全面评价职位所包含的不同活动和任务。研究发现，为了确保员工绩效对组织战略的支持，绩效评估不仅应包括员工对具体工作任务的完成情况(即任务绩效，见表 9—3)，还应考虑员工作为组织公民的行为表现及其影响(即周边绩效，见表 9—4)。以 IBM 为例，IBM 新确立的绩效评估指标不再只注重个人工作成就，而是包括业务成果、对客户成功的影响、创新、对他人的个人责任和技能等方面。

表 9—3　　任务绩效的通用维度

1. 质量	完成某项活动的过程或结果的水平，是否采用了理想的方式进行工作，是否达到了该项活动的目的。
2. 数量	即生产数量，可以用货币价值、生产产品的数量或完成生产活动周期的次数来表示。
3. 及时性	尽可能在最早的时间内完成或产出成果，为其他人继续下一阶段的活动提供充足的时间。
4. 成本节约	对组织内部资源(如人力资源、资本、技术和原料)的有效运用，从而达到收益最大化或损失最小化的目的。
5. 监督的需要	被评价者在其工作过程中，是否需要上级主管的帮助和指导，是否需要上级主管介入来减少负面结果的发生。
6. 人际影响	被评价者在其工作过程中，是否能在其同事间、下属间激发出自尊、友善、合作的气氛。

资料来源：H. J. Bernadin and J. S. Kane, *Performance Appraisal: A Contingency Approach to System Development and Evaluation* (*2nd edition*), Boston, MA: PWS—Kent, 1993。

表 9—4　　员工周边绩效的行为示例

· 自愿进行不是工作组成部分的任务活动； · 在必要时，能够坚持表现出额外的积极性或做出额外的努力来成功地完成自己的任务； · 帮助其他人，并与其他合作； · 即使在个人感到不便时，也遵循组织的规章和程序； · 同意、支持并维护组织目标。

(一)绩效评估指标的类型

为了评价员工的任务绩效和周边绩效，企业往往会收集四类绩效评估指标：个人特性、行为/过程、客观成果和多元指标。无论使用何种类型的绩效评估指标，企业都期望绩效指标能与组织目标之间建立清楚的联系。

1. 个人特性

个人特性，如忠诚度、可靠性、主动性、沟通能力、领导能力等，反映的是对个人品质、能力的主观评价，但与具体职位及工作任务相关程度很低。这类评价信息关注被评价者属于何种类型，却不能提供被评价者的工作成果和任务完成情况的信息。当特定职位的工作成果和行为难以测量和观察时，个人特性评价往往是最容易的做法。但个人特性的评价结果中包含了评价者的个人主观判断，从而使评价结果的评价者信度较低。此外，被评价者无法从绩效面谈中获得有价值的信息，进而无法实现绩效改进。然而，为了提高企业文化、价值观的渗透力，企业有了解员工的个人品质和能力信息的需要，而这也可以通过评价员工工作行为来实现。

2. 行为/过程

基于行为的评估信息关注那些会产生工作成果的具体行为或工作完成方式。对于涉及人际互动的工作(如销售和管理职位)来说，了解这方面的信息尤其重要。例如，Au Bon Pain 作为一家法式烘焙国际连锁店，其成功的关键就是门店店员(兼收银员)的友善与服务意识。它摒弃了特性法中直接由门店经理判断员工是否待人友好和善的做法，直接度量员工的友善行为。公司提出了一个员工应表现出的具体服务行为清单，这些行为将使大多数顾客感觉受到了“友善对待”。为了评价友善服务，门店雇用一些神秘顾客来购买食物，并提供基于行为的评价。行为评价能为员工提供明确的工作行为指导，其结果还可用于员工培训与开发。但对于使用多种行为方式均可达成相同结果的工作，对最佳工作行为的界定较为困难，行为评价的适用性较弱。但即使在这类工作中，最佳工作行为的界定也能为大多数员工提供有益的行为指导。

3. 客观成果

基于成果的评价信息关注员工的工作成就或最终成果。对于易于观察和测量最终成果且企业不关心其工作完成方式的职位，结果导向的评价是适用的，但这一做法并不适用于所有职位。过于关注结果，可能使企业忽视那些难以度量的关键工作领域。比如，销售人员的销售收入是易于测算的，但客户服务质量等重要信息则可能被忽略。

4. 多元指标

大多数职位包含不同的职责和任务，需要在职者具备多种不同的素质、通过多种有效工作行为来取得最终工作成果。对于职位所涉及的某些职责和素质，使用特性评价是合适的；对于另一些职责，行为绩效评估或成果绩效评估可能是最佳的。例如，在评价管理者时，企业往往会同时评价行为和结果。管理者的工作完成情况往往通过预算执行、销售收入增长及生产率指标来评价；而管理者的行为往往通过沟通、对下属的辅导、赋权水平等来评价。

企业在选择特性、行为和结果指标来评价员工绩效时，可以考虑工作过程和工作成果的特征（见图 9—5）。如果企业可以精确测量工作的产出成果，而且也能清楚地观察或了解生产或服务过程的质量（如传统的制造或服务工作），则使用行为指标或结果指标都是合适的。如果工作的成果易于测量，但工作过程较难持续观察（如销售人员），则适用于结果指标。在某些情况下，员工的工作行为易于观察但产出结果难以测量（比如团队工作时，测量的是团队成果而非个人成果），或者产出结果需要较长时间才能显现（如基础研究人员），则适用于行为评价指标。而象限四的工作既难以观察工作过程，也难以衡量工作成果（如会计、律师等专业人员，以及自主工作团队），则不适用传统的绩效评估指标，而应通过严格甄选合格求职者（投入控制），并引入客户、同事、下属等可以观察其工作行为的主体参与评价（360 度反馈）。

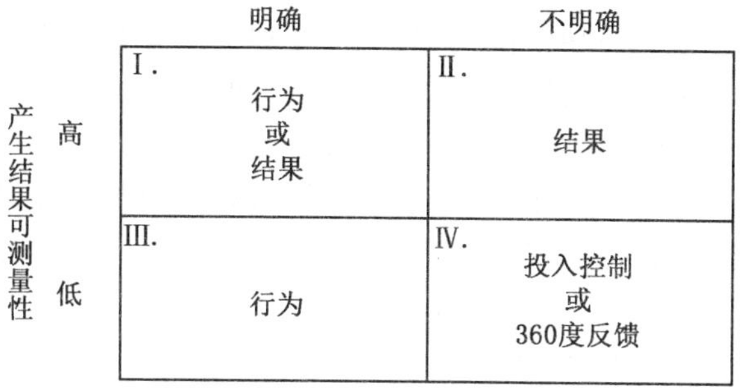

图 9—5　绩效指标的选择依据

（二）建立明确的评价尺度

除了开发针对职位的绩效指标体系，还应建立针对各项指标的评价尺度（Performance Level Descriptors，PLDs），即判断员工在某一绩效指标上的特定行为和结果是好、坏或一般的依据。绩效评估尺度应在事先清晰界定，这不仅能帮助指导员工的行为，还有助于减少上级主管主观偏见对评分的不利影响。对应于绩效评估指标的三种类型，存在三种常见的评价尺度：主观评价尺度、行为尺度以及产出成果尺度。

1. 主观评价尺度

主观评价尺度往往采用李克特（Likert）量表的 5 点评分（如 1～5 级，分别代表“远低于期望”“基本达标”“达标”“满意”“卓越”等），这一尺度常用于特性法下的评价，但也可能用于客观成果评价。它的明显缺陷在于，不同评价者对同一评价尺度的理解存在差异，因而评级结果在很大程度上取决于评价者是谁，而不是被评价者的实际表现。因此，在使用主观评价尺度时，需要详尽具体地界定每一标准的含义，并为评价者提供相关培训。

2. 行为尺度

行为尺度包括对被评价者的行动、行为的描述。比如，某一员工的工作职责是“安排会议”，其行为尺度就可能包括“提前发放会议通知”“提醒员工及时参加会议”“在醒目地点张贴会议海报”。为了减少评价者主观偏见的影响，行为尺度应尽可能表达为具体、可观察的行为或行为发生频率。由于企业对行为绩效的期望越来越高，行为尺度的设定往往不仅包括为完成职责、任务所需表现出的典型行为，而且可能包括为达成卓越绩效、超出顾客期望所需表现出的行为。

3. 产出成果尺度

当企业根据产出成果确定评价结果时，常使用量化的产出指标，如具体的销售利润增长率、单位产品生产成本指标。产出成果尺度能明确反映个人对组织的贡献水平，当个人工作成果很重要且可以辨别时，应优先使用这一尺度。而当工作成果无法与某一个或一组员工的工作相联系时，则建议使用具体、可观察的行为尺度。

二、绩效评估方法的选择

在企业做出人力资源决策时，不同的决策目的对绩效评估的精确性要求存在差异。例如，当组织期望在员工中树立典型(正面或负面)时，将员工按其总体绩效排序(从最好到最差)即可满足这一决策的信息要求。而当企业做出其他的人力资源决策(如选拔、辨别员工的培训需求等决策)时，则要求绩效评估工具能为管理者提供更为详尽的、可标示被评价者个体绩效差异程度的信息。例如，在数字设备公司，管理者根据跨部门的个人绩效评估数据决定员工的升迁。这样，不仅是员工间的排序，而且员工间的绩效差异程度(员工 A 比员工 B 表现好多少)都是决策必需的信息。为了满足企业不同的决策需要，绩效评估体系应能提供精确性较高的信息。

评价者在确定员工的绩效等级时，可以运用 3 类评价工具：(1)在被评价者之间进行绩效比较；(2)在不同的评价尺度间进行比较，并将员工计入相应的绩效等级；(3)将员工的绩效与既定的评价尺度进行比较(见表 9—5)。

表 9—5　绩效等级的评价工具类型

类　型	具体做法
1. 员工间的业绩比较	按每一工作活动、职能或总体绩效的评价尺度，在被评价者之间进行比较。评价者可以按以下方法做出等级评价： (1)按既定评价标准对每一员工的业绩进行排序。 典型做法：简单排序法，交替排序法。 (2)就每两位员工的业绩进行比较，完成排序。 典型做法：成对比较法。 (3)针对既定的绩效评估等级，确定相应的员工比例(注意：在每一评价的工作活动和职能中，所有绩效等级对应的比例之和为 100%)。 典型做法：强制分布法。
2. 评价尺度间的比较	在每一工作或职能对应的评价尺度间进行比较，选择其中最符合(或最不符合)被评价者实际绩效的等级。典型做法：强制选择法。
3. 员工绩效与评价尺度间的比较	针对每一工作活动或职能，将员工的绩效与评价尺度的各个等级相比较。评价者可以按以下方法做出等级评价： (1)判断被评价者的特性与哪一评价等级相匹配。 典型做法：图评价尺度法(GRS)。 (2)判断被评价者的行为与特定评价等级的匹配程度。 典型做法：行为锚定等级评价法(BARS)；行为观察尺度法(BOS)；混合标准尺度法(MSS)。 (3)判断被评价者的工作成果是否达到预定的个人工作目标。 典型做法：目标管理法(MBO)，关键绩效目标(KPI)。

(一)员工间的绩效比较

员工间的绩效比较是要求评价者将一名员工的绩效与其他员工的绩效进行比较，评价可以针对员工绩效进行全面评价和比较，也可以针对具体绩效维度进行比较。在这类评价方法中，常见的是三种技术：排序法、配对比较法及强制分布法。

1. 排序法

排序法分为简单排序法和交替排序法两种。简单排序法要求管理者将本部门的所有员工从绩效最高者到绩效最低者进行排序。这种方法的主要问题是，当待评价的人数较多且个人的业绩水平相近时，难以做出有效的判断。

交替排序法是针对简单排序法的一种改进。交替排序法根据某些工作绩效评估要素将员工们从绩效最优者到最差者进行排序。由于从员工中挑选出最好的和最差的要相对容易，因此，交替排序法是一种使用很普遍的绩效评估方法。其操作方法是：(1)将需要进行评价的所有下属人员名字列举出来，然后将不很熟悉从而无法评价的人划去；(2)运用如表 9－6 的表格：在被评价的某一绩效要素上，挑出表现最好的员工和表现最差的员工；(3)再在剩下的员工中挑出最好的和最差的。依次类推，直到所有被评价员工都被列入表格(见表 9－6)。

表 9－6　　交替排序法的工作绩效评估等级

评价所依据的要素：________________ 针对你所要评价的每一要素，将所有员工的姓名都列出来。将工作绩效评估最高的员工姓名列在第 1 行的位置上，将评价最低的员工姓名列在第 20 行的位置上。然后，将次优的员工姓名列在第 2 行的位置上；将次差的员工姓名列在第 19 行的位置上。将这一交替排序继续下去，直到所有的员工都被排列出来。	
评价等级最高的员工	
1.	11.
2.	12.
3.	13.
4.	14.
5.	15.
6.	16.
7.	17.
8.	18.
9.	19.
10.	20.

资料来源：加里·德斯勒：《人力资源管理》，中国人民大学出版社 1999 年版，第 339 页。

2. 配对比较法

配对比较法使排序型的工作绩效评估法变得更有效。配对比较法的基本做法是：评价者按所有的绩效评估要素，将每个员工与其他所有员工进行两两比较，在每次比较时，评价者只需考虑在相关评价指标中谁表现更好。配对比较法的工作量较大[比较次数＝$n(n-1)/2$，n 为评价员工人数]，但这一做法将提供一个较可靠的员工绩效评估排序。

假定需要对 5 名员工(A、B、C、D、E)进行工作绩效评估。在使用配对比较法时，应按每一绩效评估要素列出如表 9－7 的表格，标明待评价的所有员工姓名。然后，对所有员工进行配对比较，将比较的结果列在表上(若 A 与 B 相比，A 更好些，则写入 A)。最后，计算每一位员工得到较好评价的次数(即每一名员工姓名在比较中出现的次数)。在表 9－7 中，C 在每一组比较中都表现较好，表明员工 C 的工作质量最高；而员工 B 在配对比较中排序最低。

表 9—7　　就“工作质量”要素所做的评价

员工＼员工	A	B	C	D	排序
C	—				2
B	A	—			5
C	C	C	—		1
D	A	D	C	—	4
E	A	E	C	E	3

3. 强制分布法

对于员工绩效的相对评价，还可以使用群体排序的强制分布法，即评价者将工作小组中员工的工作绩效分级(通常为 5 级)，再根据事先确定的比例将每名被评价员工归到各个工作绩效等级上去(见图 9—6)。在确定各绩效等级的比例时，常见的是给居中的等级赋予最大的频率值，而对两个极端等级(最高或最高)赋值最小。使用这一绩效评估方法的目的，主要是为了减少评价者误差而产生的评级过高或过低的问题。

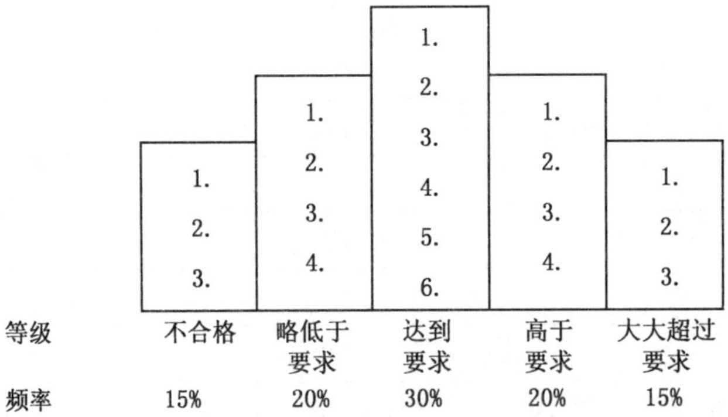

注：在本图中，评价者必须根据 20 名员工的总体绩效将其分别放入 5 个绩效等级中。“频率”一行中的数字表明评价者必须将该数量的员工放入这一对应的绩效等级。在同一绩效等级内，通常不需要排序。

资料来源：H. J. Bernardin and R. W. Beatty, *Performance Appraisal*: *Assessing Human Behavior at Work*, Boston, MA: PWS—Kent, 1984, p. 112。

图 9—6　强制分布图表

强制分布法往往会与其他评价方法(特别是绝对绩效评估方法)结合，构成有效的企业绩效评估系统的一部分。默克公司的实践就很好地说明了这一点。默克公司建立强制分布法的原因是原来的工作绩效评估方法不够规范。公司发现，根据它们的五级图尺度评价方法，所有被评价的员工中，竟然有 80%的人的工作绩效等级都在第四级以上。换言之，那些在工作中做出显著成绩的员工所得到的工作绩效评估等级，实际上比那些工作做得不错但并无任何突出表现的员工高不了多少。结果是，不仅公司的工作绩效评估体系，连带公司的绩效工资体系，都没有起到应有的激励作用。公司期望通过实行强制分布法在员工间形成更大的绩效评估等级差别。默克要求每个部门的主管按五个强制等级对其员工进行评价，其中，要求 5%的员工为“优异”，15%的员工为“优秀”，70%的员工为“高标准”，8%的员工为“有改进余地”，2%的员工为“不令人满意”。强制分布法在默克公司取得了巨大的成功，特别是帮助企业确认了高绩效员工并对他们进行奖励。阿里的“361”人才盘点体系也是强制分布法的一种应用,公司将员工分为3级:30%是最有潜力的,60%是潜力一般的,10%是没有潜力的。每位主管都要给自己的下属打分,并根据“361原则”对员工素质进行强制排序,强调主管的责任感。公司认为,“组织活力非常重要,团队要保持狼性和危机感”。

运用员工间绩效比较对于确定员工的绩效等级是十分有效的,特别是配对比较法,能在不同的评估者中形成一种较为一致的评估结果,因为这种方法能对全部员工组合进行系统分析。同时,配对比较法简单易学,也很容易受到中小企业的青睐。但这类方法在实际操作中也存在明显的缺点:(1)当参与评价的员工数较少时,也可能影响评价的客观性;(2)当各评价组之间的评价标准存在差异时(由于评价者、员工选拔标准及组间平均绩效存在差异),配对比较法的使用会存在问题;(3)配对比较法不能说明员工的某项具体表现是否符合企业期望,也无法提供有价值的绩效评估信息反馈,因为评价是基于对一组员工的比较形成的。被评价者只能了解本人与其他员工的比较结果,而无法了解问题所在及如何改进提高;此外,如果反馈中员工被告知个人行为表现不如其他员工,也可能激发员工的逆反心理;反馈还会鼓励跨组的竞争,从而可能影响工作效率。

与强制分布法高度关联的,是对绩效不佳员工的“末位淘汰制”。根据我国现行的《劳动法》,末位淘汰制不符合法律规定,需要为绩效不佳的员工提供培训或转岗的机会。在其他的国际性大企业,强制分布、末位淘汰制的热度也在下降。近期有研究显示,有70%的美国企业在评估新的绩效评估方式,减少了对绩效排序的使用,以免阻碍员工的合作意愿。

(二)评价尺度间的比较

在评价尺度间的比较,典型的做法是强制选择法。强制选择法要求评价者从一系列的个人陈述(通常是2个或4个一组,共20组,每组陈述中看不出褒贬含义)中,选择能最准确描述员工实际表现的项目(2选1,或4选2)。通常一组个人陈述都是性质较为接近的工作行为,但其中有些工作行为是有效的,有些则与绩效无直接关联,但评价者不清楚哪个陈述对应于有效工作行为。实施这一方法的目的,是为了减少(或消除)评价者有意操纵导致的评价误差,以提高评价结果的精确度。

例如,在使用强制选择法评价老师在课堂教学过程中的行为表现时,应从以下4个1组的陈述中选择最符合实际的2项陈述:

(1)对理解得较慢的同学表现出极大的耐心。

(2)在授课过程中相当自信。

(3)调动同学的兴趣,使全班同学集中注意力。

(4)在每堂课前都将学习目标告知同学。

这4项陈述看上去都是积极正面的工作行为,但其中仅有2项是有效工作行为[(1)和(3)],评价者不清楚是其中哪两个,这就避免了人为的结果操纵。在本例中,如果评价者认为老师的行为符合(1)和(3)的描述,就打2分。在评价过程中,评价者不了解评分标准,是强制选择法成功的关键。但强制选择法也存在明显缺点:开发和维护成本很高,评价效度很难得到保障;实践中发现,管理者在运用强制选择法进行评价时,会出现焦虑不安等情况,这可能是管理者在评价中控制力下降而造成的;此外,强制选择法也很难在反馈面谈时提供有效的员工改进信息。目前,强制选择法的使用相对较少。

(三)员工绩效与评价尺度间的比较

通过比较员工的实际行为、绩效与事先确定的绩效基准、尺度,从而做出绩效评级的方法很多，主要包括图评价尺度法、行为锚定等级评价法、行为观察尺度法、混合标准尺度法，以及目标管理法等。现择其要分别说明如下：

1. 图评价尺度法

图评价尺度法(Graphic Rating Scale，GRS)在相当长的时间里，一直是绩效评估中使用最广泛的方法。在图评价尺度法中，企业往往针对员工是否具有企业成功所需的特性(个人特质、能力)来评价，并以主观描述或数字等级作为评价尺度。表 9—8 是一家国内大型企业曾使用的中高层管理干部绩效考评表。在这张表中，每一绩效维度中所列出的评价要素，都根据一个五级评价尺度打分。评价者一次只要考虑一位员工的绩效表现，然后从中选出与被评价者的特性(或表现)最相符的等级即可。图评价尺度法的评价维度和相应指标通常是主观认定的，而不是职位分析的结果。使用图评价尺度法时，同一评价指标体系通常被广泛用于各种不同职位的评估，如整个企业的管理层使用同一表格，或主要工作岗位上的员工(如生产、管理、专业技术人员)使用同一表格，也因此，通过比较各项目的得分可以考虑在某个项目上不同员工绩效表现的相对强弱。

表 9—8　　国内某大型企业中高层干部绩效考评表

姓名		职务	单位名称		考评期间		
维度	评价要素	考核项目细则				自评分数	考核分数
品行	品德作风	廉洁奉公，作风正派(10—9)	较廉洁，作风较正派(8)	品德，作风表现一般(7—6)	德行偶尔有违纪(5—4)	有失廉洁，假公济私(3—0)		
	工作态度	忠于职守，积极进取(10—9)	热爱本职工作，有进取心(8)	工作态度基本端正，安于现状(7—6)	工作欠主动，热情不高(5—4)	玩忽职守(3—0)		
业绩能力	经营业绩	利润、市场占有率较上年度均有所增长(15—14)	利润增长，市场占有率持平或略有下降(13—11)	市场占有率上升，利润持平或略有下降(10—8)	利润和市场占有率均持平(7—5)	利润和市场占有率均下降(4—0)		
	成本核算	业绩大幅度超过计划要求，费用低于预算(8—7)	业绩超过计划要求，费用使用合理有效(6)	业绩基本达到计划要求，费用基本合理(5—4)	业绩未达到计划要求，费用基本合理(3—2)	业绩未达到计划要求，费用使用超计划(1—0)		
	计划能力	计划周密，部署准确到位，事半功倍(10—9)	工作计划适宜，部署得当(8)	具有明确的工作计划，部署明确(7—6)	工作计划有疏漏，部署欠妥(5—4)	无工作计划，工作指示不明确，事倍功半(3—0)		
	组织能力	组织设计权责对等，令行禁止(12—11)	组织设计权责明确，命令统一(10—9)	组织设计权责明确(8—7)	组织设计权责不明(6—4)	政出多门，多头领导(3—0)		
	领导能力	能灵活调动下属的工作热情，使之保持高效率(10—9)	对下属激励机制得当，下属工作效率高(8)	有激励机制，下属表现正常(7—6)	激励机制不健全，下属存在怨言(5—4)	不能有效调动下属的工作热情(3—0)		
	控制能力	有完善的工作制度，管理现状完好(10—9)	工作制度较齐备，管理现状较好(8—7)	工作制度齐全，团队运作正常(6—5)	工作制度不完善，团队运作缺乏协调性(4)	无工作制度、管理混乱(3—0)		
	协调沟通能力	善于与下属及其他部门沟通，团队能出色完成计划(10—9)	乐于与下属及其他部门沟通，团队能顺利完成计划(8)	尚能与下属及其他部门沟通合作，尚能完成计划(7—6)	协调能力待加强，勉强完成计划(5—4)	不善于与下属沟通，与其他部门协调工作困难(3—0)		
	所具备的知识与技能	优于现职，具备丰富的专业知识(5)	适合现职，具备相当的专业知识(4)	基本适合现职，具备一般的专业知识(3)	专业知识需要加强(2)	缺乏专业知识，无成效可言(1—0)		
评定等级标准	优(100—90)　良(89—80)　称职(79—70)　尚称职(69—60)　不称职(60 以下)				考核结果	总分	等级

图评价尺度法简单、易于使用，但它的有效性不断遭到质疑。评价表往往体现出的是一些

没有被确切定义的维度——个人品德、专业能力领导力、工作态度和积极性工作质量、工作数量、合作精神、判断力等，由于与特定的、具体的工作行为无关，评价者有相当大的弹性来解释这些维度及其对应的等级。正因如此，图评价尺度法也有明显的缺陷：评估者很容易受到个人偏见和外部压力的影响，绩效评估的结果很难做到全面、准确，容易出现第三节中谈到的趋中性错误、过宽或过严的误差。为了控制这一问题，一些企业将图评价尺度法与强制分布法结合使用。

2. 行为锚定等级评价法

行为锚定等级评价法(Behaviorally Anchored Rating Scale，BARS)的目的在于：通过一个如表 9—9 所示的等级评价表，构建代表不同绩效水平的行为锚来具体界定绩效维度，使关键事件描述与量化绩效等级相结合。行为锚定等级评价法需要做大量的前期开发工作，其具体开发步骤如下：(1)针对特定的绩效维度，由熟悉特定职位的主题专家组成专家小组，提出与优秀绩效、平均绩效和低劣绩效相关的关键事件(工作行为)；(2)建立绩效等级，由专家小组将关键事件加以总结归类，形成 5～10 个绩效维度，并将各关键事件划归不同的绩效维度；(3)对专家小组认为能清楚代表某一工作维度中特定绩效水平的关键事件，将会作为行为事例(即行为锚)来对评价者提供指导。

表 9—9 为行为锚定等级评价提供了范例。在该例中，同一绩效维度(要素)中包含一系列的行为事例，分别表示这一维度下的特定绩效水平。

表 9—9　　行为锚定等级评价法：某零售商店销售经理

评价指标：管理与指导下属的能力

使销售人员明确了解自身的工作责任和职权；使用适当的技巧和管理方法处理与下属的关系；公平、有效地分配工作；对下属进行一定的指导，以补充正式培训；不断关注和了解下属销售人员的工作情况；在与下属的协议中符合公司有关政策。

有效	9	能与新聘员工合作完成一天的销售任务，并将其培养为本部门的优秀销售人员
	8	通过向下属分派部分重要工作，使其增加信心和责任感
	7	从未错过每周一次的培训会议，并向员工传递他们期望了解的信息
	6	表现得友好、热情且尊重其下属销售人员
	5	提醒销售人员随时准备为顾客服务，而非互相交谈
	4	在下属面前批评企业的内部制度，不利于员工形成良好的工作态度
	3	承诺在下属工作满意度较低时予以调整岗位，但未能履行承诺
	2	向下属轻率地做出奖金承诺，但双方都清楚这种做法不符合公司政策
无效	1	

行为锚定等级评价法的优点和缺点都很突出。它的优点在于：可以提供一种精确、完整的行为绩效描述，这会提高评价工具的信度；能确保各评价维度(要素)间的相对独立性。这一方法的缺点则是在信息回忆方面的扭曲，评估者往往最容易回忆起那些与行为锚最相似的行为；同时，该方法关注的是与工作有关的行为，忽视员工的其他行为及个人特征的差异。并且，由于行为锚定等级评价法的开发维度和成本相当高，一旦工作内容和绩效标准发生改变，维护成本也会相当高。从成本收益的视角来看，组织中人数众多的典型职位或者工作行为/过程对目标达成至关重要的职位(如服务类、管理类职位)，比较适用于行为锚定等级评价法，该方法也

可用于帮助员工培训与开发。

3. 行为观察尺度法

行为观察尺度法(Behavioral Observation Scales,BOS)是行为锚定等级评价法的一种变形,二者都关注看得见的具体行为。但行为观察尺度法与行为锚定等级评价法有两点不同:第一,行为观察尺度法并不剔除那些不能代表有效绩效和无效绩效的大量非关键行为;相反,它用许多行为来更为具体地界定构成有效绩效(或无效绩效)的所有必要行为,比如用15种具体行为来界定"领导力"绩效这一维度上的4种绩效等级。表9—10是行为观察尺度法的一个例子。第二,行为观察尺度法并不评价哪种行为最典型地反映了员工绩效,而是要求评价者评价员工在评价期内出现每一种行为的频率。员工绩效的评级是通过总结其在各方面的行为发生频率得出的。在这一过程中,评价者的作用更接近观察者,而非单纯的法官。

行为观察尺度法的缺点在于,它所需要的信息可能会超出大多数管理者所能够加工或记忆的信息量。一个行为观察尺度表中可能会涉及80种以上的行为,而管理者还必须记住每位员工在过去6~12个月的评价期间所发生的行为频率。当接受评价的员工数量较多时,这一问题尤其突出。

表9—10　　行为观察尺度法的举例

请回顾员工在评价期内的工作行为。仔细阅读以下说明,并根据员工的实际行为在相应的数字上画圈。

对于所观察到的工作行为,请使用以下尺度:

5	几乎总是如此	95%~100%的时间
4	经常如此	85%~94%的时间
3	偶尔如此	65%~84%的时间
2	难得如此	45%~64%的时间
1	几乎从来不	0%~44%的时间

克服变革的阻力	几乎从不				总是如此
(1)向下属描述变革的细节。	1	2	3	4	5
(2)解释为什么必须进行变革。	1	2	3	4	5
(3)与员工讨论变革会给员工带来何种影响。	1	2	3	4	5
(4)倾听员工的心声。	1	2	3	4	5
(5)在使变革成功的过程中请求员工的帮助。	1	2	3	4	5
(6)如果有必要,会就员工关心的问题定一个具体日期来进行变革后的跟踪访谈。	1	2	3	4	5
	6~10	11~15	16~20	21~25	26~30
总计:	不足	适中	较好	优秀	卓越

4. 混合标准尺度法

混合标准尺度法(Mixed Standard Scales,MSS)是为了解决图评价尺度法的一些问题而提出的。为了创建一种混合标准尺度,首先必须对相关绩效维度进行界定,然后分别对每一个维度内代表好、中、差绩效的内容加以说明。最后再在实际评价表的基础上将这些说明与其他维度中的绩效等级说明混合在一起(如表9—11所示)。

表 9－11 要求评价者做出被评价员工的实际情况是高于(＋)、等于(0)还是低于(－)陈述中所描述的水平这一判断，并据此填写评价表格。然后，根据给定的评分标准确定每位员工在各绩效维度上的得分。比如，如果一位员工在某个绩效维度上所获得的评价高于表格中所陈述的三种标准，可以得 7 分。如果一位员工在某个维度上的评价分别是低于"高"、相当于"中"、高于"低"的，可得 4 分。如果一位员工在某一绩效维度上的评价低于表格中所陈述的三种标准，只能得 1 分。将这种评分法用于所有绩效维度，可得到员工的总体绩效分数。

混合标准尺度法可以使用反映个人特性的主观评价尺度，但目前的潮流是以行为描述作为评价尺度。后者无疑能有效减少绩效评估中可能出现的误差。

表 9－11　　混合标准尺度法举例

三个评价维度		绩效等级
主动性		高
智力		中
与他人的关系		低

说明：请在每一项陈述后面标明被评价员工的绩效是高于陈述水平(填"＋")，相当于陈述水平(填"0")，还是低于陈述水平(填"－")。

主动性	高	1. 该员工工作主动。一贯能积极主动地完成工作，从不需要上级督促	＋
智力	中	2. 尽管不是位天才，但他/她确实比我所认识的许多人都聪明	＋
与他人的关系	低	3. 该员工有与他人发生不必要冲突的倾向	0
主动性	中	4. 虽然通常来说该员工工作还算积极主动，但有时也需要上级督促其工作	＋
智力	低	5. 虽然该员工理解问题比其他人慢，学习新东西也比别人花更长的时间，但他/她还是具有平均的智力水平	＋
与他人的关系	高	6. 该员工与每个人的关系都挺好，能与持不同观点的人友好相处	－
主动性	低	7. 该员工似乎总是倾向于等待他人命令	＋
智力	高	8. 该员工非常聪明，学东西的速度很快	0
与他人的关系	中	9. 该员工与大多数人关系都挺好，但在少数情况下会与他人在工作上发生小规模冲突	－

评分标准：

陈述			得分
高	中	低	
＋	＋	＋	7
0	＋	＋	6
－	＋	＋	5
－	0	＋	4
－	－	＋	3
－	－	0	2
－	－	－	1

续表

根据上述评价等级确定分数的过程举例如下：				
	陈述			得分
	高	中	低	
主动性	+	+	+	7
智力	0	+	+	6
与他人的关系	—	—	0	2

资料来源：Raymond A. Noe & Hohn R. Hollenbeck, *Human Resource Management: Gaining A Competitive Advantage* (*3rd edition*), McGraw-Hill, 2000。

5. 目标管理法

在一个目标管理系统中，企业的最高管理层首先要为公司确定来年的战略目标。在此基础上，目标被分解到各级管理者和员工手中，明确各级各部门在来年应当达到的目标。而这一目标分解的结果，即构成每一员工个人工作绩效的评价标准。

目标管理法(Management by Objectives, MBO)共分两个步骤：(1)建立未来 6～12 个月的工作目标。这一步骤与职位分析有相似之处，也与前面所提的确定业绩评价指标相似。不同之处在于，目标管理法为某个人制定未来目标，而不是针对某些岗位。这样，目标管理法的指标体系对每个人都是独特的，这与传统评价尺度法完全不同。(2)在每一特定期限结束时，评估员工业绩。管理者的注意力将集中于员工实际工作表现与设定目标之间的差异上。评估完成后，管理者需要分析员工未达成目标或超额完成目标的原因，这将有助于确定员工的培训需求和发展潜力(见表 9—12)。

表 9—12　　销售代表的目标管理法评价表

目　标	计划值	实际值	实际值/计划值
1. 销售订单数量(个)	40	38	95%
2. 新接触的顾客数量(个)	10	10	100%
3. 顾客投诉人次(次)	5	10	50%
4. 产品 A 的销售数量(套)	10 000	11 000	93%
5. 产品 B 的销售数量(套)	25 000	30 000	120%

有效的目标管理系统应能达到三项要求：(1)它要求设定符合 SMART 标准的目标。SMART 的目标是明确具体的(specific)、可衡量的(measurable)、可达到的(attainable)、相关的(relevant)和有时限性的(time-bound)。(2)目标管理中所使用的目标不是由管理层单方面确定的，而是管理者与员工共同协商的结果。(3)管理者在整个评价期间通过提供客观反馈的方式来监控员工达成目标的进展状况。对目标管理的研究发现：目标管理能切实提高员工生产率，但这一方法并不会马上奏效。平均而言，在实施目标管理法之后两年，可以看到生产效率的改善。此外，通过组织战略目标分解，目标管理法还能确保个人绩效与公司总体战略目标的一致性。

除了上述的三类绩效方法，企业也可能使用其他绩效评估方法来评价员工绩效，如关键事件法(Critical Incident Technique, CIT)。关键事件法要求管理者记录每个被评估员工在工作中表现出的特别行为事件(记为成功事件或失败事件)。这些事件以日记或周记的形式，记录在一个预先选定的类目表上。最后的绩效评估，则由一系列关于员工各方面表现的描述性短评或记录组成（见表9－13）。

表9－13　　使用关键事件法的绩效评估表（部分示例）

以下工作表现评价是用来帮助你准备与被评价者讨论和评价他的工作表现的。建议你将感到非常好或不好的工作表现记录在特定的项目（活动）下，其中列出的项目应作为典型事例，而非全部事实。与这些项目相关的例子包括正反两方面。

一、专业能力与工作知识

具体项目可能包括：

1. 在工作方法、流程、技巧方面有丰富的知识，并能随机应变，解决具体问题；
2. 随时更新专业领域的知识技能，并运用到工作中；
3. 参与与专业领域有关的专业、技术组织。

项目	关键事件

二、沟通能力

具体项目可能包括：

1. 以合乎逻辑、清晰、易懂的方式说明复杂问题；
2. 使用简洁明了的语言，进行书面或口头报告；
3. 以合乎逻辑顺序和重要性排序的方式来表达；
4. 为上、下级提供充足的相关信息；
5. 积极主动为群体和同事提供沟通交流的机会。

项目	关键事件

关键事件法的主要缺点是，要求评价者定期记录事件，这可能耗费时间，加重其工作负担。此外，对于关键事件的定义可能不明确，从而在管理者中存在不同理解。

上面谈到的绩效评估方法众多，管理者应如何在其中做出选择呢？研究发现，一种评价方法对绩效等级定义得越细致精确，其所得到的评价结果就越有效。因此，选择评价方法时应考虑的主要因素就包括绩效评估的目的、对评价信息的准确性要求。如果企业仅需要对员工进行绩效排序，比较法是适用的方法；如果企业需要了解员工间的绩效差距，则“员工绩效与评价尺度间的比较”能更有效地达成这一目的。此外，评价方法的选择还应考虑评价参与各方的看法，如方法是否容易掌握、易于使用，评价过程能否被参与各方接受等。研究发现，强制选择法往往受到评价者的排斥。

有些企业的绩效评估系统由多个评价方法组成。例如，阿莫科公司（AMOCO）使用总评法、强制分布法、图评价尺度法来评价管理者。普惠集团（P&W）则使用排序法和行为锚定等级评价法来评价员工，并根据评价结果决定企业机构精简过程中的员工去留。很多企业还针对不同组织层次的员工，使用不同的绩效评估方法。例如，美国数字设备公司(DEC)用目标管理法来评价管理人员，并用图评价尺度法评价非管理类员工。

有些人会认为，即使是糟糕的绩效管理方法也是无害的，这一观念是错误的。一种设计不当、无法有效实施的方法，比什么都没有还糟糕。事实上，如果你不能或不会合理使用绩效管理方法，它不但不能帮助你改善工作，还有可能为企业带来损害。糟糕的绩效管理方法可能带来的损害包括：

(1)无效的绩效管理方法会影响管理层的可信度。如果员工认为这项制度是“浪费时间”，他们会怀疑实施这项制度的管理者的工作能力。不公平的、应付差事的方法以及增加管理者和员工间冲突的方法，都会影响员工的积极性。好的方法解决问题，差的方法制造问题。

(2)糟糕的方法还将浪费员工、经理和人力资源管理部门的宝贵时间。与此同时，糟糕的制度却能给人一种虚假的安全感，使管理者相信自己的管理决策是建立在客观、全面的信息之上的。

第三节　绩效评估的信息来源及评估者误差

一、绩效评估的信息来源

无论使用何种绩效评估方法，都必须做出一项决策：应当由谁来提供绩效信息，即信息来源的选择问题。需要注意的是，由于人力资源管理部门仅负责绩效评估程序和方法的开发，评估的实际责任者传统上是直线管理者。随着工作的复杂性提高，要求每一位直线管理者全面观察、掌握和评价其下属的工作是不现实的。过分依赖直接上级基于片面信息做出的评价，会导致各种绩效评估偏差。因此，随着评估方法的发展，绩效信息的来源也扩大到同事、团队成员、下属和客户等人群(见图 9—7)。这些评价者从不同视角做出的评价，能为企业提供多方面的反馈信息。下面，我们将对各种主要的信息来源渠道加以讨论。

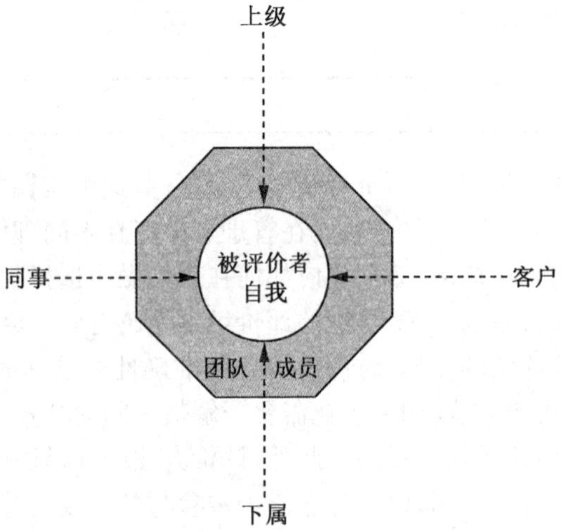

图 9—7　绩效评估信息的不同来源

(一)上级/直接主管评价

上级/直接主管是最常见的绩效评估信息来源。通常来说,我们可以做出如下假设:直接上级对下属员工的任务职责和职位目标有全面了解,同时,他们往往也处于最佳的位置来观察员工的工作绩效,因此,他们有能力对员工绩效做出评价。其次,直接上级对特定工作单元负有管理责任。下属工作绩效的高低将会直接影响到管理者的绩效状况和相应的个人利益,管理者有动力对下属员工的绩效做出准确评价。再次,下属的培训和开发是管理者工作的重要部分,而培训与开发方案往往是以绩效评估信息为依据的。最后,如果管理者平时注意观察员工行为或利用绩效反馈的机会与员工讨论绩效问题,将有助于强化直接管理者的威信,并能帮助员工改进工作绩效。

然而,直接主管评价也有其消极方面。直接主管可能会强调员工业绩的某一方面,而忽视其他方面。这种情况往往源于直接主管致力于完成其工作职责,而未能全面观察和了解员工的业绩(如销售职位)。此外,管理者也可能操纵评价(特别是当指标体系不完善、方法过于主观时),为员工加薪和晋升决策提供依据。为减少直接主管评价中因个人偏见等原因而带来的信息扭曲,一些企业要求在直接主管评价后,由主管的上级确认其评价结果。通常主管的上级能更为客观地评估,并能在评估中运用更宽广的视角,从而使评价的指标体系更为全面。

(二)同事评价

绩效信息的另一个来源是被评价员工的同事。同事评价的支持者认为,如果在一个合理的长时期内工作小组比较稳定,并且完成需要协作的任务,这种办法是可靠的。由同事实施评价的优点包括:小组成员对彼此的工作要求和日常工作行为了解全面,能准确进行评价;同事压力对小组成员的绩效有促进作用;同事评价中包含多种不同视角的观点,而这种多元视角对于全方位评价一个人的绩效是很有价值的。此外,同事评价还有助于有效预测被评估者在未来能否在管理方面获得成功。一项涉及200名工业管理人员的研究表明,同事评价在预测谁能得到提升、谁得不到提升时相当准确。

同事评价也存在问题,这包括:(1)同事评价有时仅仅反映被评价者的受欢迎程度;(2)实施评价所需的时间较长;(3)管理者因其控制权受到挑战,对这一评价过程有所抵触;(4)区别个人与群体的贡献可能存在困难;(5)获得较低同事评价的员工可能对同事心怀不满;(6)同事评价中可能存在"共谋",即所有的同事串通起来,相互将对方的工作绩效评估为较高等级。

当同事之间存在晋升、加薪的竞争关系时,同事评价的结果不应作为人事管理决策(如薪资、奖金发放)的依据。为了防止同事评价对同事间人际关系产生不利影响,应确保评估过程的保密性。

(三)下属评价

对管理人员进行评价时,其下属员工是一种特别有价值的绩效信息来源,这一做法通常被称为自下而上的反馈。下属评价常见的指标包括领导能力、口头表达能力、授权、协调团队努力的能力以及对下属的兴趣等,而管理者的特定工作职责与能力(如计划、组织、预算、创造力、分析能力等)则很少在下属评价指标体系中出现。下属评价可以用于管理者的管理风格诊断及随后的管理开发。采用下属评价所产生的问题是:这种评价角度赋予下属以超过其上级管理者的权力,因而会使管理者陷入困境。这会导致管理者更重视员工的满意度而不是生产率的提升。不过,上述情况仅会在将下属评价的结果用于管理决策时才出现。因此,明智的做法是:由下属进行的评估仅用于管理人员技能开发的目的,同时,为确保下属提供真实准确的信息，应由多名员工(3名以上)对同一位管理者进行匿名评价。

(四)自我评价

在“以人为本”这一管理理念的冲击下，许多企业尝试让员工进行“自我评价”，以此来提高员工的自我管理意识。米奇林轮胎公司曾实施过一项“员工自我考核”计划的试验，试验挑选了30名员工，要求他们完成一份评估表格，针对工作效率、出勤率、质量、安全性、合作精神、责任感等多种项目进行自我考核。自我评估的结果将作为员工与上级主管做绩效讨论的基础。经理人员不必填表，这使他们有更多时间与下属交流。试验结果表明，与经理评价相比，参与自我评价的员工能更坦然地接受对自己的批评意见，而且自我约束性也比以往增强了许多。其他研究者也发现，如果员工理解自己的工作目标及将来评价他们所采用的标准，则员工实际上处在评价个人绩效的最佳位置，并会采取必要的措施加以改进。

但自我评价的缺点也很突出：员工对个人工作绩效的评价，往往会比上级主管或同事的绩效评估等级要高。当评价结果被用于管理决策(如加薪)时，上级评价与自我评价间的分歧有可能激化矛盾。此外，社会心理学文献中有大量研究证明，人们总有一种把个人的不良绩效归咎于外部因素(如同事不配合、任务分配不公平等)的倾向。因此，专家建议自我评价不应被用于决定加薪、晋升等管理性目的，而是用于绩效反馈阶段的前期，目的在于帮助员工思考个人的行为和绩效，从而将绩效面谈集中在上下级之间存在分歧的领域。

(五)客户评价

服务业的快速增长以及客户满意度对企业发展的重要性，是企业将客户纳入评估体系的重要原因。由于服务所具有的特殊性质——服务的生产和消费往往是在同一时点上发生的，上级、同事都没有机会观察员工的行为，相反，客户可能是唯一能在工作现场观察员工行为的人，此时客户就成了最佳的绩效信息来源，公司希望借此提高评估的客观性、改善客户服务质量，并最终提高客户满意度。

客户评价最适合在以下两种情况下采用：其一，员工的工作内容是为客户提供服务，或者为客户联系在公司内部所需的其他服务。其二，公司希望通过搜集信息来了解客户希望得到何种产品或服务。此时，客户评价成为将公司营销战略与人力资源活动、政策联系在一起的管理工具。基于这一目的进行客户评价，不仅有助于评价员工绩效，而且可以确定企业为改善服务质量是否需要优化其他人力资源活动(如培训、薪酬等)。

内部客户也是客户评价的责任者。内部客户包括企业内部所有需要被评估者提供产品、服务、信息等的员工。例如，直线管理者需要人力资源部为其补充空缺岗位(招聘、选择)、提高员工工作能力(培训)等，因此，人力资源经理的内部客户包括各直线部门的管理者。内部客户评价能较为准确地提供员工、团队的工作所带来的价值增值，这种评价既可服务于开发目的，也可用于日常管理的目的。

(六)360度反馈

上面提到的评价方法并不是孤立的、相互排斥的。实际上，组织为了不同的目的，往往会使用多种评价方法来尽可能客观全面的信息。许多企业综合运用各种评估信息来源来评价员工的工作，这种方法被称为“360度反馈”(360-degree feedback)。360度反馈全方位(包括上级、同事、下属、客户、被评估者本人)收集员工的工作信息，这一做法有助于提高对评价过程的公平感知和评价结果的有效性。360度反馈最初主要被用于管理开发和职业发展的目的，其后这种做法逐渐被引入绩效评估领域。值得注意的是，大量公司将360度反馈用于开发目的，而在做出日常人事决策(如提薪、晋升)时,则辅以其他评价方式。

当360度反馈技术与网络技术相结合时,开发出的系统既能体现出被评价者的特点,又具有无纸化、免数据输入的优点。在网络版的360度反馈体系下,员工从数据库中选出适用于本人所从事职位的问题组合,并提交上级主管确认。随后,员工本人和上级回答评价问题,并确定其他评价者的名单。每位评价者都将收到一封列出评价问题的电子邮件,并按时回复。评价者提供的信息是不记名的,员工和上级主管收到的将是一份经过整理的评价报告。

Intel公司在引入360度反馈时,提出了以下几个注意事项:

(1)应对评价者的个别意见保密。确保每位接受评价的员工无法获知任一评价者的评价意见。上级的评价是唯一的例外。

(2)应确保评价者的意见真实可靠。公司应要求评价者对其意见承担责任。上级主管应与每位评价者进行讨论,确保每位评价者理解评价等级并愿意做出真实可信的评价。

(3)防止系统内的作弊、合谋。有些评价者可能因种种原因给出不恰当的高分或低分。团队成员也可能相互串通,给每个人都打出高分。为了避免上面的问题,评价者应当对明显有问题的评价加以检查和确认。

(4)使用客观的统计程序。使用加权平均方法或其他量化方法来综合多位评价者的评价结果。对所有被评价者,使用相同的权数以确保管理者无法操纵评价结果。

(5)识别和估计偏见、偏好等对绩效评估结果的影响。管理者应考虑评价者对年龄、性别、教育水平、个性等的个人偏见、偏好对评价结果的影响。

(七)电子监控

为了收集完全客观、无偏见的绩效信息,有些企业也会针对某些职位(如卡车司机、送货员、呼叫中心的客服人员等)使用电子监控方式。使用电子监控方式,企业可以收集难以观察的员工绩效信息,比如通过计算机记录工作时间、次数、速度和地点等。使用电子监控设施可以提高绩效的精确性,也可以减少个人偏见的影响,但这一做法往往使被评价者感到压力和隐私权受到侵犯。也正是由于这些原因,大多数企业仍主要依赖不同的个人作为主要绩效信息来源。

二、绩效评估误差的控制

(一)绩效评估误差

企业可以选择多种方法来评估员工绩效,这些方法的特点、适用范围各不相同,但其中没有一种方法是完美的,它们都无法完全避免评价过程中的误差。绩效评估误差,源于评价者在信息处理能力或策略上的局限性。在评价过程中,评价者需要识别被评价者的工作绩效信息,对上述信息进行记忆、整合,并据此做出绩效判断,这一过程的各个阶段都会发生评价者误差。此外,评价者还会基于被评价者的反应、个人通过绩效评估期望达到的目标,以及组织政治等因素来修订评价结果,因而不可避免地造成评价结果的人为扭曲。

在企业绩效评估系统中,影响评价系统有效性和可靠性的常见绩效评估误差包括:(1)趋中性误差;(2)过宽或过严的误差;(3)晕轮效应;(4)隐含人格;(5)近因效应。

1. *趋中性误差*

虽然员工绩效实际存在明显差异,但几乎所有员工得到的评价都接近于平均值,就发生了趋中性误差。趋中性误差的原因在于,组织要求评价者提供支持极端评分的证据,为避免额外的书面工作，评价者会避免极端评分。另外，管理幅度大、没有机会观察员工工作行为，也会使评价者采取这一“安全”的评估策略。简言之，趋中性误差就是评价者不能有效区分优秀或拙劣的工作绩效表现。

2. 过宽或过严的误差

过宽或过严的误差，都是指评价者未能给出准确评价结果的情况。过宽是指评价者给出了过高的绩效评级。评级过宽的原因可能是评价者希望避免评议争议，在企业使用主观性强的绩效指标和标准，并要求评价者与员工讨论评价结果时极易发生。过严是指评价者给予过分苛刻的评级。评级过严往往是因为评价者对绩效评估指标和标准、阻碍绩效完成的环境因素缺乏了解所造成的。过宽或过严都会使大量被评价者处于相同或相差无几的绩效等级，无法有效区分优秀和拙劣的工作绩效表现(见图 9－8)。

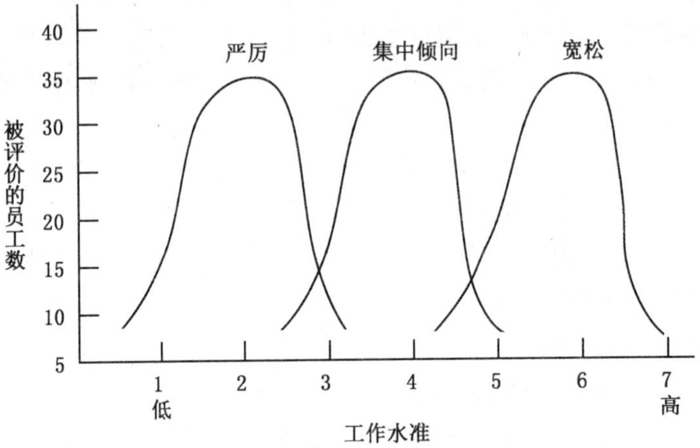

图 9—8 过宽、过严和趋中性误差的例子

3. 晕轮效应(halo effect)

晕轮效应是指被评价者在某一绩效方面表现较好，导致评价者对此人的各项绩效指标均给予较高评价的情况，换言之，评价者对员工的每一方面都给出相同或类似的评级。例如，一名员工在“工作数量”上获得“高于一般”的评价，可能也会在工作可靠性、积极性、人际关系、出勤率等方面获得较高评价。晕轮效应的存在，使管理者无法区别对待员工在不同领域的工作表现，而代之以模糊的总体表现评价。

4. 隐含人格

评价者形成对员工所属人格类型的感知，再依据不同类型的人在某种情况下会做出何种表现的假定，进行绩效评估，就发生了隐含人格的误差。例如，评价者注意到一位员工每天早上都提前上班，并据此判断该员工是认真负责的人。在评价该员工绩效时，若某个具体方面(如“对细节的关注”)难以观察到，评价者可能会根据“此人认真负责”的判断，认为他会密切注意细节，在该项指标上给员工以高评价。

5. 近因效应

近因效应是指评价者在评价过程中往往集中注意员工在评价前不久的工作行为和绩效。当评价者寻求支持评价结果的证据时，近期行为或成果成为最突出的影响因素。比如，在进行年度评价时，管理者可能着重关注过去两三个月甚至前几周的工作表现，而忽视了更早的工作成绩。如果这一倾向被员工了解，就会出现员工在前几个月“混日子”，在评价前几个月拼命工作以“挣表现”的情况。

(二)提高绩效评估的准确性

准确的评估反映员工的实际绩效水平，而以不准确的评估为基础的人事决策则是无效的。此外，当评估不能准确反映员工的绩效水平时，员工将对该系统失去信任，造成士气低下和流动的问题。因此，在绩效评估的过程中，必须尽可能提高评估的准确性。企业可以使用以下策略来减少绩效评估误差：

1. 评价尺度的选择

当绩效评估指标和评价尺度较为具体(如行为尺度或产出成果尺度)时，绩效评级往往更为精确，不同评价者的信度也会较高。为了减少绩效评估误差，评价尺度应具有以下特点：(1)每个绩效维度涉及单个工作活动，而非一组活动；(2)分别评价不同的绩效维度，对各维度分值加总决定总评分；(3)避免含糊的主观评价尺度，如“平均”“令人满意”等，而尽量提出与绩效相关的客观性问题。如“刘星每周花费多长时间用于倾听下属的意见，解决下属面对的问题”，对量化问题的回答可以简单地换算为评价分数。

2. 经常了解员工工作表现，并使用辅助记忆工具

绩效评估者应当在整个评价期内，经常了解员工的行为表现和工作贡献，并运用辅助记忆工具定期记录与绩效相关的行为或结果(如工作日志或关键事件)。在绩效评估时回顾上述记录，将能确保评价者使用了所有收集到的绩效信息。这一做法有助于减少近期印象和隐含人格导致的评价误差，从而提高绩效评估的准确性。

3. 培训评价者

通过培训评价者的观察能力和分类技巧，也可以提高评价的准确性和信度。通常的培训包括：为评价观察过程创建一个所有评价者共同的参照系；使评价者熟悉各个评价维度和绩效尺度，并应指出在每一业绩等级(如优秀、满意、不合格)上的关键事件，为评价者提供明确的评价基准；此外，企业还可以角色扮演等形式要求管理者进行实际的绩效评估练习，并给予反馈。

4. 对精确、及时的评价进行奖励

影响绩效评估精度的一个因素，是评价者缺乏动机。评价者可能认为，给出高的评价等级要比提供准确的评级更容易。为了提高评价者的动机，企业可以根据评价者在评价过程中的工作表现、对程序和原则的遵守程度来决定其奖惩。

5. 增加评价者的数量

很多时候，被评价者相信，评价者应当为其低绩效评级及相应受到的处罚负责，这将使(唯一的)评价者备感压力，从而不愿给出低评级。研究表明，当绩效评估依赖于多名评价者的判断时，这一负面效应将会减少。评价责任的分担将使评价者乐于做出更准确的评价。同时，员工也会更重视来自多名评价者的负面绩效信息。

三、影响绩效评估结果的其他因素

影响员工绩效的因素很多，不仅员工本人的行为和努力，而且员工的工作环境、工作分配方式、其他员工的工作表现都可能影响员工绩效结果。以小组形式完成学习报告的同学都有体会，图书馆资料不足、其他小组成员不配合、时间紧、电脑出现故障等，都会影响到你能否及时提交一份高质量的报告。阻碍员工有效完成工作的外部因素，我们称之为情境限制因素(situational constraints)，如表 9－14 所示。评价体系的设计者必须将这些限制因素纳入考

虑，以免有些员工因其无法控制的原因而得到不合理的低评价。

表 9—14　　绩效评估中可能存在的情境限制因素

1. 关键人员的缺勤或流失； 2. 为等待指示，放缓工作进程； 3. 文书资料支持工作不足； 4. 原材料或其他供应品不足或质量低下； 5. 对运营费用的过度限制； 6. 物理性的工作条件(如设备)不足； 7. 未能聘用到合适的员工，或员工缺乏必要的培训； 8. 同事或其他部门合作者的业绩不佳，影响了相关员工的工作； 9. 上级管理者的绩效未达到期望； 10. 组织结构或报告关系无效率，未明确界定； 11. 对书面报告的要求过多； 12. 未预见到的工作负荷增加； 13. 管理政策、程序和规则的变化； 14. 工作的内容和性质突然有所变化； 15. 组织内的沟通水平低下； 16. 经济条件的限制(如利率、劳动力市场状况、基本产品和服务的价格变化等)。

第四节　绩效评估信息的反馈与应用

一旦预期的绩效被界定清楚，并且对员工的实际绩效做出了评价，接下来就需要将绩效信息反馈给员工，帮助他们纠正错误行为、改进工作绩效。但是，绩效反馈过程是非常复杂的，会给管理者和员工双方带来很大压力。如果说向他人提供负面反馈信息是令人痛苦的，那么接收这类信息的人会感到更痛苦，即便如此，反馈这一过程仍是必不可少的。

一、有效的绩效反馈面谈的特点

有效的反馈面谈应当是管理者以解决问题、规划未来为目的，向员工提供明确的绩效反馈信息的过程。下面的原则将有助于增强绩效反馈过程的效果：

(1)反馈应当是经常性的，而不应当是一年一次。管理者一旦认识到员工绩效存在缺陷，就应当及时纠正它，否则，企业将在行为发生后和绩效评估时点之间蒙受损失。绩效反馈过程的有效性也要求及时反馈，否则年初的错误在年底得到反馈，员工将很难接受这一评价结果。

(2)为绩效讨论提供一个好的环境。管理者应选择一个中立的地点进行绩效面谈。管理者本人的办公室并不是进行建设性绩效反馈的最佳地点。管理者还应当确保双方都了解:绩效会谈是一种开诚布公的对话。

(3)在评价面谈前，要求员工本人对绩效进行自我评价。自我评价通过将面谈的重点放在上下级之间存在分歧的问题上，使反馈过程得以有效地进行。

(4)在评价面谈过程中，管理者与员工一起进行绩效诊断。诊断有助于双方了解影响员工绩效的因素，这对绩效不佳的员工尤其重要。仅仅告诉员工其绩效不佳，无助于问题的改善。管理者需要找出造成不良绩效的原因及其解决办法。不同的原因要求采取不同的解决办法。

管理者可以使用如表 9—15 的表格，其重点在于形成共识，并找出解决方案。

表 9—15　　绩效诊断清单

检查核对影响特定员工工作绩效或行为的各项因素。		
	是	否
1. 素质		
A. 员工是否拥有完成工作所需的各项素质？		
B. 员工以前是否曾从事过类似工作？		
C. 员工是否相信自己拥有完成工作所需的各项素质？		
D. 员工是否有兴趣和意愿按要求完成工作？		
2. 工作目标		
A. 管理者是否清楚地向员工说明了工作目标？		
B. 这些目标是否具体？		
C. 目标是否具有一定难度但仍可达到？		
3. 工作的确定性		
A. 管理者是否清楚地说明了期望的工作绩效？		
B. 管理者是否清楚地说明了不同工作绩效(好或差)所带来的管理后果？		
C. 员工是否清楚自己的工作权限？		
4. 绩效沟通		
A. 员工是否知道自己何时工作方式正确，何时有待提高？		
B. 反馈是否具有诊断作用，足以使员工的未来绩效有所改善？		
C. 是否在员工做出绩效和收到反馈之间，存在较长的时滞？		
D. 绩效反馈的方式是否易于员工理解？		
5. 管理后果		
A. 绩效完成情况是否会影响员工所获得的个人奖励？		
B. 按要求完成绩效，是否受到管理者的重视？		
6. 员工的权力		
A. 员工是否有权力动用资源来完成工作？		
B. 员工是否拥有完成工作所需的工具和设备？		
C. 绩效成果是否在员工的掌控范围内？		

(5)通过赞扬肯定员工的有效业绩。人们通常认为，绩效反馈应当集中在找出员工绩效的不足上。但这一看法过于片面，有效的绩效反馈应能提供准确的绩效信息，既包括发现不良绩效，也包括认可优良绩效。赞扬员工的有效绩效有助于强化员工的有效行为。同时，也表明管理者不仅是在挑刺，从而增加了绩效反馈的可信度。

(6)将绩效反馈集中在行为或结果上，而不是员工本人身上。在进行负面反馈时应当注意，反馈是对事不对人的。特别要避免对员工的个人价值提出疑问。你不应当说："事情现在一团糟，这是你做事不用心造成的！”相反，管理者应当说：“你没能按进度完成工作，这跟你的工作时间分配不当有关。”负面反馈需要管理者有效运用冲突解决技能，以防止激发员工的戒备心理。

(7)制定具体的绩效改善目标，并设法消除阻碍绩效的因素。制定目标的重要性不应被过分夸大。研究表明，制定具体、挑战性的目标有助于提高员工满意度，激发员工改善绩效的动机。但除此之外，管理者还应根据绩效诊断结果，确定员工绩效改进的行动计划以及待消除的阻碍因素(如缺乏资源、培训不足等)。这就提供了一种措施，使员工严肃看待目标，并为达到这一目标而努力。

二、绩效评估结果的应用

绩效评估的结果，被广泛应用于薪酬管理、绩效改进和员工培训与开发的决策。绩效评估的结果，通常被用于两类决策：人事行政决策和人员发展决策。

(一)人事行政决策

企业的定期绩效考核，一个重要用途是进行人事行政决策，包括加薪、晋升、奖金分配、降薪降职等。这一做法是将员工希望获得的奖励与他们的生产力或工作业绩之间建立联系，从而有效激励员工努力。

强调基于绩效进行人事决策的企业，重视论功行赏，员工报酬、职业地位的提高、职业安全均以工作表现为前提。由于这类人事决策(如晋升、免职和解雇)对员工意义重大，因而工作绩效评估的质量能否为企业的行政措施提供有力依据，受到多方质疑和挑战。当用于人事行政决策时，绩效评估应当以个人的能力、努力和工作成果为评价依据，剔除个人偏见及其他环境影响因素，并以书面的形式清楚地表明员工表现的差距。对绩效评估精度、质量的严苛要求，会给考核者(传统上为直接上级)施加巨大的压力，考核过程中任何一部分存在问题(制度设计、执行、结果运用)，都可能使被评价的员工感到分配不公，并由此引发一系列问题。

(二)人员发展决策

绩效评估结果的另一个重要运用，是制订员工的绩效改进计划。企业管理者需要在评价员工现有能力、行为和成果的基础上，确立未来的绩效目标，并提供必要培训来实现这些目标。这一评价绩效、确定未来绩效目标、培训提升能力的过程，需要不断重复进行，才能不断推进企业的人员发展。因此，人员发展决策过程中需要包括向员工提供反馈、就有效的员工工作行为提供咨询、提供培训和其他学习机会等内容。

三、边际员工的绩效管理

所谓边际员工，是指那些由于缺乏能力或工作动机不足而导致最低绩效评级的员工。对边际员工而言，仅仅绩效反馈不足以带来未来工作的改善。管理者需要了解如何采取有效行动来提高其绩效。表9－16是管理者针对四种不同类型的员工所应采取的不同行动。通常来说，能力和工作动机较强的员工往往是绩效优良者(骨干绩效完成者)。但在考虑对绩效不佳者的管理行动时，需要首先根据绩效诊断提供的信息，判断导致员工绩效不佳的主要原因(能力/动机)。基于上述判断，对于因缺乏能力而导致绩效不佳的员工(努力方向不对者)，通过培训、临时性工作安排来开发员工技能。对于能力强但工作动机不足的员工(利用不足者)，管理者应重点考虑解决人际关系问题、组织激励问题，将工作绩效与员工认为有价值的激励因素或报酬联系在一起。能力和工作动机均很差的员工(朽木)所表现出的长期绩效不佳问题，则要求管理者对其另行安排工作或予以解雇。

表 9—16　　管理员工绩效的方法

		能力	
		强	弱
动机	强	**骨干绩效完成者** · 对优良绩效提供报酬 · 找到进一步发展的机会 · 提供诚实、直接的反馈	**努力方向不对者** · 在职辅导 · 频繁、实时的绩效反馈 · 制定发展目标 · 技能培训或临时性工作调整
	弱	**利用不足者** · 提供诚实、直接的反馈 · 采取团队建设与解决冲突的办法 · 将奖励与员工绩效结果挂钩 · 提供岗位技能培训	**朽木** · 冻结加薪 · 调整工作或降级 · 解雇 · 就绩效问题提供具体、直接的反馈

资料来源：M. London, *Job Feedback*, NJ: Lawrence Erlbaum Associates, 1997, pp. 96—97。

管理聚焦 9—2

GE 的绩效评估和"九宫格"

当人们想到绩效评估的"末位淘汰制度"，往往会想到美国通用电气公司(GE)前任 CEO 杰克·韦尔奇提出的"活力曲线"。他认为，员工能力呈正态分布，通过强制分配法来辨别员工能力，给予绩优者超额报酬、绩效垫底者淘汰的处罚，将能有效增进企业活力。在他任 CEO 的 20 年间，通用电气的市值由 140 多亿美元，成长为 4 500 亿美元的"巨无霸"。末位淘汰制也因此被视为企业管理的"利器"，为许多知名企业所推崇。据美国《HR Magazine》的调查，在财富 1 000 强中，有超过 30%的企业采用强制分布法来进行人才评价和管理。但在实践中，人们发现，这一做法的尺度很难把握，太松则免不了吃"大锅饭"，太严则会造成企业内部的恶性内斗，反而拖累业绩。更有甚者，一些企业发现，执行此制度 3 年后，就面临"无可淘汰"的困境。那么，员工绩效评估和排序必然与人员淘汰有关吗？

现任通用电气 CEO 杰夫·伊梅尔特对此的回答是否定的。在他上任后，通用电气调整了"活力曲线"的做法，也不再强制设立人员淘汰线(Bottom 10，即绩效排名为最后 10%的员工将面临淘汰)。伊梅尔特认为，活力曲线制度的更大意义是为了营造一个公平的竞争环境，吸引最好的人才参与竞争，这种激励有助于公司的长远发展，而非员工间的相互敌视、拒绝分享。绩效评估会产生员工排名，有排名就有高低，虽然企业希望员工都是最优秀的，但实践中需要用人的长处，企业需要协助员工减少其弱点(而非马上淘汰)，若员工在接受指导后仍不适合公司，则会请他离开。为此，通用电气会在一年的年中和年底与员工进行两次绩效面谈，同时部门主管也会随时与员工沟通以帮助其改进绩效。使用僵化的末位淘汰线来替代管理者的个人判断(员工的弱点是否大到不适合留在本企业?)，实质上是对管理者能力和团队建设意愿的粗暴否定。

为了培养和留住适应后工业时代和全球经济的人才，通用电气还改变了鉴别员工的"九宫格(见图 9—9)"。"九宫格"始于韦尔奇时代，传统上用"绩效"和"潜能"两个维度(各有三个等级,即需要改进、满足期望值和超出期望值)来评价员工。但在伊梅尔特的领导下,“潜能”被替换为“价值观”,即绩效表现的达成是否符合价值基准(GE 推崇的价值观每 3～5 年会有所调整,目前的价值观包括五项:以外部为中心、清晰的思维、想象力和勇气、包容性和专业深度)。由于价值观的评价相对主观,GE 通常是由上级领导观察员工的日常行为,并在征询周边同事的意见基础上进行评价,同时员工也进行自我评价,在双方交流的基础上提出评价结果。在以业绩为导向的企业文化中,“九宫格”的运用所强调的是在展示骄人业绩的同时,必须始终坚持 GE 的价值观,体现增长型组织的特质。

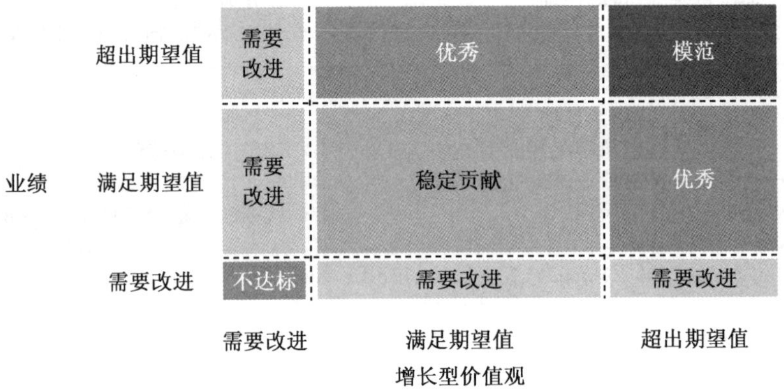

图 9—9　员工鉴别的“九宫格”

如果将“九宫格”简化成四格,其实也反映了企业内部的四种人,即:业绩和价值观都优秀,业绩不行、价值观优秀,业绩优秀、价值观不行,业绩和价值观都不行。针对这四种人,GE 分别给出了四种解决方案(如图 9—10 所示)。业绩和价值观都好的人,是 GE 需要的人才、两个方面都不行的人,则是明显不适合 GE 的;遇到业绩不佳但价值观适合的人,GE 的方法是再给一次机会,或者换个岗位,或者确认是否由一些客观原因造成的;对于业绩优秀但价值观不符合企业期待的员工,GE 会选择让他们离开。由此可见,绩效在人员去留的决策中已经不是最重要的影响因素了。

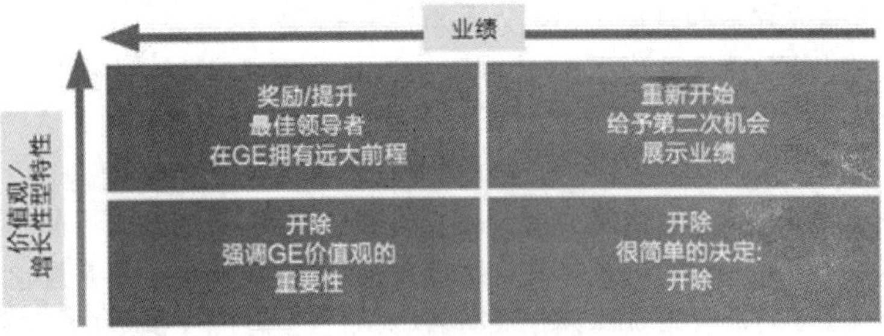

图 9—10　GE 人才分类及管理方案

GE 的人才选拔体系看似过于简单粗略,但在一家超过 30 万员工的公司采用复杂的考评体系,会导致在不同的国家、不同业务集团之间难以建立统一的人才参照标准,反而会对选择全球化人才带来麻烦。在 GE,员工无论在哪个层级、哪个职位,在“九宫格”的考评中,每个人都是两个纬度的组合,这一观念贯穿整个集团。晋升不是由某个领导说了算的,而是由候选人在多年的考评体系中靠业绩和行动来证明的。

资料来源:《商学院》,2011 年。

第五节　团队绩效评估与反馈

当越来越多的企业以团队方式开展经营时,绩效管理的责任逐步由直接上级转移到了团队成员手中。团队成员之间往往很了解彼此的长处和弱点,因此,以团队成员作为主要绩效信息来源也是顺理成章的。此外,团队成员互相评价还可以提高成员对团队工作重要性的认知,并能起到发挥团队内部同事压力、推动成员遵从团队规范的作用。在实践中,有经验的团队往往会承担起构建、执行团队绩效评估和反馈的全部责任。

团队绩效评估和反馈过程中充满了挑战。除了传统的个人绩效评估中可能面对的各种挑战,团队绩效评估还面临两项特有的问题,即团队绩效指标的设置和团队绩效问题诊断。

一、团队绩效指标的设置

要提高团队效力,首先应了解如何评估团队绩效。表 9－17 提供了几项适用于工作团队和团队成员的绩效指标。

表 9－17　工作团队和团队成员的绩效指标

层次	绩效维度与具体指标		
团队	任务完成	团队发展	利害关系人的目标
	• 准确性 • 速度 • 创造力 • 成本	• 团队凝聚力 • 团队灵活性 • 团队对新任务的准备程度	• 客户对团队流程和产出的满意度 • 团队成员对团队流程和产出的满意度 • 其他团队对团队流程和产出的满意度
团队成员	任务绩效	人际关系	个人发展
	• 准确性 • 速度 • 创造力 • 效率	• 增进对不同观点的了解 • 团队成员的信任感提升	• 素质发展 • 知识技能改善 • 建立更广泛的组织内外人际网络

以团队方式完成工作,应当给团队做出明确的任务目标指示,并要求团队自行提出团队成员个人的具体职责。在很多团队,成员个人的职责处于不断的变化过程中。团队内部成员会调整、服务的客户会变化、团队的目标排序也会发生改变,这都使团队需要及时说明成员的具体工作目标。如果团队从未阐明个人责任和目标,则基于具体的个人绩效指标来评价团队成员的过程,将会给评价双方带来巨大的压力。确保团队一开始就形成一套明确的评估指标(同时包括行为和成果),是解决这一困境的有效方法。团队开发绩效指标、界定清晰的绩效评估标准的过程,同时也是增进团队成员凝聚力的过程。

二、团队绩效问题诊断

为了改善团队绩效,管理者还需要了解影响团队绩效的诸多因素。具体来看,这些因素包括团队运作的环境、团队设计和团队内部流程等。当团队运作效率低下时,管理者和团队成员必须有能力对团队绩效问题进行诊断和纠正。

(一)团队内部流程

团队内部流程可能是造成绩效问题的最直接原因。团队内部流程是指工作团队的发展过程及所处阶段、团队成员的个人感知以及团队行为规范等。在有效的工作团队中,这些流程为团队成员的人际和工作合作提供了支持。

缺乏团队工作经验的员工往往期望团队能够从一开始就发挥效力,但这种情况很少发生。团队成员往往需要在一起工作一段时间,培养团队成员间的信任和清晰的行为规范,认识到团队成员在工作方式、价值观和个人感受方面的相同和相异之处,并在此基础上有效地完成团队任务目标。

(二)文化

团队运作会受到多种外部因素的影响,外部因素也可能是造成团队绩效不佳的原因。需要考虑的外部因素包括团队成员的甄选和培训、组织的薪酬体系及文化等。人员甄选、培训和薪酬在本书的其他章节中有详细论述,在此不再赘述。在这里,简要说明文化因素导致的团队绩效问题。

影响团队绩效的文化因素,包括国家文化和组织文化两个层面。团队行为规范方面的差异,很大程度上是由国家文化差异所决定的。在集体主义盛行的国家,如中国、日本、马来西亚等,国家文化重视人际间的和谐、集体的凝聚力,并会刻意避免冲突的发生。而在更为个人主义的文化中,如美国、加拿大,人们重视公开表达个人意见的能力,并乐于接受团队成员在个人观点上存在差异的事实。但在这种文化中,人们同样重视同事间的友好关系,因此,过高的冲突水平同样是不可接受的。在国际化的工作团队中,团队成员的行为往往取决于各自所属的国家文化。当团队中出现不同国籍的成员时,就容易出现彼此间的误解和冲突,从而降低团队绩效水平。

即使团队成员来自同一国度,团队之间也存在行为规范上的差异。此时,如果工作团队的行为规范与组织文化保持一致,也能保证其良好运作。研究发现,支持基层员工高度参与的组织文化,将会提高团队对组织目标、权威关系的认同。当个人主义的团队成员通过自我管理团队而获得授权时,他们对工作拥有更大的控制权和影响力。由于个人主义文化中,拥有控制权是极端重要的,在自我管理团队中工作的员工往往会有更高的工作满意度。

三、团队反馈

团队绩效过程同样强调反馈。但由谁来提供反馈,是全部团队成员以集体会议方式相互提供反馈,还是由团队管理者提供私下的反馈,再或者,由团队外部人员提供反馈,则是因团队而异的。重要的是,团队绩效必须通过反馈使所有成员充分了解,从而可以为未来的工作改进提供参考。

本章小结

工作绩效是指一个员工基于其能力与角色(任务)认知,通过努力而实现的工作成效。在绩效管理研究和实践中,有三种不同的观点来解读工作绩效:(1)绩效是结果;(2)绩效是行为;(3)绩效是基于素质的,绩效评估和管理应关注员工素质和未来发展。

绩效评估是一套正式的、结构化制度,用于衡量、评核与影响员工的工作特性、行为和结果，并据此评判员工的有效工作程度。绩效管理是指管理者用于使员工绩效与企业目标保持一致的内部控制系统，建立绩效目标的共识、使用有效的员工管理方法以提升目标达成的可能性，其最终目的是提升整个组织的效能。

企业的绩效评估与反馈系统需要达成以下几项目标：激励员工、提升员工生产率以及推动企业实施战略规划与组织变革。

企业绩效评估与反馈系统的有效性评价应当考虑五项指标：战略一致性、效度、信度、接受度和明确度。

企业绩效评估系统的两项核心工作，就是绩效评估指标体系的设计确定，以及绩效评估方法的选择。绩效评估指标是指组织根据哪些维度来评判个人、团队或工作单元的绩效。绩效评估方法的选择则取决于绩效评估目标与绩效信息的精确性要求。

评价者在确定员工的绩效等级时，可以运用三类评价工具：(1)在被评价者之间进行绩效比较；(2)在不同的评价尺度间进行比较，并将员工记入相应的绩效等级；(3)将员工的绩效与既定的评价尺度进行比较。

绩效信息的常见来源有直接主管、同事、团队成员、下属和客户等；同时使用多种信息来源的做法，被称为 360 度反馈。

一旦预期的绩效被界定清楚，并对员工的实际绩效做出了评价，接下来就需要将绩效信息反馈给员工，帮助他们纠正错误行为、改进工作绩效。

当企业以团队方式经营时，绩效管理的责任应由团队成员承担。团队成员评价可以提高成员对团队工作重要性的认知，并能起到发挥团队内部同事压力、推动成员遵从团队规范的作用。

思考题

1. 为什么企业在运用了严格、有效的人员甄选程序，并辅以充分的人员培训之后，员工的工作绩效仍存在相当大的个体差异？企业的绩效管理系统如何处理和应对这类个体差异问题？

2. 分别站在下属、上级和人力资源管理者的立场上，考虑以下问题：绩效评估对我的工作有何意义？在绩效评估过程中，我应承担何种责任？在这 3 种不同视角之间，是否存在相同之处和差异之处。请解释。

3. 如果你是被评价者，你愿意接受以下哪种评价方法所做的绩效评估：图评价尺度法(GRS)、行为锚定等级评价法(BARS)或者行为观察尺度法(BOS)？请解释你做出上述选择的原因。你所从事的工作类型，是否会影响到你做出的选择？

4. 与传统的仅由上级评价下属的做法相比，360 度绩效反馈系统的优点和缺点是什么？

5. 有哪些因素会导致绩效评估结果的误差或错误？企业可以使用哪些策略来减少上述误差的发生？

6. 假设你所管理的 3 名员工分别属于以下类型：(1)高绩效者，有很大的晋升潜力；(2)高绩效者，但由于个人能力或动机的原因，缺乏进一步晋升的潜力；(3)低绩效者。现在到了绩效反馈的时间，你正在准备与上述 3 位员工进行绩效面谈。对于不同类型的员工，你是否需要提出不同的面谈目标？请说明在与他们的面谈中，哪些方面有共同之处，哪些方面存在差异。

7. 假设你是一位跨文化团队的领导者。在团队绩效评估与反馈中，你会面临哪些特殊问题？为了有效承担这一管理职责，你需要具备哪些方面的素质和能力？

本章案例

如何开发教师的绩效评估体系①

本练习的目的在于使学员进一步了解绩效的概念，评价总体绩效所需的各个步骤，以及练习如何确定工作绩效的维度。下面请你按指示的步骤制定出一个用于教师的绩效评估体系。

绩效评估体系的工作流程如下：

第1步：请在课前完成A、B、C部分的工作。

A. 绩效评估的多重角度。

在课堂上，你会根据何种标准来判断教师教学水平的高低？教师在课堂讲授中的表现这一项指标，是否将决定你的评价？如果对这一问题的回答是否定的，对教师教学水平的评价体系就应是多重角度的。

请你考虑一下，下面的哪些活动与教师教学效果相关？为了区别不同活动的重要性，请按总分100分来为下列每项活动赋予权数（对你认为无关的活动，可以赋值为0分）。

________ 课堂授课内容的组织
________ 口头说明与解释
________ 用案例来说明问题
________ 有针对性的练习
________ 使用多媒体教学
________ 评分
________ 提供与课程相关的建议和反馈
________ 形成课堂内的互动关系
总计100分
（请将权数填入各项活动左侧的空格中）

B. 判定绩效的标准。

我们可以分别运用不同的标准来细化上述的教师活动，作为评价教师工作表现的基准。比如说，教师在“评分”活动上的表现，应具体分解为“评分的质量”和“及时性”。在这一阶段，评价者需要考虑如何针对每一项活动选择合适的评价维度。

在这里，“评分的质量”指的是教师在为学生的测验、作业评分时的准确性如何；“评分的及时性”指的是评分过程是否及时完成。这两项指标决定了教师在“评分”这一活动上的综合评价结果。很显然，一个教师有可能评分的准确性高但其评分过程延续时间过长，这也会影响到对他“评分”的总体评价。“提供与课程相关的建议和反馈”这一教师的活动内容，反映了教师能否在课堂上鼓励学生，给学生以克服困难的信心。“课堂的互动水平”反映出教师在授课过

① H. John Bernardin & Joyce E. A. Russell, *Human Resource Management: An Experiential Approach*, McGraw-Hill, Inc., 1994, pp. 405—410.

程中提问的次数、是否经常去了解学生的要求和想法等。

作为评价者，你所扮演的角色是选择表 1 中所列示的各栏中与教师绩效相关的活动和评价维度。表 1 中，左栏是对教师所从事活动的分类，表的纵列体现了对各项活动的细化评价维度。对于在 A 部分中，你赋予权数大于 0 的活动，选择你认为合适的评价维度(划"×")。

表 1　　**教师活动与评价维度矩阵**

姓名：________　　部门：________

评价尺度

活动	权数*	质量	数量	及时性	人际影响
课堂内容组织	______	Wt：#1 Wt：#2	1. 2.	1. 2.	1. 2.
口头说明	______	Wt：#1 Wt：#2	1. 2.	1. 2.	1. 2.
提供案例说明	______	Wt：#1 Wt：#2	1. 2.	1. 2.	1. 2.
有针对性的练习	______	Wt：#1 Wt：#2	1. 2.	1. 2.	1. 2.
使用多媒体	______	Wt：#1 Wt：#2	1. 2.	1. 2.	1. 2.
评分	______	Wt：#1 Wt：#2	1. 2.	1. 2.	1. 2.
与课程相关的建议和反馈	______	Wt：#1 Wt：#2	1. 2.	1. 2.	1. 2.
课堂互动	______	Wt：#1 Wt：#2	1. 2.	1. 2.	1. 2.

*权数之和必须为 100。

C. 为各绩效维度赋予权数。

对应于每一项活动与评价维度的组合，是我们所说的绩效评估指标(组)。评价者需要确定每一项活动中，各评价维度的相对重要性。做法是：对每一项活动赋予 100%的权数，再分别根据各项评价维度在完成该活动时发挥的重要性打分。

以"评分"活动为例。假定对该活动的评价只使用两个维度——质量与及时性，且两个维度重要性相当，则其权数应分别赋予 50。如果认为质量更重要，则可以给"评分的质量"赋予 60%，"评分的及时性"赋予 40%。将这一权数列入表 1 的对应评分栏"Wt：#1"格内。

一旦你对矩阵中所有活动的相关绩效维度都赋值后，将赋值与 A 总分中各活动的权数相乘。如果你在 A 部分中为"评分"活动赋值为 30，且"评分的质量"赋值为 60，则"评分"活动的两项业绩评价指标在总分中所占百分比分别为：

评分质量＝30%×60%＝18%

评分及时性＝30%×40%＝12%

将这一乘积数填入表 1 中"Wt：#2"中。整个矩阵数值之和应为 100%。

第 2 步：学员以小组形式，比较各自完成的 A—C 总分的结果，并统一形成一个小组结论。

一旦小组统一了认识，请继续完成 D 部分的工作。

D. 提出绩效评估尺度(PLD)。

在这一部分中，学员小组将提出每一绩效指标的评价尺度，对造成好、中、差绩效的行为及其结果做出明确的描述，为评价提供基准。这种描述即我们前面提到过的业绩评价尺度(PLD)。在本例中，我们使用 1—5 分的评分制。图 1 列出了三项活动的评价尺度的示例。

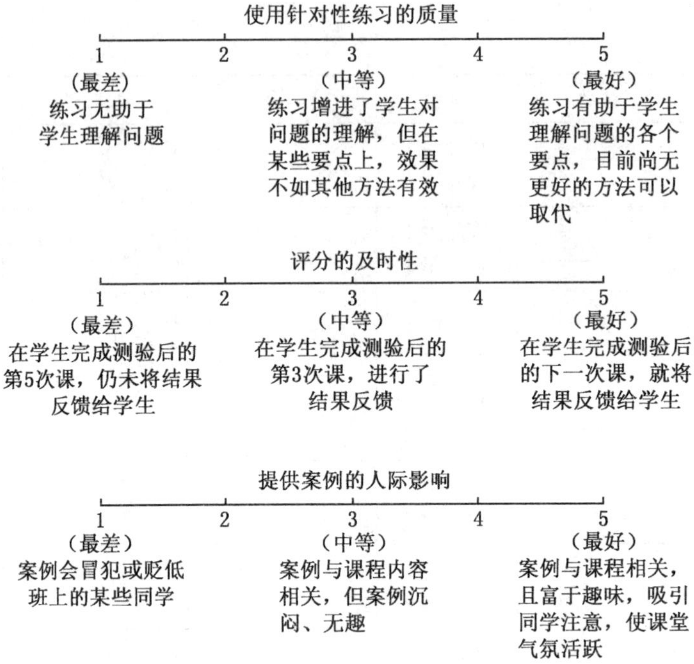

图 1　三项活动的评价尺度示例

第 3 步：在评分表完成后，指导老师应提供一份实际用于教师评分的表格。E 部分应由每个学生分别完成。

E. 确定绩效分布。

回忆或观察一位你所熟悉的教师的绩效和行为表现。你会发现，他的教学行为表现每次都可能有差异，例如，他并非每次上课都能对授课内容进行良好组织，有时还可能无法提供恰当的例证来说明问题……这种行为、绩效上的波动可能与他的工作能力相关，但更可能是因为个人努力程度上的变化造成的。激励水平、身体健康状况、睡眠、环境干扰及其他很多因素都会影响教师的工作行为，进而影响对他的绩效评估。

由于上述因素的存在，教师的工作表现并不总是处在某一特定的评分等级上。作为评价者，你必须意识到：在 5 分制的等级评价表上找到一个对应的等级并不能全面说明该教师的实际表现，该教师的实际表现有时会优于或劣于该评价等级。评价者的观察时点不同，也会导致绩效评估受到这一行为表现波动的影响。

为了全面把握该教师的业绩，有必要对应于已定的评分等级(本例为 5 分制)做出他的绩效分布表。通常的做法是确定该教师达到每一业绩评分等级的时间占总工作时间的比例，并画出一张绩效图(performance graph)。

假定某教师在“评分的及时性”上的绩效分布如表 2 所示，其中，绩效等级按他过了多久将练习或测验结果反馈给学生来界定：1 表示超过 4 次课才反馈，2 表示第 4 次课反馈，3 表示第 3 次课反馈，4 表示第 2 次课反馈，5 表示下一次课反馈。在表 2 中，教师在各业绩等级上的时间比例之和应为 100%。根据表 2 的数据，做绩效图（如图 2）。

表 2　　某教师的绩效分布情况

绩效等级	时间比例(%)
1	0
2	10
3	20
4	40
5	30

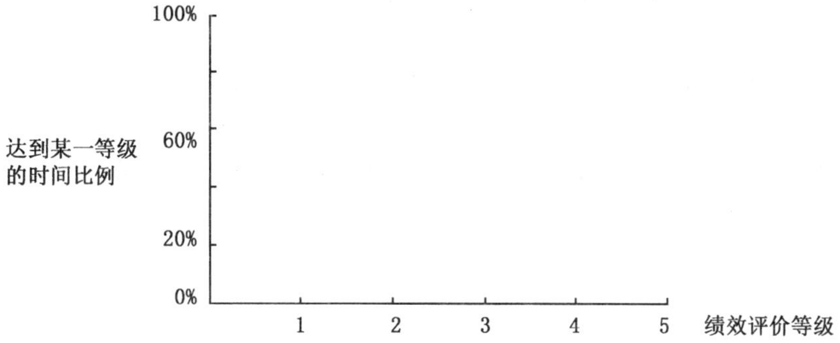

图 2　绩效图

下面，回想一下你所熟悉的某位老师，并针对前面制定的评价指标及相应的评价尺度，做出绩效图。在评价时，应对每一指标独立完成一份绩效图。在完成这项工作后，将这些绩效图做综合比较。你是否发现了绩效图中存在某些共同的模式？该教师的行为是否能一贯保持？某些绩效指标是否比其他指标表现出更大的波动性？

请将注意力集中在某些特定的绩效图上——例如，使用同一绩效评估指标所对应的绩效图组群。以“及时性”评价该老师的各项活动，其绩效评估结果是否表现出某种共同的特征？（该老师是否在各项活动中都拖拖拉拉？是否总是不守时？）对该老师从“质量”维度的判断，是否表现出他对工作质量十分重视，并做出了巨大努力？他的工作行为所产生的人际影响又如何？

F. 计算绩效总评分数。

第 4 步：在完成上述各步后，需要计算该教师的绩效总评分。

计算通过求平均值来完成，计算中不仅包括最基本的绩效参数，还应考虑其他相关因素的影响，如情境限制因素，以及两个附加的绩效参数：绩效表现的一贯性和能否避免负面结果的出现。

对各绩效指标的得分计算如下：

(1)将表 2 中的绩效等级与其对应的时间比例相乘，得到每一绩效指标的平均百分比如下：

1×0%=0

2×10%=0.2

3×20%=0.6

4×40%=1.6

5×30%=1.5

总计 3.9

(2)将3.9除以可能的最高分5分,得:

3.9÷5=0.78或78%

(3)将C部分中赋予各评价指标的百分比(本例中,"评分的及时性"为12%),与78%相乘:

12%×78%=9.4%

则该教师的"评分的及时性"指标的得分为9.4%。按同样方法计算所有绩效评估指标的得分。所有计算完成后,将各绩效评估指标的得分加总,即为该名教师的绩效总评成绩。

第5步:小组讨论。

讨论学生是否有能力做出频率判断、该绩效评估方法与本章中论及的其他绩效评估方法的比较、该评估方法是否容易受到评价者主观偏见的影响,以及如何对该绩效评估结果是否有效做出评价。这种评价方法用于评价教师绩效是最好的吗?该方法能否为教师提供有价值的反馈信息?最后,在企业中,该种方法仍然适用吗?如果答案是肯定的,将需要何种改进?

第十章　企业薪酬管理

学习目标

在学完本章后，你应当能：

1. 了解企业薪酬管理的主要概念和组成部分。
2. 了解企业在开发战略性薪酬系统时需做出的主要决策。
3. 了解企业薪酬安排的主要影响因素。
4. 了解企业薪酬管理中的常用管理工具：职位评价和薪资调查。
5. 了解企业薪酬管理实践的创新，如技能工资、宽带工资。
6. 了解激励工资设计的多种不同形式和选择。
7. 了解企业福利设计的构成要素和自助餐式福利。

大量研究显示，与工作相关的诸多因素都可以提高员工满意度，如挑战性的工作、有意义的任务安排、有领导魅力的上级以及良好的职业发展前景等。但如果拿不到与工作努力、个人价值相对应的薪酬，很少有人会仅仅因为这些激励因素而努力工作。薪资管理对员工意义重大：一方面，薪酬政策与实践对员工的收入和生活水平有重大影响，是对员工努力和贡献的合理回报；另一方面，薪酬也被视为地位和职业成功的标志，给员工带来了心理满足。因此，员工的满意度、组织承诺水平和离职意愿，在很大程度上受到组织薪资水平、薪资支付方式等管理实践的影响。

从企业角度来看，战略性薪酬管理也是推动企业经营战略目标实现的重要途径。首先，薪资水平和结构对员工的态度、行为有着重要影响，它不仅影响到企业吸引并留住的员工类型，也是确保员工个人利益与企业利益高度兼容的有力工具。其次，支付给员工的工资、奖金及福利构成了企业中最大的可变成本项目，对于某些组织，这一成本项目的高低直接决定了企业是盈利还是亏损。由于薪酬在吸引、保持、激励员工方面的重要作用，如何在有限预算的前提下进行薪酬战略设计与相关制度安排一直是人力资源管理中最受关注的论题之一。

第一节　薪酬的概念和基本构成要素

一、薪酬的概念

薪酬是员工因向其组织提供劳动或服务而获得的各种形式的经济性报酬。薪酬的实质是一种公平的交易或交换，是员工在向组织让渡其劳动使用权后取得的经济报偿。

薪酬是员工提供劳动的外在报酬，人们常常将其与现金画上等号。但在薪酬管理实践中，薪酬的表现形式多种多样，可能以固定工资、奖金、佣金、红利、股票等直接经济报酬的形式发放，也可能以福利、服务（如带薪休假、免费午餐、健康保险等）等间接经济报酬的方式来支付。无论是否直接表现为货币及其等价物，这类薪酬的一个共同特征是均可以用市场价格或价值来表达，这使其有别于组织中常用的各类非经济性激励，如职业保障、有意义的工作内容和挑战性的工作目标、良好的组织氛围等。将本章的讨论局限于经济性报酬，并非否定内在激励及非经济性激励的重要性，而是为了更有效地管理和运用企业财务资源的考虑。

二、个人薪酬安排的基本要素

员工从企业获取的薪酬，包括基本工资、激励工资和福利三大部分（见表10－1）。下面，将对这三类薪酬形式进行介绍。

表10－1　　薪酬的构成、功能及特征

薪酬构成	功　能	决定因素	变动性	特　点
基本工资	· 保障 · 体现职位的相对价值	职位价值、资历、能力	较小	· 稳定性 · 保障性
激励工资	· 对员工良好绩效的回报	个人绩效 团队绩效 组织绩效	较大	· 激励性 · 持续性
福利	· 保障 · 提高员工满意度	组织成员身份、法律因素、组织地位	较小	· 强制性 · 保障性

（一）基本工资

有竞争力的基本工资安排是保证公司薪酬制度有效性的前提。基本工资是指员工按公司要求，完成工作任务和活动应得到的固定数额的报酬。基本工资的数额取决于员工在组织中的地位、所从事的工作性质以及个人具备的完成工作所需的技能或能力，因此，职位评价及基于职位的工资结构都是基本工资的主要决定方式。基本工资为员工提供了稳定的、有保障的收入来源，满足员工的基本生活需要。一般来说，基本工资变动很小，是企业最主要的成本项目之一。基本工资的变动一般取决于三个方面的因素：(1)由于社会生活水平的提高或通货膨胀，生活费用上涨；(2)由于劳动力市场变化，同类职位的市场工资水平提高；(3)由于个人在本职工作中的知识、经验、技能得到提高，绩效水平提高。在出现上述三种情况之一时，企业都需要对员工的基本工资进行调整。另外，企业所处的行业、地域及行业竞争程度都将影响员工的基本工资水平。值得注意的是，基本工资具有较大的刚性，其调整方向通常是向上的调整。

基本工资的常见形式有两种：适用于蓝领工人的小时工资（wage），或以月薪或年薪形式出现的薪水（salary）。在大多数发达国家，法律明确规定了蓝领工人的最低工资和加班工资率。与蓝领工人不同，企业中的白领员工，如管理人员、技术人员和办公室人员，通常领取的是月薪或年薪。领取月薪或年薪的员工，其工资收入与具体劳动时数没有直接的联系。企业因此不必计算其劳动时间，也不存在对其支付加班工资的问题。那么，为什么会存在这种区别呢？

对企业中不同工作类型的员工按不同时间单位支付工资，主要的解释是：这一做法是为了最好地反映员工的工作努力程度。对生产线上的蓝领工人来说，工作小时数虽然不是员工努力程度的最佳指标，但由于生产线的生产节奏是固定的，它能较好地反映员工努力程度，并在很大程度上降低了企业监督、度量员工努力所支付的成本。对于管理人员来说，工作时间与个人努力之间的关系却是粗线条的。管理工作中包含大量的非常规性工作，管理者能在组织明确的目标和资源支持的范围内自由选择工作完成方式，此时，工作时间就成为衡量努力水平的较差指标。因此，管理者的工作合同往往较为松散，企业向他们支付一个总额固定的工资(以年为支付周期)，相应地，管理者应承诺完成特定的工作任务，其完成任务所花费的具体时间与企业支付工资的数量之间不存在明确关联。但我国的情况有所不同。我国《劳动法》规定劳动者因用人单位的需要而延长工作时间的，有权要求加班工资。这一法律规定并未对蓝领和白领工作进行区分，因而加班工资适用于全体劳动者。

(二)激励工资

激励工资是工资中随着员工工作努力程度和劳动成果的变化而变化的部分。激励工资通常被用来激发、引导或控制员工的工作行为。激励工资之所以能激发员工的工作努力，主要是运用了分成的思想。当员工仅领取固定数额的基本工资时，员工增加的努力和劳动投入增加的产出全部归企业所有，但实行激励工资时，员工有机会通过增加努力产出更多的产品(或成本节约)，进而从中获得相应的利益。通过分成，企业得以激发员工增加个人努力，并做出有利于企业长短期经营绩效的工作行为。

1. 投入激励和产出激励

按奖励的对象分，激励工资可以分为对投入的激励和对产出的激励。对投入的激励是指激励工资随着员工工作努力程度的变化而变化，而对产出的激励则是指激励工资随着员工劳动产出的变化而变化。企业采用投入还是产出来激励，取决于企业能否以相对较低的成本观察、度量员工投入的努力和产出的成果，以及企业更关注员工行为的改变还是工作成果的增加。

企业对劳动投入进行激励的最初形式，就是监督工人的劳动过程和工作时间，如工人是否按时上下班，工作过程中是否努力。如果工人被发现迟到早退，或者被认为是工作不努力，企业轻则警告，进而扣发工资或奖金，直至开除。工人由于怕受到惩罚，工作时会更加努力。

在现代企业中，上述做法已逐渐减少。为了鼓励员工参与企业管理，提高劳动技能，为企业的技术进步多做贡献，企业常把员工工资和参加业务培训、质量管理或类似的活动挂钩，对做得好的员工予以奖励。例如，通用汽车下属的萨腾公司规定，员工的工资有12%属于激励工资，它的最终数额取决于培训(5%)、质量(5%)和团队技能(2%)三个指标。此外，萨腾公司还有根据出勤准时率、生产率及质量目标的达成程度支付报酬的计划。日本的很多大企业针对员工为改进企业管理和技术进步所提的合理化建议，不论其是否被企业采用，均给予现金奖励。员工参加质量管理活动和业务培训，为改进企业管理和技术进步提出建议，对企业的产出可能有、也可能没有直接影响。企业对这类行为进行奖励，是以员工的劳动和时间投入为依据的，其目的是为了激励员工在这些方面多做投入，只要可以提高员工的基本素质，增强员工的参与精神，从长远来看，是有利于提高劳动生产率的。

以员工的劳动产出和劳动成果为对象的激励工资，种类更是多种多样。个人奖金、销售提成、利润分享、绩效工资等，都是能将员工的劳动成果与收入相联系的形式。对于产出激励的工资形式，将在本章第四节详细说明。

2. 短期激励和长期激励

以上谈到的对投入和产出的激励，其共同特点是，员工完成一项工作任务或对工作进行了投入后，企业即针对其工作行为和质量给予一定的奖励。这种激励形式，对员工的短期行为是有影响的。但员工这种被激发的行为能否长期维持下去，则要看企业的长期激励体制如何。对于那些注重一时一事、影响员工短期行为的激励方法，我们统称为短期激励。

很多企业在安排短期激励工资的同时，也对员工进行长期激励，使员工在一个较长的时间内自觉关心企业的利益。其中最典型的做法是针对企业中高层管理者的股票期权计划。股票期权是指公司授予符合一定条件的员工在一定时间内，以一定价格购买一定数量公司股票的权利。实际上，它是一份允许被授予人购买公司股票的法律合同，其中购买股票价格及行使期权的条件、时间以及整个期权的有效期都被事先确定。由于企业股价与经营绩效相关，员工会期望股票升值，因而员工会受利益驱动而努力工作，企业的长期激励目标也就实现了。

3. 福利

福利是员工总薪酬的重要组成部分，但福利存在一些明显的特点。具体来看，这表现在：(1)福利是一种普惠制的员工报酬形式，它的享受对象通常是企业全体员工，而且福利与员工工作时间、工作绩效关联度较小，因此个体差异不是很大。(2)福利通常采用非货币性支付方式。很多福利项目采用延期支付或实物(服务)给予的形式，有些福利可能在若干年后才能被员工享受到。虽然以非货币化方式支付，但福利管理对于企业节约劳动力成本、吸引和留住高素质人才、赢得企业人才竞争优势，有着不可替代的作用。一方面，企业可以通过设计独到的福利项目将自己与其竞争对手区别开来，以体现自身的管理特色；另一方面，员工也存在对福利的内在要求，企业福利计划能否向员工提供有吸引力的、能切实给员工带来实惠的项目，成为决定企业人才吸引力的重要因素。

员工福利根据其发放依据的不同，可以分为两类：法定福利和企业福利。法定福利是指根据国家政策、法律和法规，企业必须为员工提供的各项福利。法定福利具有普遍性、强制性、互济性、储备性和社会性的特点。在我国，法定福利主要是指企业必须为员工缴纳的各项社会保险(包括养老保险、失业保险、医疗保险、工伤保险和生育保险)和住房公积金，节假日及带薪休假(如年假、婚假、探亲假等)。企业福利是指企业根据自身的管理特色、财务状况和员工的内在需求，向员工提供的各种补充保障计划以及向员工提供的各种服务、实物和带薪休假等。企业福利具有个性化的特点，有助于提高员工对工作和组织的整体满意度。

第二节　薪酬战略与薪酬决定因素

企业的薪酬战略，又称战略性薪酬安排，是指企业的薪酬制度安排在激发员工工作动机和个人成长的同时，能使员工的个人努力与企业发展的目标、哲学和文化相融合。战略性薪酬安排的目标不仅是决定薪资水平和结构，更关注企业通过这一管理活动将薪酬与企业战略目标的实现、吸引和构建特定的人才队伍联系起来。例如，在招聘新员工时，初始工资水平将在很大程度上决定吸引来的求职者人数。如果企业工资率较高，则吸引到的求职者人数增加使企业可以提高招聘标准，并雇用到更优秀的人才。而招聘工作质量的提高，意味着日后培训成本的减少。如果这批优秀员工能坚持努力工作，他们获得的业绩评价将会较高，这又会使他们得到较快的加薪、提升，从而形成一个高激励、高绩效的良性循环。在这一循环中，一个成本合理的、有吸引力的薪酬安排是至关重要的。

一、薪酬安排与组织目标的联系

由于企业精简机构、重组、业务外包以及流程再造等重大战略性调整的持续进行，企业结构日益扁平化，以适应竞争环境对组织灵活性和市场快速反应能力的要求。伴随着这一过程，是企业用更少的员工来完成同样甚至更多的工作。在现实压力下，企业经理人必须考虑如何激励留下的较少的员工、保持员工对企业的归属感等，而企业薪酬制度是完成这一管理哲学变化的重要工具。经理人的薪酬哲学也在这一转变中进行了调整：从传统的针对某一特定岗位、职务付酬，转向针对员工对企业的贡献大小付酬。

越来越多的企业着手将企业目标与薪酬战略联系起来。与此同时，薪酬支付的制度与实践都必须围绕企业目标做出相应的调整。常见的战略性薪酬政策目标包括：(1)吸引和留住企业核心人才；(2)确保员工行为、绩效与组织战略目标的一致性；(3)提高员工生产率，控制劳动工资预算。

下面将分别就这三项战略性薪酬目标进行说明。

二、吸引和留住企业核心人才

除了企业的招聘与甄选活动，薪酬制度与实践也有助于吸引合适的员工进入企业。对员工而言，有外部竞争力的、内部公平的薪酬体系是很有吸引力的。基于员工对薪酬制度的期望，企业可以开发出足以吸引和留住核心人才的薪酬政策。

亚当斯的公平理论为理解薪酬的激励作用提供了一个全面的理论框架。公平理论指出这样一个道理：人们往往通过与他人报酬的比较来评价自己所获报酬的公平程度。一个人(M)会把他认为的自己的收益(O)(包括薪资、福利、工作条件等)与他认为的自己所付出的投入(I)(如努力、能力、经验等)两者之比与其他人(P)的同一比率进行比较，并据此判断自己是否得到公平对待。

O_M/I_M 大于、小于还是等于 O_P/I_p？

如果 M 的比率(O_M/I_M)小于其他人的比率(O_P/I_p)，员工就会有报酬不公平的心理感受。如果不公平的心理感受出现，员工就会想办法去恢复公平感。而他为恢复公平感所采取的方法可能会对生产有不利影响：(1)减少个人的工作投入；(2)增加个人收益(损公肥私)；(3)离开企业。上述的某些反应可能对组织绩效产生不良影响。感到报酬过低的高绩效员工可能会决定离职，或者，虽然继续留任但心怀不满，从而使企业面临绩效损失。从组织薪酬设计的视角来看，管理者在做出薪资水平和结构决策时，需要考虑员工从三个层次进行的社会比较(见表 10－2)：

第一，工资比较的外部公平性(external equity，即外部竞争性)。外部公平性是指员工基于其他企业中从事类似工作的员工薪资水平的判断。员工工资率等于或高于同类职位的市场工资率时，则薪资水平满足了外部公平性的要求。外部公平性的判断会影响求职者选择加入哪家企业，也会对在职员工产生影响(继续留任还是另谋高就)。外部公平性对吸引、保持员工是一项起码的要求，但这并不等于企业在确定工资水平方面就全无发言权。有时，企业可以支付较低的工资，但通过合理设计工资制度、综合使用多种激励手段来增加对员工的吸引力。

第二，工资比较的内部公平性(internal equity)。内部公平性所关注的是一家企业内部不同职位间的工资对比问题。员工常常在自己与低级别工作、级别相同但分属不同类别或部门的工作以及高级别工作的工资之间进行比较。员工视角下的内部公平，即同工同酬，不同工不同酬。同工是性质相似的工作，包括虽然表面上看起来不同，但劳动强度、技术复杂程度和工作条件相差无几的工作。如果员工感到同工不同酬，将影响到员工的工作态度，如忠诚度、合作意愿和归属感。企业可以通过科学全面的职位评价来界定各项工作的相对价值，进而在工资结构决策中确保职位间的内部公平性。此外，公司执行的秘密工资制，也是造成员工内部公平感较低的原因。秘密工资制要求员工不要打听他人的工资，或者任意公开自己的工资。有证据表明，如果人们缺乏关于工资的准确或全面信息，常常会高估同事或其他管理者的工资，从而产生内部不公平感。当工资状况被公开时，员工会感知到对个人工作绩效的认可，这就容易建立起报酬公平感和对报酬分配体制的信任。但另一方面，公开付酬和差别付酬可能会在员工中引起嫉妒和攀比，同时，要求解释工资差异的压力将使管理者缩小差距，从而降低组织对高绩效员工的吸引力。因此，在做出选择时，管理者应仔细考虑两种做法在特定时间、情境及组织文化下可能产生的后果。

表 10—2　　工资结构的决策及其后果

工资结构决策	管理工具	员工工资比较的层次	公平性感受所产生的后果
工资水平	市场薪酬调查	外部公平性	员工流出（核心人才的吸引和保持问题），劳动力成本，员工态度
职位工资结构	职位评价	内部公平性	员工内部流动（晋升、调动、工作轮换），员工间的合作，员工态度
绩效工资，技能工资	绩效评估，员工资格认定	员工公平/人际公平	员工流出（核心人才的吸引和保持问题），员工间的合作，员工态度

第三，员工还会与那些在企业内部与他们干同样工作的其他人进行工资的公平性比较，我们称之为员工公平性（employee equity）。如果企业仅依据员工的业绩水平和资历等个人因素，对企业中完成相同工作的员工进行支付，即达到了员工公平。下一节我们将集中讨论如何通过个人工资设计来体现个人贡献上的差异，以及体现不同个人对企业贡献的差异性。

三、确保组织战略目标的实现

组织战略目标的实现有赖于吸引和保留高质量的员工，鼓励员工做出期望的工作行为，同时将薪资水平控制在合理范围内。企业的薪资水平、薪酬构成、员工间的薪资差距都会影响组织战略目标的达成。薪酬水平的定位就是管理者必须做出的一个重要战略选择。企业可以支付高于行业平均水平的薪资（领先战略），也可以支付等于行业平均水平的薪资（跟随战略），也有少量缺乏支付能力的企业会支付低于平均水平的薪资（滞后战略）。一方面，采取不同薪酬水平战略的企业，在吸引和保留员工、形成高质量员工队伍的能力上存在极大差异，进而会影响企业战略的达成；另一方面，处于不同发展阶段的企业也会根据其战略定位而调整薪酬制度、实践（见表 10—3）。

表 10－3 企业生命周期与薪资战略

	初创期	成长期	成熟期	衰退期
组织特性				
人力资源管理的关注点	创新、吸引关键贡献者	招募甄选，培训	保留人才，提高人才队伍稳定	削减岗位，成本控制
经营风险	高	中等	低	中等一高
薪酬战略				
短期激励	股票奖励	现金奖励	利润分享，现金奖励	无
长期激励	股票期权(宽基)	股票期权(仅限于少数中高层)	股票购买计划	无
基本工资	低于市场水平	市场水平	等于或高于市场水平	等于或低于市场水平
福利	低于市场水平	低于市场水平	等于或高于市场水平	等于或低于市场水平

此外，合理地设计薪酬水平、薪酬结构，根据企业财力和行业特点，在绩效与薪酬之间建立有机联系，确保员工实际工资水平与市场工资挂钩，除了有助于提高员工激励水平，提高劳动生产率之外，还能有效控制企业的劳动工资预算。

四、影响企业薪酬水平的主要因素

企业的具体情况千差万别，但它们在薪酬水平的确定方面都需要考虑一系列的内外部因素(见图 10－1)。

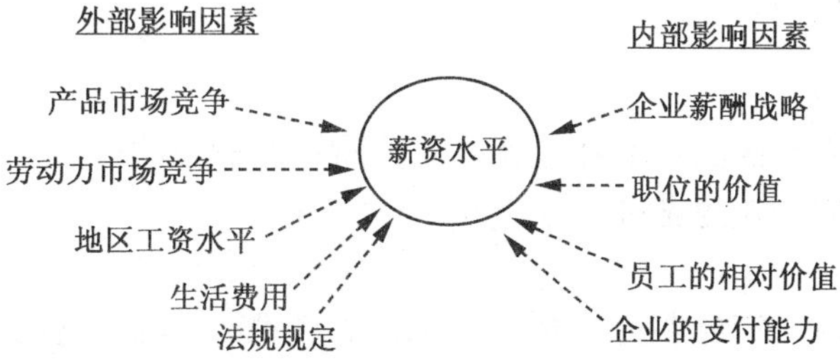

图 10－1 影响薪酬水平的内外部因素

(一)外部影响因素

影响企业薪酬水平的外部因素，主要有企业所在的产品市场和劳动力市场的竞争、地区工资水平、生活费用和法律规定等。下面择其要点加以说明。

1. 产品市场竞争

企业在产品市场上的竞争，可能表现为多个维度(如质量、服务、性能等)，但价格是其中无法回避的竞争领域。而影响价格的因素之一，就是劳动力成本。如果与产品市场上的竞争者相比，一家企业单位产值中包含的劳动力成本较高(其他成本相似)，它就会面临毛利低或利润下降的局面，从而危及其长期竞争力。因此，产品市场竞争就为企业劳动力成本和薪酬水平规定了上限。当劳动力成本在总成本中所占份额较大，产品需求富有弹性(需求受价格影响较大)时,这个工资上限的约束力就更强。

2. 劳动力市场竞争

企业面临的另一个重要的竞争性市场挑战,就是来自劳动力市场的竞争。企业在劳动力市场上的竞争者不仅包括生产同类、相似产品的公司(例如,同属计算机制造业厂商),也包括那些虽然处在不同的产品市场上,但却雇用同类员工的公司(如 IT 员工,既可能受雇于互联网公司,也可能受雇于银行的 IT 部门)。如果一家企业在劳动力市场上不具有竞争力,它就无法吸引和留住足够数量的高质量员工。因此,劳动力市场上的竞争给企业的薪资水平确定了下限。

3. 地区工资水平

不同市场中的工作报酬存在相当大的差别。东部和中西部地区之间就存在相当大的工资差异,这是由经济发展水平和劳动力市场竞争状况决定的。管理者必须认识到这种地区工资水平的差异,并针对不同层次的员工,提供有外部竞争力的工资,同时,这一信息也可以使企业及时调整加薪幅度。地区性的工资水平信息往往可以从专业组织和刊物取得,但也有很多企业更乐于通过薪酬调查来了解劳动力市场上竞争对手的工资支付情况。薪酬调查将在本章第三节加以详细说明。

4. 生活费用

生活费用对于工资支付水平的重要影响作用是不言自明的:在某一时期内,当物价上涨而工资不变时,实际工资水平就会下降。如果一个员工要保持原有的实际工资水平不变,则他的工资增长与生活费用的增长大体应该一致。对于大多数员工,工资收入是家庭的主要收入来源,因此,企业的工资增长指数应当将通货膨胀率纳入考虑。

此外,政府的法律法规也会影响企业的工资支付水平。地方政府往往会制定最低工资指导线来规定员工工资的法定下限、加班工资的支付、社会保障的支付等,这也都指导和限定了企业选择工资水平的范围。

(二)内部影响因素

企业内部影响工资率的因素主要包括企业薪酬战略、职位的价值、员工在完成某项工作时体现出的相对价值以及企业的支付能力。

1. 企业薪酬战略

企业的战略性薪酬政策要求它明确一个问题:在劳动力市场中,企业支付的薪酬水平应领先于竞争者、与竞争者持平,还是落后于竞争者。薪酬水平领先者是指那些支付比竞争对手更高的工资、薪金的组织。这类组织往往是产品市场中的行业龙头,它们期望通过吸引和留住高质量、高效率的优秀员工,强化企业在产品服务市场中的竞争优势。根据效率薪酬理论,当企业的技术或结构高度依赖于高素质员工,或者企业难以观察和监督员工行为和绩效时,应采用高工资策略激励和留住员工。另外,也有很多组织采取按市场平均工资率支付的策略。这类企业通常需要平均素质水平的员工,可以用市场平均工资水平雇用到合格人员,这一做法也有助于保持产品的价格竞争力。支付的薪酬水平低于市场平均工资的企业,则可能面临无法吸引及保留合格员工的问题。

但情况也并非总是如此,优秀的公司并非总是工资水平领先者。表 10—4 就反映了两家优秀企业(惠普与默克)在薪酬策略及目标上的差异。惠普公司的薪酬策略是成为行业工资领先者,而默克则希望通过支付低于竞争对手的工资水平,获得低工资成本优势。这两个组织都力图形成一个公平、富于竞争性的薪酬政策。

表 10－4　　惠普与默克公司的薪酬目标

惠普(HP)	默克(Merck)
行业工资领先者	支付行业工资的 75%
策略： 1. 保持对优秀人才的吸引力 2. 保持领导性的高工资率 3. 工资率应反映单位、部门对公司持续的相对贡献 4. 开放式的、易于理解的薪酬制度设计 5. 确保相对工资的公平性 6. 追求创新性、竞争力和公平性	策略： 1. 分担责任，推动团队作业 2. 平衡当前和长期的战略利益 3. 奖励优秀绩效 4. 建立公平的晋升制度 5. 简化薪酬制度 6. 保持市场竞争力：支付低于竞争者的工资

2. 职位的价值

在没有正式的薪酬制度安排的企业，对一个职位支付多少工资，往往取决于那些对这项工作比较熟悉的管理者的主观判断。他们做出判断时，更多的是考虑劳动力市场的工资决定，集体谈判也可能会影响管理者的决策。然而，在存在正式薪酬制度的企业，对每一职位的基本工资支付既决定于该职位的相对价值(工作价值及其在组织中的相对地位)，也受到劳动力市场中市场工资水平的影响。在企业中，职位相对价值是由职位评价(job evaluation)来确定的，这一做法有助于保证企业薪资的内部公平性。

3. 员工的相对价值

企业对员工所表现出的卓越工作绩效，往往以晋升和各种奖励制度加以确认和补偿。企业对员工特别优秀的工作表现，可能给以加薪的奖励。然而，将员工绩效(员工相对价值)与工资水平相联系，必须满足两个条件：(1)企业已形成了公平合理的绩效评估体系，该评估体系不仅能有效区分绩优者与绩差者，还能确定二者间的绩效差距并予以量化；(2)企业能在员工相对价值和工资支付水平之间建立一个清晰可见的、可信的联系。

4. 企业的支付能力

在决定薪酬支付水平时，组织的支付能力也是一个重要因素。经济上较成功的公司倾向于提供高于市场平均报酬的工资。然而，经济实力仅能确定它所支付的报酬上限。为了确定公司特定的支付水平，管理者必须综合其他因素共同决定。

第三节　基本工资设计

一、内部公平的保证：职位评价

在确定薪酬政策的过程中，企业必须确保每个职位的薪酬水平与市场工资率具有可比性(外部竞争力)，同时，各职位薪酬的相对水平与其内在价值相对应(内部一致性)，只有这样，员工的公平性评价才会是正面的。因此，企业需要引入薪酬调查和职位评价方法，来确定各职位间的实际薪酬结构和水平。本节将集中介绍职位评价方法。

职位评价的目的在于判定一个职位的相对价值。职位评价通过对每个职位所包含的内容(如完成工作所要求的努力程度、技术复杂程度和担负的责任)进行相互比较，确定一个职位相对于其他职位的价值。管理者将薪酬调查、公司报酬政策和职位评价信息相结合，将能相对公平地确定内部职位的薪酬等级和水平。

一套职位评价系统包括两个内容：一是确定报酬要素(compensable factors)；二是根据这些报酬要素对企业的不同重要程度，确定各种报酬要素的权重分配方案。报酬要素是指被企业认定为有价值的一些重要的工作特征，这些工作特征也正是企业决定针对其给予报酬的主要原因。这些特征包括：工作的复杂性、工作条件、所要求的受教育程度、所要求的工作经验、需要承担的责任大小等。企业职位评价系统常用的报酬要素，见表10－5。企业注重哪些报酬要素取决于工作的特点和所使用的职位评价方法。在进行职位评价时，每个职位都要就相同的评价因素与所有可比职位相比较。从这一过程我们可以看出，职位评价过程同样需要评价者了解关于工作的大量信息，这与职位分析过程是一脉相承的，但二者的不同之处在于：工作分析提供了与工作特性有关的一些描述性信息，而职位评价过程则要为这些报酬要素确定出相应的价值。

表10－5　企业职位评价系统常用的报酬要素

报酬要素	评定指标
技能/诀窍	教育程度；工作经验；知识
努力	生理努力；心理努力
责任	判断/决策；内部业务联系/组织层级与报告关系；错误决策的后果；决策的影响范围和程度；监督责任；独立行动的责任；对机器/设备的责任；财务责任；对保密信息的责任
工作条件	工作中的风险因素；舒适度；体力要求；个人要求

(一)职位评价的策划与准备

职位评价将决定每个职位的相对价值，进而成为各个职位的定价基础。由于此项工作关系重大，并大量涉及主观判断，它需要管理者、薪酬专家、在职员工及企业职工代表进行密切合作。其中的主要步骤包括确定计划的需要、进行合作，然后选定评价委员会，并由后者开展职位评价活动。

确定对职位评价的需求并不困难。企业中对现行工资制度的各种不满，人员流动率高、怠工、争吵等，都可能源于相似性质的职位之间存在不适当的工资差额。与此类似，管理人员可能采用通行的、非正式的方式来表达他们对所在职位的工资不满。一般来说，系统的薪酬确定方法将会使薪酬水平更加公平合理。但另一方面，由于员工担心对其职位的系统评价可能会导致他们的实际工资削减，因而职位评价需要取得员工的合作。企业可以告知员工，由于即将实施职位评价方案，工资水平的决定将不再是管理人员单方面的决定，职位评价将提供一个员工表达其不满的机制，且任何一位员工的工资都不会因职位评价结果而受到不利影响。

接下来企业就应确定职位评价委员会的成员，确定时必须考虑两个方面：(1)委员会成员必须充分了解职位特性，并乐于听取各方关于当前薪酬制度和实践问题的不同看法；(2)如果委员会包括一部分员工代表，则有助于员工更好地接受评价结果。

评价委员会主要履行三种职能：(1)由它确定10或15个基准职位，并对这些职位进行评价。其他所有的内部职位再以此为基准确定其相对价值和在职位等级序列中的位置。(2)委员会可以选择报酬要素(但在大多数情况下，人力资源部门通过确定使用的职位评价方法，界定报酬要素)。(3)委员会要履行其最重要的功能,即实际评价每个职位的价值。委员会可以选择使用以下几种主要职位评价方法:排序法、工作归类法、要素计点法和要素比较法,四种方法的比较见表10—6。其中,要素计点法是使用最广泛的方法,这种方法能够为每一种报酬要素分别赋予一个不同的职位评价点值。下面将对上述几种职位评价方法做一简要介绍。

表10—6　　不同的职位评价方法

比较的基础	比较的范围	
	将职位视为一个整体(非量化)	职位的各部分或要素(量化)
职位间的比较	排序法	要素比较法
职位与既定评价尺度间的比较	工作归类法	要素计点法

(二)职位评价方法

1. 排序法

排序法是最简单也是较少使用的职位评价方法,通常用于小型企业。评价者按"工作复杂程度"等指标对所有职位的相对价值进行从低到高的排序。在实际操作中,可能无法对企业内的全部职位按单一标准排序,变通的做法是按部门或职位族(如生产工人、行政人员)进行排序。排序可以采用交替排序法(见第九章的"绩效评估"部分),也可以使用成对比较法(见表10—7)。

表10—7　　成对比较工作排序表

列工作 行工作	高级行政秘书	数据录入员	数据处理主任	档案员	系统分析员	程序员	总分
高级行政秘书	—	×		×		×	3
数据录入员		—		×			1
数据处理主任	×	×	—	×	×	×	5
档案员				—			0
系统分析员	×	×		×	—	×	4
程序员		×		×		—	2

说明:若行工作的价值高于列工作的价值,则在对应的栏内划"×"。

排序法虽然简单易行,但基于这一做法确定职位价值的问题多多。评价者的主观判断会干扰评价结果,排序法也无法显示不同职位间的价值差异,其用途更多地局限于职位评价结果的诊断。

2. 工作归类法

在工作归类法中,评估者根据难度、复杂程度等职位因素确定职位系的等级(通常为5~15个等级),并以此为标准对所有职位进行归类和分级。工作归类法最著名的使用者是美国联邦政府,它的薪酬等级为18级,用于指导300多万名联邦雇员的薪酬决策(示例见表10—8)。

表 10－8　　美国联邦政府工资体系：等级定义（示例）

通用等级 1 所包括的等级职责是：在直接监督下（很少有独立判断的自由）开展如下工作：(1)在办公室、商业或财政部门从事最简单的常规工作；(2)在专业、科学或技术领域内从事一名低层技术人员的基础工作。
通用等级 9 所包括的等级职责是： (1)在一般性指导下，开展非常困难并有较大责任的工作，要求有专门的技术、监督或管理经验，这种经验必须是：①表现出较好的独立完成工作的能力；②对一个专门的、复杂的研究对象（或专业、技术、科学）有基本的、全面的认识；③有很大的独立判断的自由。 (2)开展比较困难、有一定责任的工作，有很大的独立判断权，这些工作要求：①与大学毕业生相当的职业、科学或技术培训；②有很多的其他职业、科学或技术的培训或经验，表现出较好的独立工作能力。 (3)开展其他具有同等重要性、同等难度与责任的工作。

工作归类法的程序是选择报酬要素，然后制定与工作报酬要素数量或基准有关的等级说明。在美国的联邦分类体系中，包括以下报酬要素：(1)要求的知识水平；(2)接受和实施的监督水平；(3)所需的判断能力；(4)复杂性；(5)责任与效果；(6)工作中的人际关系的特点和目的；(7)体力要求；(8)工作环境。根据这些报酬要素，将工作划分为 18 个等级，并具体给出各等级的定义。然后，由评价委员会审查所有的职位说明书，并给每个职位确定合适的类别或级别。工作归类法无法给出精确的职位价值评价，也难以剔除评价者的主观判断。

3. 要素比较法

要素比较法是一种量化分析技术，它实际上是对排序法的一种改进，但它使用多个报酬要素、针对每一要素进行排序。在要素比较法中，每个职位都可以使用五个通用职位要素来评判：

(1)精神要求：智力、推理能力和想象力；

(2)技能：肌肉协调能力、感觉敏锐度；

(3)体能：坐、站、行、举、行动等；

(4)责任：对原材料、资金、人员、数据以及监督范围等的责任；

(5)工作条件：噪声、照明、通风、危险和工作时间等环境因素。

评价委员会首先挑选多个基准职位，并针对每一评价要素对基准职位进行排序。然后，委员会按照职位报酬要素的权重分解各个职位的整体工资率，并将排序与工资率在每一报酬要素上建立联系（职位比较尺度表，见表 10－9）。这一步骤可能是最难向员工解释清楚的，因为这部分决策有很强的主观性。

在表 10－9 中，程序分析员为待评定的职位，其余职位为基准职位（本表中共四个基准职位，即系统分析员、程序设计员、控制台操作员和数据录入员），用于构建职位比较尺度表。评价者在每项要素维度下将待评价职位与基准职位进行比较，确定其在表中的相对位置。在本例中，委员会认为程序分析员的“精神要求”要素的强度低于系统分析员、高于程序设计员，为 3.8 元。同时，针对另外四个要素，重复这一分析过程。最后加总被评价职位在五项工作要素上的赋值，则得到该职位的总价值。具体来看，程序分析员职位的“精神要求”工资率为 3.8 元，“技能”为 2.5 元，“体能”为 0.8 元，“责任”为 3.4 元，“工作条件”为 1.3 元，则该职位的小时工资率为 11.8 元(3.8＋2.5＋0.8＋3.4＋1.3)。

表 10－9 职位比较尺度表

工资水平（元/小时）	精神要求	技能	体能	责任	工作条件
4.0	系统分析员			系统分析员	
3.8	（程序分析员）				
3.5					
3.4	程序设计员			（程序分析员）	
3.0				程序设计员	
2.8		数据录入员			
2.7		控制台操作员			
2.5		程序设计员（程序分析员）			
2.2	控制台操作员				
2.0		系统分析员			
1.8				控制台操作员	
1.6					数据录入员
1.5	数据录入员				控制台操作员
1.4				数据录入员	系统分析员
1.3					程序设计员（程序分析员）
1.0			数据录入员		
0.9			系统分析员		
0.8			程序设计员（程序分析员）		
0.7			控制台操作员		
0.5					

要素比较法为职位评价提供了一个系统方法。这一方法的优点很明显：首先，它是一种精确、系统、量化的方法，职位评价依据的是详细、可靠的说明，主观评价在其中影响较少。其次，该方法针对特定要素在职位间进行比较以确定其排序，进而确定职位间的价值差异程度（用不同的工资率表示）。这一优点使评价者容易向员工解释并取得员工对企业报酬体系的信任。但这一方法也有两个问题：其一，由于不同的职位族适用的报酬要素有所不同，需要考虑以上述 5 个要素评价企业中全部职位是否适当；其二，要素比较法较为复杂。尽管向员工解释要素比较尺度和基本原理比较容易，但向员工展示操作实例则相当困难。

4. 要素计点法

要素计点法是最常用的量化职位评价技术。它要求确定反映职位性质、内容和贡献的多个报酬要素，每个要素应分为几个等级。将这些报酬要素按等级赋予点值，并形成一个要素计点表。这样，评价委员会只需确定报酬要素的等级，就可以把每个报酬要素的点值加总，并得出每个职位的总点值（即相对价值）。企业在使用要素计点法时，既可以根据组织特点和职位状况自行设计报酬要素和等级，也可以使用已有的标准化要素计点方法。本章附录中介绍了工作计点法的具体设计和实施程序。

二、外部竞争力的保证：薪酬调查

为了争夺人才，很多企业都采取了标杆比较的做法，即参照竞争对手的管理实践来调整、优化本企业管理工作的做法。在薪酬管理中，针对产品市场和和劳动力市场上的竞争对手进行的标杆比较，大多是通过薪酬调查来完成的。薪酬调查的形式不一，企业可以加入商业咨询机构组织的调查、自行组织专项调查，也可能以非正式方式了解竞争对手的薪酬（搜集公开信息、求职者薪酬等）。薪酬调查能帮助企业确保其薪酬水平具有外部竞争力。

企业可以从三个方面使用薪酬调查的信息。第一，企业通常有30%或更多职位（基准职位）的薪酬，是基于市场相似职位的市场薪酬水平确定的。第二，基准职位的市场工资水平，可以用于确定组织中其他职位的相对价值和工资水平。第三，薪酬调查也能搜集有关竞争对手在保障、病假、培训、休假等雇员福利方面的信息，为企业制定员工福利方案提供依据。

一项正式的薪酬调查，具体步骤如下：

(一)选择基准工作

企业在做薪酬调查时，通常不会收集全部职位的薪酬信息，这一做法花费成本过高、工作负担过重，而且公司的职位结构和薪酬决策也无法与市场保持完全一致。因此，公司会选定一组基准职位进行薪酬调查。基准职位是本企业中工作内容相对稳定、人员比例较大或在其他公司中普遍存在的职位。基准职位的薪酬信息，可用于比较不同公司间相似职位的薪酬水平。此外，基准职位还应来自不同的组织层次、职能领域以及所处的产品市场，以确保其代表性。实例包括：工作内容相近的市场总监、市场部经理、一线销售代表等。为了确保代表性，薪酬调查中选取的基准职位应达到全部职位数的30%以上。

(二) 选择被调查的公司

接下来是选择要调查的具体公司。多数企业倾向于与同行竞争对手做比较。很显然，那些雇用相似技能的员工、在同一地区经营或者与本公司竞争同类员工的公司就是本公司的竞争对手。相关竞争对手的调查范围因工作类型的不同而有差异。对某些职位而言（如一线制造工人），相关竞争对手由本地区相关行业的公司构成，因为基层员工的工作搜寻范围通常局限于本地。对具有较高技能的职位，其相关竞争对手的范围就广泛得多，因为从事这类职业的员工往往会在更大的地理范围内（如华东地区）寻找工作。因此，公司可能需要针对不同类型的员工群体或产品市场，进行多次薪酬调查。

(三)确定拟收集的信息

薪酬调查中关注的主要信息是基准职位的各项薪酬的具体数值（包括市场支付的薪金范围），此外，薪酬调查也收集竞争对手在薪酬安排的全面信息，如薪金支付方式（如成就工资、利润分享、红利、佣金、变动差异）和津贴选择，通过这些信息可以评估竞争对手所支付的总体报酬及其变化。为了提高数据的可靠性，需要对参与调查的基准工作进行明确定义。表10－10给出了典型的市场薪酬调查中收集的信息示例。

表 10－10　　市场薪酬调查收集的信息(部分)

	层级与设计	在职员工数	薪资			奖金红利			其他现金薪酬			长期激励		
			年均薪资	年薪范围		获得奖金的员工数	平均奖金数（元）	平均奖金占薪资的比重（%）	获得其他现金薪酬的员工数	获得的其他现金薪酬的平均数（元）	其他现金占薪资的比重（%）	各职位适用的长期薪酬（在相应职位上打钩）		
				最低	最高		二者选一			二者选一		股票期权	股票赠予	其他基于股票的长期激励（如影子股票）
销售														
销售总监												□	□	□
销售经理												□	□	□
销售主管	2. 高级主管											□	□	□
	1. 主管											□	□	□
销售代表	3. 高级											□	□	□
	2. 中级											□	□	□
	1. 高级											□	□	□

(四)合并多次薪酬调查的数据

当企业进行多次薪酬调查时，如何把每次调查所获得的薪酬数据赋予不同的权数并把它们合并到一起呢？由于不同的薪酬调查常常是专门针对某些特定类型的员工群体(劳动力市场)或产品市场，企业可能不得不将多种工资率数据加权合并到一起。企业在确定工资水平时就必须决定，应当分别赋予从不同的劳动力市场和产品市场竞争者处得来的工资率数据以何种权重。

在如何将多次薪酬调查结果进行归并时，应考虑几个方面的因素。当以下几种情况出现时，着眼于劳动力成本的产品市场比较应当被赋予更大的权重：(1)劳动力成本在总成本中所占比重较大；(2)产品需求富有弹性(即产品需求随着产品价格的波动而出现较大幅度的波动)；(3)劳动力供给缺乏弹性；(4)劳动力所具有的技能是专门适用于某种特定的产品市场的(并且这种情况会继续保持下去)。与此相反，当以下情况出现时，劳动力市场的比较就会显得更重要：(1)吸引和留住高质量员工十分困难时；(2)招聘离职替代者的成本(管理费用、培训费用、工作中断造成的损失)非常高时。

在这里需要指出的问题是：了解其他企业的薪酬支付水平只是企业工资水平确定的一个环节，为了合理地确定工资水平，企业还有必要了解其他企业是如何从员工身上获取收益的。为此，一些企业还会对销售收入/员工人数以及销售收入/劳动力成本等数据进行考察。第一种比率中包括了员工的人均贡献，但却未考虑每位员工的平均成本；第二种比率则包括了上述两方面的内容。除此之外，其他数据(包括产品质量、顾客满意度、潜在的劳动力质量，如平均受教育水平等)也应纳入考虑。

在企业确定了市场工资率之后，典型的做法是把市场工资率设定为企业内部某种基准工作或某一工资等级所对应的工资范围的中值。在进行市场薪酬调查时，有些企业搜集关于相关市场的最高工资率和最低工资率的一些数据，工资率存在一定的可变范围可以使公司在确定个人工资水平时，能将不同的员工在工作绩效、经验、培训等方面存在的差异表达出来。

三、内部工资政策与结构

职位评价使企业内部的工资结构能保证内部公平性的要求，但职位评价只能决定工作间的价值关系。由职位评价得到的点值、排序等价值评价信息必须结合组织薪酬战略决策、市场薪酬数据，转换成具体的小时、周、月、年薪。在薪酬调查和职位评价的基础上，企业每一职位的工资率的确定，可以使用以下步骤来进行：

(一)绘制市场工资曲线，评价内部工资结构

市场工资曲线在每个职位的相对价值和市场工资率之间建立了联系。市场工资曲线用图形表示每个职位目前的市场工资率与各职位的点值或工资等级之间的关系。图 10－2 给出了市场工资曲线的一个例子。其中，纵轴表示市场工资率(中位值)，横轴表示工作点值(职位评价的结果)。绘制市场工资曲线的目的在于，能使委员会建立起职位价值与市场工资率之间的线性关系，为估计和确定非基准职位(无法取得市场工资水平信息)的内部薪资水平提供依据。当然，外部调查获取的市场工资水平信息和内部职位评价得到的工资结构往往并不完全一致，所以企业必须在两者之间加以平衡。研究表明，不同的企业建立工资结构时，对于内部比较数据和外部比较数据的偏重程度可能有很大的差别。当企业极为关注市场信息时，它可能对尽可能多的基准工作进行市场薪酬调查，然后直接把企业的工资结构建立在这种市场调查数据的基础之上。

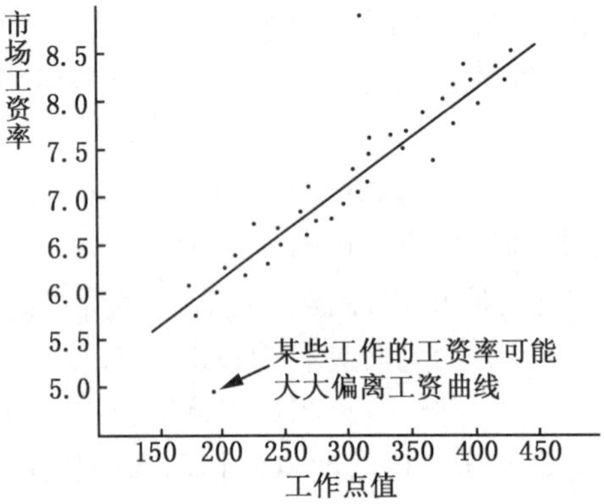

图 10－2　市场工资曲线

利用市场工资曲线来评价公司当前的内部工资水平，应包括以下几个步骤：(1)确定每个工资等级中的市场工资中位值；(2)如图 10－2 所示，将每个工资等级的市场工资率绘在坐标图上，然后根据这些点做一条回归线(即市场工资曲线)；(3)确定职位的当前工资水平是否合理。市场工资曲线上的点就是每个工资等级中各职位的目标工资，如果公司目前所有的职位都落在工资曲线之上或之下，则工资就有可能偏离目标工资水平(或市场工资水平)，调整公司实际工资水平可能会使工资状况符合正常情况。当然，具体判断需要结合企业的薪酬战略(工资领先者、追随者)。

同时还应注意到，当使用图 10－2 中的市场工资曲线来评价企业目前的工资结构时，某些职位的实际工资水平可能大大偏离于目标工资曲线。这意味着，与企业的其他职位相比，该职位目前的工资水平明显过高或过低，在工资曲线上表现为职位价值与实际工资不相符。如果该职位对应的点处于工资曲线之下，企业对在职员工应要求提高该职位的工资，否则就可能会出现员工出工不出力，甚至员工流失的情况；反之，如果该职位对应的点处于工资曲线之上，企业则需要削减或冻结其当前工资。在管理上，对上述两种情况，需要区别处理。对工资过低的员工，管理者应及时将其工资水平提高到与其工作价值相匹配的工资水平上。对工资过高的员工，管理者可以选择使用以下方法：(1)冻结该员工的工资，直到全体员工的工资水平普遍提高；(2)对于工资过高的员工，提高其职位级别、调整职位或增加其职责（及对企业的贡献），以便使其职位价值与现行工资水平相匹配；(3)将员工工资水平冻结 6 个月，在此期间进行提升或换岗。如果员工不能胜任新的工作，就把工资降低到与其当前职位价值相符的水平。

(二)划分工资等级

市场工资曲线为企业建立工资水平与工作价值间一一对应的关系提供了依据。但从管理视角来看，直接根据排序、点值等工作价值评价结果，为每一工作/岗位设定工资率，可能会出现一个职位一个工资率的情况，这会大大提高管理成本，特别是当企业规模扩大时，这一做法更不可行。因此，企业通常要将类似职位归入同一工资等级。委员会通过将类似职位设为同一工资等级，可以大大简化管理，只需关注有限数量的工资等级即可（如 10～20 个工资等级）。同一个工资等级中包括操作复杂性或重要性大致相同的几个职位。如果使用要素计点法进行职位评价，同一工资等级中包括对应于一定点值范围的多个职位（见本章附录中的表 2）。根据各工资等级绘制的工资曲线见图 10－3。

划分工资等级通常是按每一职位族（如管理族、专业技术族）进行的，每个职位族具体细分为 10～16 个工资等级。企业到底划定多少个工资等级，并没有一定之规。决定工资等级的数量因素很多，包括工资曲线的斜率大小、在工资结构内全部职位的数量和分布区间、组织的工资管理体制和公司提升政策等。划定工资等级的一个起码要求是：它的数量至少应足以区分不同职位在难度、复杂程度和专业技术要求方面的差异，但又不宜过多，以免相邻的工资等级间职位价值的差异过小。

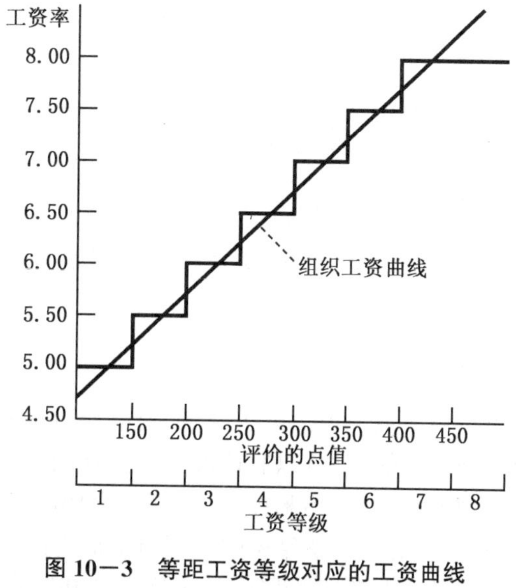

图 10—3 等距工资等级对应的工资曲线

(三)设计工资幅度

图 10－3 中给出的是对每一工资等级设定单一工资率的情况。在实际管理中，更常见的

是对每一工资等级设定一个工资幅度(即工资等级所对应的工资上限和下限)。给每个工资等级规定工资幅度的好处在于:(1)工资幅度使企业可以给同一工资等级但绩效/资历存在差异的员工支付差别工资率;(2)提高企业在劳动力市场竞争实践的灵活性。比如,虽然某一工资等级的起点工资不足以吸引有经验、工资要求高的工人,企业仍可以通过支付该工资等级中较高的工资率来吸引人才。

工资幅度的设计有两种做法:一种是根据主观判断确定各工资等级的最高或最低工资率,如在工资曲线(即工资幅度的中值)的上下15%波动;另一种是,有些企业允许每一工资等级的工资上限略高于下一工资等级的下限(见图10—4)。通常每一等级的工资幅度都比上一级包括的工资幅度更宽,这种设计反映了企业对复杂工作的更高要求,也为员工提供了在同一工作等级中更大的提升空间和发展动力。

员工在同一工资等级内加薪,取决于其工作绩效评估或在本企业的资历。当员工未能获得职位晋升时,其加薪的上限即为其目前所在工资等级的工资上限。为了缓和因此而导致的晋升压力及新老员工矛盾,各工资等级间存在一定的重叠,这样,即使新员工因教育程度、个人素质等原因而被分配到工资等级较高的职位,富有经验或资历较深的老员工也会因处于低工资等级的高位而挣得更多。

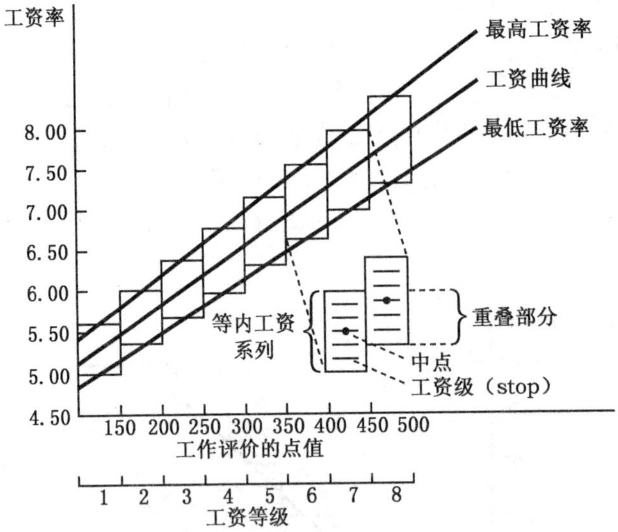

图10—4 工资率系列递增的工资结构

四、薪酬管理实践的创新

本节所介绍的职位评价及以职位价值决定工资的做法,目前被广泛使用。但这种基于职位的工资体系也存在问题。第一,职位评价以职位说明书为基础,将职位价值与工作内容和职责联系起来,这有助于管理者加强绩效评估和控制,但可能会影响员工的自我定位,使员工配置缺乏灵活性。第二,以职位为基础的工资结构强化了自上而下的决策和信息传递机制,并强化了企业内的地位差别。这显然不利于吸收那些最接近生产和客户的一线员工。第三,基于职位的工资体系可能会阻碍变革,因为从整体上更新职位评价需要花费大量的时间和成本。第四,由于企业处在快速变化的环境中,以职位为基础的工资结构可能并不是在对它所期望和赞许的行为付酬。第五,对工资等级和地位差别的强调,会鼓励员工采取有利于个人晋升的行为,而不鼓励员工沿横向职业轨迹发展。这与企业仅能提供越来越少的晋升机会的现实不相符。

针对传统工资结构存在的问题,很多企业采取不同的方式来对此加以改革和调整,其中,最主要的管理实践表现为:工资宽幅化(broad banding)、以个人特征(如技能、知识)为基础的工资(如技能工资制、基于素质的工资)。

(一) 工资宽幅化

针对以职位为基础的工资结构所产生的种种问题,有些企业采取了压缩工资等级(delayering)和工资宽幅化的做法,从而通过减少工资等级的数量来使企业在工作安排和绩效加薪方面获得更大的灵活性(见表 10—11)。IBM 公司的工资等级在向宽幅转变的过程中,也伴随着职位评价系统从要素计点法向更简单的职位评价方法的转变。

表 10—11　　工资宽幅化示例

传统工资结构		宽带工资结构	
原工资等级	职位名称	新工资等级	职位名称
14	高级会计师	6	高级会计师
12	三级会计师	5	会计师
10	二级会计师		
8	一级会计师		

工资宽幅化的直接结果是工资等级压缩,工资幅度扩大。这一做法有助于管理者更广泛地界定职责,提高员工横向流动的意愿,有利于那些晋升机会较少的扁平化组织的管理,也有利于培育员工跨职能的成长。但在同一工资等级内部最高工资级和最低工资级之间存在较大跨度的宽幅工资结构,也可能导致预算控制的削弱和劳动力成本上升。

(二) 以个人特征(如技能、知识)为基础的工资

针对职位工资制的弊端,一些企业转而以技能、知识等个人特征为基础来确定薪酬结果。以个人特征为基础的工资计划,其基本理念是:如果你希望员工学习掌握更多的知识和技能、胜任更多的职位,支付的薪酬就应当引导员工向这一方向努力。企业常见的实践,是技能工资制和基于素质的工资。

1. 技能工资制

使用技能工资制时,企业根据员工的知识范围、精通工作技能的数量、工作技能的类型和熟练程度来确定工资。与基于职位的工作不同,技能工资制能更好地体现技术变革带来的持续技能宽化和深化的趋势。企业通常不在整个组织范围内使用技能工资制,而将其用于生产性员工的工资制定。在生产性环境下,工作通常涉及团队合作、多种技能和弹性工作安排的要求,企业可能期望工人不仅能操作机器,还能承担起一定的机器维修保养、质量控制等任务,并有助于提高员工配置的灵活性和工作,进而为分散决策提供了方便。另外,技能工资制还使企业能更有效地使用员工,传统上因流失、缺勤而出现的工作空缺,可以由那些掌握了多种技能的员工来填补。此外,在技能工资制下,工资与个人能力、工作技能挂钩,有助于在企业中营造学习氛围,提高员工的适应能力。

在一个典型的技能工资安排下,公司以低于市场工资率的水平雇用员工,随着员工获得新的技能与知识,其基本薪酬水平会逐步提高。一般而言,企业期望员工能在 2～5 年间学会

5～10项技能。当员工学会一种新技能并显示出有能力进入下一阶段时，就获得了加薪资格。

但是，以技能为基础的工资制度也存在一些潜在问题。第一，尽管这种工资计划可以激励员工学习掌握更多的技能，但企业可能面临如何最有效地利用这些技能的挑战。如果这种工资计划缺乏财务和人力运用方面的周密计划，企业可能会发现大量新增的劳动力成本只带来了少量回报。只有企业能迅速根据员工技能的改善，调整工作设计和员工配置时，技能工资制的优势才能充分发挥出来。第二，如果工资增长完全建立在技能基础之上，一旦员工掌握了所有技能就无法再加薪，这对员工的激励水平显然是不利的。第三，实行技能工资制要求企业形成庞大的培训和测评体系，这会大大增加企业的管理成本。技能工资制大多用于一线生产员工，主要原因就是确认和衡量一线员工所需的技能相对较容易。

2. 基于素质的工资

与技能工资制相类似，基于素质的工资相信员工为完成高工作绩效需要具备多种潜在的、具有广泛应用性的知识、技能和行为组合(即能力素质)，员工在这些素质要求上的广度、深度和种类决定了基本薪资水平。在基于素质的薪酬制度下，一位在较低级职位中任职的员工如果有能力承担较高级职位的工作，就会获得与较高级职位的员工相同的薪酬。素质工资制通常被用于决定知识型员工(如专业人员)的工资。组织根据员工掌握的与组织成功相关的工作知识技能的多少来支付报酬，是为了知识型员工以自我激励的方式主动发展个人能力，围绕团队来开展工作，并鼓励团队成员在多个职位(有不同的能力要求)间自由轮换，从而突破传统职位工资制度下将员工困在定义狭隘的单一工作中的做法。

在素质工资制中，最大的难点是人们难以就素质是什么达成共识。素质是可以培养的技能，还是难以学习的态度、动机等个人品质？早期的素质概念关注五个领域：技能、知识、自我形象(态度、价值观)、人格特质和动机，但目前企业对素质的关注，更强调对与业务相关行为的描述，素质是指“无须推断、假设或解释的可观察行为的集合”。由于对素质的定义和评价方法都远未成熟，这一工资安排的应用不如技能工资制度应用广泛，但其潜在效益、管理弹性使得大量薪酬专家仍积极推动基于能力、素质的工资体系的发展和应用。

第四节　激励工资设计

在组织中，通过职位评价形成的工资率往往构成了员工所获得的基本工资部分，其数额相对固定，也未能充分体现员工绩效的差异。为了在员工的薪酬水平与个人绩效(或努力)间建立直接、明确的关联，企业通常会引入不同类型的激励工资安排。本节将就企业中各主要的薪酬类型进行说明，并将介绍一系列激励工资方案。

一、激励工资的方案设计

企业在制订员工薪酬计划时，需要考虑基本工资与激励工资的比重，也需要考虑选择何种激励工资方案来实现其薪酬目标。但是，企业通常不是简单地选择某一种激励工资方案加以实施；相反，各种方案的组合可能是一种更优的选择。这是因为，不同的激励工资方案可能激发不同的工作行为，有的可能具有培养团队工作意识和合作精神的作用，有的则能向个人提供足够的激励，各种方案的组合可能会满足多个薪酬目标的要求。

表10—12提供了多种激励工资方案的概览，这些激励方案既有针对个人绩效表现的，也有针对团队或企业整体绩效表现的。表中按以下四个方面的设计特征对方案进行了区分：

(1)支付方式;(2)支付频率;(3)绩效衡量方式;(4)哪些员工能成为方案的受益者。表中还对各种工资方案的后果和实施范围进行了总结。下面,我们将深入地讨论这些不同的激励工资方案以及它们可能的实施后果。

表 10—12　　将绩效与报酬相联系的工资方案

	绩效加薪	个人奖励	团队奖励	利润分享	股票期权	收益分享
	设计特征					
支付依据	个人绩效	个人绩效	团队绩效	组织绩效	组织绩效	工作单元绩效
支付方式	增加基本工资	奖金	奖金	奖金	拥有企业部分股权	奖金
支付频率	每年	每周、月、季、年	每月或每季	每半年或一年	行使期权和股票出售时	每月或每季
绩效衡量	监督者评价	产出、生产率、销售额	团队绩效评估	利润	股票价值	产量或可控制成本
覆盖面	所有员工	对绩效有直接影响的员工	整个团队	整个企业	整个企业	生产或服务部门
	后　果					
绩效激励	工资和绩效之间的联系很弱	清晰的绩效一报酬联系	在较小的团队中会形成绩效一报酬联系	工资一绩效间的联系较少	工资一绩效间的联系非常少	在较小的单位中会起一定的作用
吸引力	向绩效较高者支付较高工资	向绩效较高者支付较高奖金	向绩效较高的团队支付较高奖金	有利于吸引所有员工	有助于留住员工	有助于吸引所有的员工
企业文化	鼓励个人间的竞争	鼓励个人间的竞争	支持团队内的合作	提升企业经营的知识与能力	所有者的感觉	支持部门内的合作、解决问题
	适用范围					
组织结构	适用于可衡量的工作和工作单位	适用于各种相互独立的工作		适用于任何企业	适用于大多数企业	适用于较小的独立工作单位
管理风格	员工适度参与管理	控制		在参与式管理下作用最显著	在参与式管理下作用最显著	适用于参与式管理
工作类型	最好是个人化的工作	稳定、易于衡量的个人化工作		所有类型的工作	所有类型的工作	所有类型的工作

二、绩效加薪

在绩效加薪方案中,基本工资的增长是与绩效评估等级联系在一起的。几乎所有的企业都有某种形式的绩效工资。由于这一方案的普遍性,我们在此给予特别的关注。

绩效加薪方案的基本特征是,工资增长的规模和频率取决于两项因素:绩效评估等级,目前在特定薪酬等级中所处的相对位置。在员工绩效评估结果满足加薪要求的情况下,企业为控制劳动力成本、维持工资结构的完整性,会根据员工在薪酬等级中的相对位置(即个人实际工资与市场工资水平的比较),决定适当的工资增长幅度。如果员工的实际工资已处于相对高位,在绩效评估相同的情况下,其工资的增长幅度(按百分比)将低于新员工(工资处于低位)的工资增长幅度。为了便于管理，很多企业都形成了指导性的绩效加薪方格(见表 10－13)。

表 10－13　　绩效工资增长方格示例

绩效评估等级(以图尺度法为例)	预定的绩效工资增长百分比(%)			
	比较比率 80%～95%	比较比率 95%～110%	比较比率 110%～120%	比较比率 120%～125%
SAT(绩效超常)	13～15	11～13	8－10	到浮动上限
AT(绩效优秀)	9～11	8～10	7～9	—
OT(绩效良好)	7～9	6～8	—	—
BT(尚有改进余地)	5～7	—	—	—
NA(绩效不佳)	—	—	—	—

为了控制薪酬成本，企业还应考虑绩效评估方式的选择和评价等级的分布。在一些企业中，60%～70%的员工都处在级别最高的两个等级中(应用图尺度法时，出现了评价者的过宽倾向)，此时，薪酬成本的快速增长是因为绩效评估方式不能有效区分优秀员工和一般员工而造成的。为了避免这种情况，企业应结合强制分布法，规定有多大百分比的员工应被分配入某一绩效评估等级，从而有效地控制有权要求加薪的员工人数。

然而，绩效加薪方案也存在明显缺点：(1)对员工绩效加薪的认定通常是在每年规定的时间发生，对员工的反馈频率不是很高，而且反馈的流向大部分是单向的，即从监督人员向下属员工的反馈；(2)绩效加薪依据的只是个人绩效，而这可能将工作系统、环境因素对职业早期个人绩效的影响转化为基本工资差异，并在其整个职业生涯中保持下去；(3)个人绩效信息几乎完全来自直接上级，可能在评价的公平性和精确度上受到员工质疑，从而使整个绩效加薪制度大打折扣；(4)员工的基本工资及福利增长速度过快。比如，对年薪为 30 000 元的员工来说，如果他的绩效加薪为基本工资的 5%，这会使他的基本工资在下一年达到 31 500 元；如果他下一年又得到 5%的绩效加薪，则其基本工资会进一步增长为 33 075 元。同时，由于企业的福利安排通常与员工当前的基本工资相联系，福利成本也会随之快速增长。也正因为存在上述缺点，企业会严格控制绩效加薪的使用范围和频率，以有效控制劳动力成本。

三、个人奖金

与绩效加薪一样，个人奖金也是对个人的绩效提供补偿的一种报酬制度，但是它与绩效加薪之间存在两项差异。第一，企业支付给员工的奖金不会自动累积到员工基本工资中，奖金与基本工资相互独立，当期工作绩效与奖金的关系一目了然，员工想要再次获得奖金，就必须在下一评价期内继续努力工作以获得高绩效评级。第二，奖金发放通常是以实物产出(如生产数量)为基础，而不是以主观绩效评估结果为基础的。

但是，个人奖金的使用也存在很多限制。这主要表现在：其一，大多数工作(如管理和专业类工作)都没有短期内可以衡量的物质产出。其二，个人奖金存在明显的管理难题，比如设计和维持可以被员工接受的衡量标准，并使管理者需要面对更大的优化绩效评估制度的压力。其三，个人奖金对员工的激励，容易出现激励偏向问题，即员工只愿意从事那些有利于获得奖金的工作任务，而相对忽视其他与绩效奖金无关的工作。因此，有些个人奖金计划是以牺牲质量或客户服务为代价的。其四，个人奖金与团队生产方式不兼容。其五，个人奖金与要求员工掌握多种技能、积极解决问题的目标可能不一致。学习新的技术常常要求员工放慢生产速度或停止生产。如果完全按个人产量发放奖金，员工就不愿付出努力去尝试。由此看来，尽管个人奖金有潜在的激励作用，但它对于形成一支灵活的、积极主动的、能够解决问题的劳动力队伍却不会有太大的帮助。此外，有些个人奖金计划对于企业所追求的全员质量管理目标可能不会产生帮助。

管理聚焦 10－1

绩效类型与绩效工资的设计

在传统的绩效工资设计中，企业往往重视的是全体员工在薪酬方案上的一致性，而相对较少关注不同类型的职位在个人绩效及组织贡献上的差异。在传统的绩效工资方案设计中，企业的基本假定是员工绩效服从正态分布，在员工绩效与绩效工资之间建立一个近于线性的关系，即绩效越高，可变工资越高。高绩效—工资关系可以吸引优秀员工并激励他们投入更大努力，以取得更好的个人绩效。但是，并不是每家企业都需要最优秀的员工付出最大努力，在这种“一刀切”的激励设计之下，企业往往因此支付过高的激励成本，却无法真正提升企业价值。

为了确保企业投入的激励成本与其获得的企业价值相匹配，约翰·布德罗等在《未来的工作：传统雇用时代的终结》一书中提出，应当视员工个人绩效与企业价值的关系，设计个性化的回报方式。具体来看，员工的个人绩效与企业价值的模式，可以分为以下三类：

表 10－14　员工的个人绩效与企业价值的模式

	个人绩效与企业价值的关系	建议的激励方案
模式 1	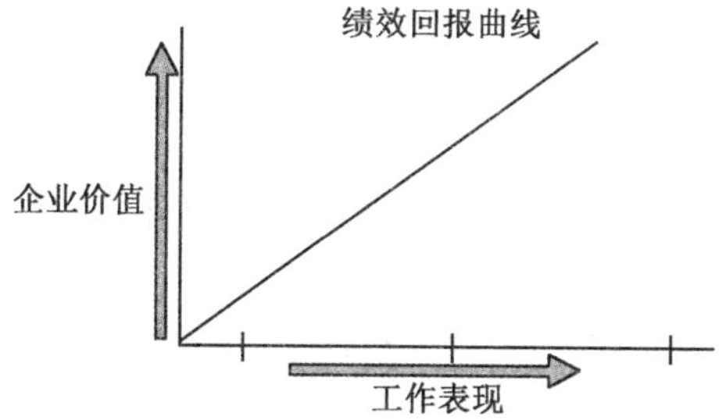	在模式 1 中，工作绩效的改善总是与企业价值的提升保持一致。因此，通过建立工作绩效与可变工资（激励成本）的同步增长关系，如销售业绩与销售奖金之间的线性关系，能使所有绩效处于平均水平之上的员工满意。模式 1 是大多数企业采用的激励方式。
模式 2	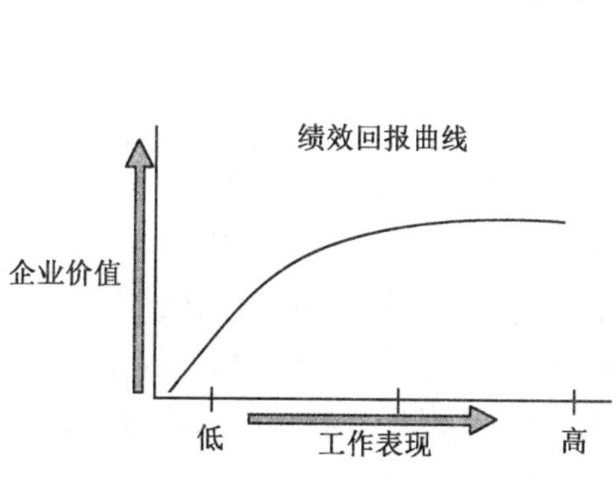	在模式 2 中，员工工作绩效从极低提高到一定标准会显著提升企业价值，但超过一定标准后的持续绩效改善不会显著提升企业价值。符合此类特征的工作包括大量的行政性、操作性和专业岗位。对于这些工作任务，激励的关注点在于鼓励员工避免低效表现和减少失误。特别是在大多数员工已经达到标准绩效时，坚持绩效—奖励的线性关系，强化和激励员工的卓越表现，可能得不偿失。

续表

	个人绩效与企业价值的关系	建议的激励方案
模式 3	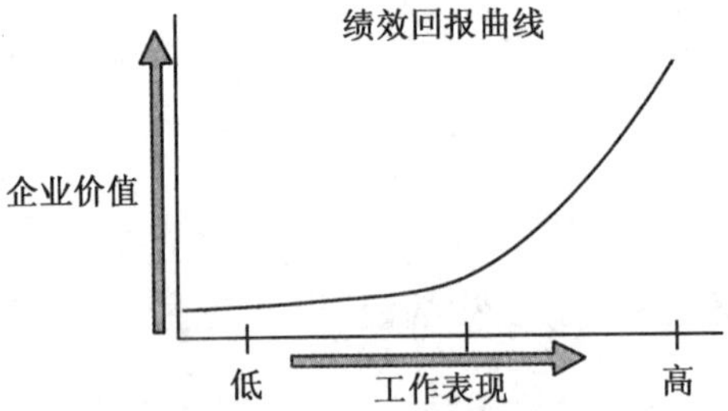	在模式 3 中，优秀工作者为企业创造的价值远高于普通工作者或低绩效工作者。比如，提出朗朗上口的广告文案，带来的价值远大于平淡无奇的普通创意。但真正能带来巨大价值的人才寥寥无几，企业为此值得付出高昂成本来激励和回报精英人才。

为了优化企业的绩效工资设计，有必要明确工作绩效改善对企业价值的增进效应，以及不同绩效类型员工的分布状况，以确保有限的激励成本能促进企业价值的最大化。例如，如果你不需要最出色的程序员，只需把激励方式调整为吸引和激励普通程序员的水平即可。但当高效工作者可以为企业带来重大贡献时，管理者必须为高绩效者提供高额奖励，而对普通绩效者提供象征性激励。

资料来源：约翰·布德罗等：《未来的工作：传统雇用时代的终结》，机械工业出版社 2016 年版，第 199—204 页。

四、团队与组织奖励

在以团队（群体）方式完成工作任务时，有时很难将个人绩效分离出来。新产品研发团队、体育运动球队都是难以进行独立的个人绩效评估的例证。此时，团队绩效是每个团队成员努力的结果，每个员工对团队的贡献都应该获得承认，并根据团队绩效获得报酬。因此，基于群体、团队绩效的奖励，可能比个人奖金更加有效，有助于鼓励团队成员合作，并使其关注团队绩效成果，进而提升组织的效率、生产率和盈利水平。如果将团队的定义扩大为“多人为完成共同目标而组成的群体”，则群体绩效可能是指整个企业的经营绩效，也可能是指仅包括三五个成员的工作班组或研发团队的绩效。

团队（群体）奖励安排旨在鼓励员工对群体成员施加同侪压力以努力完成工作。在实施群体奖励时，如果一名成员缺乏工作积极性而拖了团队的后腿，其他成员就会有动力施加压力、监督甚至惩戒以推动他进步。也因此，以团队或组织绩效为基础的奖励是否有效，在很大程度上取决于群体规模的大小。如果群体规模过大，员工就会认为，他们个人的努力对整个团队工作业绩的影响微不足道，因而对作为结果的最终奖励的作用也必定是微乎其微的。因此，企业通常侧重针对小规模团队设计奖励方案。企业实行团队奖励的原因，在于越来越多的复杂工作需要依靠员工的相互协作。当团队规模较小且相互依赖程度较高时，以团队为对象的奖励计划就会起到比较明显的作用。

（一）团队奖励

团队奖励往往是针对从事短期项目的团队成员发放的奖励。比如，一个新产品研发团队可能因为如期完成目标而得到一笔奖金。奖金可以在成员间按不同方式进行再分配(比如平分奖金、团队领导者按主观贡献判断分配奖金),但奖金的总额仅与特定项目及其成员相关。为了产生激励作用,团队规模要小,这样团队成员的表现容易被他人观察到,同侪压力对员工努力的正面影响更明显。并且,基于团队产出的绩效应该能准确界定和测量,团队完成的项目应该是相对短期的,这样才能保证团队成员的构成大致保持不变。满足这些条件的团队激励,不仅能提高团队成员完成项目时投入的努力,也会使团队成员更愿意帮助他人、与他们合作。

(二)收益分享计划

收益分享计划(gain sharing)通过使企业与员工分享组织的超额收益而激励员工努力。收益分享计划不使用组织层次上的绩效指标(如利润),而是对某一群体或者某一工厂的绩效(如生产率、费用支出)进行衡量,这些指标更容易被员工们看成是个人能加以影响的因素。收益分享部分的派发可以按月份、季度、半年和年度进行,具体情况取决于管理理念和对工作业绩的衡量方式。额外收益的分配越频繁,员工对奖励的感受度就越高。因此,在可能的情况下,多数具有收益分享计划的企业都选择比年度分配要频繁的分配次数。全员收益分享可能采用四种分配方式:(1)所有员工获得同等数量的奖励;(2)所有员工按基本工薪的同一比例获得奖励;(3)不同类型的员工按不同的比例分享额外收益;(4)根据分配标准,不同的表现获得不同的比例或数量。

实施收益分享计划的企业应按以下步骤进行:

(1)确定计划的总体目标。这包括公司需要提高的生产效率、增加班组工作量等。

(2)定义具体的绩效测量标准。这通常包括生产率测量标准,如单位产品所耗劳动力或所耗工时、所耗成本、每个全日制员工的总成本等。所用的财务测量指标包括税前利润、投资回报率等。

(3)确定基金测量规模,如“工资总额/销售总额”。这明确了计划参与者的资金分配额。

(4)决定采用何种方法在员工内部分配收益额。典型的方法是平均分配,但有时也会依据个人绩效分配收益。

(5)报酬的数量必须足以引起员工注意并对其行为有激励作用。有专家建议为工资额的4%~5%,员工完成目标的概率应有70%~80%。

(6)确定报酬方式,通常采用现金形式,但偶尔也采用普通股票或现金延期支付的形式。

(7)决定红利的发放周期,这与测量标准相关。多数标准倾向于每年发放一次,使用劳动生产率指标则倾向于每季度或每月发放一次。

(8)建立员工的支持和参与体制。这种体制一般包括决策参与、计划修订会议、建议制度、协调人员关系、解决问题小组、培训、内部审计和外部审计等。

(三)利润分享计划

利润分享(profit sharing)计划是指企业按预先确定的比例提取一部分企业总利润并分配给员工的薪酬计划。许多公司运用这一薪酬计划,把员工收入和公司的经营状况联系在一起。利润分享计划有两个方面的潜在优势:一方面,它能够鼓励员工更多地从所有者的角度去思考问题,从而会从更高的角度考虑如何改进企业效率。同时,在利润分享计划下,员工的合作精神和身份感、责任感会得到加强。另一方面,根据利润分享计划所支付的报酬不会进入基本工资,在经营困难时期企业可以相对节约劳动成本。但是,利润分享计划也存在明显的缺点,其中最大的问题是,企业中的大多数员工往往无法在个人工作行为与通过利润分享计划获得的报酬之间建立直接联系，这将会大大弱化员工的工作努力动机和利润分享计划的激励效果。

利润分享计划有多种形式，但如今使用的三种基本形式是：即时利润分享计划、延期利润分享计划和混合利润分享计划。

(1)即时利润分享计划是企业利润一旦确定，就以现金或股票形式向员工支付。比如林肯电气公司的现金利润分享计划，每年都依据对员工绩效的评价来分配年度总利润(扣除税额、6%的股东收益和资本公积)。

(2)延期利润分享计划是企业将资金划入一个不可撤销的信托机构，记入员工个人账户。这种基金通常投资于股票证券，员工在退休、终止雇用或者死亡后(由其继承者)支取。

(3)混合利润分享计划允许员工即时拿到部分分享利润，而另一部分的分享利润额则采取延期支付的方式。

(四)股票期权计划和员工持股计划

通过拥有企业所有权的方式，员工将大大提高对企业经营状况的关注和个人的努力程度。员工取得所有权的方式主要有两种：股票期权计划和员工持股计划(ESOP)。

1. 股票期权计划

股票期权计划为员工提供一种按固定价格购买股票的机会。假定某上市公司的员工在2016年获得了按每股10元的价格购买本公司股票的权利，并且股票的价格到2020年达到每股40元，则员工通过行使期权所得的收益为每股30元。股票期权计划通常被用于激励企业的高层管理人员。有研究发现，企业中有资格享受股票期权激励计划的中高层管理人员所占的比例越大，则企业的绩效就越高。

期权的繁荣在很大程度上是企业缩减规模和结构调整的产物，迫使公司对传统的报酬支付方式进行重新思考。精干的公司要靠较少的雇员承担较多的工作，而股东则要求在工资和股票业绩之间有可证明的联系。由于公司合并、购并和解雇，员工们感到自己的权力被剥夺了。于是，在这种新的公司文化背景下，期权成为一种受人欢迎的激励手段。在微软公司，企业给出的基本工资部分相对于其他企业来说并不高，而且员工之间的货币性工资差距也不大。但几乎每个员工都有机会参与期权计划，从而有机会在资本市场上因企业成长得到认可而成为百万富翁，这在企业快速成长的过程中能有效地激励和留住员工。

在美国，影响期权授予数量的因素主要有以下几个方面：(1)职位。从董事局主席、首席执行官到部门经理、普通员工，职位越高，期权越多。(2)业绩表现及工作岗位的重要性。薪酬委员会根据年度各员工的业绩和表现，结合各岗位工作的重要性，通过系统的业绩评价，决定授予的期权数量。(3)在公司工作的年限。一般而言，在岗位和业绩表现同等时，在公司工作时间越长，所得到的期权数量越多。(4)公司留存的期权数量。不同公司由于资本结构、成立时间不一样，所留存的期权数量也不同。一般来说，新上市的高科技公司留存的股票期权比较多，因而授予的数量也较多；反之，上市时间长的老公司则较少。(5)公司其他的福利待遇。在美国，大型公司工资、奖金及退休计划等福利待遇较好，工作稳定性较高，而股票期权数量较少；小型新创企业，工资、奖金及其他福利较差，发展前景不太明朗，而股票期权的数量较大。

但批评者仍在争论是不是每个人都应该得到期权，普通员工对股票价格究竟能有多大影响呢？尽管实行广泛发放计划的公司争辩说，留出来用作期权鼓励的股票数量在增长，但获得最大份额的仍是管理阶层。当市场似乎处于自动上升阶段，期权赚钱很容易时，它好像是一种并无失败之虞的风险投资；但当股市不可避免地冷却下来时，雇员似乎可以选择不行使期权，从而不会失去什么，但仍然存在员工士气低落的风险，人们会发现这种激励如同画饼，特别是如果员工为获得期权而放弃了部分固定收入时，这将会构成员工与企业关系的问题。

对那些在组织内部推行宽基期权计划的公司来说，研究者给出了几点建议：(1)简化期权计划的方案。只采用大众化的期权产品，并明确界定可享有的期限。(2)不要分发象征性的好处，要使受奖励者确实能从中得到财务上的好处。(3)仅让雇员成为股票所有者是不够的。各公司还应当创造一种环境，使人们也能像所有者那样行事才行。如果运用恰当，沟通良好，期权就能成为重要的平衡手段。但如果公司和员工不是对风险和报酬都有所准备，那么在期权游戏中将不会有任何真正的胜利者。

2. 员工持股计划

员工持股计划是企业向员工让渡部分股权的一种形式。它的一般形式是公司把其一部分股票(或可以购买同量股票的现金)交给一个信托委员会(它的作用就是为员工购买一定数量的本企业股票)，其数额通常依据员工年工资收入总额的一定比例确定，通常不超过15%。信托委员会把股票存入员工的个人账户，在员工退休或不再工作(假设他们至此已积累了足够的股票)时再发给他们。

那么，在这种股票权利的让渡过程中，企业的货币成本是什么呢？就股票期权来看，只要期权价格等于期权实际行使时的市场价格，一直到股票期权权利实际被行使前，企业在自己的损益表上是不会体现出该计划的成本的。因此，企业可能会丧失对自己实际成本的了解。但是，这一计划并非是完全无偿的，如果股票以股票选择权或员工持股计划的目的被发行时，企业的实际价值并没有发生变化，则股东所掌握的价值就会被降低。

第五节 福利设计

求职者在寻找工作时，经常问到的一个问题就是“你们公司有哪些福利”。福利虽然没有定期以现金方式发给员工，但它仍是员工薪酬的重要组成部分。福利是员工身为组织成员所获得的各种间接的经济性或非经济性报酬，包括员工保险、带薪休假、员工服务、教育津贴等。大多数福利与员工绩效无关，为组织所有员工所享有，但也有少数福利仅为高管人员享有。某些福利，如健康保险、医药费报销，则可能扩大到配偶和家人。因此，尽管福利可以在招募和保留员工上体现价值，但是它们通常无法差别化地激励员工的优秀表现。

企业提供的福利可以分为法定福利和企业福利。法定福利是根据国家的政策、法律和法规，企业必须为员工提供的各项福利，具体而言主要是指企业必须为员工缴纳的各种社会保险(包括养老保险、医疗保险、工伤保险、失业保险、生育保险)和住房公积金，以及带薪年休假安排。法定福利是企业必须为员工提供的，而不管企业是否愿意提供，也不管员工是否迫切需要。此外，企业还可以自行选择提供其他的福利和服务，即企业福利。企业福利是企业根据自身的管理特色、财务状况和员工的内在需求，向员工提供的各种补充保障计划以及向员工提供的各种服务、实物、带薪休假等。具体表现为企业补充养老金计划(企业年金)、企业补充医疗计划、带薪休假、过节费、加班费、住房补贴、交通补贴、购物券等。由于福利成本在企业总劳动力成本中占比较高且持续增长，在自愿提供的企业福利项目上，企业应努力优化福利安排以吸引和留住员工。企业实现员工个人偏好与福利安排间的匹配是一种尝试，即自助餐式的福利。

按照福利的性质来分，福利大致可划分为以下五类：

1. 经济性福利

经济性福利是直接以货币或有价证券方式为员工提供的福利，比如社会保险、住房公积金、补充医疗保险、补充公积金等。

2. 非工作时间福利

非工作时间福利是这些在大多数企业的福利安排中占比较大的一类。最常见的非工作时间福利包括员工在节假日、年假、法律规定的其他休假(如婚假、丧假、探亲假、产假等)、私人事假、病假等期间享受的薪酬,以及向被解雇的员工支付的失业保险金。

3. 员工服务

企业可能通过内部设施或外部机构为员工提供各类服务,包括搬迁服务、儿童看护服务、教育资助、餐饮服务/就餐补贴、金融及税务服务、法律服务、通勤服务等。

4. 娱乐及辅助性福利

这些是增进员工社交、促进员工身心健康的福利项目,如员工旅游、文艺活动等。

5. 其他福利

事实上,企业中的福利五花八门,不胜枚举。企业除了法律政策规定的福利以外,还可以提供任何有利于企业和员工发展的福利项目。但在进行企业福利制度设计时,需要确定企业福利项目由哪些人享受及享受的水平如何,即企业建立所有人都平等享受的"普惠式福利",还是仅针对特定类型员工的"特殊人群福利",或者虽然所有人都享受,但水平因人而异的"弹性福利"?

普惠式福利是大多数企业常用的做法。这种福利对企业中的员工实行"一刀切",所有正式员工都享受同等水平的福利。这种福利提供方式看似公平,但明显缺乏效率。因为企业中的员工对企业的贡献有差异,作为价值分配形式之一的福利如果完全平均分配,会使优秀的员工感到不公平,从而挫伤其工作积极性,甚至离开企业。另外,普惠式福利容易固化为薪酬中的保健因素,有它不多,无它则不行,在福利成本高企的同时,员工从福利中获得的满意度不高,且固定福利的员工感知度不高,福利设立的初始目的很难实现。

特殊人群福利是只针对企业核心人才发放的福利。以这种方式提供福利,把效率放在了首位,它直接指向为企业创造了最大价值的员工,如组织的高层管理者、有特殊贡献的专家等。但它忽视了公平,因为员工对企业的贡献不仅和个人能力有关,也和他们承担的职位有关。那些和战略不直接相关的支持性岗位虽然不具有战略价值,但却是实现战略不可缺少的。实行特殊人群福利会使没有得到福利的员工产生不满。

为了平衡福利设计中的公平与效率,弹性福利(又称"自助餐式的福利")是最有效的福利提供方式,也是目前福利设计的发展趋势。弹性福利自 2007 年进入中国,初期主要是一些跨国公司采用,近年来已成为领先的外资企业及优秀本土企业管理福利的有力手段,在高科技、医药、金融和化工等人才竞争激励的行业中被广泛使用。在弹性福利安排下,每个员工都可以在自己的福利限额内自主选择企业的福利项目清单提供的福利项目。这一做法被视为高效,是因为员工本人最清楚自己对不同企业福利项目的偏好、效用和购买意愿,预算控制下的福利选择(购买)能以最小的成本使员工从福利获得的效用最大化。而公平则体现在员工福利限额往往与基本工资高度相关,而基本工资水平综合考虑了职位和员工个人因素,都较好地反映了员工对企业的价值贡献,这一做法体现了福利的内部公平。

弹性福利的优点是高度灵活,考虑到了员工的个体化需求。但也正因此,它操作起来比较复杂,会伴随大量的行政工作。为了降低弹性福利的行政管理成本,企业可能不会给员工任意选择其福利组合的权利,而以下面两种方式来提供:企业可以提供多个福利项目的组合,由员工来选择某一个组合进行购买,这被称为"标准组件式福利";企业也可以提供"核心外加式福利”，即福利包由“核心福利”和“弹性选择福利”组成，其中核心福利是每个员工都享有的、不能自由选择的项目，而弹性选择福利可以让员工根据自己的不同需求进行选择。“标准组件式福利”相对于“自助餐式福利”的管理难度和行政成本较低，因为福利项目只包含了大多数员工所需的几种类型，每种福利包的购买者增加则可以降低提供和管理福利的成本。但这种做法灵活性稍差，员工的选择高度受限，可能影响员工从福利项目中获得的效用。“核心外加式福利”方式中，核心福利的灵活性低，但弹性选择福利部分的设计则可以涵盖健康福利、生活福利、个人保险等多个项目，能更好地体现员工的期望。

本章小结

企业的薪酬制度和政策在吸引、保持、激励员工方面发挥着重要作用，因此，薪酬设计与相关制度安排一直是人力资源管理中最受关注的课题之一。这一管理工作的水平高低，直接影响到企业的劳动力成本高低和员工努力水平。

薪酬策略，是指企业报酬在激发员工工作动机和个人成长的同时，使员工的个人努力与企业发展的目标、哲学和文化相融合的制度安排。常见的战略性薪酬政策目标包括三项：吸引和留住企业核心人才；确保员工行为、绩效与组织战略目标的一致性；提高员工生产率，控制劳动工资预算。

管理者在做出薪酬决策时，需要兼顾外部公平性、内部公平性与员工公平性。

影响企业薪酬水平的外部因素，主要有企业所在的产品市场和劳动力市场的竞争、地区工资水平、生活费用和法律规定等。影响企业薪酬水平的内部因素主要包括企业薪酬战略、职位的价值、员工在完成某项工作时体现出的相对价值以及企业的支付能力。

职位评价通过对每个职位所包含的内容进行相互比较，确定职位的相对价值。管理者将薪酬调查、公司报酬政策和职位评价信息相结合，能相对公平地确定内部职位的薪酬等级和水平。

各职位的相对价值必须转换成工资率，具体做法如下：(1)薪酬调查；(2)确定工资曲线，建立工作价值与工资率间的关系；(3)划分工资等级，简化工资管理；(4)设计工资幅度；(5)按工作价值，确定企业内每一种工作的工资等级。

由于企业面对迅速变化的外部环境，以职位为基础的工资结构的问题日益突出，很多企业对其工资结构和制度进行了改革和调整，其中，最主要的管理实践是工资宽幅化和技能工资制。

企业常见的激励工资计划包括绩效工资、个人奖金、利润分享计划、股票期权计划和收益分享计划。企业在运用长期、短期激励工资激发和引导员工努力时，要注意几个问题：对激励程度与员工收入风险做合理安排，避免激励工资所诱发的“替代效应”，确定可行的激励方案。

福利是员工身为组织成员所获得的各种间接的经济性或非经济性报酬。企业提供的福利可分为法定福利和企业福利。为了控制福利成本、满足员工对福利的个人性化需求，越来越多的企业开始提供弹性福利。

思考题

1. 为什么人力资源管理部门应将企业薪酬政策和相关制度告知员工？如果不采用这种

做法，将会产生何种后果？企业应如何进行这种沟通？

2. 在中国的企业中，有无可能和必要实行秘密工资制？如何实行？

3. 假如企业要求你根据竞争对手的工资支付情况来对本企业现行工资结构的合理性进行评价，你会把本企业与哪些企业进行比较？请分别假设休闲食品企业、网络企业和彩电生产企业三种情况，并逐一分析。

4. 请说明以下职位评价方法的优缺点是什么：排序法、工作归类法、要素比较法和要素计点法。

5. 请说明目前对传统的以工作为基础的工资制度，有哪些创新性的变革和调整？并请说明这些做法的优缺点。

6. 比较和对照本章谈及的几种常见激励工资计划的优缺点。

7. 假设你所在的企业最近完成的职位评价和薪酬调查显示，有几个职位的基本工资水平明显偏离了应有的薪酬水平（过高和过低都有）。你将如何使这些职位的薪酬水平与整体薪酬政策保持一致？

8. 如果你能选择公司的激励工资的类型，你会选择基于个人绩效的奖金，还是基于团体甚至整个企业绩效的可变工资安排？请说明理由。

9. 运用股票期权计划来向管理层、员工提供报酬，会出现哪些潜在的问题？应当如何避免？

本章案例

金钱能激发动机吗？

大约在 4 个月前，张林被晋升为华东地区一家大型保险公司理赔部的部门经理。现在正是公司部门经理们做出年度加薪建议的时间。张林对提出这些建议感到有些不自在，毕竟他担任这个职位的时间很短，而且前任经理已经离开公司，张林无法向他请教，所以情况就显得有些复杂。

公司对于年度的员工加薪，并没有正式的管理规定。但张林的上司说他可用于加薪的总金额是部门上一年度所付年度薪酬总数的 8%。换言之，如果张林所在的理赔部所有员工在上一年度的薪酬总额是 50 万元，则张林本年度的加薪预算就是 4 万元。张林可以在合理的范围内，以他期望的方式来分配这个加薪额度。

下面的摘要是张林从理赔部前任主任的档案中找到的员工资料，然后也加入了张林在短短 4 个月间的个人观察和判断。

罗德文：23 岁。在理赔部工作的时间仅有 5 个月。事实上，他是在张林晋升为部门经理的前夕被录用的。罗德文目前单身，看上去没有什么家庭经济负担，目前他的工作绩效在平均以上，但张林从理赔部的其他同事处听到了关于罗德文的一些负面评价（主要是工作中的合作意愿不佳）。他目前的月薪为 9 千元。

苏茜：33 岁。在理赔部的工作岗位上已经有 3 年时间了。以往的绩效评估结果显示，她的绩效总是非常优异，但张林并不完全接受以往的评价结果。他认为苏茜的绩效最多只是平均水平。苏茜的所有同事都很喜欢她，她去年家庭发生了重大不幸，她失去了深爱的先生，独自抚养一个年仅8岁的孩子。她目前的月薪为1.2万元。

艾平:30岁。从事这项工作已经有4年了。他以往的绩效评估结果都是达标。在过去2年间,他获得的加薪低于平均水平。艾平最近向张林表示,以往对他的绩效评估存在前任领导的个人偏见,但张林认为艾平的工作表现只能算是差强人意,而达不到"非常杰出"。大多数员工也不认同艾平对前任经理的指控。他目前的月薪为1万元。

冯珍:35岁。在张林看来,冯珍是本部门最优秀的员工。她以往的绩效评估也表明,她的表现非常优秀。同时,张林知道,冯珍因为近期购房,迫切需要大幅的加薪来支付房贷。张林的所有员工都清楚冯珍目前的经济需求,她也得到了所有同事的尊敬。她目前的月薪为1.1万元。

杜思:40岁。从事目前的工作已经有10年了。他从事的是专业技术性很强的工作,很难有人替代他。但就张林所知,杜思不是个好员工,他很容易大发雷霆,很难与人和谐共事。尽管如此,杜思在过去2年间的加薪都高于平均水平。他目前的月薪为1.4万元。

问题:

(1)如果你是张林,你将如何分配本年度的加薪预算额度?

(2)决定加薪分配的依据和标准是什么?

(3)你的加薪决策,将会对员工的态度、行为产生何种影响?

附录　工作计点法

工作计点法是一种被广泛使用的职位评价方法。要素计点法要求确定几个报酬要素(如技术和职责),每个要素应分等级,并对各个等级进行说明。通常每个要素的各项都要赋予不同的点值,因此,一旦确定了工作中各要素的等级,你只需把工作中各要素对应的点值加总,都可以得出该职位的总点值。基于计点法的原则,派生出了很多种具体的量化方法。我们这里介绍的只是其中最简单的一种。其操作步骤如下:

第一步,确定要评价的职位族。

因为不同部门的工作差别很大,通常不会使用一种点值评定方案来评价组织中所有的职位。因此,计点法的第一步通常是划分职位族,如行政类工作、销售类工作等,对每个职位族,委员会一般要制订一种方案。

第二步,搜集职位信息。

包括进行职位分析,编制职位说明书和任职资格等。

第三步,选择报酬要素。

选择与该类职位族的工作特性一致的报酬要素,通常包括教育培训、体能要求、技术、解决问题、责任等。

第四步,界定报酬要素。

仔细定义每个报酬要素,以确保评价委员会的委员在应用这些要素时,能保持一致的标准。定义通常由人力资源管理专家来完成。例如,对“问题解决”这一要素加以细分,分为“复杂程度”和“接受的监督和指导”两个子要素。其中,“问题解决——复杂程度”的定义如下:“该职位要求的心理能力表现为:在处理不熟悉的问题、解释数据、创意、分析数据、创造性及开拓性工作等方面,所表现出来的随机应变的能力。”

第五步,确定要素等级。

确定报酬要素后,应评定每个职位族的要素等级。从管理的角度来看,每个要素包括的等级应为5~7个,实际等级数主要取决于评价要素的特点和评价者的需要。不是每个要素都必须具有相同的等级数,等级数应限制在可以清楚区分工作特性的水平上。对“问题解决——复杂程度”的说明见表1。

表1　报酬要素“问题解决——复杂程度”

级数	点值	对职位特征的说明
1	25	很少处理超出例行工作或组织政策之外的问题;几乎不需要分析数据。 基准职位:普通文秘人员,接线员或接待员。
2	50	遵从定义清楚的标准行事,直接在工作中应用已理解的规则和程序,根据常规方法分析简单的数据。 基准职位:单据填写人员。
3	75	经常处理超出例行工作范围的问题;根据限制条件或建立的政策标准,独立做出一些小的决策;分析标准信息数据或使用经过他人分析的数据。 基准职位:社会工作者行政秘书。
4	100	根据上级的指导对例行工作进行独立决策;分析和评价非例行工作的情况,以便同他人一起得出解决办法。 基准职位:会计,班组长。
5	125	独立解决工作最后阶段才出现的问题;分析和解决非常规问题;工作要经常分析大量数据,对操作程序等许多方面做出决定。 基准职位:生产经理。
6	150	在做出与团队其他成员不一致的决定时要有独立判断,要经常制定或开发新的政策。 基准职位:总经理。

第六步,确定要素的相对价值。

这一步是确定每个要素的权重。这一步相当重要,因为对于不同的工作类型来说,不同报酬要素的重要性不同。对于行政人员来说,“心理要求”的权重大大高于“体能要求”,而对一线员工来说,情况可能正好相反。

确定每个要素的相对价值(比重)通常是由评价委员会完成的。评价委员会仔细研究要素及其等级定义,然后决定每个职位族中各要素的权重。下面给出一种确定方法:

(1)对序列最高的要素赋值100%,然后根据相对第一个要素重要性的百分比确定系列次高要素的赋值,以此类推。例如,某企业选择以下报酬要素作为评价基准:专业知识、解决问题、责任、工作条件和对他人的监督。各项报酬要素的排列顺序为:责任、专业知识、解决问题、对他人的监督和工作条件。则:

	赋值
“责任”	100%
“专业知识”	80%
“解决问题”	77%
“对他人的监督”	60%
“工作条件”	17%

(2)将各赋值加总。在此例中,各赋值的总和=100%+80%+77%+60%+17%=334%。然后按下列方法求出各报酬要素的价值权重:

“责任”　$\frac{100}{334}\times 100\%=29.94\%$

“专业知识”　$\frac{80}{334}\times 100\%=23.95\%$

“解决问题”　$\frac{77}{334}\times 100\%=23.05\%$

“对他人的监督”　$\frac{60}{334}\times 100\%=17.96\%$

“工作条件”　$\frac{17}{334}\times 100\%=5.08\%$

总计　100%

第七步,确定各要素及各要素等级的点值。

在上一步中,评估者已确定了各要素百分数形式的权数,现在是要确定如表2中所示的各要素的点值。假设计划的总点值为1 000,而“责任”的权数为29.94%,则它的点值为:29.94%×1 000=299.4≈300。

接下来,是把300点在“责任”要素内部分配。这意味着最高层次的“责任”的点值为300。然后,将“责任”要素细化为“工作错误及其结果”“与他人的工作联系”以及“保密信息”三项。确定各项子要素在“责任”要素中所占的份额,并以等差或递增数列的形式确定各子要素最高等和最低等的点值。例如,“责任——保密信息”最高等为50分,共分5等,即用50点除以5,公差是10,则最低等的点值为10,第二等是20,第三等是30,第四等是40,最高等的点值为50。对每个要素都可以做类似处理(见表2)。

表2　**报酬要素和等级表**

要素	第一等	第二等	第三等	第四等	第五等	第六等	第七等
专业知识							
1. 教育	15	30	45	60	75	90	
2. 经验	20	40	60	80	100	125	150
解决问题							
3. 任务复杂性	25	50	75	100	125	150	

续表

要素	第一等	第二等	第三等	第四等	第五等	第六等	第七等
4. 接受的监督和指导	5	15	30	60	80		
责任							
5. 工作错误及其后果	5	15	30	60	90	120	
6. 与他人的工作联系	5	15	30	60	90	120	
7. 保密信息	5	10	20	40	60		
工作条件							
8. 精神或视觉的要求	5	10	15	20	25		
9. 物理性工作条件	5	10	15	20	25		
对他人的监督							
10. 监督的性质	5	10	20	40	60	80	
11. 监督的范围	5	10	20	40	60	80	100

职位点值的区间范围	职位工资等级	职位点值的区间范围	职位工资等级
100 及以下	1	311～340	9
101～130	2	341～370	10
131～160	3	371～400	11
161～190	4	401～430	12
191～220	5	431～460	13
221～250	6	461～490	14
251～280	7	491～520	15
281～310	8	521～550	16

第八步，编写职位评价指导手册。

制订工作点值方案的最后一步是编写“点值指南”或“职位评价指导手册”。这一步只是把各要素及其等级的定义、点值汇编成一本便于使用的指导手册。

第九步，按既定标准进行职位评价。

一旦编写好手册，就可以开始进行实际的职位评价了。评价者(通常是职位评价委员会)通常使用职位评价手册将工作列等。每个工作都根据其工作描述和工作说明书，按各报酬要素分别进行评价，以确定其点值：(1)评价委员会决定如何确定各工作中的要素分等；(2)再确定各等的对应点值；(3)把所有要素的点值加总，得到该职位的总点值。评价者一般会先评价基准(关键性)工作，待达成一致意见后再评价该职位族中其余的工作。表 3 是对“审计官”职位评价的结果。

表 3　　**职位评价示例**

工作定级规范

（文书、技术、管理人员）

编号：B—01

部门：会计

职级：15

岗位名称：审计官　　总点值：645

要素	工作信息	等级	点值
专业知识	对一般会计、成本会计和工资会计理论与实践、预算控制和财务领域均具有广泛的知识；熟悉组织的业务活动、行政管理、办公室管理、外汇管理等领域；有相当于工商管理专业的大学本科学历。	4	60
经验	7～8 年工作经验。	6	125
任务复杂性	广泛涉及预算控制、会计、办公室管理等方面的不同职责和责任，需要运用公司相关政策和程序的一般知识；在设计新的方法和程序、针对环境变化调整企业标准实践、按公司政策做出专业内的领域时，都需要进行大量的判断。	5	125
接受的监督和指导	接受财务总监就政策和一般目标的指导；除政策性决策外，极少将具体问题提交上级请求指示。	4	60
工作错误及其后果	在判断及监管中发生的错误，可能导致错误的财务信息、成本信息和存货信息；要求相当高的准确性和责任心。	4	60
与他人的工作联系	与公司各个部门的主管、子公司及分支机构经理人保持工作联系；要求具有相当得体的交际手段来影响他人，以便得到期望的结果。	4	60
保密信息	工作内容经常涉及企业内的保密性财务信息，如资产平衡表、损益表、成本信息等；这些信息的泄露将对公司利益造成损害。	4	40
精神或视觉的要求	工作中的管理与对外联系的职责，要求在工作的大部分时间集中精神，用眼程度一般。	2	10
物理性工作条件	常见的办公室工作环境。	1	5
以下指标仅用于管理人员			
监督的性质	对会计、工资、票据和一般办公服务的业务进行一般监督，并对这些领域涉及成本、制度和人事的管理结果负责。	4	40
监督的范围	负责管理 62 个员工，包括 9 个下级主管。	5	60

备注：

参考文献

1. Gary Dessler, *Human Resource Management(15th edition)*, Pearson, 2016.

2. Robert L. Mathis, John H. Jackson, Sean R. Valentine, Paticia Meglich, *Human Resource Management(15th edition)*, South-Western College Publishing, 2016.

3. R. Wayne Dean Mondy, Joseph J. Martocchio, *Human Resource Management(14th edition)*, Pearson, 2016.

4. Raymond A. Noe, Hohn R. Hollenbeck, Barry Gerhart, Patrick M. Wright, *Human Resource Management: Gaining a Competitive Advantage(9th edition)*, McGraw-Hill, Inc., 2014.

5. Scott Snell, Shad Morris, *Managing Human Resources(18th edition)*, Cengage Learning, 2019.

6. Susan E. Jackson, Randall S. Schuler, *Managing Human Resources(11th edition)*, South-Western College Publishing, 2011.

7. Robert Gatewood, Hubert S. Field, Murray Barrick, *Human Resource Selection(7th edition)*, Cengage Learning, 2010.

8. 路易斯·R.戈麦斯－梅希亚、戴维·B.鲍尔金、罗伯特·L.卡尔迪:《人力资源管理》(第6版全球版),格致出版社2015年版。

9. 彭剑锋:《人力资源管理概论》(第三版),复旦大学出版社2018年版。

10. 彭剑锋:《战略人力资源管理:理论、实践与前沿》,中国人民大学出版社2014年版。

11. 韦恩·卡西欧:《人力资源管理》(第八版),机械工业出版社2013年版。

12. 董克用:《人力资源管理概论》(第四版),中国人民大学出版社2015年版。

13. 刘昕:《薪酬管理》(第五版),中国人民大学出版社2017年版。

14. 蔡治:《大数据时代的人力资源管理》,清华大学出版社2016年版。

15. 李诚:《人力资源管理的12堂课》(第四版),中国劳动社会保障出版社2014年版。

16. 吉恩·保罗·艾森、杰西·S.哈里奥特:《人力资源管理大数据:改变你吸引、猎取、培养和留住人才的方式》,机械工业出版社2017年版。

17. 约翰·人伊万切维奇、罗伯特·科诺帕斯克:《人力资源管理》(第十二版),机械工业出版社出版2015年版。

18. 肖胜方:《劳动合同法下的人力资源管理流程再造》(增订4版),中国法制出版社2016年版。